Anonymous

Schlesiens Vorzeit in Bild und Schrift

Anonymous

Schlesiens Vorzeit in Bild und Schrift

ISBN/EAN: 9783337565596

Hergestellt in Europa, USA, Kanada, Australien, Japan

Cover: Foto ©ninafisch / pixelio.de

Weitere Bücher finden Sie auf **www.hansebooks.com**

SCHLESIENS VORZEIT IN BILD UND SCHRIFT

ZEITSCHRIFT DES SCHLESISCHEN ALTERTUMSVEREINS

NEUE FOLGE V. BAND:

JAHRBUCH DES SCHLESISCHEN MUSEUMS FÜR KUNSTGEWERBE UND ALTERTÜMER

V. BAND

BRESLAU

KOMMISSIONSVERLAG VON EDUARD TREWENDT BERLIN S 42

1909

JAHRBUCH

DES SCHLESISCHEN MUSEUMS FÜR KUNSTGEWERBE UND ALTERTÜMER

V. BAND

MIT 12 TAFELN UND ZAHLREICHEN ABBILDUNGEN IM TEXT

HERAUSGEGEBEN VON

KARL MASNER UND HANS SEGER

BRESLAU

KOMMISSIONSVERLAG VON EDUARD TREWENDT BERLIN S 42

1909

ÜBERSICHT DES INHALTS

Abhandlungen:

Beiträge zur Vorgeschichte Schlesiens von Hans Seger:

1. Kupferne Doppelaxt aus Alt-Altmannsdorf . . . . Seite 1
2. Bronzeschwerter und Dolche . . . . „ 3
3. Gussformen . . . . „ 16

Schlesische Hügelgräber von Hans Seger und Johannes Richter „ 28
Urnenfelder um Kuhnern Kreis Striegau von Hermann Leporin . . . „ 41
Der Stein mit den Fusstapfen des Heiligen Adalbert im Dom zu Breslau
   von Hans Seger . . . . „ 48
Die Schlesischen Münzfunde von Ferdinand Friedensburg . . . „ 53
Der Fund von Jerschendorf von Ferdinand Friedensburg . . . „ 64
Zwei Tafelbilder aus der Böhmischen Malerschule des 14. Jahrhunderts
   im Breslauer Diözesan-Museum von Joseph Jungnitz . . . . . „ 71
Wendel Roskopf, „Meister zu Görlitz und in der Schlesy". Ein Bei-
   trag zur Geschichte der Renaissance in Schlesien von Oskar Wende „ 77
Löwenberger Steinmetzzeichen von Gustav Croon . . . . „ 114
Die Bildnisse von Johann Hess und Cranachs „Gesetz und Gnade"
   von Richard Förster . . . . „ 117

Neuerwerbungen des Museums:

1. Ein Abendmahlsbild aus dem Breslauer Rathause von Conrad Buchwald „ 144
2. Ein Wandteppich vom Jahre 1594 von Karl Masner . . . . „ 150
3. Ein Pokal aus dem Allerheiligen-Hospital vom Jahre 1643 von Karl Masner „ 163

Schlesische Zinngiesserwerkstätten von Erwin Hintze . . . . . . „ 169
Ein Glaspokal der Josephinenhütte im Staatsarchiv zu Breslau von
   Otto Meinardus . . . . „ 201
Nachtrag zum Aufsatz „Die Bildnisse von Johannes Hess und Cranachs
   Gesetz und Gnade" von Richard Förster . . . . „ 205

Bericht über das VIII. Etatsjahr (1. April 1906 bis 31. März 1907):

Arbeiten in den Sammlungen . . . . „ 209
Vermehrung der Sammlungen . . . . „ 209
Vermehrung der Bibliothek . . . . „ 222
Ausstellungen . . . . „ 223
Vorträge . . . . „ 224

Kaiser Friedrich-Stiftungsfonds	Seite 224
Stiftung von Geldbeträgen	„ 224
Besuch der Sammlungen und der Bibliothek	„ 224
Die Museums-Deputation und das Bureau	„ 225

Bericht über das IX. Etatsjahr (1. April 1907 bis 31. März 1908):

Errichtung eines Wilhelm Grempler-Denkmals	„ 229
Arbeiten in den Sammlungen	„ 230
Vermehrung der Sammlungen	„ 232
Vermehrung der Bibliothek	„ 246
Ausstellungen	„ 247
Vorträge	„ 248
Kaiser Friedrich-Stiftungsfonds	„ 248
Stiftung von Geldbeträgen	„ 248
Besuch der Sammlungen und der Bibliothek	„ 249
Die Museums-Deputation und das Bureau	„ 249

Bericht über das X. Etatsjahr (1. April 1908 bis 31. März 1909):

Arbeiten in den Sammlungen	„ 253
Vermehrung der Sammlungen	„ 254
Vermehrung der Bibliothek	„ 265
Ausstellungen	„ 266
Vorträge	„ 267
Kaiser Friedrich-Stiftungsfonds	„ 267
Stiftung von Geldbeträgen	„ 267
Statut für die Wilhelm Grempler-Stiftung	„ 267
Besuch der Sammlungen und der Bibliothek	„ 269
Die Museums-Deputation und das Bureau	„ 270

Schlesischer Altertumsverein:

Oskar Mertins †	„ 273
Tätigkeitsbericht für das Jahr 1906/7	„ 274
Tätigkeitsbericht für das Jahr 1907/8	„ 280
Das fünfzigjährige Jubiläum des Vereins	„ 284
Tätigkeitsbericht für das Jahr 1908/9	„ 288

ABHANDLUNGEN

Abb. 1. Alt-Altmannsdorf. ¹/₄

BEITRÄGE ZUR VORGESCHICHTE SCHLESIENS

1. KUPFERNE DOPPELAXT AUS ALT-ALTMANNSDORF

Schlesien gehört zu den Ländern, die mit den Metallen schon verhältnismässig früh bekannt geworden sind, und besitzt daher von den aus reinem Kupfer hergestellten ältesten Metallgeräten eine ziemliche Anzahl. Dazu ist neuerdings unter anderen eine kupferne Doppelaxt mit über Kreuz gestellten Schneiden gekommen, Abb. 1. Bei einer Länge von 34 cm und einem Gewicht von 2700 gr ist sie bei weitem das grösste und schwerste Metallwerkzeug, das aus der Vorzeit unserer Provinz bekannt ist.

Die Axt wurde nach dem Zeugnis des Bauergutsbesitzers Joseph Bittner in Alt-Altmannsdorf Kr. Frankenstein 1904 auf seinem Grundstück beim Abbruch eines alten Gebäudes 1,50—2 m tief im Erdboden gefunden. Sie gelangte später in den Besitz des Antiquitätenhändlers Heinsch in Camenz und wurde 1907 vom Museum angekauft. Die Längsaxe bildet einen Bogen von 33,5 cm Sehnenlänge und 4,7 cm Höhe. Die Horizontalseiten sind flach, die Vertikalseiten leicht gewölbt, die Kanten abgerundet. Der Querschnitt ist annähernd rechteckig. Die Breite beträgt in der Mitte 6,1, die Dicke 2,6 cm. Das zylindrische Schaftloch ist 3,5 cm weit. Zur besseren Befestigung am Schafte ist beiderseits eine niedrige Tülle angebracht, die sich auf der oberen Seite 0,5, auf der unteren 1 cm über die Grundfläche erhebt. Die Querschneide misst 6,5, die senkrechte 4,6 cm. Die Axt ist gegossen, aber durch Hämmern und Schleifen bearbeitet. Auf der Oberfläche des Querblattes bemerkt man in der Längsrichtung zahlreiche feine Linien, die vom Glattschleifen herrühren dürften. Die Erhaltung ist im allgemeinen gut, nur hat man, offenbar erst nach der Ausgrabung, die Schneiden durch heftiges Aufschlagen auf einen Stein beschädigt, so dass hier die rote Metallfarbe zutage tritt. Sonst ist die Oberfläche mit der gewöhnlichen braunfleckigen Kupferpatina bedeckt, die stellenweise in hellgrüne krustenartige oder warzenförmige Ausblühungen übergeht und besonders an den Kanten das Metall angegriffen hat.

Dieses merkwürdige Gerät gehört einem Typus an, von dem das Ungarische Nationalmuseum im Jahre 1896 nicht weniger als 37 Exemplare aufzuweisen hatte. Dazu kamen noch 6 Exemplare einer Varietät mit zwei ungleich langen Armen, einem kurzen mit quergestellter, und einem sehr langen mit senkrechter Schneide[1]). Ausserhalb Ungarns

---

[1]) v Pulszky, Die Kupferzeit in Ungarn, Budapest 1884, S. 64 f. — Hampel, Neuere Studien über die Kupferzeit, Zeitschr. f. Ethnologie XXVIII (1896) S. 69.

sind vereinzelte Exemplare nur noch aus Mähren[1]), Böhmen[2]), Galizien und Serbien[3]) bekannt. Man kann als sicher annehmen, dass sie in Ungarn angefertigt und in die Grenzgebiete eingeführt sind.

Eine andere Frage ist es, ob die Form in Ungarn auch erfunden ist. Man hat nämlich darauf hingewiesen, dass die Doppeläxte mit über Kreuz stehenden Schneiden im östlichen Mittelmeergebiete sehr verbreitet sind, und geschlossen, dass sie von da über die Balkanhalbinsel nach den Donauländern gebracht worden seien[4]). Aber diese südlichen Äxte sind, wie schon aus ihrem Material (Bronze oder Eisen) hervorgeht, durchweg viel jünger als die ungarischen. Auch die in Troja gefundene[5]) ist aus Bronze und stellt mit ihrer in Zickzackform durchbrochenen Tülle und dem nasenartigen Vorsprung des der Tülle benachbarten senkrechten Klingenteils augenscheinlich eine spätere Entwicklung dar. Götze setzt sie in die VII. Schicht, also in die Zeit zwischen der mykenischen Periode und der Periode des griechisch-geometrischen Vasenstils. Die Keramik dieser Schicht hat ausgesprochen „ungarischen" Charakter. Man glaubt, dass sie auf die Einwanderung eines von Europa herübergekommenen Volksstammes zurückzuführen ist.

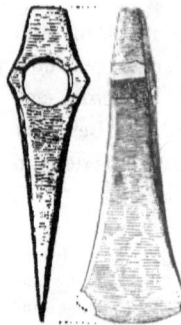

Abb. 2. Ottwitz Kr. Strehlen. 1/4

Freilich hat man auch das hohe Alter der ungarischen Doppeläxte ebenso wie der mit ihnen formverwandten kupfernen Hammeräxte in Zweifel gezogen, weil beide eine viel höhere Entwicklung der Gusstechnik und des Formsinnes voraussetzten, als die sonst bekannten Typen aus dem Anfange der Metallzeit erkennen liessen[6]). Der Gegenbeweis wird dadurch erschwert, dass die grosse Mehrzahl der Exemplare einzeln oder ohne genügende Beobachtung der Lagerungsverhältnisse gehoben worden ist. Doch liegt wenigstens ein sicherer Fund vor, der ihre frühe Ansetzung rechtfertigt. Auf dem Skelett-Gräberfelde von Luczka im Unger Komitat fand sich eine

Abb. 3. Eichberg Kr. Bunzlau. 1/3

kupferne Hammeraxt derselben Art, wie die in Schlesiens Vorzeit N. F. III S. 51 Fig. 2 abgebildete, zusammen mit zahlreichen Obsidian- und Feuersteingeräten, Steinbeilen mit und ohne Schaftloch, sowie mit Tongefässen, die für den späteren Abschnitt der jüngeren

---

[1]) Much, Die Kupferzeit in Europa, 2. Aufl., Jena 1893, S. 41. — Červinka, Morava za Pravěku, Brünn 1902, Taf. XV 11.

[2]) L. Schneider, Kupferbeile aus dem Bezirke Königgrätz, Mitteil. d. k. k. Zentralkommission XXVIII (1902) S. 105.

[3]) Hoernes, Urgeschichte des Menschen, S. 337. — Much, a. a. O., S. 45 u. 59. — Hampel nennt unter Berufung auf Much noch ein Exemplar aus der Schweiz. Gemeint ist die Doppelaxt aus dem Pfahlbau Lüscherz, die jedoch nicht zu diesem Typus gehört. Vgl. Heierli, Urgeschichte der Schweiz, S. 167 Abb. 112.

[4]) Montelius, Chronologie der ältesten Bronzezeit, S. 100.

[5]) Dörpfeld, Troja und Ilion, Athen 1902, S. 404 Abb. 401. Die älteren Abbildungen sind ungenau.

[6]) Hoernes a. a. O. S. 336.

Steinzeit charakteristisch sind[1]). Von Wichtigkeit ist auch der Szegediner Kupferfund[2]), weil darin ausser einer Doppelaxt, wie Abb. 1, eine Hammeraxt und mehrere Flachbeile und -Meissel der ältesten Form vereinigt waren. Ein indirekter Beweis für das der Steinzeit nahestehende Alter dieser Kupferäxte ist darin zu erblicken, dass man sie in Stein nachgebildet hat. Man vergleiche z. B. die Ottwitzer Kupferaxt Abb. 2 mit der steinernen aus Eichberg Abb. 3. Sie gleichen einander so sehr, wie es bei den verschiedenen Stoffen möglich ist. Aber der Steinarbeiter würde nie darauf verfallen sein, seinem Werkzeuge diese eckige und scharfkantige, der primitiven Schleiftechnik im Grunde widerstrebende Form zu geben, wenn er nicht das metallene Vorbild gehabt hätte.

2. BRONZESCHWERTER UND -DOLCHE

Einer der auffälligsten Unterschiede zwischen der bronzezeitlichen Kultur des östlichen Mitteldeutschlands und der des altgermanischen Nordens zeigt sich in dem statistischen Verhältnis der Schwerter. Nach einer von Gustav Kossinna[3]) aufgestellten Übersicht zählte man im Jahre 1902 von Bronzeschwertern in Schlesien nur 3, in den beiden Sachsen und Süd-Brandenburg zusammen 12, in Posen 20, während aus Nordbrandenburg mehr als 50, aus Pommern 70, aus Mecklenburg etwa 100 und aus Schleswig-Holstein 230 bekannt waren. Noch viel zahlreicher sind sie in Dänemark und Skandinavien. Allein das Kopenhagener Museum besitzt an vollständigen Schwertern und Dolchen aus der Bronzezeit gegen 800 Stück, und rechnet man die Bruchstücke hinzu, so kann die Gesamtzahl auf mehr als 1200 veranschlagt werden[4]).

Bevor man aus diesem Verhältnis weitergehende Folgerungen zieht, etwa in dem Sinne, dass der schwerterarme Osten eine mehr friedliche, der schwerterreiche Norden eine mehr kriegerische Bevölkerung beherbergt habe, muss man prüfen, ob es nicht näher liegende Erklärungen gibt. Man findet Schwerter teils in Gräbern, teils in Depots. Von den nordischen Schwertern der älteren Bronzezeit (Periode II und III) sind bei weitem die meisten in Gräbern, nur wenige in Feld und Moor gefunden worden. Für Männergräber bildet in der Zeit der Körperbestattung die Beigabe eines Schwertes oder Dolches geradezu die Regel. Umgekehrt sind in den Brandgräbern des jüngeren Bronzealters entsprechend ihrer im allgemeinen dürftigen Ausstattung eigentliche Schwerter sehr selten, wogegen aus Schatz- und Votivfunden viele vorliegen. Für unsere Gegenden steht es so, dass Gräber aus der II. Periode (mit unverbrannten Leichen) äusserst wenige bekannt sind[5])

---
[1]) v. Pulszky a. a. O. S. 35.
[2]) v. Pulszky a. a. O. S. 22/23.
[3]) Vortrag über die vorgeschichtliche Stammeskunde, gehalten am 13. Januar 1902 im Schlesischen Altertumsverein zu Breslau.
[4]) Führer durch die dänische Sammlung des Nationalmuseums, Kopenhagen o. J., Bronzezeit S. 3.
[5]) Kossinna, Die indogermanische Frage archäologisch beantwortet, Zeitschr. f. Ethnologie XXXIV (1902) S. 207. — Schlesiens Vorzeit N. F. IV S. 4—6.

und dass schon sehr bald nach Beginn der III. Periode die Leichenverbrennung mit ihren Begleiterscheinungen, der ärmlichen Ausstattung und der Vermeidung grösserer Beigaben, der herrschende Brauch wird. Aus Gräbern können wir daher Schwerter in nennenswerter Zahl nicht erwarten. Nun fehlen sie freilich auch in den Depotfunden, deren wir doch in Schlesien aus der älteren und jüngeren Bronzezeit zusammen rund 25 besitzen[1]). Allein auch dieser Mangel wirkt weniger befremdlich, wenn wir bedenken, wie arm unsere Depots überhaupt im Vergleich zu denen der „bronzereichen Provinzen" an ansehnlichen und wertvollen Gegenständen, gleichviel ob Waffen, Schmucksachen oder Metallgefässen sind. In allen Ländern mit reich entwickelter Bronzeindustrie sind auch die Schwerter häufig. Dies trifft für Ungarn und die Schweiz so gut wie für den Norden zu. Ihre Seltenheit bei uns beruht gewiss hauptsächlich darauf, dass man sie hier nicht anzufertigen verstand und auf ihre Einfuhr angewiesen war. Importstücke werden aber immer kostbar und deshalb selten gewesen sein.

Die nachfolgende Beschreibung der aus Schlesien vorliegenden Bronzeschwerter liefert die Bestätigung dieser Anschauung. Soweit die Typen eine Zuweisung an bestimmte Ursprungsländer gestatten, müssen sie als eingeführt bezeichnet werden. Zugleich wird sich zeigen, dass der Gebrauch der Schwerter in keiner Periode des Bronzealters ausgesetzt hat. Im Anschluss an die Schwerter mögen auch die Bronzedolche kurz besprochen werden.

Das älteste aus Schlesien bekannte Bronzeschwert ist das im vorigen Bande veröffentlichte, noch der zweiten Periode angehörige aus dem Damsdorfer Skelettgrabe. Ihm verwandt erscheint der Griffteil Abb. 5 aus Polkau Kr. Bolkenhain. Er wurde im Spätherbst 1906 auf dem Acker des Stellenbesitzers Heintke in einer mit Steinen umsäumten Lehmgrube neben Tongefässen und anderen Bronzesachen gefunden und uns von Herrn Dr. med. Josef Kaudewitz in Rohnstock eingesandt.

Nachträglich kam von der angrenzenden schon zur Feldmark Poischwitz Kr. Jauer gehörigen Sandgrube des Besitzers Hoffmann noch ein schöner Buckelkrug wie Abb. 6 hinzu. Offenbar handelt es sich um ein zusammenhängendes, aber schon grösstenteils zerstörtes Gräberfeld. Von derselben Fundstelle besass das Museum bereits vorher eine Anzahl Gefässe und Bronzen, die im VII. Bande dieser Zeitschrift (S. 522 f.) durch O. Mertins beschrieben und abgebildet sind. Schon damals wurde bemerkt, dass sie keinen einheitlichen Eindruck machten. Die Vermutung, dass hier Gräber aus zwei verschiedenen Perioden zufällig nebeneinander gelegen hätten und bei der Ausgrabung mit einander vermengt worden seien, ist durch die neuen Funde bestätigt worden. Ein Teil der Gefässe und bronzenen Schmucksachen zeigt ausgesprochenen Hallstatt-Charakter, der Schwertgriff, die Ösennadel, der Buckelkrug und einige kleinere Gefässe ebenso unverkennbar den Typus der älteren Bronzezeit.

Wie bei dem Damsdorfer so war auch bei dem Polkauer Schwerte der Griff ursprünglich auf beiden Seiten mit Holz- oder Hornschalen belegt, die zwischen den aufgekanteten Rändern eingeschoben und mit Nägeln befestigt waren. Gemeinsam ist beiden auch die flügelartige Verbreiterung der Heftplatte und der bogenförmige Ausschnitt am Griffende. Während aber bei jenem die Vernietung auf die Heftplatte beschränkt war, weist hier ausserdem die Griffzunge 5 Nietlöcher auf, von denen zwei noch die

---

[1]) Schlesiens Vorzeit N. F. IV S. 43.

walzenförmigen Bronzestifte enthalten. Ein anderer Unterschied liegt darin, dass bei dem Damsdorfer Schwerte die Griffzunge wellenförmig geschweifte Ränder und etwa das Profil einer langgestreckten Lilie hat, wogegen sie hier geradlinig verläuft und sich nach dem Ende zu allmählich verbreitert. Vielleicht haben wir hierin Kennzeichen einer jüngeren Entwicklung zu erblicken. Doch lässt der fragmentarische Zustand des Polkauer Exemplares keine genauere Vergleichung zu, zumal da bei diesem weitverbreiteten und langlebigen Schwerttypus die feinere örtliche und zeitliche Differenzierung hauptsächlich durch die Klinge bestimmt wird.

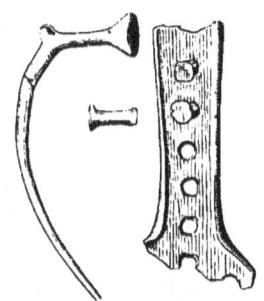

Abb. 4 und 5. Polkau. $^1/_2$.

Die Beschädigungen rühren, wie an der Verwitterung der Bruchflächen ersichtlich ist, schon aus dem Altertume her, und aus den Fundumständen ist zu schliessen, dass das Stück so, wie wir es vor uns sehen, als Grabgut niedergelegt worden ist. Die Beigabe schadhafter oder sonst nutzloser Dinge hat in Brandgräbern der älteren Bronzezeit nichts Befremdliches. Man war damals sparsam in der Toten-Ausstattung. Die meisten schlesischen Gräber dieser Zeit entbehren gänzlich der Metallbeigaben; in anderen bestehen sie in Bruchstücken von Ringen, Nadeln u. dgl. oder in ein paar formlosen Guss-Klümpchen, und nur die allerwenigsten enthalten ein brauchbares Gerät. Ähnliche Verhältnisse herrschen ja auch im Norden in der ersten Zeit der Leichenverbrennung. Wie sie zu erklären sind, hat Sophus Müller in seiner Nordischen Altertumskunde (I S. 416) treffend dargelegt.

Einen Anhalt für die Zeitbestimmung gibt die mit dem Schwertgriff zusammen eingelieferte Nadel, Abb. 4, wenngleich es nicht sicher ist, dass sie aus demselben Grabe stammt. Ihrer Ösenbildung nach zählt sie zum jüngeren Typus der ostdeutschen Ösennadeln, den man als Begleitform der echten Buckelgefässe betrachten und mit ihnen der III. Periode zuweisen muss[1]). Es ist daher kein Zufall, dass auf der Fundstelle des Schwertgriffes auch mehrere Buckelkrüge (Abb. 6) vorgekommen sind. Und das verleiht dem an sich geringfügigen Funde einen gewissen Wert, dass er die vorläufig noch recht kleine Zahl von Bronzetypen aus jenen ältesten schlesischen Brandgräbern um einen neuen vermehrt.

Abb. 6. Polkau. $^1/_4$.

Das in Abb. 7 wiedergegebene Schwertfragment ist erst vor kurzem durch Vermittlung des Herrn Kaufmanns Dehmel in Neusalz a. O. ins Museum gelangt. Über die Fundumstände war nichts weiter zu erfahren, als dass es in der Nähe von Herrnstadt zufällig ausgegraben und vom Finder an einen Lumpensammler verkauft worden war. Von diesem war es mit anderem alten Metall nach Neusalz gebracht worden. Allem Anschein nach ist es bei der Auffindung vollständig und gut erhalten gewesen, denn die Bruchfläche

---

[1]) Mertins, Wegweiser durch die Urgeschichte Schlesiens, Breslau 1906, S. 55.

ist noch ganz scharf und ohne Patina. Der übrige Klingenteil ist verbogen. Es macht den Eindruck, als ob jemand das Schwert auf den Boden gestemmt und mit Gewalt zerbrochen habe. Fälle von solcher kindischen Zerstörungslust sind ja bei prähistorischen Funden nichts seltenes.

Die ursprüngliche Länge der Klinge ist unsicher. Nach der raschen Verjüngung von 4,7 cm am Griffansatz zu 2,8 cm an der Bruchstelle möchte man auf eine Länge von höchstens 25 cm schliessen und die Waffe eher für einen Dolch als für ein Schwert erklären. Doch beträgt bei den gleich zu erwähnenden Schwertern von Barchnau und Karlswerk die Breite in der Mitte auch nur etwa 2,5 cm, während die Länge 56 und 69 cm ausmacht.

Die längs des Mittelgrates 0,8 cm dicke Klinge hat einen rautenförmigen Querschnitt, fällt also nach den Schneiden zu dachförmig ab. Parallel zu diesen sind je drei feine Riefen gezogen, an deren innerste schraffierte Dreiecke und Halbkreise angesetzt sind. Der 12,7 cm lange und 1,6 cm dicke Griff hat quadratischen Querschnitt und endet unten in die halbkreisförmige Klingenfassung, oben in den nierenförmigen Knauf. Ein von zwei Furchen eingefasstes, schnurartig geripptes Band läuft den Kanten entlang und umsäumt auch hier in Gestalt eines dreifachen Wulstes die beiden Seiten des Knaufes. Auf seinem Scheitel erweitert es sich zu einem Oval, das die Umrahmung eines Loches von 2 mm Durchmesser bildet. Vermutlich hat darin ehemals ein kleiner Knopf gesessen. Knauf, Mittelstück und Klingenfassung sind mit reihenförmig angeordneten runden Flachbuckeln verziert. Ausserdem tragen die Seitenflächen des vierkantigen Mittelstückes ein gepunztes Linienornament, bestehend aus quadratischen Feldern, die von schräg gestrichelten Bändern eingefasst und abwechselnd mit einem liegenden Kreuz und mit Horizontalstrichen gefüllt sind. Das Schwert muss lange in Gebrauch gewesen sein, nicht sowohl wegen der schartigen Beschaffenheit der Schneiden, die von neueren Beschädigungen herzurühren scheint, als wegen der starken Abschleifung der Ränder und Verzierungen. Zumal der Knauf ist ganz abgegriffen. Die Patina ist dunkelgrün und mehr rauh als glatt. Stellenweise hat sie die Oberfläche angefressen und die Ornamente verwischt.

Merkwürdig ist die beim Guss angewandte Technik. Bei flüchtiger Betrachtung könnte man glauben, dass Griff und Klinge in einem Stück gegossen seien. Sieht man genauer zu, so bemerkt man zwischen Klinge und Griffabsatz eine deutliche Fuge, welche beweist, dass nur eine äusserliche Vereinigung stattgefunden hat. Dies könnte so geschehen sein, dass der Griff als ringsum geschlossene Hülse über die mit einem Dorn versehene Klinge aufgestülpt und mit ihr vernietet worden wäre. Ein solcher Fall liegt vor bei einem Schwertgriff aus dem Depotfunde von Barchnau Kr. Pr. Stargard[1]), der mit dem unsrigen die Form der Klingenfassung und des Knaufes gemein hat und nur durch die zylindrische Form des Mittelstückes abweicht. Dort sind die halbkreisförmigen Platten der Tülle an zwei gegenüberliegenden Stellen zwecks Aufnahme eines Nietstiftes

---

[1]) XXII. Amtlicher Bericht des Westpreuss. Prov.-Museums f. d. Jahr 1901 S. 31. — Der Schwertgriff ist ausserdem abgebildet in der Festschrift des Westpreuss. Prov.-Museums v. J. 1905 Taf. 50.

durchbohrt. Bei unserm Exemplare sind zwar sogar ganze Reihen von nietkopfähnlichen Buckeln angebracht, aber man überzeugt sich leicht, dass es keine wirklichen Nagelköpfe sondern ornamentale Nachahmungen, mit dem Untergrunde zusammen gegossene Zierbuckel sind. Auch abgesehen von den fehlenden Nieten kann von einer aufgeschobenen Hülse keine Rede sein. Denn da die Heftplatte sich nach oben zu verdickt, so hätte jene, um darüber hinwegzukommen, gleichmässig weit, hinterher aber, um fest zu sitzen, gegen die Mündung hin durch Hämmern enger gemacht werden müssen, was selbstverständlich eine entsprechende Verlängerung des Schlitzes zur Folge gehabt haben würde. Er reicht aber nicht um Haaresbreite über das notwendige Mass hinaus, sitzt vielmehr auf der Klinge „wie angegossen".

Diese bildliche Redensart trifft hier wirklich den Nagel auf den Kopf. Eine Untersuchung der Seitenflächen zeigt, dass eine kaum sichtbare Fuge die Kanten begleitet, unter dem Knaufe umbiegt und in dem spitzen Winkel endet, der von den konvergierenden Platten der Klingenfassung gebildet wird. Durch vorsichtiges Einführen eines Meissels liess sich die Fuge an einer Stelle erweitern. Man sah nun, dass Vorder- und Rückseite des Griffes mit millimeterstarken Platten belegt sind, die unten erst unmittelbar über dem Klingenansatz zu einer ringförmig geschlossenen Fassung zusammenwachsen, oben aber in den hohlen Knauf übergehen. Die von der Fuge begrenzten Seitenflächen des Griffes sind die Aussenseiten der als Klingenfortsatz gebildeten Griffzunge. Ihre Form ist ungefähr dieselbe wie bei Abb. 5, nur dass die Seitenränder hier weit höher sind. Der Hohlraum zwischen der Griffzunge und der Verschalung und ebenso das Innere des Knaufes enthalten eine hellgraue erdige Substanz (Formmasse). Alles in allem ergibt sich ein Bild, das nur die eine Erklärung zulässt: die Montierung des Griffes ist durch Überfangen der fertigen Klinge mit einem zweiten Bronzeguss hergestellt worden.

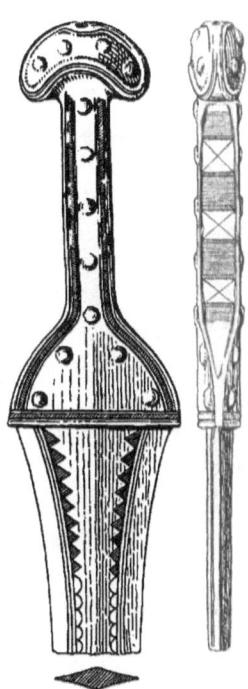

Abb. 7. Herrnstadt. 1/2

Das Verfahren hat man sich folgendermassen zu denken:

Zuerst wurde der Raum zwischen den Seitenrändern der Griffzunge und der Heftplatte mit Formlehm ausgefüllt, so dass beiderseits eine ebene, gegen die Klinge hin abfallende und mit ihr ausgeglichene Isolierschicht entstand. Am oberen Ende wurde ein Tonknauf angesetzt. Nachdem die Masse genügend getrocknet war, überzog man sie mit Wachs und bildete darin das genaue Modell der Verschalung. Hierauf wurde das Ganze in Lehm abgeformt, der Einguss gebildet, das Wachs ausgeschmolzen und durch eingegossene Bronze ersetzt. Der erdige Untergrund verhinderte, dass das flüssige Metall sich zu rasch abkühlte, und dadurch, dass die Überfangschicht den Kern an beiden Enden, am Knaufe und an der Heftplatte, vollständig umklammerte, wurde eine unverrückbare Verbindung beider Teile erzielt, die durch den blossen Kontakt der festen und der flüssigen Bronze nicht erreicht worden wäre.

Dieselbe Technik des Aufgiessens von Bronze auf Bronze hat man an gewissen grossen Spiral- und Plattenfibeln beobachtet, wo die Verbindung des Bügels mit den Seitenteilen auf diese Weise bewirkt ist[1]). Sie dürfte jedoch öfter geübt worden sein, als die in der Literatur angeführten Beispiele erkennen lassen. So wird in dem bekannten Werke von Bastian und Voss über die Bronzeschwerter des Königlichen Museums in Berlin zu Tafel II 5 und XIII 4 „ein, wie es scheint, in einem Stück gegossenes zweischneidiges Bronzeschwert" aus Karlswerk Kr. Angermünde, beschrieben, das mit dem unsrigen in allen wesentlichen Zügen so vollkommen übereinstimmt, dass man von vornherein auf die gleiche Herstellungsweise schliessen musste. Prof. Dr. Götze, einer der besten Kenner der antiken Bronzetechnik, hat mir dies auf eine Anfrage bestätigt, und ich gestehe gern, dass erst durch seine Auseinandersetzung meine Zweifel beseitigt worden sind.

Herr Götze hat auch darauf aufmerksam gemacht, dass es auffällig sei, warum der Griff nicht gleichzeitig in einem Stück mit der Klinge gegossen wurde. Irgendwelche technische Schwierigkeiten hätten dafür nicht bestanden, im Gegenteil würde dies die Arbeit wesentlich vereinfacht haben. Man müsse deshalb annehmen, dass Klinge und Griff zu verschiedenen Zeiten oder an verschiedenen Orten hergestellt worden seien, und weiter vermuten, dass die Giesserei, in der die Klingen fabriziert wurden, sich nicht mit der Anfertigung der Griffe befasst, dass also eine Arbeitsteilung stattgefunden habe. — Indessen können auch andere Rücksichten zur Wahl des komplizierteren Verfahrens geführt haben. Man war nun einmal gewöhnt, erst die Klingen anzufertigen und dann die Griffe mit Holz-, Bein- oder Hornplatten zu belegen. Verfiel man nun auf den Gedanken, statt dessen einen Bronzebelag zu nehmen, so mochte die Tradition doch stark genug sein, um eine der bisherigen analoge, also zweiteilige Zusammensetzung zu bewirken. Zu diesem psychologischen Moment können sich praktische Erwägungen gesellt haben. Die Klinge erforderte nach dem Guss noch eine langwierige und schwierige Arbeit des Abrichtens, Härtens und Schärfens. Sie musste unter Umständen mit schweren Hämmern gestreckt, dann auf Rotglut erhitzt, im Wasser abgelöscht, durch enggesetzte kurze Schläge gedichtet und gedengelt werden[2]). Bei derlei Prozeduren war der Griff nur hinderlich. Vielleicht sollte er auch eine andere Färbung erhalten wie die Klinge. Bei getrenntem Guss liess sich dies durch eine verschiedene Legierung leicht erreichen, und dass die Legierung verschieden ist, beweist der beträchtlich niedrigere Härtegrad des Griffmetalles.

---

[1]) C. Hostmann, Zur Technik der antiken Bronzeindustrie, Archiv f. Anthrop. X (1878) S. 60. — O. Olshausen, Die Technik alter Bronzen, Verhandl. d. Berlin. Ges. f. Anthrop. 1885 S. 427.

[2]) Hostmann a. a. O. S. 56.

Die Schwerter von Karlswerk und Herrnstadt sind als Abart eines im Norden ziemlich häufigen Typus mit schmaler, meist geradliniger Griffzunge und hohen Seitenrändern anzusehen, deren Aussenseiten zuweilen mit Goldblech belegt und durch eingeschlagene konzentrische Kreise verziert sind[1]). Die Verschalung ist dort, weil aus organischem Stoffe, bis auf Spuren verloren gegangen. Unser und das Berliner Exemplar zeigen, wie sie ausgesehen hat. Denn aus der Nachahmung der Nieten und der ornamentalen Behandlung, namentlich des Knaufes, geht klar hervor, dass hier Vorbilder aus Bein oder Holz kopiert worden sind. Die eigentümliche Knaufform begegnet ausserdem noch an dem erwähnten Schwertgriffe von Barchnau Kr. Pr. Stargard, der einem mit Draht umwickelten Holzgriffe nachgebildet ist. Sonst finden wir sie bezeichnenderweise nur an Miniaturschwertern, die für den Totenkultus angefertigt wurden und deren Griffe z. T. ebenfalls vereinfachte Nachbildungen hölzerner oder beinerner Griffe sind[2]).

Wenn nach dem Gesagten die nordische oder, genauer gesagt, norddeutsche Herkunft unseres Schwertes ausser Zweifel steht, so ist durch die angeführten Analogien, insbesondere den Depotfund von Barchnau, den Grabfund aus dem König Björnhügel bei Upsala und die dänischen Miniaturschwerter, die Datierung in die IV. Periode des Bronzealters ebenso sichergestellt. Als eines der wenigen Zeugnisse für einen Import aus dem Norden in dieser Zeit besitzt das Fundstück ein über das Gegenständliche hinausreichendes Interesse für unsere Provinz.

Denn im allgemeinen weisen die schlesischen Typen des jüngeren Bronzealters nach Süden hin. So auch das in Abb. 8 und 9 abgebildete Schwert aus Jägerndorf Kr. Brieg. Es ist im Jahre 1883 auf dem Felde des Bauers Just aus etwa 0,35 m Tiefe ausgepflügt worden und mit der Sammlung des Freiherrn von Falkenhausen in unseren Besitz gelangt[3]). Seine reiche und geschmackvolle Verzierung, seine treffliche Erhaltung und seine prächtige blaugrüne Patina machen es zu einem der ansehnlichsten Stücke des Museums.

Das Schwert misst vom Knauf bis zur Spitze 60 cm, die Klinge allein ist 50 cm lang und 4,4 cm breit. Sie ist schilfblattförmig und mit einem sehr starken abgerundeten Mittelgrat versehen, der sich gegen die Spitze hin verflacht. Der untere Klingenteil ist mit einem dreifachen Bande von fein gravierten Linien verziert, die mit den Rändern sich der Schneide parallel laufen. Die beiden inneren Bänder brechen etwa 20 cm oberhalb der Spitze plötzlich ab, während das äussere, immer parallel der Schneide, sich bis zum Griffe fortsetzt. Nahe dem Griff sind die Schneiden bogenförmig geschweift und durch eine Reihe von eingeschlagenen, nach innen geöffneten Kreissegmenten mit markiertem Mittelpunkt verziert. Der Klingenteil des Griffes ist bogenförmig ausgeschnitten und durch zwei Nieten mit der Heftplatte verbunden. S förmige, in vierfachen Parallellinien ausgeführte Schleifenornamente, konzentrische Kreise und Punktreihen bilden seine Verzierung. Der eigentliche, im Querschnitt ovale Griff ist mit drei flachen ringsumlaufenden Wülsten versehen. Diese sind von feinen Parallellinien und Punktreihen eingefasst und mit einem Zackenbande von schraffierten Dreiecken verziert. Die Zwischenfelder füllen Spiralgewinde aus. Den Abschluss

---

[1]) S. Müller, Ordning af Danmarks Oldsager, Abb. 175. — O. Almgren, Kung Björns Hög, Stockholm 1905, Pl. I u. S. 26 u. 46.

[2]) S. Müller, Ordning, Abb. 178. — Madsen, Broncealderen, I Taf. 12; II Taf. 15.

[3]) Vgl. Schlesiens Vorzeit VI S. 54. Ob die dort neben dem Schwerte abgebildete Nadel dabei gefunden worden ist, erscheint mindestens fraglich.

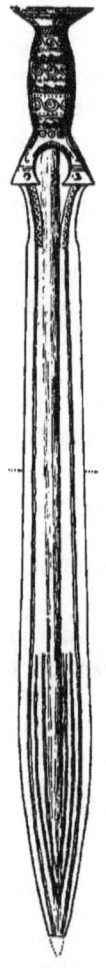

gegen den schalenförmigen, völlig runden Knauf bildet ein von Parallellinien und Punktreihen eingefasstes Band von schräg gegeneinander gestellten Strichlagen. Der Knauf ist nahe der Mitte durchbohrt, um ihn mit einem Ringe am Wehrgehenk befestigen zu können. Im Zentrum befindet sich ein oben abgerundeter Knopf, den ein aus denselben Verzierungselementen wie der Griff zusammengesetztes Liniensystem umgibt. Der Durchmesser des Knaufes beträgt 5,3 cm. Beschädigungen der Patina finden sich namentlich am Griffteile, in geringerem Masse an den Schneiden. Auch ist die äusserste Spitze abgebrochen.

Das Jägerndorfer Schwert stimmt in Form und Ornament bis in die kleinsten Einzelheiten mit vielen in Ungarn gefundenen Schwertern überein[1]) und ist zweifellos von dort eingeführt worden. Die wenigen ausserhalb Ungarns vorgekommenen Exemplare ähnlicher Art beweisen nur, dass der Export sich auch nach anderen Richtungen verbreitet hat. Die Entstehung setzt Naue[2]) aus typologischen Gründen in die Mitte oder vielleicht ans Ende der jüngeren Bronzezeit, Reinecke[3]) in seine Hallstattzeit A, die der Periode IV und z. T. V von Montelius entspricht. Die Datierung wird dadurch erschwert, dass Schwerter dieser Art noch niemals in Gräbern, sondern entweder einzeln oder in Depotfunden angetroffen worden sind. Auch bei unserm Exemplare ist an einen Grabfund nicht zu denken. Vielmehr sind diese einzeln gefundenen meist durch besondere Trefflichkeit ausgezeichneten Schwerter ziemlich sicher als Votivfunde aufzufassen.

Abb. 9. Jägerndorf. ½

Eine noch spätere Entwicklung bezeichnen die Antennenschwerter, so genannt von der fühlhörnerähnlichen Einrollung ihrer äussersten Griffenden. Aus Schlesien besitzen wir ein in Klein-Ausker Kr. Wohlau gefundenes Exemplar, Abb. 10. Der Ort ist durch wiederholte Funde von Brandgräbern mit Tongefässen der Hallstattzeit bekannt.

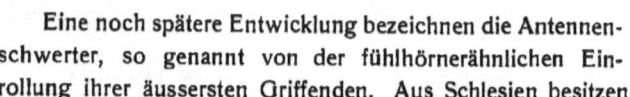

Abb. 8. Jägerndorf. ¼

Die ganze Länge beträgt 44,6, die Klingenlänge 32,6 cm. Klinge und Heft sind aus einem Guss; an der Übergangsstelle ist die Gusshaut noch zu sehen. Die am Anfang 3,8 cm breite Klinge verjüngt sich bis zur Mitte kaum merklich, dann stärker bis zur abgerundeten Spitze. Vom Mittelgrat dacht sie sich nach den Schneiden zu allmählich ab. Der Griff hat ovalen Querschnitt und ist von unten nach oben gleichmässig verjüngt. In der Mitte ist er mit drei,

---

[1]) Vgl. Hampel, Bronzkor, Taf. XXIII 2, XXIV, XXV, CLXXVI, CLXXXI und besonders CXCVII 2,7 und CXCVIII 4.

[2]) J. Naue, Die vorrömischen Schwerter, München 1903, S. 56 (Typus Bb).

[3]) Korresp.-Blatt d. Deutsch. Ges. f. Anthrop. XXXIII (1902) S. 18 (Tabelle). — In seiner drei Jahre früher veröffentlichten Chronologie der ungarischen Bronzezeit (Archaeol. Ertesitö XIX [1899] S. 321) hatte Reinecke diese Schwerter an den Beginn der IV. Periode gesetzt. Vgl. auch Szombathy in Mitteil. d. Wiener Ges. f. Anthrop. XX (1890) S. [13] f.

an den Enden mit einem oder zwei Ringwülsten verziert. Den unteren Abschluss bildet eine nahezu trapezförmige Platte. Als Knauf dient ein vierkantiges, nach den Enden zu schmäler werdendes und einwärts gerolltes Band. Der Guss ist von geringer Güte, wie besonders aus dem unregelmässigen Verlauf der Klinge hervorgeht. Zu berücksichtigen ist dabei allerdings, dass die Klinge im Altertum wahrscheinlich wiederholt neu geschärft und dadurch beträchtlich verkürzt worden ist. Ausserdem ist nach der Auffindung die Spitze abgebrochen und wieder angelötet worden. Die Schneiden sind schartig, aber noch ziemlich scharf. Die Patina ist glatt und dunkelgrün.

Die Verbreitung der Antennenschwerter erstreckt sich von Etrurien bis nach Schweden und von England bis Ostpreussen. Am zahlreichsten sind sie in der Westschweiz, in Frankreich und Norddeutschland[1]). Wenn nun auch nicht bezweifelt werden kann, dass ein Teil der im Norden gefundenen Exemplare aus dem Süden und Westen eingeführt ist, so hat man hier doch sicher auch versucht, die fremden Stücke nachzuahmen. Eine solche einheimische Nachahmung scheint unser Schwert zu sein. Die mangelhafte Gusstechnik, die Vereinigung von Heft und Klinge durch gemeinsamen Guss und verschiedene andere Abweichungen von der gewöhnlichen Art deuten darauf. So das Fehlen einer eigentlichen Mittelrippe, an deren Stelle eine einfache Verstärkung tritt. Ferner der geradlinige Abschluss der Heftplatte, die sonst fast immer einen bogigen Ausschnitt zeigt. Endlich die gleichmässige Verjüngung des Griffes, der sonst doppelkegelförmig oder in der Mitte ausgebaucht zu sein pflegt. Zugleich kann man daraus auf eine verhältnismässig späte Entstehungszeit schliessen. Im allgemeinen gehören die Antennenschwerter der Übergangsstufe von der Bronze zum Eisen, d. h. in Mitteleuropa der älteren Hallstattzeit, im Norden der V. Periode an.

Nicht viel zahlreicher als die Schwerter sind in Schlesien die Bronzedolche. Während z. B. aus der Provinz Posen allein in dem Depotfunde von Granowo sechs, in dem von Punitz fünf Dolche der ersten Periode vorliegen[2]), ist diese in Schlesien nur durch das eine Exemplar von Steinau vertreten[3]). Aus der älteren Bronzezeit haben wir die Dolche von Krehlau und Namslau[4]), beide aus Skelettgräbern herstammend und durch die Begleitfunde ihrem Alter nach gut bestimmt. Alle anderen schlesischen Bronzedolche sind einzeln oder unter unbekannten Umständen gefunden worden.

Die Dolchklinge Abb. 11 ist auf dem Burgberge bei Mönchmotschelnitz Kr. Wohlau ausgegraben und dem Museum von dem Königl. Kammerherrn Freiherrn

Abb. 10. 1/3

---

[1]) Naue a. a. O. S. 82. — Lissauer im Globus LXVI Nr. 9. — Reinecke in Mitteil. d. Wiener Ges. f. Anthrop. XXX (1900) S. 45.

[2]) Koehler und Erzepki, Album der prähistor. Denkmäler, Posen 1893, Heft I Taf. IX und XVII. Vgl. auch Taf. XIX und Heft II Taf. XXI.

[3]) Schlesiens Vorzeit VI S. 177; N. F. IV S. 7.

[4]) Schlesiens Vorzeit VI S. 326; N. F. IV S. 6. — Eine 12 cm lange Dolchklinge, wie die Namslauer, und zwei Ösennadeln, gefunden in Neugabel Kr. Sprottau, besitzt Hauptmann a. D. Jörs daselbst.

von Köckritz auf Mondschütz geschenkt worden[1]). Sie ist 16,5 cm lang, hat leicht gebogene und dünn geschliffene Schneiden und einen nach der Mittellinie schwach aufsteigenden Rücken. In der eckig vorspringenden Heftplatte stecken vier fast zylindrische, nach den Enden zu leicht anschwellende Nieten von 0,95 cm Länge und 0,4 cm Dicke. Ob die Heftplatte, wie es bei diesem Dolchtypus öfter beobachtet wird, oben in der Mitte mit einer kleinen Einbiegung endete, lässt sich infolge einer Beschädigung des Randes nicht entscheiden. Dagegen ist der Umriss des Griffabschlusses durch eine bräunliche Färbung der Patina deutlich zu erkennen. Man sieht, dass er in der Mitte einen halbrunden Ausschnitt hatte und dass die Kanten der Seitenflügel schräg geneigt waren. Auch ist aus den enggezogenen und feinen Linien, die sich auf dem abgegrenzten Flecke senkrecht in die Patina eingedrückt haben, zu schliessen, dass der Griff aus Holz bestanden hat.

Abb. 11. ¹/₃

Abb. 12 zeigt eine im Sommer 1908 aus dem alten Oderbette bei Breslau zwischen der Rosenthaler- und der Gröschelbrücke beim Sandschachten herausgezogene Klinge von 28,5 cm Länge. Dass sie lange im Wasser gelegen hat, bezeugt die schöne goldbraune Farbe des Metalls. Die haarscharfen lückenlosen Schneiden laufen geradlinig bis zur Spitze; nur an einer Stelle weist die eine Seite eine Einwärtsschweifung auf, die vermutlich von einer Neuschärfung herrührt. Der ziemlich kräftige, abgerundete Grat weicht etwas von der Mittelaxe ab, so dass die Teilung ungleich wird. Die kaum merklich vorspringende Heftplatte ist trapezförmig zugeschnitten und enthält vier Nagellöcher. Die noch darin hängenden Nieten haben breit geschlagene Köpfe und eine Dicke von 0,5 cm. Die Länge beträgt bei den beiden oberen 1,8, bei den unteren 1,4 cm. Diese Ungleichheit erklärt sich daraus, dass die Griffschalen naturgemäss gegen die Klinge hin schwächer wurden. Wie bei dem vorigen Dolche, wenngleich weniger deutlich, hat sich die Verschalung durch eine intensivere Patinierung auf der Heftplatte abgezeichnet. Anscheinend endete sie auch hier halbkreisförmig.

Eine dritte Klinge, Abb. 13, von 25,5 cm Länge, unbekannten Fundorts, aber sicher aus Schlesien stammend[2]), gleicht der

Abb. 12. ¹/₃   Abb. 13. ¹/₃

---

[1]) An derselben Stelle hat man in früheren Jahren Brandgräber mit Gefässen des Lausitzer Typus entdeckt.

[2]) Schon das „Verzeichnis der im Museumslokale vereinigten Altertümer" vom Jahre 1860 enthält unter Nr. 157 als Leihgabe des Rittergutsbesitzers Wilhelm Korn auf Oswitz „eine Lanzenspitze von Bronze", die mit der vorliegenden Dolchklinge identisch ist. Sie wurde später von seiner Witwe dem Museum geschenkt. (Inv.-Nr. 8278.) Es ist anzunehmen, dass sie gleich den übrigen aus derselben Quelle stammenden Altertümern auf einem der Kornschen Güter gefunden ist.

vorigen in der schlanken und spitzigen Blattform, hat aber eine schmälere und schärfer abgesetzte Rippe, und facettierte, stellenweise durch feine Blutrinnen begrenzte Kanten. Die viereckige Heftplatte ist durch zwei einspringende Bogen vom Klingenabsatz getrennt und enthält ein paar dicke, pflockartige Nägel mit flachgewölbten Köpfen. Die Patina ist dunkelgrün und bis auf die von der ehemaligen Fassung angegriffene Heftplatte glatt und glänzend.

Alle drei Klingen dürften nach ihrem Querschnitt, nach der Form des Griffabschlusses und nach der Gestalt und Stellung der Nieten der älteren Bronzezeit angehören[1]). Zu einer genaueren Altersbestimmung reichen die vorhandenen Kriterien kaum aus.

Ein merkwürdiges Stück aus Wangern Kr. Breslau stellt Abb. 14 dar. Es rührt von einem Fundplatze her, der Altertümer aus verschiedenen Zeiten, von der älteren Bronzezeit bis zur römischen Periode ergeben hat, aber zum Teil durch Raubgräberei verwüstet worden ist[2]). Die im ganzen 16,5 cm lange weidenblattförmige Klinge hat einen rundlichen Grad und endet in eine flache Griffzunge, deren oberer Teil abgebrochen ist. An der Ansatzstelle ist ein rundes Loch zum Zwecke der Griffbefestigung eingeschlagen. Es wäre an sich wohl denkbar, dass die Spitze als Lanze geschäftet war. Doch kann man an den Reihen der fremden Vergleichsstücke verfolgen, wie aus den doppeldeutigen Typen in allmählicher Umwandlung ausgeprägte Dolche entstehen, so dass auch jene vermutlich als Dolche aufzufassen sind. In Mittel- und Norddeutschland steht die Form anscheinend ganz vereinzelt da[3]). Um so häufiger ist sie in den Pfahlbauten der Alpenländer und in den Terramaren Oberitaliens[4]). Man muss annehmen, dass unser Exemplar von dort ausgegangen und vielleicht auf dem Wege über Ungarn[5]) nach Schlesien gekommen ist.

Abb. 14.
$^1/_3$

Bei der Görlitzer Anthropologenversammlung 1906 erregten zwei von dem dortigen Museum kurz vorher erworbene und von Feyerabend in der Festschrift veröffentlichte[6])

---

[1]) J. Naue, Die Bronzezeit in Oberbayern, München 1894, S. 70. — S. Müller, Die nordische Bronzezeit und deren Periodenteilung, S. 9. — Splieth, Inventar der Bronzealterfunde aus Schleswig-Holstein, S. 11. — Vgl. Naue, Hügelgräber zwischen Ammer- und Staffelsee, Taf. XII 3. — Hedinger, Ausgrabungen auf der Schwäbischen Alp 1900 u. 1901 (S. A. aus Archiv f. Anthrop. XVIII) Taf. IV. — Hampel, Bronzkor, Taf. CCXXI, CCXXII — Madsen, Fund af Egekister, Taf. X 3.

[2]) Berichte von Pfarrer Stiller und Zimmermeister Schirm in Wangern, über die von ihnen 1885 vorgenommenen Ausgrabungen bei den Akten des Museums. Der Dolch ist darin nicht besonders erwähnt, wurde aber zusammen mit dem Ergebnis der planmässigen Ausgrabungen dem Museum überwiesen (Inv.-Nr. 75.85). Er gehört ohne Zweifel zu den aus der Hand der Bahnarbeiter erworbenen Bronzen.

[3]) Ein bei Bastian und Voss, Bronzeschwerter, Taf. IV 10 abgebildetes Exemplar ist unbekannten Fundorts.

[4]) Montelius, Civilisation primit. en Italie, Pl. 6, 22 u. ö. — v. Tröltsch, Fundstatistik, Typus 92a. — v. Tröltsch, Pfahlbauten des Bodenseegebietes, S. 180. — Mortillet, Musée préhistorique, Pl. LXXX.

[5]) Vgl. Hampel, Bronzkor, Taf. CCXVI 7—9, wo freilich die Griffzungen schon eine entwickeltere Form haben.

[6]) Jahreshefte d. Ges. f. Anthrop. u. Urgeschichte d. Oberlausitz Bd. II S. 88. — Herr Direktor Feyerabend war so freundlich, mir die beiden Dolche für die vorliegende Untersuchung zu übersenden.

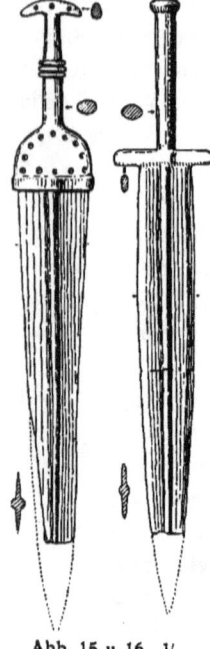

Abb. 15 u. 16. ¹/₄

Bronzedolche aus Neundorf an der Landskrone das lebhafte Interesse der anwesenden Prähistoriker. Ihre Form erschien so fremdartig, dass ernstliche Zweifel an der Echtheit der Stücke laut wurden. Dem konnte jedoch entgegengehalten werden, dass die Fundumstände vollkommen glaubhaft und einwandfrei festgestellt seien. Auch weist die Patinierung alle Kennzeichen hohen Alters auf.

Die beiden Dolche stimmen in der Grösse, in den Proportionen und in der gusstechnischen Behandlung ziemlich genau überein. Ihre Klingen sind schmal und dick und mit einer starken, halbkreisförmig abgesetzten Rippe versehen. Die stabförmigen massiven Bronzegriffe haben ovalen Querschnitt. Im übrigen sind sie verschieden gestaltet. Bei dem einen, Abb. 16, sind Griff und Klinge zusammengegossen und durch eine 6,5 cm lange, 1,1 cm hohe und 0,5 cm dicke Querstange getrennt. Die nach oben dicker werdende Griffstange endet in eine knopfartige Verdickung. Bei dem andern, Abb. 15, ist die Klinge anscheinend in den Griff eingesetzt. Der Rand der glockenförmigen Tülle ist durch ein reliefartig aufliegendes Band verstärkt. Zwölf runde Grübchen umsäumen beiderseits die Platten. Die nach obenhin leicht verjüngte Stange ist in der Mitte durch einen dreifachen Wulst gegliedert. Als Abschluss dient ein mondsichelförmiger Knauf von rundem Querschnitt mit je drei tiefen Löchern. Die Form lässt erkennen, dass sie einem Griff aus Holz, Horn oder Bein nachgebildet ist.

Der Dolch Abb. 15 ist mit einem in Süd- und Mittelitalien heimischen Dolch- und Schwerttypus verwandt, der seinerseits wieder aus einer orientalisch-griechischen Form entstanden ist[1]). Der halbmondförmige Knauf, die glockenförmige Hülse, die Verstärkung des Handgriffs in der Mitte, die Anordnung der Nietlöcher, alles das findet sich dort und sonst nirgends in dieser Weise vereinigt. Montelius[2]) verlegt die frühesten Schwerter dieses Typus in seine protoetruskische Periode I, führt aber auch noch Beispiele an aus der II. etruskischen Periode[3]). Es würde dies etwa der IV.—V. Periode des nordischen Bronzealters entsprechen.

Auch für den andern Dolch lassen sich nur sehr fern liegende Analogien beibringen. Der Begriff der Parierstange in wörtlichem Sinne ist dem Altertume fremd. Indessen sind bei manchen spät-bronzezeitlichen oder früh-eisenzeitlichen Schwertern und Dolchen die Flügelenden der Klingenfassung derartig verlängert, dass sie das Aussehen von Parierstangen annehmen. Der Zweck war, das Abgleiten der Hand beim Stosse zu verhüten. Ein

---

[1]) Naue, Vorrömische Schwerter, S. 11, Taf. V u. VI. — Montelius, Civilis. primit. en Italie, Pl. 251, 252, 317, 348, 355, 369. — Bullettino di paletnologia italiana XXVI (1900) T. XII. — Bastian und Voss, Bronzeschwerter, Taf. XII 6, 7, 10.

[2]) Preclassical Chronology, Journal of the anthropological Institute XXVI (1897), Pl. 11.

[3]) Civilis. primit. en Italie, Pl. 348: Grab XVIII von Veji.

eisernes Schwertfragment mit langer Horizontalstange und starker Mittelrippe, jedoch mit flacher, für Holzbelag berechneter Griffzunge, ist auf dem Flachgräberfelde von Sanskimost in Bosnien gefunden worden[1]). Dagegen zählen die von Marchesetti in der archaischen Nekropole von St. Kanzian bei Triest gefundenen Bronzeschwerter und Dolche „mit parierstangenartigem Griffabschluss" nicht in diese Gruppe, weil die Querstangen nicht zum Griff, sondern zur Scheide gehören[2]).

Ferner sind die südrussischen Antennenschwerter zuweilen mit parierstangenartigen Vorsprüngen versehen[3]). Von solchen Vorbildern dürften die sibirischen Bronze- und Eisendolche abgeleitet sein, die hauptsächlich aus dem an den Ural angrenzenden Südbezirk des Gouvernements Jennisseisk mit der Stadt Minussinsk als Mittelpunkt vorliegen[4]). Es ist nicht zu leugnen, dass ein Teil von ihnen mit dem Neundorfer Dolche eine auffallende, aber gewiss nur auf Konvergenz der Entwicklung beruhende Ähnlichkeit besitzt.

Bei dem Mangel jeglicher Zwischenglieder sind wir vorläufig ausserstande, diese wirklichen oder scheinbaren Verwandtschaften genetisch zu erklären. Jedenfalls sind die Görlitzer Dolche keine von fernher eingeführten, sondern einheimische, wennschon nach fremden Mustern angefertigte Arbeiten. Eine volle Übereinstimmung besteht mit keinem der ausländischen Exemplare. Wohl aber haben wir gesehen, dass sie untereinander, trotzdem sie typologisch aus verschiedenen Quellen stammen, eine Anzahl gemeinsamer Züge und dieselbe etwas derbe technische Behandlung zeigen. Es ist nicht überflüssig, dies ausdrücklich zu betonen. Denn man könnte sonst auf den Gedanken kommen, dass sie zwar nicht gefälscht, aber in älterer oder neuerer Zeit zufällig verschleppt worden seien.

In seiner bekannten Maslographia (1711) erwähnt Pastor Hermann S. 149 auch zwei bronzene „Schwerdtel" aus Massel Kr. Trebnitz, deren jedes „à part in einem Topffe angetroffen worden". Die sehr primitive Darstellung (Tab. VII 5) lässt vermuten, dass sie ebenfalls mit einer kurzen Querstange versehen und etwa 9 cm lang waren. Aus ihrer Kleinheit schloss Hermann mit Recht, dass es keine eigentlichen Waffen, sondern nur Sinnbilder von solchen waren. Wir betrachten Sie zwar nicht mit ihm als Abzeichen des Kriegsgottes, aber als billige Ersatzstücke für die grossen Schwerter, wie sie im jüngeren Bronzealter als Totenbeigabe besonders im Norden sehr beliebt waren[5]).

[1]) Wissenschaftl. Mitteil. aus Bosnien u. d. Herzegowina VI (1899) S. 66 Abb. 9.
[2]) Marchesetti im Bolletino della Società adriatica di scienze naturali in Trieste XX (1900) S. 24 Taf. XV. — Nähere Auskunft über diese höchst eigentümlichen Stücke, die Reinecke in den Mitteil. d. Wiener Ges. f. Anthrop. XXX (1900) S. 45 erwähnt, verdanke ich einer brieflichen Auskunft Prof. Marchesettis.
[3]) Graf Alexej Bobrinsky, Kurgane und gelegentliche archäologische Funde bei Smjela, Gouv. Kiew, (in russ. Sprache), St. Petersburg 1887, Taf. VII.
[4]) F. R. Martin, L'âge du bronze au musée de Minoussinsk, Stockholm 1893, Pl. 21—24. — Aspelin, Antiquités du Nord Finno-Ougrien, I Taf. 52. — W. Radloff, Sibirische Altertümer (Materialien zur Archäologie Russlands Nr. 3), St. Petersburg 1888, Taf. VII—X, Text in russischer Sprache, deutsches Referat in den Verhandl. d. Berlin. Ges. f. Anthrop. 1895 S. 244 f. — Naue, Schwerter, Taf. XLV 2. — Vgl. ausserdem Mémoires des antiquaires du Nord 1872—1877 S. 73.
[5]) S. Müller, Nordische Altertumskunde, I S. 419.

Abb. 17. Grabfund mit Gussform aus Beckern Kr. Striegau

3. GUSSFORMEN

Gussformen für Bronzegeräte bieten nach zwei Richtungen hin Interesse. Erstens geben sie oft besser, als die Erzeugnisse selbst, Aufschluss über das bei ihrer Herstellung angewendete Verfahren; zweitens lehren sie unmittelbar, welche Arten von Gegenständen in dem betreffenden Lande verfertigt worden sind. Eine Zusammenstellung der in den verschiedenen Gegenden gefundenen Gussformen würde unserer Kenntnis der alten Bronze-Industrie eine feste Grundlage geben. Schlesien hat dazu nur wenig beizusteuern. Doch kann in diesem Falle auch ein negatives Ergebnis wertvoll sein. Vom technischen Standpunkt sind einige unserer Gussformen ausserordentlich lehrreich. Sie sind in der folgenden Übersicht ausführlicher behandelt worden.

Beckern Kr. Striegau.

In einem Grabe (Nr. 73) des südlichen Urnenfriedhofes von Beckern[1]) fand Herr Dr. Leporin in Kuhnern eine zweiteilige Gussform für bronzene Tüllenäxte. Das Grab war durch den Pflug stark mitgenommen. Doch liessen sich die Gefässe bis auf zwei Näpfe aus den Scherben zusammensetzen. Abb. 17 zeigt ihre ungefähre Anordnung, Abb. 18 den genauen Grundriss des Grabes. In der Mitte, 0,56 m unter Tage, stand die Urne, ein bauchiges Gefäss mit vier Griffzapfen, umgeben von kleineren Töpfen, Schalen, Näpfen und einem scheibenförmigen Deckel mit Fingernägel-Eindrücken. An der Nordostseite, 0,48 m tief, lag die Gussform Abb. 19. Ihre beiden Hälften waren zusammengeklappt und umschlossen die abgebrochene

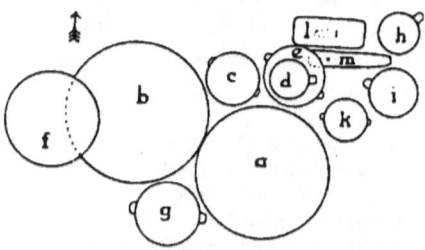

Abb. 18. a) Aschenurne, b) Scheibe, c) verzierter Napf, d) flache Tasse, lag in e, e) blumentopfartiger Topf, f) verkehrt liegende Schüssel, g) Becher, h, i, k) flache Schalen und Näpfe, l) Gussform, m) Gusskern

---

[1]) Vgl. den folgenden Aufsatz von H. Leporin über die Urnenfriedhöfe um Kuhnern Kr. Striegau.

Spitze des Gusskernes. Der Rest des Kernes mit dem kolbenförmigen Oberteil lag parallel daneben. Metallbeigaben enthielt das Grab keine. In zwei Nachbargräbern (Nr. 71 und 74) soll Eisen gefunden worden sein. Die Gefässformen und der Axttypus deuten auf die jüngste Bronzezeit.

Die beiden symmetrischen Formklappen sind aus ziemlich grobkörnigem, mit Glimmerpünktchen durchsetztem, lichtbraunem Tone hergestellt, leicht gebrannt und nicht bloss inwendig, sondern auch an den gewölbten Aussenseiten gut geglättet. Ihr Querschnitt ist etwa dreiviertel-kreisförmig, doppelt genommen also elliptisch. Einige alte Risse dürften schon beim Brennen der Form entstanden sein. Ausserdem ist jedoch nach der Auffindung die eine Klappe zu Boden gefallen und mitten durchgebrochen; auch die Lücke auf der Innenseite rührt von dieser nachträglichen Beschädigung her. L. 16,5, Br. 7.5, Dicke 5,7 cm.

Das Negativ der 12,3 cm langen Axt ist sauber und scharf herausgearbeitet. Man wird sich die Arbeit durch Benutzung eines Modells erleichtert haben, sei es, dass man es aus Holz oder Ton besonders anfertigte, sei es, dass man dazu eine fertige Axt verwendete. Der Typus ist der in Schlesien gewöhnliche mit Randwulst, kleinem Henkel (zum Anbinden am Schafte) und Längsrippen an den Breitseiten zur Verstärkung der Wände. Über dem Wulste liegt die zylindrische, 2,3 cm lange Führung für den Kern. In sie ist bei beiden Schalen in die Mitte eine trichterförmige Rinne eingeschnitten. Die eine hat als Einguss für das Metall, die viel schmälere andere hat als Luftabzug gedient.

Damit die Klappen beim Gusse gut aufeinander passten, sind innen an je einer der oberen Ecken und in der Mitte des unteren Randes erbsengrosse Zapfenlöcher von 1 cm Tiefe eingebohrt. Ferner gehen an den beiden Stellen, wo die Öse für den Henkel der Axt gebildet werden sollte, Löcher durch die Formwand, und zwar in schräger oder bogenförmiger Richtung, so dass die Aussenöffnungen innerhalb desselben Querschnittes nur wenig tiefer an den Seitenflächen der Gussform zutage treten. Der Kanal ist bei der einen Form vollständig, bei der anderen zur Hälfte mit rundem Bronzedraht ausgefüllt, dessen zylindrische Enden an der Innenöffnung um 1—2 mm freistehend hervorragen und in der Höhe der Randflächen abgeschnitten sind. Welchen Zweck hat diese Vorrichtung gehabt? Man hat daran gedacht, dass die beiden Formhälften durch einen gemeinsamen Draht scharnierartig zusammengeschlossen werden sollten. Aber diese Annahme verbietet sich schon deshalb, weil es dann unmöglich gewesen wäre, die Form nach dem Gusse zu öffnen und das Gussprodukt herauszunehmen, ohne den Draht vorher zu entfernen oder die Form zu zerbrechen. Aus demselben Grunde ist es ausgeschlossen, dass die Kanäle sogen. Windpfeifen waren, bestimmt, der Luft beim Giessen freien Abzug zu verschaffen, die erst während des Gusses unwillkürlich mit flüssigem Metall ausgefüllt worden wären. Denn das in sie einströmende Metall würde erst recht einen festen Verband geschaffen und ein gefahrloses Öffnen der Form verhindert haben.

Betrachten wir andere Gussformen für Tüllenäxte, z. B. Abb. 20, so sehen wir, dass die Öse regelmässig durch eine rundliche Erhöhung des Grundes mit einer umlaufenden

Rinne gebildet wird. Ein zweiter Fall, wo sie durchbohrt und mit Draht ausgefüllt wäre, scheint nicht bekannt zu sein. Dies führt uns darauf, dass wir es hier nur mit einer zufälligen Erscheinung, mit einer Reparatur zu tun haben. Die knopfartigen Vorsprünge für die Henkelöffnung waren leicht Beschädigungen ausgesetzt. Sie mochten abgebröckelt sein, und um sie wieder herzustellen, bohrte man die Stellen an und fügte entsprechend dicke Drahtstücke hinein — man plombierte sie gewissermassen. Das Bohrloch durfte nicht senkrecht geführt werden, weil dann die dünne Zwischenwand auf der Innenseite zu leicht durchgebrochen wäre. So wählte man die schräge Richtung nach aussen und hatte dabei zugleich den Vorteil, die Bohrung von zwei Seiten her und um so vorsichtiger bewirken zu können. Bei der einen Schale ist der äussere Kanal beträchtlich tiefer, als nötig, gebohrt und nachher bedeutend erweitert worden, um den Draht in den beinahe rechtwinklig einmündenden inneren Kanal einzulassen.

Zur Erzeugung der Tülle war der 24 cm lange tönerne Kolben Abb. 19d bestimmt. Er besteht aus einem dickeren walzenförmigen Oberteile und dem Kernstück, das von jenem durch einen Absatz geschieden und im Querschnitt viereckig ist. Durch die kantige Form der Tülle sollte vermieden werden, dass sich die Axt bei heftigen Schlägen um den Schaft drehte. Vor dem Gusse musste der Kern innerhalb der Form so placiert werden, dass er freischwebend hineinragte und auf allen Seiten ein gleicher Zwischenraum blieb; jede Verschiebung der Richtung würde Ungleichmässigkeiten in der Wandstärke und wohl gar Löcher zur Folge gehabt haben[1]). Es war also nötig, den Oberteil unverrückbar festzulegen, und dazu diente die Führung, der zylindrische Hohlraum zwischen der Eingussöffnung und der eigentlichen Form. Nun sieht man aber auf den ersten Blick, dass der betreffende Teil im Verhältnis zur Länge des Kolbens viel zu kurz ist. Er ruht darin durchaus nicht fest, sondern lässt sich mit Leichtigkeit hin- und herbewegen. Und wozu überhaupt diese grosse Länge, wenn mehr als Dreiviertel des Oberteils aus der Form freistehend hervorragten? Sie würde unter solchen Umständen den Guss nur erschwert haben. Erklären lässt sie sich nur, wenn wir annehmen, dass man sich nicht mit der innerhalb der Gussform angebrachten Führung begnügt, sondern sie samt dem Eingusskanal und dem Ventil ausserhalb der Form verlängert hat. Zu diesem Schlusse führt aber noch eine andere Erwägung. Der Guss eines dünnwandigen Hohlkörpers verlangt ein nicht zu niedriges Gefälle, um das Metall in alle Ecken und Winkel hineinzutreiben. Hätte man die Bronze ohne weiteres in die vorhandene Eingussöffnung fliessen lassen, so würde sie zwar vielleicht die untere Partie gut ausgefüllt haben, beim Emporsteigen aber, wegen des geringen Druckes und infolgedessen langsamen Flusses schon zu starr gewesen sein, um noch eine scharfe Ausformung der oberen Hohlräume zu ergeben.

Folgendes Verfahren scheint mit den beobachteten Einzelheiten und gusstechnischen Erfordernissen in Einklang zu stehen. Nach Vollendung der Form legte man zuerst die

---

[1]) Es scheint mir daher nicht recht glaublich, dass die Bronzegiesser von Velem St. Veit die Gusskerne erst in die Form eingeführt hätten, nachdem diese bereits vollgegossen war, wie Freiherr v. Miske in seinem Tafelwerke S. 22 angibt.

eine Hälfte mit der Vorderseite auf eine glatte Fläche, z. B. eine Steinplatte oder ein Brett, und verstopfte die Öffnung. Dann breitete man soviel Lehm darüber aus, dass die Schale ganz darin eingebettet war, und stampfte ihn fest. Hierauf wurde das Ganze umgedreht und in dem Lehmlager die Führungsrinne nebst dem Eingusskanal ungefähr um das Dreifache verlängert. Am Ende der Verlängerung wurde der Lehm glatt abgeschnitten. In derselben Weise verfuhr man mit der anderen Formhälfte. Nachdem der Lehm getrocknet und festgeworden war, schwärzte man, um ein Anbacken der Bronze zu verhindern, den ganzen Innenraum mit Russ, verschloss den Gusskanal und das Ventil vorläufig, etwa durch Einlegen gespaltener Holzstäbchen, und schritt zur Bildung des Kernes. Man nahm hierzu eine Tonrolle von entsprechender Länge und Dicke, und presste sie derart in die geschlossene Form, dass der Hohlraum einschliesslich der verlängerten Führung von ihr ausgefüllt wurde und noch etwa ein Drittel der Rolle aus der Öffnung am Ende des Lehmlagers hervorragte. Es war wichtig, irgend ein Merkmal anzubringen, woran man später erkennen konnte, wie die Rolle im plastischen Zustande in der Form gelegen hatte. Denn nur, wenn man sie später genau wieder in dieselbe Lage brachte, war man einer vollkommenen Ausfüllung der Führung sicher. Diesem Zwecke hat vermutlich die Durchbohrung des Oberteiles gedient. Ein durchgesteckter Stift zeigte die Horizontale und wahrscheinlich auch die Stelle an, wo der Kolben aus der Öffnung hervortrat. Im letzteren Falle konnte der Stift später zugleich zum Aufhängen des Kolbens benutzt werden. Nun wurde dieser herausgenommen, getrocknet und am unteren Ende durch Entfernung des Schneidenteiles und vorsichtiges Abkratzen und Abschaben der Oberfläche um soviel reduziert, als der Zwischenraum zwischen Form und Kern, will sagen, die Metallstärke betragen sollte. Hierauf unterzog man ihn, der besseren Haltbarkeit wegen, einem leichten Brande und legte ihn abermals in die Form. Etwaige Ungenauigkeiten konnten jetzt noch durch kleine Nachhilfen am Kerne, am Oberteile oder an der Führungsrinne ausgeglichen werden. Endlich wurde die Form zum letzten Male geschlossen und senkrecht, mit der Öffnung nach oben, in eine Grube gesetzt oder mit festgestampfter Erde umgeben. Die Verschlussstücke wurden aus den Kanälen gezogen und der Guss konnte vor sich gehen.

Dass die Form zum Giessen gebraucht worden ist, geht aus ihrer Färbung hervor. Diese hat unter der Einwirkung der hohen Temperatur bei der einen Hälfte einen rostroten, bei der andern einen aschgrauen Ton angenommen. Die Spitze des Tonkernes lag, wie erwähnt, schon abgebrochen in der Gussform. Die Bruchflächen sind etwas abgerieben, passen aber gut zusammen. Es war am Ausgang des Bronzealters nicht selten, dass dem Toten ein für den praktischen Gebrauch untauglicher Gegenstand mitgegeben wurde.

Boyadel Kr. Grünberg

Aus Boyadel besitzt das Breslauer Museum zwei tönerne Gussformen, beide zweiteilig, die eine für eine Tüllenaxt, die andere für eine Sichel. Sie wurden im Jahre 1884 von Herrn Kantor Eckert auf einem der beiden dort befindlichen Urnenfriedhöfe

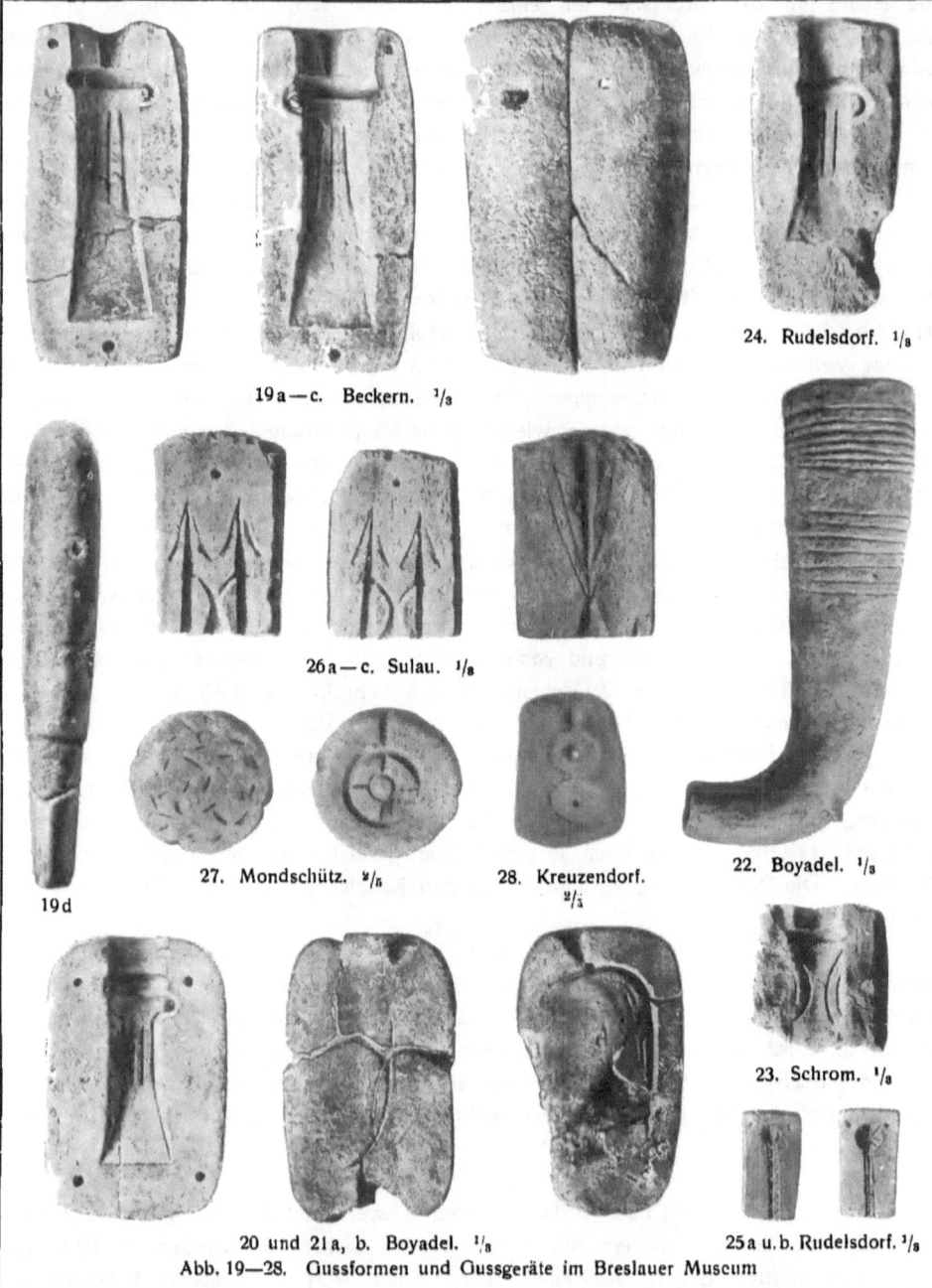

Abb. 19—28. Gussformen und Gussgeräte im Breslauer Museum

ausgegraben, und zwar lagen beide zusammen in einem Grabe, das ausserdem 12 bis 15 grosse und eine beträchtliche Anzahl kleinerer Gefässe enthielt. Zwei der grossen waren mit Asche, alle übrigen mit Sand gefüllt. Dazu gehörten ferner noch drei Bruchstücke von tönernen Röhren, von denen zwei sich zu einem vollständigen Exemplare zusammensetzen liessen. Nach den Gefässtypen fällt das Grab in die älteste Eisenzeit.

Abb. 20 gibt die eine, unversehrte Hälfte der Axtform wieder. L. 13, Br. 8,6, Dicke 4,5 cm. Die andere ist zerbrochen und unvollständig. Die Rückseite ist gewölbt und geglättet, der Querschnitt im geschlossenen Zustande annähernd rund. Der Ton ist gut geschlemmt, im Bruche hellgrau; ein feinerer Überzug (sogen. Engobe) ist nicht vorhanden. Vier durchgehende Löcher an den Ecken jeder der beiden Hälften dienten zur Aufnahme der Verbindungsstifte. Eine 5 cm lange kräftige Kerbe, die in der Mitte der einen Längsseite quer über die Fuge der geschlossenen Form gezogen ist, diente zum Festhalten der Umschnürung. Der Tonkern ist nicht erhalten, aber aus der Einrichtung der Form ist zu ersehen, dass die Art seiner Befestigung von der vorher beschriebenen wesentlich verschieden war. Zwar leitet auch hier eine kurze Führungsrinne zum Negativ der Axt über, sie enthält jedoch keinen Guss- oder Luftkanal, und an ihren Rändern sind 1 cm unterhalb der Mündung kleine Nischen eingeschnitten. Es waren dies Lager für zapfenartige Vorsprünge am Oberteile des Kernes. In sie wurde er eingehängt, nachdem man die Gussrinne und den Luftabzug in den zylindrischen Körper eingeschnitten hatte. Wir kennen die Konstruktion auch von einer Reihe ausländischer Gussformen. In einigen staken noch die Kerne [1]. Aus den früher dargelegten Gründen darf man annehmen, dass auch bei diesen Formen die Führungsrinne und der Einguss irgendwie verlängert wurden.

Von der Sichelform, Abb. 21, sind beide Hälften zerbrochen und beschädigt; die Brüche sind wenigstens zum Teil sicher alt. Material, Grösse und Gestalt entsprechen der Axtform. Die über die Fuge laufende Kerbe ist auch hier — diesmal an der Schmalseite — angebracht. Dagegen enthält die Form keine Zapfenlöcher. Sie waren überflüssig, weil bei einer Sichel oder Sichelform nur die eine Seite profiliert, die andere aber glatt ist, und weil es infolgedessen nicht darauf ankam, dass die beiden Schalen beim Gusse haarscharf aufeinander passten. Die sonst bekannten Exemplare scheinen alle einteilig zu sein und entbehren stets der Stiftlöcher. Daraus wird geschlossen, dass als Deckschale für Sichelformen ein beliebiger glatter Stein genügt habe, der auf primitive Art durch Umschnüren festgehalten worden sei [2]. Wenn man sich in unserm Falle den Luxus einer zweiten Tonklappe geleistet hat, so war der Grund vielleicht der, dass sie nicht erst besonders angefertigt zu werden brauchte, sondern in Gestalt einer misslungenen Gussform

---

[1] John Evans, L'âge du bronze, Paris 1882, S. 487 Fig. 532. — V. Gross, Les Protohelvètes, Berlin 1883, Pl. XIX 3, 4, 6, 7. — Keller, Pfahlbauten, 7. Bericht, Taf. XVII 4, 5. — Heierli, Urgeschichte der Schweiz, S. 224.

[2] Hubert Schmidt, Der Bronzesichelfund von Oberthau Kr. Merseburg, Zeitschr. f. Ethnol. XXXVI (1904) S. 423 ff. — Mertins, Wegweiser, S. 72.

schon vorhanden war. Auf ihrer Innenfläche ist nämlich ein krummliniger Einschnitt zu bemerken, der sicher das angefangene Negativ einer Sichel vorstellt, aber unvollendet geblieben ist. Da er beim Zuklappen ausserhalb des richtigen Negativs zu liegen kam, störte er nicht. Die auszuformende Sichel war nur ca. 9 cm lang und gehörte zum Typus der Sicheln mit kurzem Griffende[1]) oder „Knopfsicheln" (Mertins, Wegweiser, Fig. 159). Bei diesen sitzt in der Regel der Gusszapfen am Griffende, unmittelbar neben dem zur Griffbefestigung dienenden Knopfe. Demgemäss mündet auch bei unserem Exemplare der in beide Klappen eingeschnittene konische Gusskanal in die Vertiefung für den Knopf. Von hier verlaufen in der dem Sichelrücken entgegengesetzten Richtung zwei schwache Parallelfurchen nach dem Rande zu. Es waren die Ausgänge für die verdrängte Luft[1]).

Von grösserem Interesse sind die mit den Gussformen zusammengefundenen Tonröhren. Die vollständige, Abb. 22, hat eine äussere Kurvenlänge von 30,7, eine innere von 23 cm. Der Durchmesser beträgt an der weiten Öffnung 6,7, an der engen 3, die Wandstärke 1,5 bis 0,7 cm. Der Ton ist ziegelrot gebrannt, im Bruche schwärzlich. Die Oberfläche zeigt stellenweise, besonders längs der inneren Kurve, Rauchflecke. Am Knie sitzen aussen zwei warzenartige Vorsprünge. Um den oberen Teil des langen Armes ziehen sich zwei durch einen glatten Streifen getrennte Gruppen von schmalen Furchen, die oben enger, unten weiter auseinanderstehen und ziemlich flüchtig eingeritzt sind. Von der anderen Röhre ist nur der kurze Arm mit einem Stück des Knies und der einen Warze erhalten. Sie scheint ungefähr dieselben oder wenig grössere Abmessungen gehabt zu haben und weist ebenfalls umfängliche Rauchspuren auf.

Dass diese Geräte zum Bronzeguss in Beziehung stehen, wird durch anderwärts gemachte Giessstätten-Funde bewiesen. In der prähistorischen Ansiedlung Velem St. Vid in Ungarn, die nach den Untersuchungen des Freiherrn v. Miske in Günz während eines langen Zeitraums ein Mittelpunkt der Bronze-Industrie war, begegneten unter anderen Resten von Giesserwerkstätten wiederholt Tonröhren ganz ähnlicher Art und Grösse wie die unsrigen[2]). Desgleichen wurde bei den Ausgrabungen auf dem Gräberfelde und der Ansiedlung von Sanskimost in Bosnien auf einer kohligen Aschenschicht mit Gussformen, Schmelztiegeln und Schlacken zusammen eine ebensolche Röhre gefunden[3]). Es waren Gebläse zum Schmelzen des Rohmetalles oder der Bruchbronze. Man besass dazu tönerne Schmelztiegel[4]) und wahrscheinlich primitive, aus Lehm gebaute Öfen. Nun

---

[1]) Hubert Schmidt a. a. O. S. 419.

[2]) Kálmán Freiherr v. Miske, Die prähistorische Ansiedelung Velem St. Vid, I. Band, Wien 1908, S. 20 Taf. XXI; derselbe, Mitteil. d. Wiener anthrop. Ges. XXIX (1899) S. [8], und Archiv f. Anthrop. N. F. II (1904) S. 129.

[3]) Wissenschaftl. Mitteil. aus Bosnien u. d. Hercegovina VII (1900) S. 90 Abb. 104. Vgl. ferner Keller, Pfahlbauten, 7. Bericht Taf. XVII 9, und Wosinsky, Lengyel, II. Taf. XXXI 37.

[4]) Vgl. z. B. Much, Kunsthistor. Atlas, Taf. XIX. — Photographien des krainischen Landesmuseums in Laibach Taf. VIII. — Verhandl. d. Berliner Ges. f. Anthrop. 1897 S. 322. — Mitteil. d. Wiener anthrop. Ges. V (1875) Taf. IV 13.

brauchte man noch einen Blasebalg, um die Glut anzufachen. Das Leder wurde um den Oberteil der Düse gewickelt und fest angeschnürt. Daher die Ringfurchen, die keinen anderen Zweck hatten, als der Umschnürung einen Halt zu geben. Die Knöpfchen an der Umbiegungsstelle erfüllten eine ähnliche Funktion. Der Giesser kauerte vor dem Ofen und hielt den Blasebalg schräg oder senkrecht zwischen den Knien. Die Spitze ragte durch eine Lücke in die Feuerung hinein. Durch die Stossbewegungen des Blasebalgs würde sie aber leicht herausgerissen worden sein, wenn man sie nicht mit einer Schlinge an der Ofenwand befestigt hätte. Die Knöpfchen verhinderten das Abgleiten der Schlinge. Gleichartige Vorrichtungen finden sich auch an den ungarischen und bosnischen Düsen. Statt der Ringfurchen und Knöpfe sind dort zuweilen eingekerbte Wülste angebracht, die ausser zum Festhalten der Umschnürung auch noch zur Verstärkung der Tonwand dienten.

Schrom Kr. Frankenstein

Mit der Sammlung des Tierarztes Joger in Frankenstein erhielt das Breslauer Museum 1889 eine auf dem Schromberg bei Camenz gefundene Gussform für eine kleine Tüllenaxt mit bogenförmigen Rippen, Typus ähnlich wie Schlesiens Vorzeit N. F. IV S. 33 Fig. 49. Erhalten ist davon nur der obere Teil der einen Klappe, reichend bis zum Beginn der Schneidenpartie, Abb. 23. Das Material ist ein grobkörniger, im Bruche schwärzlichgrauer Ton mit einem hellbraunen, sorgsam geglätteten Überzuge von fein geschlemmter Masse, der an der Aussenseite grösstenteils abgeblättert ist. Der Querschnitt der Klappe ist halbkreisförmig. Über dem tief eingeschnittenen Wulst befindet sich eine nur 1,2 cm lange Führung für den Kern, die man sich ausserhalb der Form verlängert zu denken hat. Rechts davon scheint der Einguss oder der Luftabzug gewesen zu sein. Doch lässt die Beschädigung keine sicheren Schlüsse zu. Ebensowenig darüber, ob Zapfenlöcher vorhanden waren. L. 7,2, Br. 6,7, Dicke 4,3 cm.

Rudelsdorf Kr. Nimptsch

Als Einzelfund erwarb das Museum die Halbform einer 8 cm langen Tüllenaxt des gewöhnlichen Typus mit drei Längsrippen, Abb. 24. Das Material ist stark verwitterter und dadurch talkig gewordener Serpentin. Die Innenseite ist glatt geschliffen. Die Aussenseite ist gewölbt und rauh. Zwei schräge sich kreuzende Einschnitte gaben der Umschnürung Halt. Zapfenlöcher sind nicht vorhanden. Die 3,2 cm lange, an der Mündung leicht erweiterte Führung enthält weder Guss- noch Luftkanal. Beide müssen in der Gegenform gelegen haben. Die rechte untere Ecke ist abgebrochen. L. 14,5, Br. 7,3, Dicke 4,2 cm.

Ein anderer Einzelfund aus Rudelsdorf ist eine kleine rechteckige Sandsteinplatte mit je einer Negativform auf den vier Längsseiten. An den oberen Ecken der breiten Seiten sind Stiftlöcher angebracht. Alle vier Formen zeigen eine ca. 3 cm lange flache Rinne, die in eine halbkugelförmige Vertiefung ausläuft. Im übrigen weichen sie ziemlich stark von einander ab. Auf der Vorderseite, Abb. 25a, ergibt der Abdruck ein 0,4 cm breites

Band mit drei Längsrippen und einer Querrippe unterhalb des Kopfes; der letztere ist vom Scheitel aus sternförmig mit acht Rippen ornamentiert. Auf der Rückseite, Abb. 25 b, ist das 5 cm breite, im Querschnitt rechteckige Band mit einer Mittel- und von ihr ausgehenden schrägen Seitenrippe astartig verziert, der Kopf dagegen glatt. Auf der rechten Schmalseite ist das gleichfalls vierkantige Band schnurartig gerippt, der Kopf glatt. Auf der linken Schmalseite endlich ist sowohl der Kopf wie die ganz flache Rinne glatt. L. 4,5, Br. 2,5, Dicke 1,3 cm. — Die nächstliegende Vermutung ist, dass es sich um Gussformen für Bronzenadeln handle. Die Kürze der Nadelteile würde dem nicht widersprechen, denn bei vielen Nadelformen ist nur der Oberteil, manchmal sogar nur der Kopf, angegeben: die Spitze wurde entweder nach dem Gusse ausgeschmiedet oder durch eine Tonform ergänzt[1]). Hier käme der Ornamente wegen bloss die zweite Möglichkeit in Betracht. Man müsste annehmen, dass der Stein eine Hilfsform war, bestimmt, die profilierten Nadelteile zu erzielen. Diese gaben dann die Modelle ab zur Herstellung der eigentlichen aus Ton gefertigten Formen, in denen die glatten Schäfte und Spitzen leicht hinzugefügt werden konnten. Die Schwierigkeit liegt jedoch darin, dass wir unter den schlesischen

Bronzenadeln keine den Negativen entsprechende Typen kennen, und dass die flache oder vierkantige Bildung der Rinnen dem sonst immer runden Nadelhalse nicht entspricht. Doch lässt sich vorläufig auch keine andere passendere Erklärung ausfindig machen. Möglich, dass die Form gar nicht prähistorisch, wenigstens nicht bronzezeitlich ist.

Gnadenfeld Kr. Cosel

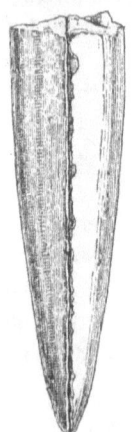
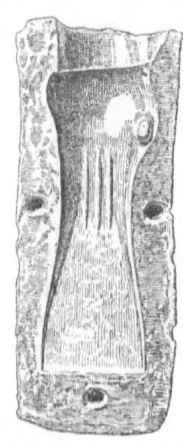

Die vorgeschichtliche Abteilung des Königl. Museums für Völkerkunde in Berlin besitzt eine zweiteilige Gussform aus Bronze, Abb. 29, die i. J. 1869 bei Gnadenfeld ausgegraben worden ist. (Kat.-Nr. II 6477 a u. b.) Über die Fundumstände ist nichts genaueres bekannt[2]). Aus dem Material möchte man auf einen Depotfund schliessen. Die Form diente zur Herstellung von Tüllenäxten der in Schlesien häufigsten Art mit drei Längsrippen. Ungewöhnlich ist nur die Höhe des

Abb. 29. Gnadenfeld. 1/3

---

[1]) Frhr. v. Miske, Die prähistorische Ansiedlung Velem St. Vid, Taf. XXIII—XXVI. — Hampel, Altertümer der Bronzezeit in Ungarn, Taf. IV, V. — van Muyden u. Colomb, Antiquités lacustres, Lausanne 1896, Pl. XXXIV.

[2]) Die Gussform ist erwähnt bei Bastian und Voss, Bronzeschwerter des Königl. Museums, S. 76.

Randwulstes und die tiefe Henkelstellung. Indessen fehlt es unter den schlesischen Bronzeäxten auch dafür nicht an Beispielen[1]). Der Einguss ist seitlich, oberhalb des Henkels angebracht. Von den beiden Formhälften ist die eine mit drei Zapfen, die andre mit dazu passenden Löchern versehen.

Bronzene Gussformen sind im allgemeinen seltener als solche aus Stein oder Ton[2]). Sie waren kostspieliger und schwerer herzustellen, dafür aber auch dauerhafter. Deshalb wurden sie vorzugsweise für Gegenstände verwendet, deren Guss an die Widerstandsfähigkeit der Form grössere Ansprüche stellte, besonders für Äxte.

Sulau Kr. Militsch

Am Ostende der Stadt, rechts von der Chaussee nach Militsch, auf dem Windmühlenberge, liegt ein grösserer Urnenfriedhof aus der jüngsten Bronzezeit. Unter anderen Funden erwarb das Breslauer Museum i. J. 1903 vom Eigentümer des Feldes die Gussform Abb. 26. Sie besteht aus zwei ungefähr rechteckigen Platten aus hellgrauem Sandstein, von denen die eine 3,1, die andere 2,3 cm dick ist. Die stärkere Platte ist auf beiden Seiten glatt geschliffen und als Form verwendet, die schwächere auf der Rückseite roh gelassen. Von den Seitenflächen sind bei beiden Stücken nur die an der Eingussseite befindlichen geschliffen, während die gegenüberliegende Schmalseite unbearbeitet geblieben ist und die beiden Längsseiten zwar durch Behauen geebnet, aber nicht geschliffen sind. Auf den Vorderseiten ist das Negativ je zweier 4 cm langer Pfeilspitzen mit langen schwalbenschwanzartig abstehenden Flügeln eingeschnitten. Der gemeinsame Einguss befindet sich in der Mitte und mündet, in zwei feine Kanäle gegabelt, an den benachbarten Ecken der Schafttüllen. Die in der Verlängerung der letzteren angelegten Führungsrinnen sind etwas weniger vertieft, als die Tüllen selbst, und zwar um soviel, als deren Wandstärke betragen sollte. Sie nahmen beim Gusse den Oberteil des zugespitzten Tonkernes auf, durch den der Hohlraum der Tülle ausgespart wurde. Luftzüge sind in der Form nicht vorhanden. Sie müssen, wie bei den Formen für derartige Hohlkörper gewöhnlich, im Oberteil des Kernes angebracht worden sein. Je ein einziges Stiftloch gegenüber dem Gusskanal und eine in der Mitte der Schmalseiten eingehauene Querrinne für die Umschnürung sicherten die Verbindung der beiden Formsteine. Das Negativ auf der Rückseite des dickeren, Abb. 26c, ist unfertig. Beabsichtigt war eine Form für kleine Speerspitzen. Vollendet ist die Tülle und der an ihrer Spitze einmündende Gusskanal. Der Umriss des Blattes ist durch je zwei parallele Schräglinien vorgezeichnet. Anscheinend war das Blatt beim ersten Entwurf zu breit geraten. Man versuchte es dann mit einer zweiten Linie, kam aber auch dabei mit dem Raume nicht aus und gab nun die Arbeit auf.

---

[1]) Schlesiens Vorzeit VI S. 368 Fig. 13 und S. 372 Fig. 4; N. F. IV S. 33 Fig. 50.
[2]) Evans, L'âge du bronze, S. 478 ff. — Beltz, Untersuchungen z. jüngeren Bronzezeit in Mecklenburg, Mecklenburg. Jahrbücher L (1885) S. 13. — S. Müller, Ordning af Danmarks Oldsager, Abb. 150. — v. Muyden u. Colomb, Antiquités lacustres, Pl. XXXIV 2. — Verhandl. d. Berliner Ges. f. Anthrop. 1892 S. 427.

Massel Kr. Trebnitz

In der schon S. 15 angeführten Maslographia bildet Leonhard David Hermann unter den Grabbeigaben des Masselschen Töppelberges auf Tab. XII auch eine rechteckige Gussform ab. Im Text (S. 152) beschreibt er sie als „Thönerne Pfeil-Forme, wie es der Augenschein weiset, 2 Zoll lang, 1 Zoll breit und einen halben dicke". Nach der Abbildung gleicht das Negativ mehr einem mittelalterlichen Armbrustbolzen, als einer prähistorischen Bronze-Pfeilspitze. Indessen sind seine Zeichnungen durchweg so mangelhaft, dass darauf kein Gewicht zu legen ist. Wie die ganze Hermannsche Sammlung, mit Ausnahme der an die Bibliothek von St. Bernhardin in Breslau und an die Schlossbibliothek in Warmbrunn von ihm abgegebenen Stücke, ist auch diese Gussform längst verschollen.

Mondschütz Kr. Wohlau

Durch Vermittlung des Herrn Hauptlehrers Michael in Sagan schenkte der dortige Seminarlehrer Herr Miessner dem Museum eine Gussform für Bronzerädchen, Abb. 27. Gefunden hatte er sie vor Jahren, als er in Mondschütz amtierte, auf dem seit alters bekannten Gräberfelde, von dem wir, dank der Güte des Freiherrn von Köckritz, so viele schöne Funde besitzen.

Die Form ist eingeschnitten in eine runde Tonscheibe von 6 cm Durchmesser und 2,1 cm Dicke. Die Rückseite ist leicht gewölbt und mit unregelmässig verteilten Eindrücken bedeckt, wie sie auf gröberem Kochgeschirr, besonders aber auf den grossen Deckelscheiben häufig vorkommen. Sie werden gewöhnlich als Fingernägel-Eindrücke bezeichnet, sind aber wohl eher mit einem spatelartigen Instrument hergestellt. Ihr Zweck war weniger zu verzieren, als der, den Ton dichter und damit haltbarer zu machen[1]). Die Peripherie der Scheibe ist an drei Stellen, nämlich gegenüber der Eingussrinne und in der Mitte der dazwischen liegenden Bogen, für die Umschnürung eingekerbt.

Da die Bronzerädchen gleich den Sicheln auf der Rückseite flach zu sein pflegen, so wird die Deckschale auch hier auf der Innenseite glatt gewesen sein. Man kennt diese Rädchen und ihnen verwandte Zierscheiben in grosser Zahl aus Italien, den Alpenländern, Frankreich, Deutschland und Österreich-Ungarn[2]). An Anhänger-Ösen getragen oder auf andere Weise an der Kleidung befestigt, waren es beliebte Schmuckstücke, ursprünglich wohl glückverheissende Symbole der Sonne. Obschon sie gewiss auch in Schlesien eingeführt und nach dem Zeugnis der vorliegenden Gussform sogar angefertigt worden sind, ist doch unter all den tausenden von Grabfunden noch kein Exemplar eines Bronzerädchens aufgetaucht: ein Beweis wie unvollkommen unsere Sammlungen selbst auf dem relativ so reichen Gebiete des Körperschmuckes den einstigen Besitzstand repräsentieren. Dagegen sind tönerne Rädchen (Abb. 30), die wohl als Kinderspielzeug gedient haben, auf unseren Urnenfriedhöfen ziemlich häufig.

---

[1]) Vgl. S. Müller, Trouvailles des stations habitées, Mémoires des antiquaires du Nord 1902—1907 S. 348.
[2]) Naue, Die Bronzezeit in Oberbayern, S. 134. — Hörnes, Urgeschichte der Kunst, S. 460.

Giesser-Werkstätten, wie sie in anderen Ländern öfter beobachtet worden sind, kennen wir aus Schlesien noch nicht. Dass es solche gab, ist jedoch um so wahrscheinlicher, als man in Österreichisch-Schlesien, dicht an der preussischen Grenze, in bronzezeitlichen Niederlassungen einige Gussformen gefunden hat. So stammt eine tönerne Form für flache Ringe, Abb. 28, aus der prähistorischen Ansiedlung in Kreuzendorf bei Troppau[1]). Andere sind auf dem Burgberge bei Jägerndorf ausgegraben worden[2]). Als Ansiedlungsfund dürfte von den vorstehend beschriebenen Stücken auch das vom Schromberge bei Camenz anzusehen sein.

Die meisten schlesischen Gussformen sind jedoch sicher in Gräbern gefunden worden. Ihre Beigabe hatte natürlich nur einen Sinn, wenn der Verstorbene bei Lebzeiten damit umzugehen verstanden hatte. Der Bronzeguss war gewiss nicht jedermanns Sache. Er muss in den Händen einzelner geübter Personen gelegen haben, und dies waren keine fahrenden Leute, nicht, wie öfter zu lesen ist, umherziehende Kesselflicker, sondern eingesessene Männer, deren Kunstfertigkeit hoch geschätzt wurde, und die man nach ihrem Tode mit allen Ehren und mit den Zeichen ihrer Tätigkeit auf dem gemeinsamen Friedhof bestattete. Wenn man bedenkt, dass Handwerksgeräte im allgemeinen nicht zur Grabausstattung gehörten, so gewinnt dieser Ausnahmefall eine mehr als gewöhnliche Bedeutung. Aber wir befinden uns schon an der Grenze des Eisenalters. Keine der Schlesischen Gussformen stammt aus der älteren Bronzezeit. Das ist schwerlich ein Zufall. Das Auftreten einzelner, dem schlesischen Gebiete eigener Typen, wie z. B. der Ostdeutschen Ösennadeln, beweist zwar, dass es schon seit der II. Periode eine einheimische Produktion gab, sie kann jedoch damals noch nicht sehr ausgedehnt gewesen sein.

Hans Seger

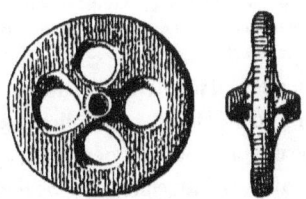

Abb. 30. Tonrädchen aus Mondschütz. ¹/₂

---

[1]) Vgl. Mitteil. d. Wiener anthrop. Ges. XXXIII (1903) S. [91] u. [98]. — Von derselben Fundstelle und zwar aus der Sammlung des Schmiedemeisters Frömmel daselbst, stammen die beiden in Schlesiens Vorzeit N. F. III S. 19 Fig. 57 u. 58 abgeb. Steingeräte. Als Fundort ist dort irrtümlich Kreuzendorf Kr. Leobschütz angegeben.

[2]) Jetzt im Kaiser Franz Joseph-Museum zu Troppau.

SCHLESISCHE HÜGELGRÄBER

Die in der Vorzeit weitverbreitete Sitte, über dem Grabe des Toten einen Hügel zu wölben, hat auch in Schlesien ihre Spuren hinterlassen. Freilich, soweit die Saaten grünen und der Wind über das Getreide streicht, darf man sie nicht erwarten. Nur in der Heide und wo sich auf ehemaligem Heidegrund der Wald erhebt, konnten sie erhalten bleiben. Deshalb finden sich Hügelgräber hauptsächlich in den weniger fruchtbaren Landstrichen Niederschlesiens und des rechten Oderufers. Aber auch hier sind sie manchen Gefahren ausgesetzt. Neben den sprengenden Wurzeln der Bäume und der Rodehacke des Holzschlägers, ist es besonders ihr Reichtum an Steinen, der den Antrieb zu ihrer Zerstörung bietet. Es ist ein seltener Glücksfall, wenn man einmal einen Hügel noch unversehrt antrifft. Für die Untersuchung hat der Baumbestand ausserdem den Nachteil, dass die Besitzer die Erlaubnis zu Nachgrabungen oft verweigern, selbst wenn ihnen reichliche Entschädigung geboten wird. Daher liegen über schlesische Hügelgräber zwar ziemlich zahlreiche Nachrichten, aber nur wenige erschöpfende Fundberichte vor.

In der Literatur sind bisher über schlesische Hügelgräber meist nur kurze Notizen zu finden. Das Dreschersche Verzeichnis der schlesischen Fundstätten[1]) führt Hügelgräber an bei Klein-Raden Kr. Leobschütz (Nr. 76 der Liste), Schimischow und Kalinowitz Kr. Gross-Strehlitz (426, 430), Piltschen und Polanowitz Kr. Kreuzburg (335, 336), Heinrichau Kr. Münsterberg (95), Laskowitz Kr. Ohlau (21), Reesewitz und Obrath Kr. Oels (346, 347), Golkowitz, Reinersdorf und Rudelsdorf Kr. Gr.-Wartenberg (337—339), Lawalde und Drentkau Kr. Grünberg (418, 420), Wittgendorf, Kunzendorf, Waltersdorf und Zauche Kr. Sprottau (280, 282, 321, 322), Hirschfeldau, Kothau, Küpper, Eckersdorf und Gross-Dobritsch Kr. Sagan (278, 279, 281, 284, 289).

Ferner erwähnen die älteren Akten des Museums Hügelgräber in Moschczenitz Kr. Rybnik, Schreibersdorf, Grabowska und Obora Kr. Ratibor, Nicolai Kr. Pless, Rösnitz, Sabschütz und Krastillau Kr. Leobschütz, Moschen Kr. Neustadt, Pohlsdorf Kr. Neumarkt, Brodelwitz, Ölschen, Weissig und Urschkau Kr. Steinau, Zesselwitz Kr. Münsterberg, Golkowe Kr. Militsch-Trachenberg, Lerchenborn Kr. Lüben, Buchwald, Werdeck, Muskau, Tormersdorf, Heinrichshof, Podrosche und Klein-Priebus Kr. Rothenburg, und Laubegast Kr. Freystadt.

Von vielen der angeblichen Hügelgräber dürfte aber der Grabcharakter und selbst der künstliche Ursprung der Hügel zweifelhaft sein. In andern Fällen liegen Verwechslungen mit Flachgräbern vor. So werden öfter natürliche Anhöhen, auf denen Urnenfriedhöfe angelegt sind, als „Erdhügelgräber" bezeichnet, oder flache Gräber mit Steinsetzungen als „Steinhügelgräber" oder als „Gräber mit Steinkammer". Infolge derartiger Irrtümer und Ungenauigkeiten ist sowohl die alte Zimmermannsche Karte der vorgeschichtlichen Fundplätze wie die dazu gegebene Statistik[2]) als Grundlage für eine Übersicht der schlesischen Hügelgräber unverwendbar. Ausführlichere Angaben finden sich über die Hügelgräber im Moschwitzer Buchenwalde bei Heinrichau[3]), deren Alter mangels

---

[1]) Schlesiens Vorzeit I Bericht IV S. 4.
[2]) Schlesiens Vorzeit III S. 87 u. 232.
[3]) Blätter f. d. ges. schles. Altertumskunde, Breslau 1820, S. 2. — Schlesiens Vorzeit VI S. 158.

charakteristischer Fundstücke unbestimmt ist, und über die von Deutsch-Wartenberg Kr. Grünberg[1]), die nach den darin enthaltenen Buckelgefässen und Ösennadeln in die III. Periode des Bronzealters zu setzen sind.

Die nachstehend beschriebenen Hügelgräber scheiden sich in eine ältere Gruppe, umfassend die in den Wäldern des Trebnitzer Kreises gelegenen Hügel, und in eine jüngere, die in die Kreise Freystadt und Sagan fällt. Es trifft sich zufällig, dass über jene hauptsächlich ältere Berichte vorliegen, während die niederschlesischen erst in den letzten Jahren untersucht worden sind. Danach ist die Bearbeitung auf die beiden Verfasser dieses Aufsatzes verteilt worden.

I

Schimmelwitz-Leipe Kr. Trebnitz. M.-Nr. 2705[2])

In dem zwischen Schimmelwitz und Gross-Leipe nahe Obernigk gelegenen Kiefernwalde, zu beiden Seiten der die letzteren Orte verbindenden Franzosenstrasse, etwa 500 m südwestlich von der Posener Bahnstrecke, befinden sich einige Erdhügel von teils ovaler teils runder Form und sehr verschiedener Grösse. Die drei grössten — auf dem Messtischblatt als kleine Sternchen eingezeichneten — sind in den Jahren 1874 und 1893 durch Mitglieder des Schlesischen Altertumsvereine untersucht worden.

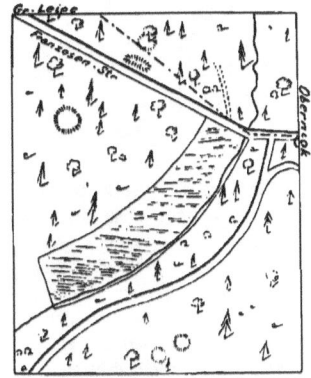

Bei der kartographischen Aufnahme, Abb. 1, ist als Vermessungsbasis der Nordrand der Franzosenstrasse und als Nullpunkt seine Kreuzungsstelle mit einem von N. nach S. fliessenden Wassergraben östlich der Hügelgruppe angenommen worden. Hiernach ergibt sich für die Mittelpunkte der drei Hügel folgende Lage: I westl. L. 112,70, nördl. Br. 23,00 m; II westl. L. 103,00, nördl. Br. 4,60 m; III westl. L. 141,30, südl. Br. 42,00 m. — Die etwa 200 m südwestlich von III gelegene Gruppe beträchtlich kleinerer Hügel ist noch nicht untersucht.

Abb. 1. 1 : 5000

Hügel I, ausgegraben im August 1874, beschrieben von Dr. Luchs in Schlesiens Vorzeit II S. 217. Weitere Angaben bei den Ortsakten. Für die Rekonstruktion des Grundrisses und Querschnittes, Abb. 2, konnte ausserdem ein bald nach der Ausgrabung angefertigtes Modell des Hügels zu Hilfe genommen werden.

Der sanft ansteigende runde Hügel hatte einen Durchmesser von 55' (17,27 m) und eine Höhe von 5½' (1,73 m). Sein Gipfel war abgeflacht oder vielmehr etwas eingesunken. Die Oberfläche war mit Rasen bewachsen und mit Kiefern bepflanzt. Darunter folgte Sand und als Kern des Hügels eine kolossale Steinpackung, deren Masse auf 7—8 Schachtruten (jede zu 8 Fuder zweispännig) geschätzt wurde. Sie bildete ein unregelmässiges rundliches Vieleck von 3—4' H. und 25' Dm., und war so aufgebaut, dass sie, wie gemauert, rings fast senkrecht, stellenweise sogar überhängend abfiel. Das Material war aus Feldsteinen und Trümmerstücken von Kopfgrösse bis 2' Dicke gemischt. Ungefähr in gleichem Abstande von der Aussenseite der Packung und von der Peripherie des Hügels, also immer noch unter der gemeinsamen Rasendecke, zog sich ein unregelmässiger Kranz kleiner Steinhaufen von 1—2' H. ringsum.

---

[1]) Schlesiens Vorzeit VI S. 49; VII S. 517.
[2]) Nummer des Messtischblattes.

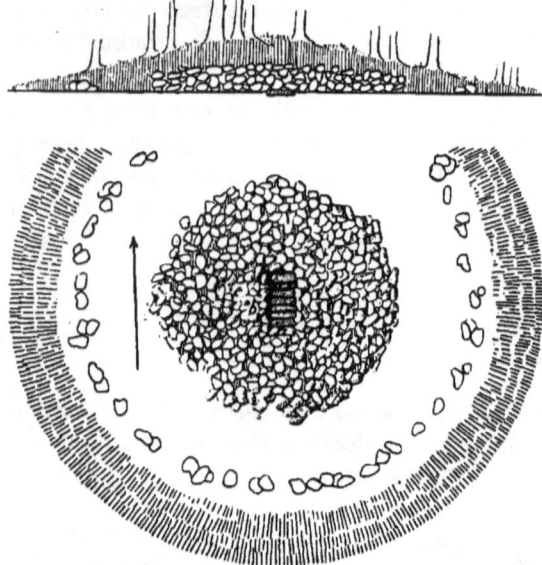

Abb. 2. Schimmelwitz, Durchschnitt und Grundriss von Hügel I. 1:200

Die Lücken zwischen den Steinhaufen wie auch zwischen den einzelnen Steinen waren mit Sand ausgefüllt. Nach Entfernung der grossen Kernpackung stiess man im Zentrum, auf der Sohle des Hügels, eingelassen in den natürlichen Waldboden, auf eine Reihe horizontaler länglicher Steinplatten, die mit den Längskanten fest aneinandergefügt waren. Jede Platte war 2' lang und durchschnittlich 1' breit. Es ergab sich so ein Pflaster von 5½' südnördlicher L. und 2' Br. Die grösste Dicke der Platten betrug 6—7", wovon etwa 2" aus dem gewachsenen Boden hervorragten. Die nach oben gekehrten Seiten sollen glatt behauen gewesen sein, so dass sie eine ebene Fläche bildeten und das Ganze vollständig einem steinernen Tische glich. Die Seiten des Pflasters scheinen mit grösseren Steinen eingefasst gewesen zu sein. Wenigstens heisst es in einem Bericht des aufsichtführenden Revierförsters Bittner, dass zwischen dem Pflaster und dem gleich zu erwähnenden Tongefässe eine starke Scheidewand von Steinen aufgeführt war.

Das Pflaster war bedeckt mit grauem Sande, „dem es jeder ansah, dass derselbe mit Asche gemischt war". Auch fanden sich Stücke von gut erhaltener Holzkohle und mehrere kleine Scherben. Knochen wurden nicht beobachtet. Dagegen lag auf der südlichsten Platte (bei a) eine 15 cm lange wohlerhaltene Bronzeaxt mit parallelen Randleisten, Abb. 4. Genau 3' östlich vom Mittelpunkt des Pflasters, wie erwähnt, durch eine Steinwand davon geschieden, fand man (bei b), in ein Loch des Waldbodens eingelassen, mit der Öffnung nach unten ein gelbliches topfartiges Gefäss von 10,5 cm H. mit einer Schnuröse, Abb. 5, das nichts weiter als feinen Sand enthielt. Wiederum 2' nordwestlich davon (bei c) lagen zwischen Steinen Fragmente eines kleinen schwärzlichen Gefässes. Verstreute Scherben wurden ausserdem ziemlich zahlreich beim Abräumen des grossen Steinhaufens an verschiedenen Stellen zwischen den Steinen gefunden.

Hügel II, untersucht am 9. Juli 1893. Kurze Mitteilung darüber in Schlesiens Vorzeit VI S. 58.

Der Hügel liegt wenige Schritt südlich vom vorigen, hart am Nordrande der Strasse, 103 m westlich der Stelle, wo die Gutsgrenze zwischen Schimmelwitz und Gross-Leipe von der Franzosenstrasse abbiegt. Er hatte eine ovale Form, war von SW. nach NO. 20 m lang und von SO. nach NW. 15 m breit und 3 m hoch. Im Innern stiess man auf eine festgefügte Steinpackung von gleichfalls ovaler, dem Erdhügel entsprechender Form. Dm. 3,20 : 2,50 m; H. 1,50 m. Die Grösse der Steine war z. T. so bedeutend, dass zwei Männer sie nur mit Mühe heben konnten. Ihre Zahl mochte gegen 300 betragen. In der Mitte lagen die Steine weniger dicht: hier dürfte ursprünglich ein Hohlraum gewesen, aber durch Einsturz des Haufens ausgefüllt worden sein. Auf einen solchen Vorgang deutete auch der Umstand, dass die Spitze des Hügels ein wenig eingesunken

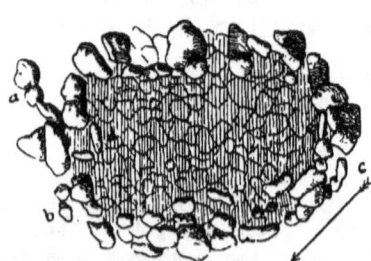

Abb. 3. Gross-Leipe, Grundriss der Steinsetzung in Hügel III. 1:75

¹) Schlesiens Vorzeit N. F. IV S. 4 Fig. 2 und S. 5.

war. Unter den Steinen wurden an der Ostseite und an der Nordwestseite einige Holzkohlenspuren gefunden, ausserhalb der Steinsetzung, 0,80 m östlich von ihr, lag ein kleiner unverzierter Scherben.

Hügel III, untersucht am 9. Juli 1903. Schlesiens Vorzeit VI S. 58.

Der Hügel war kreisrund, hatte einen Dm. von 21 und eine H. von 3,50 m. Genau in der Mitte fand sich ein ovaler, mit der Längsaxe nach NO. gerichteter Steinkranz von 3,90 : 2,60 m Dm., der einen mit kleineren Steinen ausgelegten Hohlraum von 2,50 : 1,50 m Dm. umschloss, Abb. 3. An jeder der beiden Schmalseiten stand eine hochkantig aufgerichtete Steinplatte (d und e). Unter der nordöstlichen und an den mit a, b und c bezeichneten Stellen des Aussenrandes fanden sich Holzkohlenspuren. Im übrigen wurde nichts von archäologischen Resten bemerkt.

Abb. 4. $^1/_8$

Abb. 5. $^1/_4$

Die enge Nachbarschaft der drei Hügel legt von vornherein die Vermutung nahe, dass sie ihre Entstehung derselben Zeit und denselben Bestattungsbräuchen verdanken. Die Einrichtung stimmt denn auch in der Hauptsache bei allen dreien überein: alle enthielten eine zentrale, von Steinen umgebene Gruft, die zur Aufnahme einer unverbrannten Leiche genügend Platz bot. Bei I bedeuteten die Steinplatten den Boden des eigentlichen Grabraumes und seine Dimensionen entsprechen genau der Grösse eines erwachsenen Mannes. Bei II und III war der Platz reichlicher, aber doch nicht ausser Verhältnis bemessen. Es waren muldenförmige Lager für den Leichnam, umfriedet und manchmal überwölbt mit grossen Steinen. Dieselbe Anlage verbunden mit Körperbestattung ist im Süden[1]) wie im Norden[2]) der herrschende Brauch während des ersten Abschnittes der älteren Bronzezeit (Periode II). Sie ist ausserdem in Schlesien mehrfach konstatiert für die gleichaltrigen Gräber unter Bodenniveau ohne heute noch erkennbaren Erdhügel[3]). Dass auch die Schimmelwitzer Gräber in die II. Periode fallen, beweist die Bronzeaxt aus dem ersten Hügel, Abb. 4, die man sich, an einem Holzschaft befestigt, an der Seite des Toten liegend zu denken hat. Sie zeigt die von Lissauer[4]) als „armorikanisch" bezeichnete Form der Randäxte, die ausser in Italien, Sardinien und Frankreich, besonders in Norddeutschland sehr gewöhnlich, in unseren Gegenden aber äusserst selten ist. Typologisch steht sie in der Mitte zwischen den Randäxten der ersten und den Lappenäxten der dritten Periode, und auch die anderwärts beobachteten Begleitfunde[5]) weisen sie der zweiten Periode zu. Weniger charakteristisch ist das Tongefäss Abb. 5. Immerhin erinnert es mit seiner nahe am Rande angesetzten kleinen Öse einerseits an Typen der frühen Bronzezeit[6]), anderer-

---

[1]) J. Naue, Die Bronzezeit in Oberbayern, S. 46 f. — Heger, Ausgrabungen bei Amstetten, Mitteil. d. prähist. Kommission d. K. Akad. d. Wissensch. I S. 135 ff.

[2]) S. Müller, Nordische Altertumskunde, I S. 340.

[3]) Schlesiens Vorzeit N. F. IV S. 7 Anm. 1.

[4]) Erster Bericht d. Kommission f. prähist. Typenkarten, Zeitschr. f. Ethnol. XXXVI (1904) S. 54. — Die Schimmelwitzer Axt ist auf der Typenkarte nachzutragen.

[5]) Vgl. ausser Lissauer a. a. O. auch Mertins in Schlesiens Vorzeit VI S. 348, und Kossinna in Zeitschr. f. Ethnol. XXXIV (1902) S. 207.

[6]) Schlesiens Vorzeit N. F. IV S. 7.

seits an solche aus dem Formenkreise der älteren Buckelurnen, passt also ebenfalls sehr gut in die II. Periode.

Der vorgetragenen Auffassung stehen scheinbar zwei Umstände entgegen: erstens das Fehlen aller Knochenreste, zweitens das Vorhandensein von Asche und Holzkohle innerhalb der Gräber. Allein jener Mangel kann gerade bei Körpergräbern nicht befremden, weil unverbrannte Leichen nur unter besonders günstigen Bedingungen deutliche Spuren zu hinterlassen pflegen, während verbrannte Knochen der Verwitterung bekanntlich weil besser widerstehen. Schwerer zu erklären sind die Brand-Rückstände. Sie kehren mit grosser Regelmässigkeit in dieser Art von Hügelgräbern wieder, sind aber auch oft in solchen beobachtet worden, wo die Skelette noch ganz oder teilweise erhalten waren[1]). Schon Helbig[2]) hat bei Besprechung der mykenischen Schachtgräber, die ganz ähnliche Verhältnisse aufweisen und ungefähr derselben Epoche angehören, die Meinung geäussert, dass die Brandspuren von Opfern herrühren. Für das homerische Zeitalter sei der Gebrauch von Totenopfern sicher bezeugt. Hiernach scheine die Vermutung berechtigt, dass die Mykenäer nach Beisetzung der einzelnen Toten, in dem Grabe selbst Brandopfer darbrachten und die noch heisse Asche über den Leichnam ausstreuten, bevor er mit Steinen und Erde bedeckt wurde. Die Voraussetzung eines derartigen Verfahrens erklärt auch den in unseren Hügelgräbern beobachteten Tatbestand auf die natürlichste Weise. Übrigens kennt man schon aus den Megalithgräbern des jüngeren Steinalters die Sitte, in der Kammer Feuer anzuzünden, um den Verstorbenen zu erwärmen und zu erfreuen[3]). Von den Totenopfern mögen auch die hier und da ausserhalb des eigentlichen Grabraumes gefundenen ganzen Gefässe und die überallhin zerstreuten Scherben herrühren. Denn an Nachbestattungen oder ältere zerstörte Gräber zu denken, liegt nicht der geringste Anlass vor.

Blücherwald Kr. Trebnitz. M.-Nr. 2707

In dem zur v. Röderschen Herrschaft Gross-Gohlau (Kr. Neumarkt) gehörigen Forstbezirk Blücherwald finden sich mehrere bedeutende Grabhügel, von denen zwei i. J. 1886 Geh.-Rat Grempler aufgedeckt hat. Abb. 6 zeigt die Lage der Hügel, soweit sie auf dem Messtischblatt markiert sind. Die meisten liegen nahe, z. T. hart am Rande der den Blücherwald vom Königl. Forst Kuhbrück trennenden Chaussee zwischen Schlottau und Lickerwitz. Auch die aufgegrabenen Hügel sollen an der Chaussee, und zwar am Schneidemühlberge gelegen haben.

Über seine Ausgrabung berichtete Geh.-Rat Grempler in der Vereinssitzung vom 7. März 1887 (Schles. Ztg. v. 20. März): es handle sich um Steinkegel unter einer mächtigen Erdschicht, sehr ähnlich dem ersten Schimmelwitzer Hügel. Die ersten Nachgrabungen wären erfolglos gewesen, so dass man schon geglaubt habe, die Hügel wären keine prähistorischen Begräbnisstätten. Erst als Referent einer

---

[1]) Vgl. z. B. Naue a. a. O. S. 2 Nr. 3 S. 3 Nr. 5 u. 6 und S. 49. — Eidam, Ausgrabungen in Gunzenhausen, Nürnberg 1904, S. 11 u. 15. — Heger a. a. O. S. 137 Nr. 5. — Hahne im Jahrbuch d. Prov.-Museums zu Hannover 1907—1908, S. 14.

[2]) W. Helbig, Das Homerische Epos, 2. Aufl., Leipzig 1887, S. 52.

[3]) S. Müller, Nordische Altertumskunde, I S. 100 f.

Abb. 7. Blücherwald, Durchschnitt des Hügels II. 1 : 200

Einladung des Herrn Major v. Röder folgend, einmal mit Herrn Dr. Crampe, das zweite Mal mit Herrn Landschaftsmaler Prof. Schirm, systematisch grub, fand man Kohlen-, Scherben- und Aschenreste, sowie eine zierliche Pfeilspitze aus Feuerstein (Abb. 8). Einige Knochenstückchen erwiesen sich bei der Untersuchung als Fussknochen eines Nagers.

Weiteres ergibt sich aus den Zeichnungen und handschriftlichen Notizen. Hügel I hatte eine Höhe von 3,35 und einen Durchmesser von 21,35 m. In seinem Innern befand sich ein Steinkegel von 1,30 m H. 5,50 : 4,10 m Boden-Dm. und 16 m Umfang. Die Steine waren am Boden beträchtlich grösser als in den oberen Schichten. Hügel II, Abb. 7, war 2,32 m hoch und 18 m breit. Der Steinkegel hatte hier eine Höhe von 1,00 m und eine Grundfläche von 3,70 m Dm. Die Sohle des Hügels war bedeckt von einer mit Kohlenteilchen vermischten Aschenschicht, die in der Mitte, also unter den Steinen, am dicksten war; darunter folgte der gewachsene Boden. Einzelne Holzkohlenstückchen kamen auch in den aufgeworfenen Sandmassen des Hügels vor. Ausser der recht sorgfältig gearbeiteten, längs des Randes fein gezähnten und an der Basis mit zarten Spitzen versehenen Pfeilspitze wurden in die Sammlung eingeliefert ein 2,7 cm breiter atypischer Feuersteinspan, drei winzige, 0,8 cm dicke schwärzliche Scherben, sechs Stückchen verkohlten Holzes, sowie Röhrenknochen und Zähne eines kleinen Nagetieres. (Inv.-Nr. 79—82. 87 und 489. 87.)

Die Hügel im Blücherwalde gleichen im Aufbau und in den Grössenverhältnissen den Schimmelwitzern so sehr, dass wir sie unbedenklich zu derselben Klasse von Grabhügeln rechnen dürfen. Die Feuerstein-Pfeilspitze widerspricht der dort gegebenen Datierung nicht, denn gerade Pfeilspitzen sind aus leicht begreiflichen Gründen länger als jede andere Art von Waffen aus Stein gefertigt worden, so dass, wenigstens im Norden, metallene Exemplare aus der älteren Bronzezeit überhaupt nicht sicher nachgewiesen sind[1]).

Katholisch-Hammer Kr. Trebnitz.
M.-Nr. 2637

Während der Ausgrabung des Urnenfriedhofs von Karmine im August 1901 wurde ich durch Herrn von Salisch darauf aufmerksam gemacht, dass in dem benachbarten

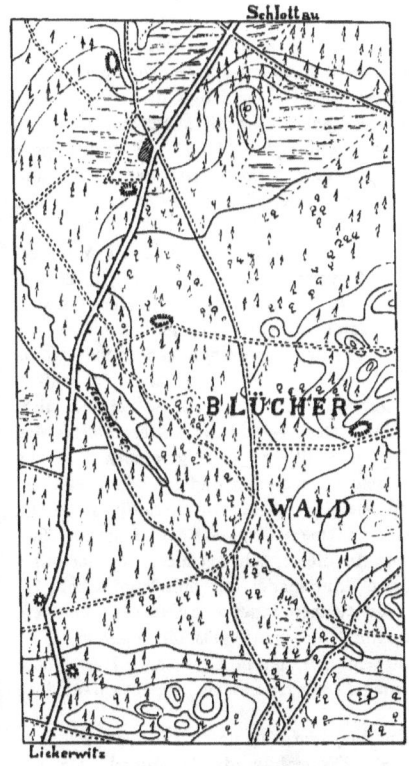

Abb. 6. 1 : 25000

Abb. 8 ¹/₁

---

[1]) S. Müller, Nord. Altertumskunde, I S. 253. — Beltz, Die neuesten prähistorischen Funde in Mecklenburg, Jahrbücher f. mecklenb. Geschichte XLVII (1882) S. 278. — Splieth, Inventar d. Bronzealterfunde aus Schleswig-Holstein, S. 14 Nr. 23.

Königlichen Forstbezirk Katholisch-Hammer zahlreiche, offenbar künstlich aufgeschüttete Hügel lägen. Es wurde daraufhin eine Besichtigung und Untersuchung einzelner Hügel vorgenommen, wobei wir uns der freundlichen Unterstützung des Königl. Oberförsters Herrn Rodig zu erfreuen hatten.

Die Hügel liegen mitten im Walde, einige hundert m nördlich und nordöstlich von dem sogen. Spitzberge, einer natürlichen, 32 m hohen Kuppe. Es sind meist kreisrunde Erhebungen von 2—3 m H. und 10—20 m Dm. Im ganzen dürften etwa dreissig bis vierzig vorhanden sein, die sich auf die Jagen 135, 136 und 137 verteilen. Ihre Entfernung von einander beträgt 100 bis 300 Schritt. Einige wiesen Spuren früherer Nachgrabungen auf. Wie später festgestellt wurde, rühren diese vom Steinesuchen her. Beim Abtrieb des alten Bestandes in den Jahren 1884—91 war man nämlich in solchen Hügeln auf grosse Steinmassen gestossen, und der damalige Oberförster v. Pannwitz hatte einem gewissen Burkhardt gestattet, sie zu Bauzwecken massenweise fortzuführen. Bei dieser Gelegenheit sind auch die Steine weggekommen, welche die Hügel nach Aussage der Waldarbeiter früher rings umgeben hatten. So war es denn erklärlich, dass eine erste Nachgrabung am 20. August, die sich auf einen Hügel (I) im Jagen 136 nahe am westöstlichen Fahrwege erstreckte, ein völlig negatives Resultat ergab. Es wurden weder eine Steinpackung noch Scherben, Knochen oder Aschenreste gefunden.

Ein zweiter, dem ersten benachbarter Hügel von 2 m H. und 14 m Dm. wurde am folgenden Tage durch Oberförster Rodig aufgedeckt (Abb. 9). Er liess von den vier Himmelsrichtungen her je einen 3 m breiten Schacht bis zur Hügelmitte treiben und stiess hier in der Höhe des gewachsenen Bodens auf eine Anzahl regelmässig angeordneter grosser Steinblöcke, jeder 0,50—0,90 m lang, 0,40—0,70 m breit und genau 1,80 m unter dem Scheitel des Hügels aufgestellt. Die vier inneren Steine bildeten die Ecken eines von S. nach N. gerichteten Rechtecks. Ihre Entfernung von einander betrug von Mitte zu Mitte gemessen, an den Längsseiten des Rechtecks 1,70, an den Schmalseiten 0,80 m, woraus sich eine äussere Gesamtlänge der Seiten von ca. 2,40 : 1,40 m ergibt. Die äusseren, schon ausserhalb der ursprünglichen Schachtweite gelegenen Steinblöcke waren gleichfalls rechtwinklig angeordnet, nur war der nordwestliche Eckstein nicht mehr vorhanden. Der Abstand der korrespondierenden Ecksteine des äusseren und des inneren Rechtecks betrug, wieder von Mitte zu Mitte gemessen, 2 m, die Seitenlänge des äusseren ungefähr 4,50 : 4 m. Der Raum zwischen den äusseren und inneren Ecksteinen war an der Ost- und Nordseite mit einer Menge mittlerer und kleinerer Steine pflasterartig ausgelegt. Ferner war der Boden des inneren Rechtecks und darüber hinaus in einem Umkreise von 3 m mit einer Aschenschicht bedeckt und durch Kohlenteilchen schwarz gefärbt. In dieser Aschenschicht, an der mit a bezeichneten Stelle, fand sich eine 16 cm lange, stark verwitterte Bronzenadel mit Spiralkopf, Abb. 11, deren Spitze nach SW. gerichtet war. Dicht am Ostrande des südöstlichen inneren Ecksteines stand ein zerfallener hellbrauner Topf mit zwei Henkeln, Abb. 10, und über die ganze Fläche zerstreut, z. T. unter den Steinen, lagen stark verwitterte Scherben von ähnlichen unverzierten Gefässen. Herr Rodig hatte den Eindruck, dass die Stelle schon durchsucht und die Urnen herausgenommen worden wären, doch ist die Spärlichkeit der Beigaben an sich kein Beweis dafür.

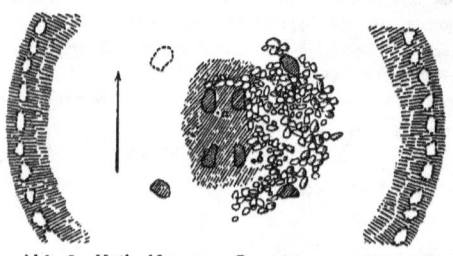

Abb. 9. Kath.-Hammer, Grundriss von Hügel II
1 : 200

Am 30. August wurde noch ein dritter Hügel, wiederum im Jagen 136, untersucht. Er war 2 m hoch, 16 m breit und hatte einen Umfang von 60 Schritt (50 m). Diesmal wurde der Hügel, von der Peripherie angefangen, vollständig abgegraben. Genau in der Mitte trafen wir eine dem Waldboden aufgelagerte, annähernd rechteckige, von O. nach W. gerichtete Steinpackung von 2,20 m L., 1,20 m Br. und 0,50 m H., bestehend aus drei bis vier Lagen senkrecht aufgeschichteter Gerölle. Auf der Oberfläche des Haufens lagen einige Stückchen verkohlten Holzes. Unter der Steinpackung war reiner Sand. 3 m nördlich vom Mittelpunkte, 1,50 m tief, lag in schwarz gefärbter Umgebung ein ziegelrot gebrannter dicker Tonscherben,

2 m westlich vom Mittelpunkt in 1,20 m Tiefe ein kleiner brauner Scherben. In Anbetracht der geringfügigen Ergebnisse, die zu den grossen Kosten in keinem Verhältnis standen, wurde von der Aufdeckung weiterer Hügel vorläufig Abstand genommen. Die drei aufgegrabenen Hügel wurden äusserlich wieder in den alten Zustand zurückversetzt.

Auch die Hügel von Katholisch-Hammer sind durch ihre Dimensionen und den zentralen Steinbau als Grabhügel für unverbrannte Leichen charakterisiert. Wenngleich die Ausgrabung keinen direkten Anhalt für die Bestattungsweise ergeben hat, so gilt doch das über die Schimmelwitzer Hügel Gesagte auch für sie, d. h. die Verhältnisse erklären sich leichter bei der Annahme von Körpergräbern, als der von Brandgräbern, erstens wegen der Grösse des Grabraumes, und zweitens wegen des Verschwindens der Knochenreste. Das dritte Moment, die Zeitbestimmung, kann freilich hier nicht zugunsten der Skelettbestattung angeführt werden. Denn die Beigaben des zweiten Hügels sind gewöhnliche Typen unserer Urnenfriedhöfe.

Abb. 10 und 11. ¹/₅

1 km westlich von der Hügelgruppe, im Jagen 111/12, dicht an einem den Forst durchquerenden Wege, stellte ich einen Begräbnisplatz aus der ältesten Eisenzeit fest. Unter den Gefässen waren auch einige bemalte. Ferner teilte uns einer der Arbeiter mit, dass er an einer anderen Stelle vor Jahren beim Wurzelroden Urnen gefunden habe. Es gelang ihm den Platz wiederzuerkennen. Er lag zwischen den Hügeln des Jagens 136. Obwohl wir uns wegen des dichten Baumbestandes auf einen Raum von 6 qm beschränken mussten, stiessen wir auf drei Grabstellen, deren Inhalt (trichterförmige, dreihenklige, z. T. auf der Drehscheibe gearbeitete Gefässe, blaue Glasperlen, eingliedrige Fibeln mit umgeschlagenem Fuss) grösstenteils schon zerstört war, aber zur Genüge erkennen liess, dass es sich um Brandgräber aus dem 3. Jahrh. n. Chr. handelte. Man sieht daraus, dass die Gegend im Altertume nicht bewaldet gewesen sein kann, denn die Wohnungen der Lebenden waren gewiss nicht weit von den Begräbnisplätzen entfernt.

Durch Herrn von Salisch wurde ich auf eine Nachricht im Jahrbuch des Schlesischen Forstvereins von 1847 aufmerksam gemacht. Der Kgl. Oberforstmeister v. Pannwitz schreibt dort S. 152: „Eine interessante Alterthümlichkeit bewahrt auch noch das Revier Kath.-Hammer. Nämlich mitten im Block 4 im Buchenwalde ist eine Fläche, welche Gierstadt genannt wird und wo vor alter grauer Zeit eine wirkliche Stadt dieses Namens gestanden hat, worüber noch mehrere Dokumente in Posen sich befinden. Auf dieser Stelle finden sich auch vielfach noch Spuren von Mauern und sonstiger Ansiedlung."

Mit den „Spuren von Mauern" waren vielleicht die Steinsetzungen der Hügelgräber gemeint. Was es mit den angeblichen Dokumenten für eine Bewandtnis hat, hat sich bisher nicht feststellen lassen. Die Sage von der alten Stadt aber ist noch heute im dortigen Volke lebendig. Sie liefert ein merkwürdiges Beispiel für die Kontinuität der Überlieferung von den prähistorischen Zeiten bis auf die Gegenwart.

Hans Seger

II
Cosel Kr. Sagan.   M.-Nr. 3332

Längs der Bahnstrecke von Grünberg nach Sorau zieht sich eine grosse, meist mit Kiefernwald bestandene Heidefläche hin, auf der eine Anzahl zum Teil noch erhaltener, zum grösseren Teil aber schon zerstörter Hügel verstreut ist.

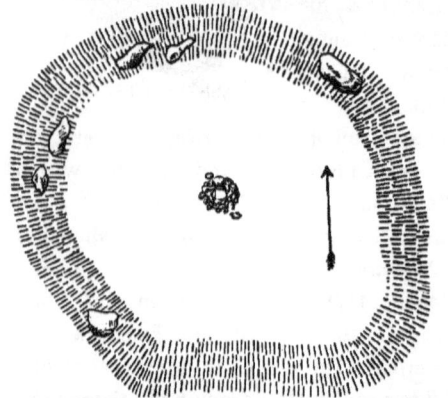

Abb. 12. Cosel, Grundriss des Hügels I. 1:200

So sollen zu beiden Seiten des Schienenweges, ungefähr bei km 32,7 in der Heide des Gustav Mangler Steine und Scherben gefunden worden sein. Steine und Scherben sollen sich auch auf dem sogen. Galgenberge gezeigt haben, links von der Strasse, die von Cosel nach Reichenau führend, diesen Berg dicht hinter Cosel übersteigt. Beim Bahnbau ist dicht bei km 31,7 durch Schachtarbeiten ein Grab mit Steinsetzung zerstört worden. Im Kiefernwald des Coseler Besitzers Laubsch, der sogen. Lode, wurde 1868 gerodet und dabei ein Hügel eingeebnet, der, wie die Leute erzählten, altertümliche Sachen enthielt. Was noch ausser Tongeschirr gefunden wurde und wohin es gelangt ist, war nicht zu ermitteln.

Diese Nachrichten veranlassten mich, als ich im April 1907 wegen eines in der Nähe des Bahnhofs gefundenen Flachgrabes mit Buckelgefässen in Cosel war, die umliegenden Wälder nach Hügelgräbern abzusuchen. Es gelang mir vier Hügel festzustellen und zwei davon auszugraben.

Hügel I lag auf einer flachen Bodenerhebung, die sich zu beiden Seiten des Bahnkörpers hinzieht, ungefähr 50 m westlich von Stein 31,7 der Strecke, in einer Kiefernbusch-Parzelle des Bauers Jungnickel in Cosel. Der aus Sand bestehende Hügel hatte einen basalen Umfang von 35 m, war 1 m hoch und unregelmässig rund. Im N. und W. war seine Peripherie scharf gegen das umliegende Niveau abgesetzt, im O. und S., wo er einen Teil seiner Schüttung verloren haben mochte, war diese Linie weniger deutlich. Im S. und O. waren auch die Steine verschwunden, die den Hügel an den übrigen Seiten umlagerten. Bei meiner Ankunft waren von diesen rohen, im allgemeinen rundlichen Blöcken noch sechs Stück von 30—80 cm Dm. vorhanden, die etwa 5 cm tief in den untersten Rand des Hügels eingebettet waren. In der Mitte des Hügels fand sich ein 0,80 m hoher Haufen von 39 durchschnittlich kopfgrossen unbearbeiteten Diluvialgeschieben. Sein Durchmesser betrug an der Basis von N. nach S. 1,20, von O. nach W. 1,10 m. Diese Steinsetzung umschloss einen viereckigen Hohlraum von 0,25 : 0,30 m Weite, dessen untere Wandung auf der einen Seite von drei rundlichen Steinen, auf den drei anderen von je einer aufgekanteten natürlichen Steinplatte gebildet wurde. Nach oben zu verjüngte sich der Raum kaminartig. Der ausfüllende Sand glich vollkommen dem der Umgebung und wies keine Spuren irgend welchen sonstigen Inhaltes auf. Auf dieser Sandfüllung, zwischen den obersten Steinen, mit dem Mündungsrand 12 cm unter der Hügelkrone, stand eine gelbgraue, 15 cm hohe

Abb. 13. Cosel, Steinsetzung in Hügel I. 1:30

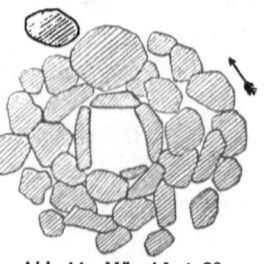

Abb. 14. Hügel I. 1:30

Abb. 15.
Cosel, Hügel I. ¹/₆

Urne mit verbrannten Knochenresten. Abb. 15. Um sie herum lagen Scherben von etwa sechs Gefässen, darunter drei bikonischen Näpfen mit Parallelfurchen oberhalb der Bauchkante, ähnlich Abb. 16, einer Tasse und einer flachen Schale. (Inv.-Nr. 352—4: 06.)

Nach den Lagerungsverhältnissen muss man dieses oberflächliche Brandgrab als eine Nachbestattung betrachten, denn wenn die Knochenurne zum Hauptgrabe gehört hätte, so würde man sie doch auf dem Boden der Steinkammer und nicht über ihr beigesetzt haben. Auffällig ist dabei freilich, dass von dem Inhalt des Hauptgrabes gar nichts

Abb. 16. Cosel, Hügel II. ¹/₆

erhalten ist. Entweder blieb es unbenutzt oder die lose darin aufgehäufte Brandasche ist völlig vergangen. Der Hügel barg noch eine zweite Nachbestattung: 0,15 m südlich von der Steinsetzung lag in 0,50 m Tiefe eine zerdrückte, ungefähr 35 cm breite Schüssel mit Leichenbrand. Daneben fanden sich Scherben einer kannelierten Vase und Trümmer von mindestens fünf anderen unverzierten braunen Gefässen (Inv.-Nr. 356—8: 06). Noch weiter südlich lag ein Stein, der in ein Loch der benachbarten Wand des Hauptgrabes genau hineinpasste. Der nordwestliche Teil des Hügels konnte wegen des dortigen Baumbestandes nicht völlig abgegraben werden.

Hügel II lag im Kiefernbusch des August Lange aus Cosel, im sogen. Steingrunde, 100 m östlich von einem Punkte der Bahnstrecke, der von der Station Cosel und dem Kilometerstein 33,8 gleich weit entfernt ist. Der 0,70 m hohe, flachrundliche Hügel von 15 m Dm. war aus Sand aufgeschüttet. Auf seiner Sohle stand im Zentrum ein zerborstener bikonischer Topf, Abb. 16, darunter lag ein einzelner unverzierter Scherben eines grossen Gefässes. (Inv.-Nr. 359—60: 06). Knochenreste waren nicht vorhanden 0,16 m über dem Topfe lag ein einzelner Faustkeil. — Anscheinend ist das Grab vorzeiten seiner Steine beraubt worden. Dabei hat man die Urne gefunden, ausgeleert und die Scherben wieder in das Loch geworfen.

Hügel III. 40 m nördlich von dem eben beschriebenen liegt ein gleichgrosser Hügel. Er war mit Schonung bepflanzt und durfte nicht berührt werden.

Hügel IV. Etwa 20 m südwestlich von Hügel II hat der Besitzer Lange vor 20 Jahren einen gleichartigen Hügel mit Steinsetzung geschleift. Eine kleine Bodensenkung scheint die Stelle zu markieren. Etwaiger Funde konnte Lange sich nicht mehr entsinnen.

Brunzelwaldau Kr. Freystadt. M.-Nr. 2408

Durch den Sohn des dortigen Besitzers Weichert wurde das Museum benachrichtigt, dass man in der Heide seines Vaters in mehreren kleinen Hügeln Steine und Urnen gefunden habe. Daraufhin reiste ich Anfang April 1907 nach Brunzelwaldau. Die Fundstelle liegt etwa 1,75 km vom Nordausgang des Dorfes in der Richtung auf die sogen. Brettmühle. Das Gelände ist dort fast völlig eben, von einzelnen schmalen Wassergräben durchzogen und zumeist mit Kiefernschlägen verschiedenen Alters bestanden.

Schon vor zwölf bis vierzehn Jahren waren beim Holzfällen in den sogen. Fuchstannen einige Hügel durch Zufall aufgedeckt worden. Sie hatten zerbrochenes Tongeschirr enthalten und um sie herum hatten „mit Erde bedeckte Steinmauern" geführt. Kurz vor meiner Ankunft hatte der jüngere Weichert wieder einen Hügel (I) geöffnet. Ein zweiter wurde von mir in unversehrtem Zustande aufgedeckt.

Hügel I war rund, 10 m breit und knapp 0,50 m hoch. Nach Aussage Weicherts hatte er innerhalb eines Haufens von Feldsteinen eine Höhlung und darin die mit einer Schüssel zugedeckte Knochen-

Abb. 17. Brunzelwaldau, Steinsetzung in Hügel II

urne enthalten. Da vom Oberrande der Schüssel bis zur Höhe des Hügels 1 m gemessen worden war, muss das Grab ca. 0,50 m tief in den gewachsenen Boden eingesenkt gewesen sein. Die graubraune, henkellose Urne, Abb. 19, hat fünf von innen herausgedrückte Buckel, die durch Horizontalreihen kleiner Grübchen verbunden sind. H. 26, Dm. 18 cm; H. der Schüssel 19, Dm. 40 cm. Die Peripherie des Hügels durfte mit Rücksicht auf den Baumbestand nicht angetastet werden.

Hügel II lag ebenfalls auf Weichertschem Terrain, 80 m nordöstlich von Hügel I. Er hatte elliptischen Grundriss und war mit der grossen Axe von ONO. nach WSW. gerichtet. Seine Länge betrug 15, die Breite 12, die Höhe 1 m. Er enthielt in der Mitte einen aus Hausteinen und grösseren Findlingen gefügten, 0,45 m hohen, 0,90 m langen und 0,55 m breiten Aufbau von regelmässig rechteckigem Querschnitt, dessen längere Seiten von SO. nach NW. verliefen, Abb. 17. Diesen zentralen Steinsockel umzog eine annähernd quadratische, bis 0,40 m hohe, aus teilweise gespaltenen Feldsteinen kunstlos zusammengesetzte Mauer. Die je 4 m langen Seiten des Quadrates waren genau nach den vier Himmelsrichtungen orientiert. Die Reste der Bestattung, Leichenbrand und einige indifferente Gefässscherben lagen auf und dicht neben dem steinernen Mittelbau, an den mit + bezeichneten Stellen der Abbildung.

In 0,40 m Tiefe fanden sich auf der SSW-Seite unter der Steinmauer, neben Scherben anderer Gefässe, Holzkohlenstückchen und grauer Asche, Teile eines doppelkonischen Topfes mit Horizontalfurchen ähnlich Abb. 16. An der nach SO. gelegenen Seite des Mauerquadrates (bei ×) lagen in 0,16 m Tiefe Scherben eines Buckelgefässes, 1,50 m davon entfernt, 0,20 m tief, Trümmer anderer Gefässe, Kohlenteilchen und graue Asche. — Die höchst mangelhafte Erhaltung des Grabgeschirres ist eine Folge der vielfachen Rodungen, welche die Jahrhunderte lange Waldkultur mit sich gebracht hat.

Die Scherben auf dem steinernen Mittelbau sind die Reste des Hauptgrabes, dessen Gefässe man auf seiner ebenen Oberfläche niedergesetzt hatte, während die peripherischen Urnentrümmer auf Nachbestattungen hinzuweisen scheinen. Dass die den Zentralsockel umziehende Steinsetzung innerhalb des Hügels liegt, entspricht nicht der Regel, ist aber vielleicht auf einen Lokalbrauch zurückzuführen. Denn auch bei den oben erwähnten, vor

Abb. 18. Aufhalt, Hügel 1

Jahren ausgegrabenen Hügeln und ebenso bei den Deutsch-Wartenbergern[1]) war beobachtet worden, dass um sie herum „mit Erde bedeckte" Steinmauern geführt haben. Wir haben diese den Hügel umgebenden Steinkränze auch bei den älteren Hügelgräbern, in Schimmelwitz und Katholisch-Hammer, kennen gelernt.

In benachbarten Waldparzellen sollen noch mehrere Hügel liegen. Die Unzugänglichkeit der Besitzer, die für ihre Forstkulturen fürchteten, machte aber weitere Untersuchungen unmöglich. So erging es mir bei Hügel III. Dieser befindet sich auf dem Eckertschen Hinterfeld in dreissig- bis vierzigjährigem Kiefernbestand, und ist 17 m breit, 33 m lang und 2 m hoch. Ein Teil seines einstigen Steininhalts liegt in Haufen gesetzt auf der Oberfläche, ein anderer Teil ist vom Vorbesitzer zur Errichtung einer Siedekammer und eines Kuhstalles verwendet worden. Seinen heutigen Inhalt durfte ich leider nicht untersuchen. Im Volksmunde heisst der Hügel „Alte Kapelle". Man erzählte mir, dass er eine Opferstätte gewesen sei.

Aufhalt Kr. Freystadt. M.-Nr. 2335

Auf einem Holzschlag der Kgl. Oberförsterei Tschiefer (Jagen 132), 500 m südlich vom Ausgang des Dorfes Aufhalt und 30 m westlich der Strasse Aufhalt-Neusalz, liegt ein künstlicher kleiner runder Hügel, Abb. 18, von 1,15 m H. und 10,5 m Dm., auf den uns Herr Kaufmann Dehmel in Neusalz aufmerksam machte. Mit Genehmigung der Königl. Regierung nahm ich im Mai 1908 eine Untersuchung des Hügels vor.

In 0,70 m Tiefe stiess ich auf die zentrale, gänzlich zerstörte Bestattung. Vermischt mit kalzinierten Knochen lagen dort Scherben einer Schüssel, eines eiförmigen Topfes und weiterer 3—4 unverzierter Gefässe von nicht erkennbarer Form. Steine enthielt der Hügel nicht. Auch hier war der Forstbetrieb der Erhaltung des Grabes verderblich geworden.

[1]) Schlesiens Vorzeit VII S. 518 ff.

Abb. 19. Brunzelwaldau, Hügel I. ¹/₅

An der Grenze des Jagens 132a gegen das Grundstück des Aufhalter Besitzers Otto Storch, 25 m östlich vom Schnittpunkt dieser Grenze mit dem Kirchsteg, liegt ein zweiter, gleichfalls zerstörter Hügel von 0,40 m H. und 8,50 m Dm. Er enthielt in allen seinen Teilen Scherben von Gefässen der älteren Bronzezeit.

Die Hügelgräber von Cosel, Brunzelwaldau und Aufhalt schliessen sich nach ihrem Bau und ihren archäologischen Einschlüssen eng an die in früheren Bänden dieser Zeitschrift (VI S. 49; VII S. 517) beschriebenen von Deutsch-Wartenberg Kr. Grünberg und an die niederlausitzischen[1] an. Von denen der älteren Trebnitzer Gruppe unterscheiden sie sich durch ihre durchweg viel geringeren Dimensionen, die ihrerseits wieder mit dem veränderten Bestattungsbrauche zusammenhängen. Noch wird zwar über dem Grabe ein Steinhaufen errichtet und zuweilen eine förmliche Kammer oder ein Gewölbe gebildet. Aber sie umschliessen nicht mehr die Ruhestätte eines vollständigen Leichnams, sondern nur noch die in einer Urne beigesetzten Überreste des Scheiterhaufens. Der kleinere Aufbau erforderte auch weniger Sorgfalt, und Nachbestattungen, bei denen von jedem Steinschutz abgesehen wurde, sind jetzt häufig.

Die Zeitstellung dieser jüngeren Hügelgräber ist durch die Keramik gegeben. Sie entspricht durchaus derjenigen der ältesten Urnenfriedhöfe und geht im allgemeinen der III. Periode des nordischen Bronzealters parallel. Die altertümliche Sitte der Hügelbestattung erhielt sich noch eine Zeitlang neben der vom Süden her eingedrungenen des Bestattens auf grossen Flachgräberfeldern. Aber sie verschwindet in der jüngeren Bronzezeit und scheint hierzulande auch in späteren Perioden nicht, wie es z. B. in dem benachbarten Posen der Fall war[2]), wieder aufgelebt zu sein[3]).

Johannes Richter

---

[1]) Weineck, Die Hügelgräber der Niederlausitz, Mitteil. d. Niederlaus. Ges. f. Anthrop. IV (1888) S. 185, 305 u. 430.

[2]) Götze, Hügelgräber der römischen Zeit von Selgenau, Kreis Kolmar, Nachrichten über deutsche Altertumsfunde 1904 S. 3. — Vgl. auch Götze, Slavische Hügelgräber bei Rowen, Kreis Stolp, a. a. O. S. 15.

[3]) In Schlesiens Vorzeit II S. 217 ist von einem 20 Fuss breiten Sandhügel bei Dyhernfurth die Rede, an dessen Westrande 1872, etwa 2 Fuss tief, unter Steinen ein Skelett mit einem durch den Schädel geschlagenen, 45 cm langen Nagel gefunden wurde. Ob dieser inzwischen abgetragene Hügel als Grabhügel anzusehen ist und ob er, wie das Skelett, aus slavischer Zeit stammt, muss dahingestellt bleiben.

Abb. 1. Grabfund der älteren Bronzezeit aus Beckern. $^1/_6$

URNENFELDER UM KUHNERN KREIS STRIEGAU

Zu den an vorzeitlichen Grabfeldern reichsten Gegenden Schlesiens gehört der nordöstliche Bezirk des Kreises Striegau und in diesem speziell das Gebiet an dem in vielen Windungen dahinfliessenden Leisebach. Sind es doch etwa ein Dutzend Ortschaften, die auf ihrer Feldmark mehr oder weniger umfangreiche Stätten vorzeitlicher Leichenbestattung aufzuweisen haben. Diese Gegend muss schon in der Vorzeit dicht bevölkert gewesen sein, wozu die Vorbedingungen durch die Fruchtbarkeit des Bodens, durch Wasserreichtum, gute Jagdgebiete u. a. m. gegeben waren. Was es aber der früheren Bevölkerung insonderheit ermöglicht hat, uns sichere Spuren ihres Kunstfleisses zu hinterlassen, das sind die gewaltigen, den ganzen Nordosten der Kreises Striegau durchziehenden und z. T. ganz oberflächlich gebetteten Lager blauen Tons. Ihnen konnte

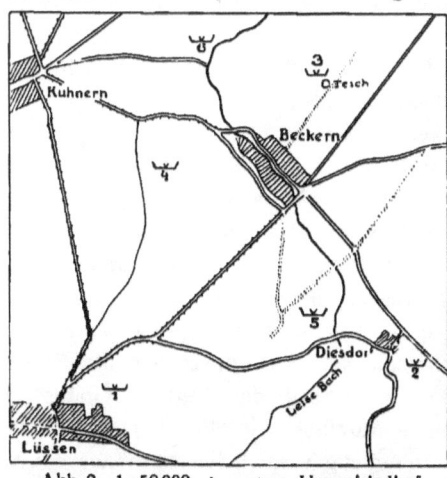

Abb. 2. 1:50000. _v_/ = Urnenfriedhof

Abb. 3. Grabfund der jüngeren Bronzezeit aus Lüssen

mühelos das Material für die Töpferarbeiten entnommen werden, die den Hauptinhalt der damaligen Grabausstattungen ausmachen.

Aus der Steinzeit liegen vollständige und sicher beobachtete Grabfunde bisher nicht vor. Indessen ist doch durch zahlreiche Einzelfunde, namentlich von Steinäxten, der Beweis für die schon damals vorhandene Besiedlung der Gegend erbracht. Bemerkenswert ist besonders in meiner Sammlung eine schön geformte und trefflich polierte Streitaxt aus Serpentin von dem bekannten schlesischen Typus (Mertins, Wegweiser, Fig. 56), die wahrscheinlich die Beigabe eines steinzeitlichen Kriegergrabes darstellt.

Von den Urnenfeldern in der Umgebung von Kuhnern sind drei schon vor Jahrzehnten untersucht worden, nämlich die beiden Grabfelder in Damsdorf, im Westen und Osten des Dorfes, und das Feld am Südende des Dorfes Lederhose an dem steilaufsteigenden rechten Ufer des Leisebaches. Ihr Inhalt ist wenigstens zum Teil ins Breslauer Museum gelangt. In der folgenden Übersicht habe ich die von mir selbst untersuchten Fundstellen zusammengestellt.

In Lederhose entdeckte ich 1906 ein zweites Feld; es liegt in dem durch Kreuzung der Kohlenstrasse und des Weges Lederhose—Jenkau gebildeten südlichen Terrainwinkel, dicht an den bezeichneten Strassen. Die bisher gefundenen Gräber, etwa zwölf, gehören durchweg der jüngeren Bronzezeit an. Sie liegen in Reihen mit 4 Schritt Abstand in geringer Tiefe und sind stark durch den Pflug beschädigt. In einem Grabe fand sich eine graphitierte Klapper in Vogelform. Kuhnern (Nr. 6 des Planes) besitzt ein Gräberfeld im Osten des Ortes, nahe dem Leisebach, von dem vor ca. zehn Jahren bunt bemalte und andere Gefässe aus acht bis zehn Gräbern der ältesten Eisenzeit durch Herrn Rittmeister a. D. von Oheimb dem Museum einverleibt worden sind. Der bezeichnete Fundort scheint zwar heute erschöpft, doch deuten zahlreiche Scherben auf eine Fortsetzung des Feldes nach Norden hin. Zu Kuhnern gehört das Vorwerk Eichberg: dort liegt ein Gräberfeld auf einer Anhöhe rechts von dem Wege Kuhnern—Kohlhöhe, in 250 m Höhe. Festgestellt sind bis jetzt nur wenige Gräber; ihre Auffindung wird dadurch sehr erschwert,

Abb. 4. Grabfund der Eisenzeit aus Beckern

dass der Berg unter der Ackerkrume aus Schiefer besteht. Die Gräber, der jüngeren Bronzezeit angehörig, sind mit aufrechtgestellten Schieferplatten umhegt. Die Gefässe sind schön graphitiert und dank der steinernen Schutzwand relativ gut erhalten. Ein Grab enthielt eine Bronzenadel und eine Rasiermesserklinge.

Pläswitz-Johnsdorf: ausgedehntes Feld nördlich von der Mitte des Weges Gäbersdorf—Berthelsdorf, dicht an einem kleinen Wasserlaufe. Die bisher gefundenen Gräber gehören der jüngeren Bronzezeit an und liegen in Reihen mit 4—5 Schritt Abstand. Der Inhalt der bisher gefundenen Gräber ist in Besitz der Familie von Buddenbrock.

Lüssen (Nr. 1 des Planes): grösseres Gräberfeld in dem von der Chaussee Lüssen—Beckern und der Nordostseite des Dorfes gebildeten Terrainwinkel. Es enthält Gräber von der älteren Bronzezeit (Formenkreis der Buckelurnen) bis zur Eisenzeit; die jüngsten liegen am Nordrande des Feldes in regelmässigen Reihen mit 3—5 Schritt Abstand. Das Feld zeichnet sich aus durch Mannigfaltigkeit der Beigaben. Es wurden mehrere Kindertrinkgefässe gefunden, Kinderklappern, ein kahnförmiges Gefäss mit 4 Füssen usw.

Järischau: hier sind 1840 beim Strassenbau angeblich westlich vom Ort flache Gräber aufgedeckt worden. Jetzt existiert noch auf der Anhöhe östlich des Dorfes, rechts von der Strasse Järischau—Rauske, ein Gräberfeld von ungewöhnlichem Umfange. Es erstreckt sich mit kurzer Unterbrechung über einen 70—80 m breiten Streifen von 300 m Länge. Die ältesten Gräber liegen im Osten, die jüngsten eisenzeitlichen im Südwesten des Feldes. Ausgezeichnet sind die älteren Gräber durch schöne Bronze-Beigaben. Das Feld ist reich an Inhalt; die bisherigen Funde sind in meinem Besitz.

Diesdorf (Nr. 2 des Planes): dicht am Südostende des Ortes auf Kiesuntergrund wurden schon vor Jahrzehnten von den Bewohnern „Töpfe" gefunden. Ich fand bisher

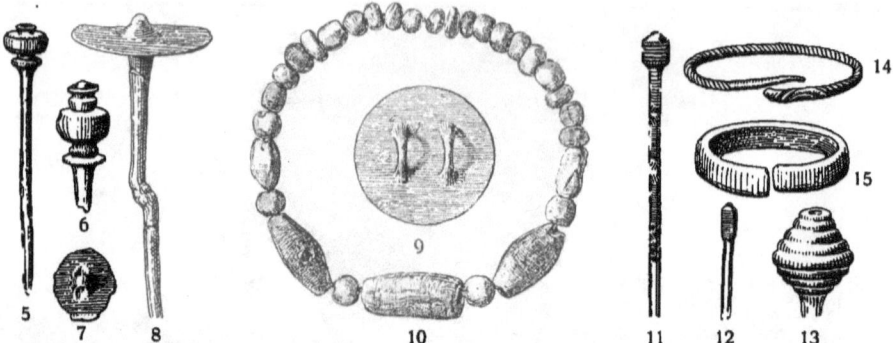

Abb. 5—10. Bronzebeigaben und Bernsteinkette aus Gräbern der älteren Bronzezeit in Beckern. — Abb. 11—15. Bronzebeigaben aus Gräbern der jüngeren Bronzezeit in Järischau. $^1/_2$

nur ein sehr beschädigtes Grab der jüngeren Bronzezeit. Doch liegen noch allenthalben Scherben derselben Periode umher.

Beckern: drei getrennte Gräberfelder, ein nördliches, ein westliches und ein südliches.

Das nördliche (Nr. 3 des Planes) liegt auf dem Plateau am rechten Ufer des Leisebachs, dicht westlich an einem kleinen Teiche. Die Gräber stammen durchweg aus der älteren Bronzezeit und dem Formenkreise des lausitzischen Typus: Buckelgefässe mit reichen Bronzebeigaben. Die Gefässe sind vorwiegend von grösserer Art. Die kleinen Beigefässe sind spärlich; sie stehen vielfach, ja zuweilen sämtlich verkehrt. Leider liegt das Feld in sehr feuchtem Terrain, so dass die Gefässe z. T. förmlich aufgelöst und nur vereinzelt zu erhalten waren. Die Gräber liegen in Reihen mit einem Abstand von 6—7 Schritt.

Das westliche Feld (Nr. 4 des Planes) liegt etwa in der Mitte zwischen Kuhnern und Beckern, wo das Gelände in leicht ansteigender Welle sich zu der vor Kuhnern befindlichen Anhöhe erhebt. Im Herbst 1903 machte ich dort die ersten Grabungen. 1907 ergab sich eine Fortsetzung des Feldes nach Südosten. In seinem nordwestlichem Bereich zeigt es ältere Formen, Gräber mit wenigen grossen Urnen, die im Bau der Buckelkeramik ähneln, und spärlichen Beigefässen. Die Grabungen im Südosten dagegen ergaben bisher nur Formen der jüngeren Bronzezeit. Die Gräber liegen in Reihen mit 4—6 Schritt Abstand. Viele sind noch unversehrt.

Das südliche Feld (Nr. 5 des Planes) ist das abwechslungsreichste und seinem Inhalt nach am besten studierte. Es erstreckt sich bei einer Breite von 50—60 m etwa 180 m lang von Westen nach Osten, wobei die östliche Grenze nur etwa 200 m vom Leisebach abliegt. Die ältesten Gräber liegen an den entgegengesetzten Enden, also im östlichen und westlichen Zipfel. Es finden sich dort Buckelurnen und Gefässe von verwandter Form mit weitbauchigem, gedrücktem Körper und hohem, zylindrischem Halse. Die Gräber enthalten z. T. nur ein bis zwei grosse Urnen, keine Beigefässe. Von Westen nach Osten hin verjüngt sich das Feld nach und nach: wir finden Typen der jüngsten Bronzezeit und schliesslich, fast angrenzend an den altbronzezeitlichen Ostzipfel des Feldes, auch eisenzeitliche Gräber. Hier fand sich auch das S. 16 beschriebene Grab mit der Gussform. Die Gräber der älteren Periode liegen 8—10 Schritt, die jüngeren 4 Schritt auseinander. Interessant war folgender Befund: im westlichen Bereich des Feldes stiess ich in einer Reihe von älteren Gräbern plötzlich

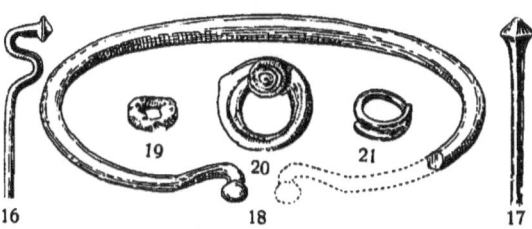

Abb. 16, 18 Bronzenadel und -Halsring, 19 eiserner Ring, 21 goldener Ring, sämtlich aus Grab 144; Abb. 20 eiserner Doppelring u. Spiralscheibe, 17 Bronzenadel, aus Grab 62. $^1/_2$

auf einige jüngere, so zwar, dass mitten zwischen je zwei früheren immer ein späteres eingeschoben war. Dieselbe Beobachtung habe ich auch in Lüssen gemacht. Diese Anordnung hat ihren Grund wohl darin, dass bei der durch Generationen fortgesetzten Benutzung des Begräbnisplatzes ein Raummangel eintrat, der die Bewohner veranlasste, auf den früher benutzten Platz zurückzugreifen. Gleichzeitig aber scheint sie einen Beweis dafür zu liefern, dass die Gräber durch irgendwelche Merkmale äusserlich erkennbar gewesen sind.

Zu erwähnen ist schliesslich noch Rauske, wo früher Gefässe jüngeren Datums gefunden worden sind, und Gross-Rosen mit einem südwestlich vom Dorfe, dicht am heutigen Friedhof gelegenen Gräberfelde. Es ist z. T. mit Häusern bebaut; beim Bau haben die Maurer die Scherben der zerstörten Gefässe zur Ausfüllung der Mauerfugen benutzt.

Bei der Wahl der Örtlichkeiten hat man, wie gewöhnlich, eine zwar erhöhte, vor Überschwemmung sichere, aber doch auch vom Wasser nicht zu ferne Lage bevorzugt. Doch war Letzteres nicht überall der Fall: die Felder von Järischau und Kuhnern-West z. B. liegen weit ab vom Wasser. Auffallend regelmässig ist im Gegensatz zu anderwärts gemachten Beobachtungen die Anordnung der Gräber. Sie sind fast ausnahmslos in geraden, gleichmässig von einander abgemessenen Reihen ausgerichtet. Sind erst zwei oder drei Gräber gefunden, so hat man damit das System der Anlage und kann durch Abmessen oder Abschreiten die weiteren Gräber mühelos finden. Ein Wechsel in der Abmessung scheint erst dann erfolgt zu sein, wenn der Raummangel es gebot. In solchen Fällen rücken entweder die späteren Gräber näher zusammen oder sie werden zwischen die älteren eingeschoben, wie auf dem Südfelde von Beckern und in Lüssen. Damit stimmt die Tatsache überein, dass der Abstand der einzelnen Gräber auf den ältesten Feldern am grössten ist, nämlich 7—10 Schritt; bei den jüngeren Feldern sinkt er auf 4 Schritt herab. Auf modernen Friedhöfen beträgt er nach landläufigem Gebrauch höchstens 2 Schritt. Weniger klar ist der Grund für die verschiedene Tiefe der älteren und jüngeren Gräber. Jene liegen im allgemeinen tiefer, bis 90 cm unter Tage, während die jüngeren zumeist so seicht gebettet sind, dass sie oft vom Pfluge erfasst werden und man eben noch die Böden der Gefässe auf der Grabsohle findet. Dass die Reihen nach bestimmten Himmelsrichtungen orientiert sind, habe ich nicht bemerkt. Meist scheinen sie ausserhalb der Windrose zu liegen.

Abb. 22. Dreigefässgruppe aus einem Grabe in Lüssen

Die Stellung der Gefässe ist ziemlich regellos. Die Aschenurnen stehen durchaus nicht immer in der Mitte, sondern vielfach an der Peripherie. Es fällt auf, dass die Gefässe selbst in unberührten Gräbern oft eine schiefe Stellung oder Seitenlage haben. Die Erklärung, dass die Gefässe eine besondere Holzunterlage gehabt hätten, welche weggefault ist, scheint mir zu gesucht. Eher könnte man daran denken, dass ebenso wie heute, die Gräber mit Tannenreisern oder Blumen dicht ausgepolstert und darauf Urnen und Beigefässe gebettet wurden. Mit dem Schwinden dieser vergänglichen Unterlagen bekamen die Gefässe eine schiefe Stellung. Selten sind als Unterlage Steine und dicke Gefässscherben verwendet, vielleicht zu dem Zwecke, die Bodennässe abzuhalten. Sehr häufig findet man dagegen die Gefässe verkehrt gestellt. Namentlich gilt dies für die kleineren, doch habe ich in einem frühzeitlichen Grabe einmal 11 Gefässe, darunter die grossen Ossuarien, in solcher Stellung angetroffen. Der Grund war wohl nur, dass man das Eindringen der Erde in die Töpfe verhindern wollte. Als Deckel, namentlich für grössere Gefässe begegnen fast in jedem Grabe eine oder mehrere runde Tonscheiben. Sie haben einen Durchmesser von 10—40 cm und 1—1,5 cm Dicke. Eine Seite ist meist glatt, die andere mit stumpfen Eindrücken versehen; selten findet sich eine dürftige Ornamentik in Kreis- oder Strichform. Ausserdem haben die Scheiben meist eine Anzahl durchgehender Löcher. Wiederholt sah ich mehrere Bruchstücke einer solchen Scheibe als Deckel auf mehrere getrennt stehende, kleinere Urnen verteilt. Eine für die eisenzeitlichen Gräber typische Beigabe sind die kleinen gewölbten Deckel mit trichterförmigem Griff in der Mitte.

Die Zahl der Gefässe schwankt von einem einzigen bis zu zwei Dutzend. Die alten Gräber enthalten wenige grössere Gefässe von kräftiger Form, die späteren besonders reichliche Beigefässe, zierlich geformt, gewöhnlich mit schwarzglänzendem Überzug und ornamentiert. Die Knochenasche ruht zumeist in zwei bis drei grösseren Gefässen, zuweilen ist sie aber auf sämtliche Gefässe verteilt. In älteren Gräbern liegt sie oft ausserhalb der Urnen frei im Boden oder mit einigen Scherben bedeckt. So enthielt Grab 13 von Beckern ausser einem Henkelkrug und einer Tasse nur einen grossen Gefässscherben, der auf die am Boden ausgebreitete Knochenasche und die Bronzebeigaben gelegt war. In einem andern Grabe standen zehn grössere Gefässe, von denen keines Asche enthielt; diese war vielmehr um die Gefässe herum verstreut. In den jüngsten Gräbern hat nicht immer das grösste Gefäss zur Aufnahme der Knochenasche gedient. Ein sogenanntes Seelenloch habe ich in jüngeren Gräbern nicht ein einziges Mal, dagegen an Urnen der älteren Zeit häufig bemerkt. Die Knochen sind absichtlich zerkleinert. Selbst die Röhrenknochen finden sich nur in Fragmenten von höchstens 10—12 cm Länge. Man scheint die Knochen vor der Beisetzung von Holzasche u. dgl. gesäubert zu haben. Obenauf liegen ziemlich regelmässig die Schädelknochen in kleinen Trümmern.

Dass öfters beschädigte Gefässe beigegeben wurden, davon habe ich mich durch genauste Untersuchung überzeugt.

Abb. 23. Ineinander geschachtelte Tassen, r. ältere, l. jüngere Bronzezeit

So waren z. B. manchmal ein oder beide Henkel an sonst fast unversehrten Gefässen abgeschlagen. Ein andermal fehlte an einem vierfüssigen Gefäss, das unberührt auf der Grabsohle stand, ein Fuss. Ähnliches gilt auch von den Metallbeigaben, die der vorzeitliche Totenkultus oftmals zerstörte. Entweder mussten die Metallgegenstände das Feuer des Scheiterhaufens mit überstehen — dann finden wir sie zu formlosen Massen geschmolzen in der Asche wieder, wie in Grab 144 von Beckern — oder sie wurden zerbrochen und in Stücken beigegeben. So fand ich eine lange Nadel mit breitem Scheibenkopf, Abb. 8, in vier Stücken, jedes Stück in einem andern Gefäss. Am reichsten ist die Ausstattung mit Bronzesachen in den ältesten Gräbern: fast jedes davon enthält ein oder mehrere ansehnliche Stücke, während sich später die Pietät in dieser Hinsicht merklich abschwächt. Die Lage der Beigaben ist meist obenauf, seltener auf dem Boden der Aschenurne. Von den Eisengeräten haben sich nur kümmerliche Reste erhalten. Dafür zeigen die eisenzeitlichen Gräber eine andere eigentümliche Beigabe. Ausser den üblichen dunklen Gefässen findet sich regelmässig eine einzelne flache, henkellose Schale oder ein kleines Kugelgefäss aus gelbweissem Ton mit roten Tupfen oder schwarzen Strichen bemalt (siehe Abb. 4 in der Mitte). Die schwarze Farbe wurde wahrscheinlich mit Graphit, die rote mit Boluserde aufgetragen, von der öfters kleine Stücke als Beigabe vorkommen. Ein regelmässig geformter Bolus-Stift aus einem Kuhnerner Grabe ist von mir dem Breslauer Museum übergeben worden. An anderen natürlichen Mineralien fand ich Glätte- und Reibesteine sowie Feuersteinsplitter. Zweimal lag auf dem Boden eines kleinen Gefässes ein Stück wasserhellen Bergkristalles.

Ein besonderes Interesse erwecken die Kindergräber. Sie kennzeichnen sich durch den geringen Umfang der ganzen Grabanlage, die Kleinheit der Aschenurnen, die geringe Menge und kindliche Zartheit der Knochenreste und durch beigegebenes Kinderspielzeug in Form sehr kleiner Gefässchen und Klappern in Kissen-, Birnen-, Vogel- und Doppelkegelform, Abb. 24. Die Klappern enthielten hier niemals Steinchen, sondern stets gebrannte Tonkügelchen. Wohl weiss ich, dass man den Klappern auch die Bedeutung als Abwehr- und Verscheuchungsmittel gefürchteter Geister gegeben hat. Richtig ist auch, dass Klappern zuweilen in grössern Gräbern vorkommen, doch konnte ich in einem solchen Falle (Grab 15 in Beckern) nachweisen, dass zwei Ossuarien vorhanden waren, eine grosse Aschenurne mit Knochenresten einer erwachsenen Person und ein kleines Gefäss mit kindlichen Knochen; es handelte sich also um ein Doppelgrab, wahrscheinlich von Mutter und Kind. Jedenfalls ist die Klapper ein so regelmässiges Attribut des Kindergrabes, dass ich sie nur für ein Spielzeug halten kann.

Zu den Eigenarten der Grabeinrichtung gehört auch die Einschachtelung der Gefässe ineinander. So findet man in den Ossuarien zuweilen noch ein kleineres Gefäss. Auch die blumentopfartigen Gefässe enthalten meist eine oder einige Schalen. Oft decken sich flache Tassen muschelartig oder kleine Näpfe stehen ineinander, Abb. 23. Eine auffallende Erscheinung ist das öftere Vorkommen von drei ganz gleichgeformten, aber verschieden grossen Gefässen, Abb. 22. Es handelt sich immer nur um kleine Schalen, Näpfchen oder Tässchen, die in einer Schüssel oder mittleren Urne mit sichtlicher Sorgfalt und in deutlich geschützter Lage untergebracht sind. Man kann sich des Gedankens nicht erwehren, dass diese Gefässsätze irgend eine besondere Bedeutung in dem uns unbekannten Kult jener Menschen gehabt haben.

Von den Altertümern, die eine ferne Vorzeit dem Boden anvertraute, ist leider nur ein geringer Bruchteil in leidlich erhaltenem Zustande auf uns gekommen; wenn ich behaupte, dass uns nur etwa der vierte oder fünfte Teil der einst vorhandenen Gräber erhalten ist, so ist diese Schätzung gewiss eher noch zu günstig. Zunächst hat der durchweg schwere, selten austrocknende Lehmboden hiesiger Gegend durch seinen Wassergehalt zersetzend und auflösend auf die Gefässe gewirkt, und was diesem zerstörenden Einfluss widerstand, das hat die moderne Tiefkultur des Ackers dezimiert. Allerdings verdanken wir ja gerade dem neuzeitlichen Pfluge die Kenntnis vieler Grabfelder, aber in dem Augenblick, wo die furchende Pflugschar die Scherben ans Tageslicht zieht, hat auch schon das Zerstörungswerk begonnen. Um so wichtiger ist es meines Erachtens, dass das, was die Erde an solchen Urkunden einer fernen Vergangenheit noch birgt, sachgemäss gehoben und gesichert und damit vor völligem Untergange bewahrt werde.

Hermann Leporin

Abb. 24. Sauggefäss und Klappern aus Kindergräbern. ¹/₃

DER STEIN MIT DEN FUSSTAPFEN DES HEILIGEN ADALBERT IM DOM ZU BRESLAU

Im südlichen Seitenschiff des Breslauer Domes an der Wand des Presbyteriums, neben der ersten zur Emporkirche führenden Tür, steht auf dem Fussboden ein abgestumpft kegelförmiger Granitblock, dessen unterer Teil in einem 70 cm hohen Eichensockel verborgen, und dessen Rand mit einem breiten eisernen Bande umgeben ist (Abb. S. 52). Der sichtbare Teil ist 23 cm hoch, sein Umfang beträgt an der Basis 133, am Rande 112 cm. Die vollkommen regelmässige Rundung und Glätte deutet auf eine sorgfältige Bearbeitung. Auch die horizontale Oberfläche mag ursprünglich glatt und eben gewesen sein. Sie ist jedoch stark verwittert und dadurch uneben und löcherig geworden. Auch ist der Rand an verschiedenen Stellen abgebröckelt. Man kann daraus schliessen, dass der Stein, bevor er unter Dach kam, lange Zeit auf freiem Felde gestanden hat.

In die Oberfläche sind ein Paar lebensgrosse menschliche Fusstapfen eingearbeitet. Die eine ist bis auf die äusserste Spitze vollständig erhalten, von der anderen fehlen infolge der erwähnten Randbeschädigung die Zehen. Die Stellung der Füsse ist die natürliche. Die Vertiefungen betragen an den tiefsten Stellen 1,2 cm. Nach den Rändern zu flachen sie sich muldenförmig ab.

Dass sie künstlich hergestellt sind, unterliegt keinem Zweifel. Die Arbeit ist mit guter Naturbeobachtung und einem gewissen Geschick ausgeführt. Nur die Zehen sind etwas zu kurz geraten.

Über dem Steine hängt ein kunstloses Ölgemälde des 17. Jahrhunderts, das nach einer kaum mehr lesbaren Inschrift den heiligen Adalbert mit seinem abgeschlagenen Kopfe in der Hand darstellt. Bekanntlich erlitt Bischof Adalbert von Prag am St. Georgstage (23. April) 997 im Samlande den Märtyrertod durch die Hand der heidnischen Preussen. Die Sage erzählt, dass man sein Haupt abgeschlagen und auf einen Pfahl gesteckt habe. Von hier habe es der Leib des Ermordeten weggenommen und sei damit in der Hand bis Danzig gewandert, um sich dort in der Kapelle von St. Albrecht zu betten[1].

Mit seiner Legende hängt nun auch der Stein zusammen. In alten Chroniken, Lebensbeschreibungen und Hymnen wird berichtet, dass er aus Oppeln hierher überführt worden sei. Auf ihm habe der Heilige, als er den Oberschlesiern den christlichen Glauben predigte, barfuss gestanden, und auf wunderbare Weise hätten sich seine Füsse in den

---

[1] H. G. Voigt, Adalbert von Prag, Westend-Berlin 1898, S. 193.

harten Felsen eingedrückt[1]). Infolgedessen wurde der Stein von den Gläubigen mit andächtigem Kuss verehrt. Das Alter des Brauches bezeugte ehemals eine neben dem Steine aufgehängte Pergament-Urkunde des 15. Jahrhunderts[2]). Darin verkündete und und bekräftigte Bischof Rudolf (1468—1482), dass im Jahre des Herrn 1460 Johann, Erzbischof von Gnesen, Jodocus, Bischof von Breslau, und sein Weihbischof Johann je vierzig Tage Ablass allen bewilligt hätten, die zum Bau der Kirche ein Scherflein beitrügen, ein andächtiges Vaterunser beteten und den Stein küssten, in den S. Adalbert seine Füsse eingedrückt habe.

Auf das historische Moment brauchen wir nicht näher einzugehen. Die Nachricht von der Herkunft des Steines aus Oppeln kann auf einer alten Überlieferung beruhen. Es liegt jedenfalls kein Grund vor, sie zu verdächtigen. Adalbert selbst aber ist wahrscheinlich nie in Schlesien gewesen[3]). Man begreift ja, dass dieser Heilige, ein geborener Slave, Vorkämpfer des Christentums und der erste Märtyrer seit Jahrhunderten, gerade hier im Osten besonders gefeiert wurde, und dass man überall handgreifliche Zeugnisse seines Wirkens beizubringen bestrebt war. Der Steine, auf denen er stehend, sitzend, liegend oder tastend Eindrücke seines Körpers hinterlassen haben soll, gibt es merkwürdig viele[4]) und mehreren davon wird oder wurde wenigstens früher durch Beugen der Knie und Kuss Verehrung gezollt. Speziell Fussspuren werden von ihm ausser in Breslau noch gezeigt bei Grünberg in Böhmen[5]) sowie in Wilkowyja bei Klecko und in Wongrowitz, Provinz Posen[6]).

[1]) Dies ist die ursprüngliche und volkstümliche Auffassung, die auch allein die reliquienmässige Verehrung des Steines erklärt. Die Angabe, dass die Spuren zum Andenken an seine Predigt eingemeisselt seien (Schles. Pastoralblatt 1897 S. 134), oder dass sie „von seinem anhaltenden Daraufstehen" herrührten, also auf natürliche Weise entstanden wären (Erdmann, Beschreibung der Kathedral-Kirche ad St. Joannem, Breslau 1850, S. 56), sind rationalistische Deutungen einer späteren Zeit. Die Nachrichten über den Stein sind (unvollständig) angeführt von Voigt a. a. O. S. 265 Anm. 216. Verschiedene Nachweise verdanke ich Herrn Geistl. Rat Jungnitz und Herrn Geh. Regierungsrat Schulte.

[2]) Ezechiel, Inscriptiones (Handschrift der Breslauer Stadtbibliothek von 1698) S. 104: „Dabey stehet unten ein länglich rundter Sandstein in Holz eingefasset, an welchem oben 2 Fussstapffen zu sehen, dabey hanget eine alte Taffel, waran auf Pergament folgende Schrift: Anno domini MCCCCLX. Johannes archiepiscopus Gneznensis omnibus ad fabricam ecclesiae Wratisl. manum adiutricem porrigentibus et lapidem, quem S. Adalbertus pedibus suis pressit, osculantibus et unum Pater noster devote dicentibus XL dies indulgentiarum singulis diebus concessit. Item anno praedicto dominus Johannes episcopus simbaliensis ac suffraganeus Wratisl. idipsum facientibus similiter XL dies indulgentiarum dedit et concessit. Deinde et iam anno quo supra reverendus in Christo pater et dominus Jodocus episcopus Wratisl. praemissas indulgentias concessas ratificavit et acceptavit, necnon de suis indulgentiis etiam XL dies praemissa facientibus adierit. Ast nos Rudolphus Dei gratia apostoticae sedis legatus episcopus Wratisl. praemissas indulgentias in forma praescripta concessas ratas habemus."

[3]) E. Wahner, Ist der h. Adalbert in Oppeln gewesen?, Oppeln 1868. Zeitschr. f. Gesch. Schlesiens IX S. 202.

[4]) Voigt a. a. O. S. 265 Anm. 216, und die dort angezogenen Quellen.

[5]) Boleluczky, Rosa Boëmica sive Vita S. Woytiechi agnomine Adalberti, Prag 1668, S. 250 u. 262.

[6]) Koehler, Steine mit Fussspuren, Korresp.-Blatt d. deutsch. Ges. f. Anthrop. XXVII (1896) S. 55 u. 56.

In den ehemals polnischen Ländern sind ausserdem noch eine grosse Reihe solcher Steine mit eingemeisselten Fussspuren bekannt[1]). Bald werden sie der Mutter Gottes, der h. Hedwig oder einem andern Heiligen, bald dem Teufel zugeschrieben. In Włościejewki ist der Stein an der Eingangstür der Kirche eingemauert und das fromme Volk küsst ihn vor Betreten des Gotteshauses. Auch im übrigen Europa, in Deutschland, Frankreich, Italien usw., kennt man zahlreiche Steine dieser Art. Über ihre eigentliche Bedeutung hat man die verschiedensten Vermutungen geäussert. Um nur einige anzuführen, so betrachten Grimm und ihm folgend mehrere polnische Gelehrte sie für Grenzmarken. Sie stellen sie in Parallele mit den durch eingehauene Hufeisen bezeichneten Steinen: wo man die Grenze umritt, brachte man ein Hufeisen an; wo man sie durch Abschreiten feststellte, eine Fussspur. Andre halten sie für Grabsteine, auf denen die Füsse des darunter Bestatteten nachgebildet seien. Nach J. Schusters Handbuch der biblischen Geschichte II S. 465 Anm. 20 stammt die Verehrung der Fussspuren aus dem Alten Testamente, nach dem Worte des Propheten: „Lasst uns anbeten an dem Orte, wo seine Füsse gestanden haben." Die Stelle auf dem Ölberge, wo Christus bei der Himmelfahrt seine Füsse in den Boden eingedrückt hatte, war schon in den ersten Jahrhunderten ein Ziel der Pilger. Helena, die Mutter Konstantins des Grossen, baute daselbst eine Kirche, deren Mittelpunkt die Fussspuren des Heilands bildeten. Sie werden dort auch heute noch gezeigt. Da es nun sehr beliebt war, die heiligen Plätze im Abendlande nachzubilden, so glaubt Treichel, dass die Tapfensteine an Kreuzwegen die einzelnen Leidensstationen Christi bezeichnet hätten.

Mag sein, dass das eine oder andere dieser Motive im Einzelfalle den unmittelbaren Anlass zur Anbringung der Zeichen gegeben hat. Auf Allgemeingültigkeit kann keines von ihnen Anspruch machen. Denn wir finden die Fusssohlenfigur auch unter Verhältnissen, wo an entwickelte Rechtsbegriffe oder christliche Ideen nicht zu denken ist. In seinen Ethnographischen Parallelen und Vergleichen (I S. 94) hat Richard Andree gezeigt, dass Mohammedaner, Buddhisten und Heiden gleichermassen Steine mit den Fussspuren ihrer Propheten, Heiligen und Götter aufzuweisen haben. Bei den Indianern Süd- und Nordamerikas, bei den Incas, bei den afrikanischen Negern, überall begegnen wir derselben Vorstellung. Schon im Altertum zeigte man an verschiedenen Orten die Fusstapfen des Herakles. Gehen wir noch weiter zurück, so treffen wir unter den skandinavischen Felsenbildern (Hällristningar) des Bronzealters neben Rädern, Kreisen und napfartigen Vertiefungen keine Figur häufiger als das Fusssohlenpaar, und wie jene Zeichen, so dürfte auch dieses ein Symbol religiösen Charakters gewesen sein[2]). Wir haben es also mit einer allgemein verbreiteten Erscheinung, mit einem Völkergedanken im wahren Sinne des Wortes zu tun. Es ist klar, dass sie auf einer einheitlichen, in der menschlichen Psyche begründeten Anschauung beruhen muss.

---

[1]) Koehler a. a. O., der auch die reiche polnische Literatur über diesen Gegenstand vollständig anführt. Vgl. ausserdem A. Treichel in den Verhandl. d. Berlin. Ges. f. Anthrop. 1897 S. 68, wo die übrige Literatur über die Tapfensteine verzeichnet ist.

[2]) Vgl. S. Müller, Nordische Altertumskunde, I S. 467, II S. 196 und die dort angeführte Literatur.

Bei den von Andree mitgeteilten Beispielen aus fremden Erdteilen handelt es sich zumeist um natürliche Vertiefungen, Auswaschungen u. dgl. Derartige Naturspiele sind ja auch bei uns nicht selten — eines der bekanntesten ist die Rosstrappe im Harz —, und ganz wie an die künstlichen, so knüpfen sich auch an die natürlichen Eindrücke allerlei Sagen und Erzählungen von wunderbaren Ereignissen. Von diesen Fällen haben wir, glaube ich, auszugehen. Dem Volke erscheinen sie rätselhaft und nur durch das Walten überirdischer Mächte erklärbar. Daraus erwuchs die Vorstellung von der Heiligkeit der Zeichen, und nachdem sie einmal diese Bedeutung erlangt hatten, lag es nahe, sie auch künstlich als Symbole der Gottheit oder ihrer Vertreter anzubringen.

Ein vollständiges Analogon bieten die schon genannten napfförmigen Vertiefungen auf Felsen, Gräbern, Kirchenwänden und Taufsteinen[1]). Auch sie sind in der ganzen Welt verbreitet und von der Steinzeit an bis auf den heutigen Tag ein Gegenstand religiöser oder abergläubischer Verehrung. Man weiss, wie leicht solche Löcher im Felsgestein durch blosse Erosion entstehen. Der primitive Mensch sieht auch darin Manifestationen von Geistern und übernatürlichen Wesen und überträgt diese Idee auf die von ihm selbst geschaffenen Nachahmungen. Ebenso verhält es sich mit den an Kirchenmauern und Portalen so häufig eingeschnittenen Längsrillen[2]), die gleichfalls ein noch ungelöstes Problem der Altertumskunde sind, aber ohne Zweifel von irgend einer volkstümlichen Sitte herrühren. Die Auslegung der Zeichen hat gewechselt, ihr heiliger Sinn ist geblieben. Jener mittelalterliche Wunderglaube ist ein Erbe des uralten Steinkultes.

Hans Seger

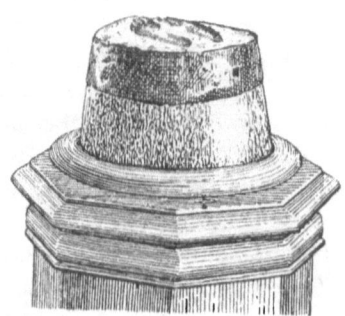

[1]) Sophus Müller a. a. O. I S. 167, 183, 467. — Montelius, Der Orient und Europa, Stockholm 1899, S. 26 ff. — Déchelette, Manuel d'archéologie préhistorique, Paris 1908, S. 615.

[2]) Krüger, Längsrillen und Rundmarken an mecklenburgischen Kirchen, Jahrbücher d. Ver. f. mecklenb. Gesch. XLVI (1881) S. 311 ff. Die hier gegebene Deutung der Zeichen als Steinmetzmarken bedarf keiner Widerlegung.

DIE SCHLESISCHEN MÜNZFUNDE

Dem Sammler alter Münzen wird oft die Frage vorgelegt: „Wie kommen Sie denn zu Ihren Schätzen? Das alte Geld erhält sich doch nicht so im Gebrauch, wie Schmuck, Möbel und andere Altertümer dieser Art." Die Antwort: „durch die Funde" scheint naheliegend, und doch ist sie nicht ohne Einschränkung richtig. Manche Stücke von höherem Wert oder von besonders zierlichem Gepräge, namentlich solche die aus Anlass oder zum Gedächtnis eines bestimmten Ereignisses ausgegeben wurden, haben sich von Geschlecht zu Geschlecht Jahrhunderte hindurch fortgeerbt. Höchst merkwürdiger Weise lässt sich die gleiche Erscheinung auch bei dem gewöhnlichen Kleingeld des Alltags beobachten. In den Funden aus dem 10. und 11. Jahrhundert treten ziemlich häufig römische Münzen der ersten Kaiserzeit auf, diejenigen des 17. Jahrhunderts enthalten fast regelmässig böhmische Groschen und andere Gepräge des Mittelalters, bis zur Münzreform Napoleons III. war in Südfrankreich noch das Kupfergeld der konstantinischen Zeit in Umlauf, und wer bei uns die Einführung der Markrechnung erlebt hat, der erinnert sich der tausenderlei Arten kleiner Münze aus allen Zeiten und Ländern, die namentlich in Süddeutschland einen durch den Verkehr selbst gesetzten Kurs hatte. So kommt es, dass wir viele schlesische Münzen besitzen, die sich noch nie in einem eigentlichen Funde haben antreffen lassen, ja eine ganze Münzsorte, die denarii quartenses, Vierlingsdenare, die das Geld Schlesiens ungefähr von 1290 bis 1320 bildeten, ist bisher, soviel bekannt, nur ein einziges Mal in einem Funde aufgetreten und dies noch dazu ganz neuerlich (1896) und ausserhalb Schlesiens, bei Zadory in der Provinz Posen. Solche Stücke müssen sich eben, soweit sie nicht vereinzelt gefunden wurden oder aus nicht bekannt gewordenen Schätzen stammen, auf eigentümliche Weise dem Schmelztiegel entzogen haben. Manch älterer Sammler gedenkt mit wehmütiger Dankbarkeit, wie oft ihm ehedem, als noch nicht alle Welt mit Altertümern schacherte, „ein Portemonnaie vom Grossvater", eine Schachtel aus einer „alten Kiste auf dem Boden" vorgelegt wurden, worin sich allerlei Erfreuliches fand. Bei vielen Kirchen gab es besondere Büchsen zur Aufbewahrung ungangbarer Münzen, die die Bauern nach alter guter Gewohnheit in den Gotteskasten oder Klingelbeutel gesteckt hatten. Eine solche Büchse förderte z. B. der Umbau der Breslauer Magdalenenkirche (1888) zutage: sie enthielt schlechte polnische Groschen und „Ephraimiten", das bekannte Kriegsgeld des grossen Friedrich, also Sorten, die selbst das Einschmelzen nicht gelohnt hatten. Auch auf den Rathäusern hat man zuweilen altes Geld und zwar ebenfalls meist schlechtes und unterwertiges, aufbewahrt, teils zum Andenken an Zeiten besonders arger Münzkonfusion, teils weil man es nicht los wurde. Aus dieser Quelle kamen den Sammlungen der Stadtbibliothek zu Breslau ganze Beutel voll der bekannten Kupferklippen von 1645 zu, ebenso grosse Mengen kleiner Kupfermünzen der Kipperzeit u. dgl. Einheimische Münzen regelrecht zu sammeln hat man bei uns nicht vor dem Ende des 17. Jahrhunderts begonnen. Bis dahin achtete man nur gelegentlich eine Medaille oder dgl. des Aufbewahrens wert, und auch solche Stücke nur aus anderen als eigentlich numismatischen Gründen.

Noch eine andere, löbliche Sitte hat für die Erhaltung alter Münzen gesorgt: der Gebrauch, in die Turmknöpfe von Rathäusern und Kirchen bei ihrer Aufsetzung oder Ausbesserung Münzen einzuschliessen. Man verwendete zu diesem Zwecke nicht nur augenblicklich gangbares Geld sondern auch etwa vorhandene ältere Stücke. So haben die Turmknöpfe des Rathauses und der Magdalenenkirche zu Breslau, die 1887 und 1888 herabgenommen wurden, dem städtischen Münzkabinett wertvollen Zuwachs geliefert; auch der 1889 geöffnete Turmknopf der Franziskanerkirche in Jauer enthielt altes Geld. Endlich hat die uralte und noch heute übliche Verwendung von Münzen zu Schmuckstücken und Zieraten zur Erhaltung der numismatischen Denkmäler beigetragen. Fast alle in unsrer Provinz ausgegrabenen römischen Goldmünzen sind durchbohrt, also bestimmt gewesen, als Anhänger getragen zu werden, und der dritte Fund von Sacrau enthielt ein Holzkästchen, das mit aufgelegten Imperatorenmünzen verziert war. Gehenkelte oder durchbohrte Münzen kommen ferner in den Funden der ältesten polnischen Zeit vor, in dem Schatz von Oppeln lag auch ein Ring, auf dem als Platte ein Goldgulden von Florenz aufgelötet war. Für Innungs- und Schützenbecher ist der Behang aus alten Münzen geradezu Stil und namentlich in Niederdeutschland finden sich Glocken, deren Ränder mit eingesetzten Münzen verziert sind. Im siebzehnten Jahrhundert sind Becher, in deren Wand und Boden Münzen und Medaillen eingesetzt sind, eine sehr beliebte Goldschmiedsware. Beispiele dafür bieten die auf S. 60 und 61 abgebildeten, vom Museum 1906 erworbenen schlesischen Münzbecher. Auch Spangen, Gürtel und Beschläge aller Art wurden vielfach in derselben Art geschmückt. Endlich dient zuweilen eine einzelne Münze, besonders eine solche grösseren Formats, z. B. ein Taler („Schraubtaler"), als Büchschen zurechtgemacht, zur Aufbewahrung von geschichtlichen oder galanten Bildchen.

Aber das alles sind noch keine „Funde" im eigentlichen, wissenschaftlichen Sinne. Als einen Fund erkennen wir nur die Entdeckung einer Mehrzahl von Geldstücken an, die in der Erde, einem Bauwerk, einem Baum oder dgl. seit unvordenklichen Zeiten verborgen waren. Oft genug hat sich von solch verborgenem Schatz eine Erinnerung im Gedächtnis der Menschen, in der Sage erhalten. Bald ist es das blaue Flämmchen, das den „Schatzacker" kenntlich macht, bald zeigt das wandernde Licht den im Keller verborgenen Reichtum an. Nahe bei dem hessischen Marburg hat man einen grossen Fund jener vorgeschichtlichen Goldmünzen gehoben, die man Regenbogenschüsselchen nennt, weil sie nach der Volkssage vom Regenbogen herabträufeln oder die Stätte bezeichnen, wo seine Enden auf der Erde stehen. Diese Stätte heisst von jeher der Goldberg und nahebei liegt nach einer gelehrten Überlieferung des 12. Jahrhunderts die Gnitaheide, wo der Riese Fafnir das Gold der Schwarzelfen, den Nibelungenhort, in Wurmesgestalt hütet. Ein wundervolles, geradezu greifbares Hereinragen der ältesten Sage unseres Volkes in die Gegenwart. In Schlesien spuken besonders „Kriegskassen" aus dem Siebenjährigen Kriege und der Franzosenzeit in den Überlieferungen: nicht ganz mit Unrecht, was die wiederholte

Auffindung grösserer Geldsummen in so beleumdeten Häusern bewiesen hat. Diese gern gehörten und eifrig weitergetragenen Überlieferungen sind wohl auch die Ursache, dass die Nachrichten über Münzfunde fast regelmässig sehr übertrieben werden. So wurde einmal die Auffindung einer „Kasse" von 1700 Talern gemeldet, die schliesslich auf ein einziges Stück zusammenschmolzen.

Wenn wir von unsicheren und vereinzelten Auffindungen absehen, beginnen unsre Funde mit dem dritten Jahrhundert der christlichen Zeitrechnung und römischen Münzen, meist aus der Zeit von Nero bis Septimius Severus. Nach einer langen Pause folgt die Epoche der sächsischen und fränkischen Kaiser mit sehr zahlreichen Funden, die um 990 mit dem von Gnichwitz als dem ältesten beginnen und etwa 100 Jahre später mit mehreren Funden polnischer Königsmünzen nach Art der Wenden- oder Sachsenpfennige schliessen. Aus der Zeit der kleinen Brakteaten (1180—1230) gibt es nur wenige und nicht eben grosse Funde; desto umfänglicher und reichhaltiger sind die der grossen Brakteaten (bis 1290), während die Denare, wie schon erwähnt, nur durch einen einzigen Schatz aus nichtschlesischem Gebiete belegt sind. Mittelalterliche Goldmünzen ohne weitere Beimischung brachten Jauer 1726 und Jaschine Kr. Rosenberg 1901. Das fünfzehnte Jahrhundert wird durch viele, z. T. sehr grosse Funde vertreten, weniger reich ist das sechzehnte, während das siebzehnte Jahrhundert das meist begünstigte sein dürfte: manchmal vergeht kein Monat ohne dass ein Fund „aus dem Dreissigjährigen Kriege" gemeldet würde.

Von unendlicher Mannigfaltigkeit sind schon die Äusserlichkeiten der Funde. Wie verschieden ist z. B. gleich ihre Stückzahl. Zuweilen ist es überhaupt nur eine einzelne Münze, die die Pflugschar auswirft; ein andermal kommt ein halbes Dutzend zutage, der oben erwähnte, beispiellos wichtige Fund von Zadory brachte nur 97 Stücke. Dann erhalten wir wieder die Münzen pfundweise und zu Tausenden, z. B. bei Waldau Kr. Liegnitz, mehrere Pfund Schmelzklumpen, Hacksilber und über 800 Münzen des 10. und 11. Jahrhunderts, bei Rathau über 1000 Brakteaten aus der Zeit um 1190, bei Wilschkowitz über 5000 Heller. Namentlich Prager Groschen werden auch bei uns zuweilen in Mengen gefunden, z. B. Anfang der achtziger Jahre in Liegnitz mehr als 3000 Stück. Freilich ist das noch nichts gegen riesige Funde, wie den 1895 in Köln gemachten, der aus 15 Ztr. nachkonstantinischer Kupfermünzen bestand und wohl eine römische Kasse vorstellt, und die von Cuerdale (10 000 Angelsachsen) und Tutbury, der gar 200 000 Münzen Edwards I und Edwards II enthielt.

Mancher Fund gibt uns seinen Inhalt in vollkommen schöner Erhaltung, so dass Bild und Schrift deutlich sind, wie zur Zeit der Verscharrung, ein anderer besteht aus unförmigen, blau, rot und grün gefärbten Klumpen, so dass es aller Kunst des Chemikers bedarf, um die einzelnen Stücke auseinander zu bringen. Geht man bei diesem Reinigungswerk unsanft vor, so kann es geschehen, dass Teile der einen Münze auf der anderen haften bleiben und man zwei verdorbene Stücke erhält, auch zehren scharfe Mittel stark oxydierte Münzen völlig auf. Dagegen liefert eine sachgemässe Behandlung oft gerade in ganz hoffnungslos aussehenden Fällen ausserordentlich schöne Stücke. Der Grund dieser

Verschiedenheit des Aussehens liegt übrigens in den Verhältnissen der Aufbewahrungsstelle: ein trockener Versteck liefert saubere Münzen, ein feuchter oxydierte, ja der Einfluss dieser Umstände ist so stark, dass häufig alle Fundgenossen genau dieselbe Silberfärbung zeigen und ein geübtes Auge die Herkunft eines Stückes aus einem bekannten Funde an seiner Farbe erkennen kann. Zuweilen gräbt man Münzen aus, die so völlig stempelfrisch sind, dass es aussieht, als seien sie aus der Münze unmittelbar in die Erde gewandert. Andere liefern nur abgenützte, verbogene und zerbrochene Stücke. Beide Erscheinungen liessen sich bei Funden grosser schlesischer Brakteaten beobachten, die letzterwähnte erinnert an jene Urkunde von 1207, in der sich der Papst beklagt, dass die Zahlung des ihm geschuldeten Peterspfennigs bis zum Ende der Umlaufszeit verschoben werde wo das Geld unansehnlich und unterwertig geworden sei. Die meisten Funde enthalten, indessen frische und vernutzte Münzen gleichzeitig, und es wird noch gezeigt werden, welch grosse Bedeutung die Beobachtung der Unterschiede in der Abnützung für die wissenschaftliche Verwertung der Funde hat.

    Zuweilen sind die Münzen offenbar ohne jede Umhüllung in die Erde gekommen, sei es, dass sie einem Eilfertigen verloren gingen oder dass sie ohne Sorgfalt in Hast verborgen wurden; allenfalls stellen zwei Steine eine notdürftige Verpackung dar. Bis ins 18. Jahrhundert hinein hat man zum Vergraben meist irdene Gefässe benutzt, die z. T. vielleicht schon vorher als Spartöpfe gedient hatten. Solche Spartöpfe scheinen verbreiteter gewesen zu sein als die vornehmeren Sparbüchsen aus Metall, doch haben sich auch von diesen, deren hohes Alter eine Stelle der Vita S. Hedwigis bezeugt[1]), noch Proben erhalten. Infolge ihrer genauen Datierung liefern die Münzfunde oft wertvolle Beiträge zur Kenntnis und chronologischen Festlegung der verschiedenen Gefässformen. U. a. war in dieser Beziehung der grosse Fund von Peisterwitz aus der Zeit um das Jahr 1000 lehrreich: hier lagen die Münzen in einem Topf, der mit einer flachen eisernen Schale zugedeckt war, wie sie bisher zwar schon öfter vorgekommen waren, aber ohne dass man einen Anhalt für die Zeitbestimmung gehabt hätte. Seit dem 18. Jahrhundert wird die Beisetzung in eisernen Töpfen die Regel. In einigen Fällen haben sich Reste von Leinwand gefunden, und zwar nicht nur von groben Säcken, sondern auch, namentlich bei Münzen des 10. Jahrhunderts, aus feinerem Stoff, in den das Silber eingeschlagen gewesen ist. Aus Sachsen kennen wir ein paar merkwürdige Arten der Verpackung von Brakteaten: man hat dort kupferne Schachteln oder Büchsen, z. T. mit eingepressten Verzierungen und Inschriften, ausgegraben und Rollen von Blechmünzen, die durch ihre aufgebogenen Ränder und ausserdem durch Drähte oder Schnüre zusammengehalten wurden. Anderwärts

  hat man dieses gebrechliche Geld anders zu sichern gesucht: ein bei Pilsen in Böhmen gehobener Schatz enthielt einen schlesischen Adlerpfennig in Päckchen zu je vier Stück, die durch den beiderseits des Münzbildes umgelegten und festgekniffenen Rand fest aufeinander geschichtet waren (siehe Abb.).

---

[1]) Scriptores rerum Silesiacarum II S. 34: „pixidem in qua sunt pro pauperibus nummi repositi."

Die weitaus meisten Münzfunde enthalten eben nur Münzen, doch kommt es gelegentlich vor, dass auch ein paar Schmuckstücke beigemischt sind. Bei den zahlreichen Funden aus dem 10. und 11. Jahrhundert ist dies sogar die Regel: sie enthalten fast stets auch jene zierlichen Filigranarbeiten, die auf arabischen Ursprung zurückgeführt werden, darunter z. B. Ohrgehänge mit kleinen Pferdeköpfen. Seltener sind jene zierlich gedrehten Arm- und Halsringe aus Silberdraht, die von dem Schönheitssinn ihrer Verfertiger ein beredtes Zeugnis ablegen. Aus späteren Zeiten, z. B. aus dem Dreissigjährigen Kriege, sind mir öfters Funde durch die Hand gegangen, die einen oder mehrere Ringe, Kettchen und dgl. enthielten. Erwähnung verdient der Hellerfund von Schlause, der unserem Museum eine prachtvolle gotische Mantelschliesse brachte (Schlesiens Vorzeit N. F. III S. 64). Eine völlig rätselhafte Beigabe zeigte ein mir in der letzten Zeit vorgekommener Fund aus der Kipperzeit in Gestalt eines Hundegebisses, vielleicht ein Nachklang des uralten Aberglaubens, der im Hunde ein schatzhütendes Tier erblickt.

Die Frage, aus welchem Anlass dieser oder jener Münzfund in die Erde gekommen sein mag, ist, abgesehen von den Fällen, wo die Münzen als Grabbeigaben auftreten, was sich bei uns noch im 11. Jahrhundert beobachten lässt, selten, um nicht zu sagen: nie, auch nur mit einiger Sicherheit zu beantworten. Sind die Münzen sorgfältig verpackt, befinden sich Schmuckstücke dabei, so lässt sich gewiss nicht bezweifeln, dass sie absichtlich verborgen wurden, um sie unbefugtem Begehren zu entziehen, während man es anderen ansieht, dass sie mehr oder minder durch Zufall aus dem Verkehr geschieden sind. Aber der Versuch, einen bestimmten historischen Vorgang als Anlass der Verbergung festzustellen, ist fast stets aussichtslos, denn Feindes- und Feuersnot waren in alter Zeit beinahe etwas Alltägliches, Ständiges, und die Sicherheit des Eigentums auch sonst ziemlich problematisch. Daher ist die Annahme, eine bestimmte, der Verscharrung ungefähr gleichzeitige Episode, Kriegsgefahr oder Brandkatastrophe, habe die Verscharrung eines Fundes veranlasst, so gut wie immer willkürlich. Dass man mit dieser Annahme selbst bei Funden aus dem Dreissigjährigen Kriege vorsichtig sein muss, beweist die Tatsache, dass die meisten dieser Funde aus der Zeit bald nach 1622 stammen, wo es in Schlesien weit ruhiger zuging als in der eigentlichen Not ein Dutzend Jahre später, die verhältnismässig wenige Funde hinterlassen hat. Immerhin kann nicht bezweifelt werden, dass „Krieg und Kriegsgeschrei" in den weitaus meisten Fällen die Verscharrung unserer Funde herbeigeführt haben. Dafür spricht schon die Tatsache, dass der Gebrauch, das Geld auf diese Weise vor dem Zugriff eines Feindes zu sichern, sich nachweislich bis in unsere Tage erhalten hat, und dass in zeitgenössischen Berichten die Schilderungen, wie die plündernden Kriegsknechte die Einwohner zur Angabe des Verstecks ihrer Barschaften gezwungen, regelmässig einen sehr breiten Raum einnehmen. Endlich deutet der Umstand, dass die Funde nicht von ihren Vergrabern gehoben worden sind, auf deren unvermuteten Tod, mit anderen Worten auch wieder auf gefährliche und unruhige Zeiten. Danach kann man im allgemeinen den Dreissigjährigen und den Siebenjährigen Krieg ebenso wie die Franzosenzeit für die Aufbehaltung grosser Mengen des zeitgenössischen Geldes verantwortlich machen. Einen Teil der Funde aus der Zeit um das Jahr 1000 mag man mit den Kämpfen Heinrichs II. mit Boleslaw Chrobry und den Eroberungszügen Brzetislaws von Böhmen in Verbindung bringen, namentlich wenn die Fundstelle in einer Gegend liegt, die, wie die Umgebung von Nimptsch, zeitweise den Kriegsschauplatz abgegeben hat. Es ist doch sehr auffallend, dass wir z. B. aus Oberschlesien, das in diesen Kämpfen keine Rolle spielte, noch keinen solchen Fund kennen. Andrerseits besitzen wir aber aus derselben Epoche zahllose Funde, die sich über den ganzen Osten Europas verbreiten. Daher erweist sich auch ihre früher öfters versuchte Verwertung für den Nachweis von Handelsstrassen als unmöglich, und es bleibt nur übrig, sie, ähnlich wie die Römerfunde, allgemein als die Frucht von Beutezügen und Handelschaft, also lebhaften Verkehrs in Krieg und Frieden, anzusprechen.

Wenn wir den Inhalt eines Fundes durch Reinigung und zunächst oberfläche Sonderung der Gepräge festgestellt haben, so finden wir meist eine grosse Mannigfaltigkeit von Münzen. In den Zeiten, wo es nur eine Geldsorte, den Pfennig, und allenfalls noch sein Halbstück, den Scherf, gab, zeigt sich diese Mannigfaltigkeit an den Münzherren und Münzstätten, später kommt noch die Verschiedenheit der Münzsorten dazu. Aber es gibt auch Funde, die — etwa von unwesentlichen Beimischungen abgesehen — nur eine einzige Sorte oder nur Erzeugnisse einer Münzstätte enthalten. Erwähnt sind schon die Funde böhmischer Groschen, die zu Anfang oft ohne jede Zutat auftreten, bis sich ihnen später die Heller, dann die jüngeren Meissner Groschen zugesellen. Die Heller ihrerseits kommen fast immer in Funden vor, zu denen so gut wie ausschliesslich schlesische Münzstätten beigetragen haben. Namentlich aber sind unsere grossen Brakteaten aus der Zeit von 1230 bis 1290 sehr exklusiv. Man nennt solche Funde, die nur das Geld der Umgebung des Fundortes enthalten, Inlandfunde. Das Gegenstück dazu bilden Schätze, die, zwar ebenfalls einheitlich zusammengesetzt, das Geld eines fremden Landes enthalten; man könnte sie Importfunde nennen. So hat man in Rom einmal einen ausschliesslich aus angelsächsischen Denaren, das andere Mal einen nur aus schwäbischen Brakteaten bestehenden Schatz gefunden, offenbar das Erträgnis von Peterspfennigsammlungen in den genannten Ländern. Etwas Ähnliches scheint unser Fund von Girlachsdorf Kr. Nimptsch zu bieten, der, soviel sich hat ermitteln lassen, nur aus böhmischen Brakteaten bestand.

Eine nähere Erwähnung verdient hier der 1907 bei Lubnice, nahe bei Pitschen, aber schon auf russischem Gebiete gehobene Fund, in vielen Beziehungen einer der merkwürdigsten, der uns Schlesiern beschert wurde[1]). Er zeichnet sich nicht nur durch seine Grösse und Reichhaltigkeit und die Fülle seltener Gepräge aus, sondern er ist geradezu das Musterbeispiel eines „Importfundes". Zugleich bildet er ein wichtiges, die schriftlichen Überlieferungen ergänzendes Kulturgeschichtsdenkmal und damit wieder einmal eine demonstratio ad oculos von dem Nutzen der Numismatik und der Münzfunde überhaupt.

---

[1]) Ausführliche Beschreibung in Zeitschr. f. Numismatik Bd. 26 S. 327.

Der Fund bestand in der Hauptmasse aus halben Denaren der Kölner Erzbischöfe Heinrich (5 Stück), Konrad (339) und Engelbert II (549), denen sich 157 andere rheinische und 53 niederländische Pfennige, dazu, als ebenfalls im Westen daheim, vielleicht sogar z. T. in Deutschland nachgeprägt, 7 englische Sterlinge anschliessen. Aus den westfälischen Münzstätten kommen 165 Denare, von dem übrigen Deutschland sind nur Franken mit 1 und Brandenburg mit 6 Pfennigen vertreten. Dazu kommen noch zwei rohgegossene, formlose Barren, von denen der eine erhaltene 291 g wiegt. Das ganze lag in einem zierlichen festen krugartigen Topfe von 14,5 cm H. Es kann gar kein Zweifel bestehen, dass wir es hier mit der Barschaft eines Kölner Kaufmanns zu tun haben, der wohl bald nach dem Regierungsantritt Erzbischof Engelberts im Jahre 1261 aus seiner Heimat nach dem fernen Osten aufgebrochen sein muss. Er kann sich unterwegs nicht lange aufgehalten haben, weil sonst der Fund mehr brandenburgisches Geld enthalten hätte, und wir können annehmen, dass er nicht freiwillig sich von seinem Schatze geschieden hat, denn die Fundstelle liegt abseits von der grossen Heerstrasse nach Westen und nicht einmal in der Nähe eines Handelsplatzes. Aber auch unter dieser Annahme bleibt der Schatz eines der ältesten, wo nicht das älteste Denkmal der Handelsverbindungen zwischen dem Osten, insbesondere Schlesien, und dem Westen, insbesondere Köln und darüber hinaus den niederländischen Städten. Den Hauptgegenstand dieses Handels bildete Tuch: „panni renenses" werden neben solchen von Grimma und Görlitz zum erstenmal in einer das Breslauer Kaufhaus betreffenden undatierten Urkunde genannt, die Stenzel (Geschichte Schlesiens S. 242) und Grünhagen (Codex diplom. Silesiae III S. 95) vor dem Jahre 1274, in welchem Breslau das Niederlagsrecht erhielt, ausgestellt glauben, während Markgraf (Zeitschr. f. Gesch. Schlesiens XXII (1888) S. 269) sie noch höher hinaufrückt, nämlich über das Jahr 1266 hinaus, in welchem der Marktzoll in Breslau abgeschafft wurde. Die Ausstellung der Urkunde dürfte also mit der Verscharrung unseres Fundes ungefähr zusammenfallen. Weitere gleichzeitige Nachrichten über diesen Handel scheinen nicht vorhanden zu sein. Erst 1307 erscheint zum erstenmal der Posten: perdicio in pannis — Verlust bei den Geschäften, die der Breslauer Rat mit Tuch machte — in den Breslauer Stadtrechnungen (Codex diplom. Silesiae III S. 18 u. S. 20 Anm.). Im folgenden Jahre werden zum ersten Male „panni de Ypir" — Tuche aus Ypern, einem der Hauptorte der flandrischen Tuchmacherei — erwähnt, um von da ab fast alljährlich wiederzukehren (a. a. O. S. 20, 24, 27, 28, 29, 33, 36). Die Gesetze über den Breslauer Handel vom 24. Juli 1360 zeigen dann diese Einfuhr in ihrer Blüte und nennen als Bezugsquellen die Städte Brügge, Mecheln, Ypern, Korterich (Courtrai). Bisher nahm man an (vgl. Markgraf a. a. O. S. 275), dass der Tuchhandel von den Niederlanden her zur Zeit jenes undatierten Privilegs noch nicht im Gange gewesen sei, und dass „die niederländischen Waren in den frühesten Zeiten den Weg nach dem Osten über die See machten". Da nun unser Fund zu einem nicht ganz unbeträchtlichen Teil aus niederländischem Gelde besteht, das über Köln eingeführt ist, so wird die bisherige Ansicht jedenfalls einer Nachprüfung bedürfen.

Münzkanne, um 1730
Arbeit des J. Fr. Wendrich in Jauer

Gemischte Funde, namentlich solche aus Zeiten, wo der Satz: „der Pfennig gilt nur dort, wo er geschlagen ist" sich immerhin einige praktische Bedeutung erzwang, lassen sich zuweilen als Besitztum eines Umherziehenden, vornehmlich also eines Kaufmannes erkennen, so z. B. der grosse Fund von Wieniec, der Münzen aus allen Teilen des Piastenreiches enthielt. Die bunteste Mischung liefern unsere Funde aus dem Ende 16. und dem Anfang des 17. Jahrhunderts. Da ist neben dem Gelde der Vergrabungszeit immer noch das Mittelalter mit seinen Groschen und Hellern vertreten und zuweilen die meisten Sorten in nur einem Stück: man möchte manchmal glauben, nicht einen zufällig zusammengebrachten Geldvorrat, sondern eine kleine Münzensammlung vor sich zu haben. Endlich spricht man von „Schatzfunden" in solchen Fällen, wo die Münzen offenbar nur um ihres Metallwerts willen, nicht als Zahlungsmittel zusammengebracht sind, wie dies von vielen sogenannten Hacksilberfunden gelten dürfte, die, gleich dem Fund von Gnichwitz, nur zerbrochene, also zum Einschmelzen bestimmte Münzen und Schmucksachen enthalten.

Die Münzfunde haben ihre wesentlichste Bedeutung vielleicht nicht so sehr in der Bereicherung unserer Sammlungen, die doch schliesslich selbst nur Mittel zum Zweck sind, denn vielmehr als Hilfsmittel für die Bestimmung der Münzen nach Ort und Zeit, nach Prägeherrn und Wert. Dies gilt namentlich für die Jahrhunderte, in denen die Münzen nicht nur der Jahreszahl entbehren, die in Schlesien 1505 zum erstenmal auftritt, sondern auch in ihrer Mehrzahl keine Umschrift haben, ja, nur zu oft nicht einmal mit einem ihren Ursprung deutlich bezeichnenden Gepräge versehen sind. Es liegt auf der Hand, dass die Zuteilung solcher Münzen recht schwierig ist. Wollen wir nun die Funde für den Zweck, Licht in dieses Dunkel zu schaffen, benutzen, so haben wir zunächst ihren Bestand festzustellen. Nur selten kommen sie unmittelbar aus der Erde in die Hand eines Sachverständigen: in der Regel werden sie zunächst verstreut und nicht geachtet, man gibt sie den Kindern zum Spielen, man hält die Brakteaten für Blechkapseln von Weinflaschen und wirft sie einfach weg. Kommt dann ein Sammler, dann hat er seine liebe Not, das Verlorene wieder zusammenzubringen: manches ist unrettbar vertan, und in ihrem Eifer, einen Gewinn zu machen, tragen die Leute ihm wohl gar Münzen zu, die gar nicht zum Funde gehören, wie dies z. B. bei dem grossen Brakteatenfunde von Mödesse in geradezu schmählicher Weise geschehen ist. Sind diese Fremdlinge den Fundgenossen etwa gleichzeitig und verrät sie nicht ihre abweichende Färbung, so sind sie sehr gefährlich: es sind schon viel falsche Zuteilungen und Aufstellungen durch solche versprengte Stücke, durch nicht rein gehaltene Funde verursacht worden. Ein Beispiel ist der vielbesprochene angebliche Fund altgriechischer Münzen aus der Provinz Posen: die phantastischen Luftschlösser, die auf ihm aufgebaut waren, stürzten zusammen, als

Münzbecher, um 1700
Arbeit des Matthäus Jachmann d. J. in Breslau

der Nachweis gelang, dass jenen alten Münzen eine neuere hinzugefügt, der Schatz also in seiner Ursprünglichkeit nicht mehr vorhanden war. Vorsichtiges Aufmerken kann daher nicht dringend genug empfohlen werden.

Steht der Fundinhalt fest, so heisst es zunächst erkennen, ob es sich um das hinterlassene Besitztum eines Ausländers oder eines Reisenden handelt, oder ob ein Inlandfund vorliegt. Da in älterer Zeit das Umlaufgebiet jeder Münzsorte meist sehr beschränkt war, so müssen bei Inlandfunden die am zahlreichsten vorhandenen Stücke die in der Nähe des Fundortes selbst geprägten sein. Wird nun die Beobachtung öfter gemacht, dass — sonst undeutbare — Münzen einer bestimmten eigenartigen Mache oder eines gewissen Gepräges sich immer wieder in der Nähe derselben Münzstätte antreffen lassen, so können wir sie dieser Münzstätte mit Sicherheit zuteilen und lernen auch die der Stadt oder der Gegend eigentümliche „Fabrik", d. h. die kennzeichnenden Äusserlichkeiten ihrer Münzen in bezug auf Farbe, Dicke, Sprödigkeit, Rand u. dgl. mehr, kennen. Diese Beobachtungen sind so sicher, dass man manche Münzen geradezu nach dem Funde benennt, dem sie hauptsächlich entstammen, oder der sie uns zuerst kennen lehrte. So bezeichnen wir

z. B. die kleinen rohen Brakteaten Schlesiens aus der Zeit um 1190 als Rathauer, weil sie uns zuerst 1850 in dem grossen Funde von Rathau entgegentraten; auch die Funde von Wolkenberg, Filehne, Santersleben u. a. sind in diesem Sinne namengebend geworden. Es ist hier nicht auszuführen, wie dann auf diesem Grunde weiter gebaut wird, wie die Vergleichung jedes Fundes mit solchen aus der Nachbarschaft bzw. verwandten Inhalts und die richtige Würdigung des Auftretens oder Fehlens sogenannter „Leitstücke", d. h. aus inneren oder äusseren Gründen schon an sich zeitlich und örtlich genau bestimmbarer Münzen, immer weitere Erkenntnis erschliesst. Jedenfalls ist dies eine der anregendsten und erfreulichsten und, wenn vorsichtig ausgeführt, auch ergebnisreichsten Arbeiten des Münzforschers.

Entsprechend vollzieht sich die Verwertung der Funde in bezug auf die Chronologie. Hier besteht die Vermutung, dass die am häufigsten vertretenen Arten gerade zur Zeit der Vergrabung im Umlauf gewesen sind, da wir aus den Urkunden wissen, dass ziemlich überall in der mittelalterlichen Welt die „renovatio monete", die alljährlich, auch in kürzeren oder längeren Zeiträumen, erfolgende Ausgabe neuer Münzen im Umtausch gegen die bisherigen, die übliche Form einer Vermögenssteuer gebildet hat. Mit Vorsicht aber sind aus der besseren oder schlechteren Erhaltung einzelner Stücke Schlüsse zu ziehen, da der Zufall hierbei eine erhebliche Rolle spielt. Nur wiederholte und auf grössere Mengen ausgedehnte Beobachtungen und Vergleichungen sind daher von Wert. Endlich geben die Funde auch in münz- und geldgeschichtlicher Beziehung wichtige Aufklärung. Im Mittelalter wurde überall „al marco" geprägt, d. h. es hatte nicht jedes einzelne Stück einer Sorte den üblichen oder vorschriftsmässigen Sätzen in bezug auf Gewicht und Feingehalt zu entsprechen, vielmehr genügte es, wenn eine Anzahl von Stücken eine gewisse Menge Silber enthielt und ein bestimmtes Gewicht hatte, wobei dem mangelnden Geschick und der Willkür des Münzers noch obendrein ein für unsere Begriffe recht weiter Spielraum („remedium", „Irregriff") offengelassen war. Es ist daher überaus schwierig, Schrot und Korn und danach den inneren Wert der mittelalterlichen Münzen zu bestimmen: ein einzelnes und selbst viele einzelne Stücke geben keine zutreffende Vorstellung. Die Funde aber gestatten uns die Untersuchung ganzer Reihen. Können wir einen oder mehrere Schillinge (= 12 Stück) einer Gattung wiegen, können wir ohne Schaden für die Wissenschaft und die Sammelfreude einige schlecht erhaltene Stücke einschmelzen, so kommen wir der Wahrheit beträchtlich näher.

Über dies alles aber ersehen wir aus den Funden besser als aus jeder schriftlichen Aufzeichnung, mit welchen Zahlungsmitteln der Verkehr arbeitete, und gewinnen damit die Grundlage für die Verwertung der Numismatik zu geschichtlichen, kulturgeschichtlichen und volkswirtschaftlichen Studien. In der polnischen Zeit gab es bei uns fast gar kein einheimisches Geld. Die wenigen polnischen Münzen, unter denen die in Breslau, der damals einzigen schlesischen Münzstätte, geschlagenen sich besonderer Seltenheit erfreuen, verschwinden unter den aus dem Westen, vor allem aus Köln, Bayern und den unter dem Namen der Kaiserin Adelheid prägenden sächsischen Münzstätten eingeführten Sorten.

Unser erster einheimischer Fürst, Boleslaw der Hohe, entfaltet alsbald eine rege Münztätigkeit, deren hübsche, z. T. nach sächsischem Muster gearbeitete Erzeugnisse seinem Land eine höhere Kultur zusprechen, als man heut vielfach annimmt. Eine kurze Unterbrechung dieser Blüte findet in dem schon erwähnten Funde von Rathau ebenso ihren Ausdruck, wie der geringere Wohlstand Oberschlesiens. Schon vor der Mongolenschlacht nähert man sich dann Böhmen und ahmt dessen Prägeweise in einer mit dem Reichtum des Landes wachsenden Anzahl von Prägestätten nach, bis das erstarkte Wirtschaftsleben der gebrechlichen Brakteaten überdrüssig wird und sich in den denarii quartenses eine feste Münze schafft. Ihr Bestand ist nur kurz, sie wird durch das Weltgeld, die böhmischen Groschen, vollständig verdrängt, das auch die Heller nur ganz allmählich aufkommen lässt. Beide Sorten beherrschen lange Zeit hindurch den Kleinverkehr vollständig, aber für grössere Unternehmungen werden auch grössere Münzen unentbehrlich. Die Funde bringen daher auch öfters Goldmünzen von ungarischer (Dukaten) oder englischer (Rosenobel) Herkunft. Das ganze 16. Jahrhundert hindurch herrscht bunteste Mannigfaltigkeit in den Funden, und die schlesischen Münzen treten völlig zurück vor der Fülle des fremden, nicht nur aus dem Reiche, sondern auch aus dem Auslande namentlich aus den Niederlanden, eingeführten Geldes. Taler liefert hauptsächlich Sachsen, Dukaten meist Ungarn. Auch das sind wieder Erscheinungen, die mit den gleichzeitigen Schrifturkunden übereinstimmen. Dann folgt die Kipperzeit mit ihrem notdürftig aufgesottenen Kupfergeld, das alle alten Sorten, in erster Linie die besseren, verdrängt, und endlich, mehr und mehr zu geordneten Verhältnissen abebbend, die neue Zeit.

    Nur nebenher sei schliesslich noch erwähnt, wie die Funde auch auf die Preise der Münzen von Einfluss sind. Nur zu oft wird eine bisher seltene und daher teuer bezahlte Münze durch massenhaftes Auftreten in einem Schatz völlig entwertet, wie dies z. B. mit den Brakteaten Otto I. von Brandenburg durch den Fund von Michendorf und mit den Liegnitzer Hellern mit dem Schachbrett durch den von Wilschkowitz geschah. Andrerseits hat leidenschaftlicher Sammeleifer schon manchmal ein Stück, das neben seinesgleichen nur in einem oder wenigen Exemplaren vorkam, viel höher bezahlt, als es ausserhalb dieses Zusammenhanges gekostet hätte: man will eben die Reihe vollständig haben! —

Ferdinand Friedensburg

DER FUND VON JERSCHENDORF

In Jerschendorf Kr. Neumarkt, stiess der Landwirt Zobel im November 1908 beim Pflügen in 10 Zoll Tiefe auf einen Topf aus unglasiertem Ton mit Horizontalriefen, dessen Mündungsrand schon vor der Vergrabung abgeschlagen war. Darin lagen etwa 800 Münzen. Der Schatz wurde vom Museum erworben und erwies sich als ein Seitenstück zu den Funden von Rathau und Marschwitz (Friedensburg, Schlesiens Münzen und Münzwesen im Mittelalter, Codex diplomaticus Silesiae XIII S. 10 u. XXIII S. 12 — fortab mit F. gekürzt —). Gleich jenen zerfällt er in eine grössere schlesische und eine kleinere deutsche Gruppe: sehr viele Stücke beider Gruppen kommen in zweien dieser Funde, wo nicht in allen dreien gemeinsam vor.

Die 784 schlesischen Brakteaten, deren Typen sämtlich auf Tafel I abgebildet sind, erfreuen sich sehr schöner Erhaltung oder gar völliger Stempelfrische. Bei ihrer Beschreibung sind zum Nachweis des eben hervorgehobenen Zusammenhanges die Berichte Dannenbergs und Bahrfeldts über die Funde von Rathau und Marschwitz in den Mémoires de la société impériale d'archéologie de St. Pétersbourg Bd. 6 und in der Zeitschrift für Numismatik Bd. XIII überall mit „Rathau" und „Marschwitz" angeführt, im übrigen sei ein für allemal auf meine Münzgeschichte verwiesen. Notwendig erschien ferner die Angabe des Durchschnittsgewichts und des Feingehalts der einzelnen Sorten. Nach der bisher üblich gewesenen Reihenfolge haben wir folgende 19 Gepräge zu verzeichnen:

1. (F. 514) ⌘ MILOƧL Roher Kopf, dessen Haare durch ein Kugelhäufchen gebildet sind, von vorn. Der Kopf ist nicht bärtig, wie bisher angenommen wurde; der Anschein, als ob dem so wäre, entsteht nur bei den Stücken, wo der Kopf nahe an den Perlenrand gerückt ist. Die Inschrift bedeutet „miłosc" und ist das polnische Gegenstück zu dem CARITAS gleichzeitiger schlesischer Pfennige (F. 489, 500), übrigens das älteste Beispiel einer polnischen Münzinschrift. Weitere Erörterungen S. 66. 63 St., davon 62 = 13.93, 1 = 0.224 g. Feingehalt 857/1000. Marschwitz Nr. 10.
2. (F. 517) Brustbild mit nach innen wehender Fahne (?) und Schwert (?), daneben zuweilen Punkte, im Bogen, darüber breit ausladender Turm zwischen schlankeren Türmen. 45 St., davon 36 = 6.56, 1 = 0.182 g. Feingehalt 859/1000. Rathau Nr. 1.
3. (F. 518) Wie vorher, zur Rechten des Kopfes eine nach aussen wehende Fahne, links ein Kreuzstab. Von den zwei Seitentürmen ist der links vom Beschauer auffällig verdickt und verbogen, so dass er wie ein Vogel aussieht. Hiernach ist die Abbildung bei F. zu berichten, die den Mittelturm zwischen zwei Adlern darstellt. 59 St., davon 34 = 6.18, 1 = 0.18 g. Feingehalt 861/1000. Marschwitz Nr. 8.
4. (F. 520) Brustbild mit Schwert und Fahne. 27 St., davon 25 = 5.29, 1 = 0.21 g. Feingehalt 858/1000. Rathau Nr. 11, Marschwitz Nr. 7.
5. (F. 521) Wie vorher, aber roher; der linke Arm wie ausgerenkt, das Schwert gespalten. 13 St. = 2.66, 1 = 0.205 g. Feingehalt 855/1000.

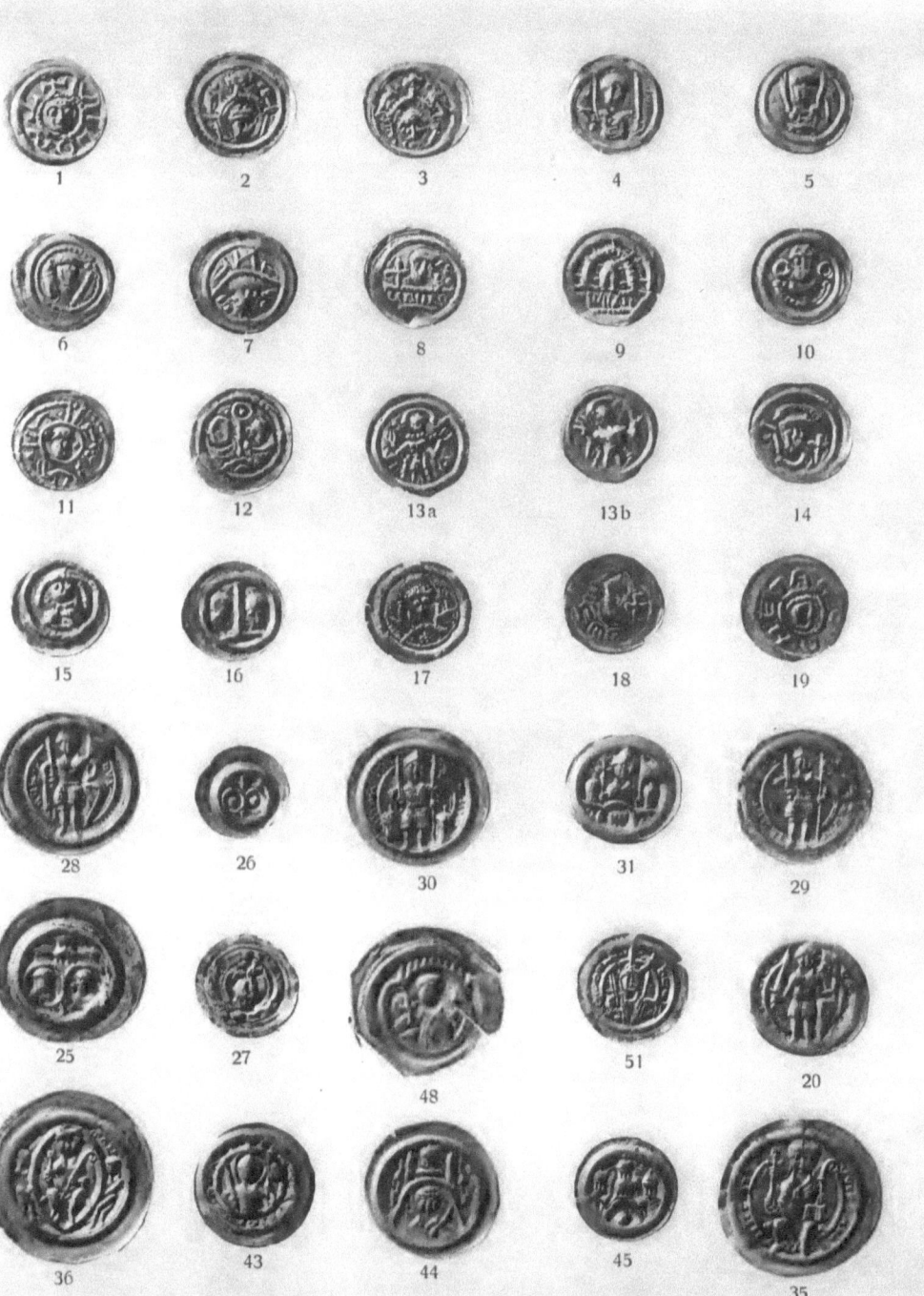

Brakteatenfund von Jerschendorf

6. (F. 522) Kopf zwischen Turm und Zepter. 19 St., davon 18 = 3.42, 1 = 0.19 g. Feingehalt 855/1000.
7. (F. 524) Kopf zwischen Punkten unter Bogen, darüber Schriftzeichen. 4 St. = 0.81, 1 = 0.2 g. Rathau Nr. 2.
8. (F. 525) Kopf zwischen Kreuz und a) 4, b) mehreren Punkten über einer Leiste. 26 St. = 5.02, 1 = 0.193 g. Feingehalt 869/1000. Rathau Nr. 12, Marschwitz Nr. 2.
9. (F. 526) Über einer Leiste unförmlicher Kopf (?) unter Bogen, darüber Schriftzeichen. 37 St., davon 32 = 6.25, 1 = 0.195 g. Feingehalt 869/1000. Rathau Nr. 6.
10. (F. 527) Infuliertes Brustbild zwischen Ringeln über einem Bogen. Die Bischofsmütze war bisher nicht erkannt worden. 9 St. = 1.61, 1 = 0.179 g. Marschwitz Nr. 6.
11. (F. 528) Kopf. Wüste Umschrift, verderbt aus S. IOHANNES. 158 St., davon 140 = 27.11, 1 = 0.193 g. Feingehalt 849/1000. Rathau Nr. 4, Marschwitz Nr. 9.
12. (F. 530) Zwei Brustbilder halten einen Stab empor, an dessen Ende eine Kugel in einem Ringel. 1 St. = 0.23 g. Rathau Nr. 3.
13. (F. 531) Figur mit segnend ausgestreckten Armen, im Felde Schriftzeichen. Zwei Stempel: ein etwas feinerer und ein ganz roher, fast ohne Schriftzeichen, beide Arten übrigens kaum zu trennen, weil ineinander übergehend. a) 128 St., davon 120 = 24.83, 1 = 0.207 g. Feingehalt 857/1000. b) 33 St., davon 30 = 5.15, 1 = 0.17 g. Feingehalt 847/1000. Rathau Nr. 9, Marschwitz Nr. 4.
14. (F. 533) Unter einem Bogen Brustbild mit Krummstab und Zepter. 18 St. = 3.86, 1 = 0.21 g. Feingehalt 848/1000. Rathau Nr. 7.
15. (F. 536 A) Brustbild mit zwei langen abstehenden Zöpfen. Zwei Stempel, von denen der eine anscheinend ein aus Perlen gebildetes Halsband zeigt. Dies und der Umstand, dass namentlich der andere Stempel die Brustpartie sehr stark betont, lässt vermuten, dass das Brustbild ein weibliches ist. Bei der grossen Roheit der Zeichnung lassen sich beide Stempel nicht völlig scharf auseinander halten. 93 St., davon 80 = 13.77, 1 = 0.172 g. Feingehalt 845/1000.
16. (Neu) Auf einer horizontalen Leiste ein senkrechter Stab, neben dem beiderseits anscheinend ein sehr roher Kopf. 24 St. = 4.33, 1 = 0.18 g. Feingehalt 803/1000.
17. (Neu) Bogen, darunter Röschen, darüber ein Brustbild mit zwei undeutlichen Emblemen. 22 St., davon 17 = 3.05, 1 = 0.18 g. Feingehalt 856/1000.
18. (F. 796 A) Unter einem Bogen ein behelmtes (?) Brustbild, in der Linken ein Kreuz, darunter ME, zu seiner Rechten ƎC (Mesco). 1 St. = 0.17 g. Rathau Nr. 13.
19. (F. 796 C) ✠ MONETA Kopf nach rechts. 1 St. = 0.23 g. Rathau Nr. 15.

Dies also der Bestand des Fundes, soweit unsere Heimat in Betracht kommt. Er beschenkt uns mit zwei neuen Typen, die in ihrer ausserordentlichen Roheit allerdings nicht geeignet sind, besondere Lustgefühle in uns zu erregen, wie wir uns auch mit ihrer Erklärung hier nicht weiter aufzuhalten brauchen, als dass wir sie zu den übrigen Boleslawspfennigen dieser Periode legen, die so auffällig gegen die hübschen Schriftmünzchen aus dem Anfang der Regierungszeit dieses unseres ersten Herzogs abstechen. Es ist bekannt, dass dieser auffällige Wechsel sich aus den geschichtlichen Verhältnissen, den Unruhen und Kämpfen, die das neue Reich bald nach 1190 heimsuchten, erklärt; weitere chronologische Ausführungen sind unten bei Nr. 51 zu finden. Bezüglich der Nr. 16 sei noch erwähnt, dass der die zwei Bilder trennende Stab eine häufige Erscheinung in dieser Zeit ist, bestimmt die Halbierung der Münze zu erleichtern. Haben wir wirklich zwei Köpfe vor uns, so mögen wir in ihnen den Herzog und seinen Schutzpatron, den heiligen Täufer, sehen, wie ja auch Nr. 12 und F. 495 anscheinend beider Bildnisse, und F. 492 beider Namen vereinigen.

Wir verdanken dem Funde ferner die Berichtigung unserer Erkenntnis bezüglich des Gepräges von Nr. 1, 2, 3, 10, 15 (F. 514, 517/18, 527 und 536A); freilich ohne dass wir sicher mitteilen können, wer der Infulierte auf Nr. 10 oder die vermutliche Frau auf Nr. 15 sein soll. Die wertvollsten Stücke der Reihe sind Nr. 18 und 19: bisher nur in den je zwei Exemplaren des Fundes von Rathau in der Sammlung des Fürsten Radziwill bekannt, bilden sie die sehr willkommene Ausfüllung einer schmerzlich empfundenen Lücke unseres Kabinetts. Das hier vorliegende Exemplar von Nr. 18 ergänzt die landläufige Abbildung, insofern es zeigt, dass das Brustbild unter einem Bogen dargestellt ist. Im übrigen ist auch hier die Inschrift so deutlich und sicher, dass an der Lesung füglich kein Zweifel mehr sein kann. Damit ist also Mesko, der jüngere Bruder Boleslaws und erste Herzog von Oberschlesien, endgültig als Prägeherr festgestellt, und es erhebt sich von neuem die Frage, welche Münzen ihm — abgesehen von dem im Funde nicht vertretenen Pfennig F. 796B, einer Verwilderung von 796A — sonst zuzuschreiben sein mögen, eine Frage, die bei den grossen Verschiedenheiten, die unter den Stücken dieser Gruppe (F. 513—537) trotz aller Ähnlichkeit in der Mache bestehen, schwer zu beantworten ist. Im Codex diplomaticus Silesiae XXIII sind noch F. 514 und 796C, hier Nr. 1 und 19, vermutungsweise an Mesko gegeben worden, Zuteilungen, die durch unseren Fund wesentlich unterstützt werden. Zunächst kann der schlesische Ursprung der ersten Münze jetzt nicht mehr, wie geschehen, angezweifelt werden, nachdem sie, die im eigentlichen Polen noch nie zutage getreten ist, nach dem Marschwitzer jetzt noch ein zweiter schlesischer Fund, und zwar diesmal in so grosser Anzahl, ans Licht gebracht hat. Ist sie aber schlesisch, dann spricht die polnische Inschrift, wie s. Zt. ausgeführt wurde, entschieden für Herzog Mesko, der im Gegensatz zu seinem deutschfreundlichen Bruder die einheimische Nationalität bevorzugte. Von Nr. 1 ist dann Nr. 19 trotz der Verschiedenheiten in Darstellung und Schrift nicht zu trennen: die Verwandtschaft zeigt sich namentlich in dem nur diesen beiden Stücken gemeinsamen, von Nr. 11 z. B. völlig abweichenden Perlenkreis. Auch Nr. 19 ist bisher nur in schlesischer Erde und beide Male mit dem sicheren Mesko (Nr. 18) zusammen gefunden worden.

Da der Beschreiber des Rathauer Fundes die ihm zu Händen gekommenen vielen hundert Brakteaten nicht gewogen, der des Marschwitzers nur wenige Exemplare zur Verfügung gehabt hat, so war die Gelegenheit, einmal grössere Mengen dieser Pfennige zu wiegen, sehr willkommen und ist redlich ausgenützt worden. Gewogen sind von jeder Sorte die sämtlichen tadellos erhaltenen Stücke, wobei sich die bei den einzelnen Nummern angeführten Gesamt- und Durchschnittsgewichte ergaben. Letztere schwanken von 0.17 bis

0.21 g, so dass sich das Durchschnittsgewicht dieser ganzen Gattung, das bisher mit 0.175 g angenommen wurde, um ein Geringes, auf 0.19 erhöht. Irgend welche weitere Folgerungen in bezug auf Zuteilung, Verteilung und Datierung der einzelnen Stücke lassen sich zurzeit nicht daran knüpfen, auch wenn man den Feingehalt mit in Betracht zieht, der hier zum erstenmal einwandfrei, d. h. nicht durch die Strichprobe, sondern durch Schmelzung je eines Stückes, die der Kgl. Münzwardein Herr Mittmann freundlichst besorgte, festgestellt wurde. Danach schwankt der Feingehalt im allgemeinen von 845 bis 869 Tausendsteln, was einen Durchschnitt von 857 ergibt; das ist nach der alten Rechnungsweise fast genau 14 Lot, der bisher angenommene Satz. Die Schwankungen im einzelnen, selbst bei den beiden Unterarten von Nr. 13 (10/1000) und sogar bei Nr. 16, die um 54/1000 hinter dem Durchschnitt zurückbleibt, dürften im Hinblick auf die unvollkommene Technik der Zeit und namentlich angesichts der Flüchtigkeit dieser Prägung bedeutungslos sein und ebenfalls keine weiteren geschichtlichen oder numismatischen Folgerungen gestatten.

Wir wenden uns nunmehr zu den deutschen Münzen unseres Fundes, die leider zum grossen Teil halbiert oder zerbrochen waren; die schönsten und besterhaltenen Stücke — im Text mit * ausgezeichnet — sind ebenfalls auf Tafel I abgebildet. Auch hier sind Rathau und Marschwitz durchweg zur Vergleichung herangezogen. Wo eine andere Angabe fehlt, ist nur ein Stück gefunden.

Brandenburg. Markgraf Otto II. 1184—1205.

*20. OTTOO MARICOO Stehender Markgraf mit Schwert und Fahne, neben ihm der Schild. Rathau Nr. 57.

Meissen. Markgraf Otto der Reiche 1156—90 oder Albrecht der Stolze 1190—95 oder Dietrich der Bedrängte 1195—1227.

21. Kopf in einem Turmgebäude, das mit zwei Fahnen besteckt ist. Marschwitz Nr. 19.
22. Wie vorher, aber etwas andere Zeichnung. Marschwitz Nr. 20. 1 1/2 Stück.
23. Turm auf einem Bogen zwischen Kreuzstab und Fahne. Marschwitz Nr. 21.
24. Turmgebäude mit Tor zwischen zwei Türmen. Archiv für Brakteatenkunde Taf. 7, 13.
*25. Zwei Brustbilder in runden Rahmen, darüber ein Gebäude.
*26. Ähnlich wie vorher, aber sehr verkleinert. 16 mm, 0.18 g.
*27. Turmgebäude, darauf ein Kreuz. 17 mm, 0.18 g.

Die beiden letzten Stücke, die sich in der Grösse mit Rathau Nr. 74 vergleichen und deren Zuteilung durch die Wiederholung des Gepräges von Nr. 25 auf Nr. 26 gesichert ist, sind ausserordentlich merkwürdig und z. Zt. noch nicht genügend erklärt. Es liegt nahe, in ihnen Halbstücke der ganzen Pfennige zu sehen, obwohl deren Gewicht, 0.5—0.6 g, beträchtlich mehr als das Doppelte beträgt.

Sachsen. Herzog Bernhard III. 1180—1212.

*28. BERNA-DVX Stehender behelmter Herzog im Mantel mit Schwert und Fahne, neben ihm der seitwärts gestellte Schild. Geriefelter Innenrand. Archiv für Brakteatenkunde Taf. 2, 9.

*29. **BERN-HARDVꞋ DVX** Stehender behelmter Herzog mit Schwert und Fahne. Rathau Nr. 38.
*30. Schriftlos. Dieselbe Darstellung, aber zwischen zwei Türmen. Geriefelter Innenrand.
*31. Behelmtes Brustbild mit doppelkreuzartigem Zepter und Fahne zwischen zwei Türmen auf einer Mauer, in deren Tor ein Turm. 2 St.
32. Stehender behelmter Herzog mit Schwert, daneben Turm. Geriefelter Rand. $^1/_2$ Stück.
33. Behelmter Herzog mit Schwert. Geriefelter Rand. $^1/_4$ Stück.

Magdeburg. Erzbischof Wichmann. 1152—92.

34. **WICOIAN-NVS DEI** Infuliertes Brustbild mit Stab und Buch unter Turmgebäude. Marschwitz Nr. 27.
*35. **WICOIAN-ARCHIEPC** Sitzender Infulierter mit Kreuz, Stab und Buch. Rathau Nr. 4.
*36. **WIC-OIAN** Sitzender Infulierter mit Zepter und Stab in einer von 2 Personen gehaltenen Mandorla. Rathau Nr. 14. 2 St. Nach Professor Menadier ist dieser sehr schöne Pfennig mit einzigartiger Darstellung auf den Tod des Erzbischofs geprägt und daher eine der ältesten deutschen Sterbemünzen.
37. **WICOIA-NNVS A** Brustbild mit Stab und Palme zwischen zwei Türmen, darüber zwischen zwei Gebäuden Brustbild des h. Moritz. Rathau Nr. 5. $^2/_2$ Stücke.
38. **(WICOIA)ИИVS I** Stehender Infulierter mit Palme (und Stab) zwischen zwei Türmen. Marschwitz Nr. 25. $^1/_2$ Stück.
39. **WICH-(OIA).** In bogiger Einfassung stehender Infulierter mit Kreuz (und Stab) zwischen zwei Türmen. Marschwitz Nr. 26. $^1/_2$ Stück.
40. Infuliertes Brustbild mit Kreuzstab und Stab über Geländer mit Inschrift zwischen zwei Türmen, darunter Bogen mit Inschrift. Hoffmann, Gesch. d. St. Magdebg. 20. $^1/_2$ Stück.
41. Brustbild mit Stab in der Linken zwischen zwei Türmen über einem Bogen, darunter Turm. Marschwitz Nr. 29. Bruchstücke.

Magdeburg. Moritzpfennige.

42. **OIAVRI-CIVS DVX.** Auf einem Bogen sitzender Heiliger, in der Linken eine Fahne, in der Rechten ein Schwert, aber den Griff nach oben, haltend. Rathau Nr. 21. $1^1/_2$ Stück. Ein sehr merkwürdiges Gepräge, das vielleicht symbolisch zu deuten ist: das Schwert des irdischen Kriegsmannes verwandelt sich in der Glorie in ein Kreuz.
*43. **✠ SC·S·OIAVRICIVS·DVX·ES** Behelmtes Brustbild des Heiligen mit Schwert und Fahne. Wie Archiv für Brakteatenkunde Taf. 2, 1; dort aber vollständig: **EST**.
*44. **OIAID-EBVR** Unter einem mit Türmen besetzten Bogen Brustbild des Heiligen mit Palmzweig, über seiner rechten Schulter ein Kreuzchen. Mader, II. Versuch über die Brakteaten, Taf. 2, 46. $1^1/_2$ St.
*45. **OIAI-ID** In einem Turmgebäude ein Stern. Arch. f. Braktk. Taf. 16. 56. $2^1/_2$ St.

Braunschweig. Heinrich der Löwe. 1139—1195.

46. **✠ IEPNC·JEOEJƆVXHИVRNCSOLEOA** Löwe mit palmettenartig endendem Schwanz n. l. Meier, Fund von Mödesse Nr. 33.

Hildesheim. Bischof Adelhog. 1171—90.

47. ✥ ᴎᴇ·IDᴇLᴇOᴏVSIIᴎI·ᴇᴣᴇᴏᴙᴇNSIS·ᴇPS Zwischen Türmen sitzender Infulierter mit Stab und Buch. Meier, Fund von Mödesse Nr. 46. Auch bei Rathau fand sich ein — halber — Brakteat dieses Bischofs: Rathau Nr. 80 = Mödesse Nr. 47.

Unbestimmte.

*48. Unter einem verzierten Dreibogen ein barhäuptiges Brustbild im Mantel, in der Rechten ein Lilienzepter haltend, zu seiner Linken ein Stern. Erinnert in der Darstellung etwas an Mader II. Versuch, Taf. 3, 51 und dürfte aus der Nähe von Magdeburg stammen, wie es denn auch einen ähnlichen Moritzpfennig gibt.

49. Grosser dicker Turm mit spitzem Dach, in dessen Tor ein Stern. Rathau Nr. 71. 1 $^1/_2$ Stück. Die a. a. O. vorgeschlagene Zuteilung an das pommersche Stargard braucht heute nicht mehr widerlegt zu werden; das Stück dürfte in Meissen daheim sein.

50. Bischofskopf, zu seiner Linken ein Pfeil (Strahl). $^1/_2$ Stück. Ist das undeutliche Gepräge richtig erkannt, dann gehört die Münze wohl nach Strehla, einer Prägestätte der Bischöfe von Naumburg.

*51. Aufschrift in unsicheren Buchstaben. Behelmtes Brustbild mit Schwert, Fahne und Schild; vom Helme gehen strahlenartig drei Kreuze aus. 0.22 g.

Das Gepräge dieser Münze ist bei den norddeutschen Brakteaten der Zeit, namentlich aus den dem Harz benachbarten Münzstätten, häufig. Für diese ist aber unser Brakteat zu dünn und zu leicht. Seine Dicke würde ihn nach Schlesien weisen, wo auch das Gewicht passt, doch ist dafür der Schrötling etwas zu gross und das Gepräge, wenigstens an den Stücken unseres Fundes gemessen, zu kunstvoll. Immerhin lässt die etwas unsichere Stichelführung auf einen nicht allzu geübten Nachahmer schliessen, was sowohl von der Darstellung wie von der Aufschrift gilt. Lautet letztere, wie es scheint, rückläufig BOLᴇ-SLᴙ, so wäre die Zuteilung an Boleslav I. von Schlesien sicher. Man könnte dann zur Erklärung der eben gegen diese Zuteilung angeführten Merkmale annehmen, dass es sich um eine Denkmünze handle, auf die mit Absicht etwas mehr Mühe wie auf das gewöhnliche Geld verwendet worden sei. Wir haben ja von diesem Fürsten eine ganze Anzahl sicher tendenziöser Gepräge (F. 497, 498, vgl. auch unsere Nr. 1) und kennen u. a. auch aus Polen einen Fall, dass man einer Gedächtnismünze einen den sonst üblichen Umfang beträchtlich überbietenden Schrötling gegeben hat: jenen Brakteaten zur Erinnerung an die Wallfahrt, die Boleslaw III. im Jahre 1119 zur Abbüssung des Mordes seines Halbbruders zum heiligen Adalbert unternommen hat (Stronczyński Taf. XIII). Die Veranlassung zu ihrer Prägung würde man wohl in der Heimkehr Boleslaws zu sehen haben, die 1198 erfolgte, nachdem er im Gefolge des Kaisers drei Jahre lang in Italien abwesend gewesen war.

Mit diesem Vorgange kann man aber überhaupt die drei Funde von Rathau, Marschwitz und Jerschendorf in Zusammenhang bringen: ihr allerdings ziemlich buntgemischter, aber doch gleichartiger Inhalt, der von dem anderer gleichzeitiger Funde, die nur schlesische Brakteaten enthielten, wie z. B. dem von Öls, beträchtlich absticht, lässt darauf schliessen, dass diese Barschaften zur selben Zeit und unter denselben Umständen gesammelt und verscharrt worden sind. Die Vergrabungszeit von Rathau glaubte Dannenberg allerdings ins Jahr 1193 setzen zu müssen, weil dieser Fund zwar viele Münzen von Erzbischof Wichmann, aber keine seines Nachfolgers Ludolf enthielt. Dieser Grund ist indes nicht mehr stichhaltig, denn wir haben seither Wichmann als einen der münzreichsten Fürsten des Mittelalters kennen gelernt, während Brakteaten mit dem Namen Ludolfs noch immer sehr selten sind. Da ferner bei Marschwitz ein inschriftlich für Dietrich den Bedrängten gesicherter, also nach 1195 geprägter Brakteat vorgekommen ist, und da es sich endlich um Importfunde handelt, also um Münzen, die für die Wanderung von ihrer Heimat nach der Fundstelle immerhin einige Zeit gebraucht haben, so liegt kein Bedenken vor, die Vergrabung erst in das Jahr 1198 zu setzen. Und aus dieser Ansetzung lässt sich dann schliesslich auch das beispiellose Gepräge unserer Nr. 51 erklären. Wir wissen, dass Boleslaw bei seiner Rückkehr noch immer mit Widerwärtigkeiten zu kämpfen hatte, zu deren wirksamer Beseitigung er sogar einer Bulle des Papstes bedurfte, die allen Herzogen von „Polen" die Angriffe gegen ihn unter Androhung kirchlicher Strafen untersagte. Da die Bulle bereits vom 8. März 1198 datiert, während die Heimkehr des Herzogs erst im Sommer desselben Jahres erfolgte (vgl. Grünhagen in Zeitschr. f. Gesch. Schlesiens XI (1872) S. 404 fg. u. Schles. Regesten Nr. 64), so hat Boleslaw die Bulle offenbar selbst ins Land mitgebracht. Wie in dieser Urkunde, so erscheint er nun auch auf unserer Münze als unter dem Schutz der Kirche, der Gottheit stehend. Während also die rohen und hässlichen Pfennige in die Zeit der Kämpfe um 1190 und der Abwesenheit Boleslaws fallen, leitet eine ganze Reihe „Geschichtsmünzen" zu einer neuen, besseren Prägung über: unsere Nr. 51 begrüsst den heimkehrenden Herzog, F. 498, mit der Aufschrift BOL·YAR, verkündet die Erhebung seines Sohnes Jaroslaw auf den Breslauer Bischofsstuhl, F. 499, 500, 514, mit IVSTICIA, CARITAS, MILOST, feiern die Rückkehr geordneter Zustände in beiden schlesischen Fürstentümern, und F. 497 verherrlicht mit Bild und Namen von Boleslaw IV. und seiner Gemahlin Anastasia in dem einstigen Senior, der den Söhnen Wladislaws II. 1163 Schlesien abtrat, das gesamte Piastenhaus.

Alle diese Aufstellungen fügen sich so trefflich in einander und stimmen so genau mit der bisher ermittelten Chronologie der Boleslawspfennige zusammen, dass die hier vorgeschlagene Deutung von Nr. 51 allein schon dadurch einen hohen Grad von Wahrscheinlichkeit gewinnt. Eine gesicherte anderweite Lesung der Aufschrift würde sie widerlegen, aber es scheint nicht, dass eine solche zu erwarten steht. Gleichwohl mag die Münze einstweilen unter den unbestimmten stehen. Eine langsam reifende Erkenntnis wird hier wie bei Nr. 18 nur um so verlässlicher sein. Jedenfalls aber bietet auch dieser Fund wieder Gelegenheit, die hohe Bedeutung der Münzfunde auch für die allgemeine Geschichte recht deutlich zu erkennen.

Ferdinand Friedensburg

TAFEL II

Madonnenbild im Breslauer Diözesanmuseum

ZWEI TAFELBILDER AUS DER BÖHMISCHEN MALERSCHULE DES 14. JAHRHUNDERTS IM BRESLAUER DIÖZESANMUSEUM

I

Das Breslauer Diözesanmuseum besitzt zwei Tafelbilder der böhmischen Malerschule des 14. Jahrhunderts. Das erste (Tafel II) gehört zu einer Gruppe von Madonnenbildern, von denen das bekannteste sich in der Stiftskirche zu Hohenfurt in Südböhmen befindet.

Das von einem mit Miniaturen bemalten Rahmen eingefasste Hauptbild ist 69 cm hoch und 47,5 cm breit, der Rahmen ist 9 cm breit. Den Goldgrund des Mittelbildes umgrenzt ein gepunzter Rand, der aus Gruppen von Punkten und nach innen gerichteten Lilienornamenten besteht. Das Antlitz Marias mit seinem feinen weissen Teint und dem darüber ausgegossenen rosigen Hauche ist von ausserordentlicher Anmut. Lichtbraune, zierlich geordnete Haare umgeben das Gesicht, aus dem schön gezeichnete braune Augen hervorleuchten; Nase und Mund sind edel geformt, die Lippen frisch rot, die Stirn zeigt die charakteristische hohe Wölbung. Das Haupt trägt eine mit Lilienzacken geschmückte goldene Krone. Das Diadem ist durchflochten mit einer Kette von grossen rauten- und eiförmigen Edelsteinen, um welche kleinere runde sich gruppieren. Auch in die Zacken sind runde Steine von verschiedener Grösse und Farbe gemalt. Der Nimbus, der Haupt und Krone umgibt, ist durch einen fein ornamentierten Rand abgeschlossen und wird von zwei Engeln gehalten. Wie bei den Zacken der Krone, sind die Umrisse des Nimbus und der Engel punziert. Von der Krone am Hinterhaupte fällt ein weisser, kunstvoll gefältelter Schleier mit feinem Zackenrand zu beiden Seiten des entblössten Halses auf die Brust herab. Der blaue Mantel, dessen rotes Futter an verschiedenen Stellen sichtbar ist, wird zusammengehalten durch eine goldene, quadratische, über Eck gestellte Agraffe, die in der Mitte einen länglich-runden roten, in jeder Ecke einen runden, goldgrünlich schillernden, perlenbesetzten Edelstein, am Rande kleine Lilienornamente und an den auslaufenden Ecken grössere Lilien hat. Unter dem Mantel ist vorn ein dunkles Unterkleid sichtbar. Die Gottesmutter hält das vollständig nackte Kind, das Finger und Zehen spreizt und die Händchen verlangend zur Mutter erhebt, mit beiden Händen. Die Linke, die den Oberkörper stützt, ist sichtbar, die Rechte, auf welcher der Unterkörper ruht, wird durch den Mantel verdeckt. Aus dem blonden Lockenköpfchen schaut ein liebliches Kindergesicht hervor. Der Nimbus zeigt zwischen Strahlen drei Lilien und wird von einem Engel gehalten.

Vom Hauptbilde leitet ein doppelt gekehlter Rand zum bemalten Rahmen über. Dieser hat einen mit gepunzten Rauten und gruppierten Punkten verzierten Goldgrund, auf den acht sehr ansprechende Miniaturen gemalt sind. Zur Rechten Marias oben steht barfuss St. Johann Baptist; das männlich schöne Gesicht ist von reichem braunen Lockenhaar und einem Vollbart umrahmt, ein blauer Mantel, dessen Faltenwurf an den Schleier der Madonna erinnert, bedeckt fast ganz das braune Untergewand aus Kamelhaaren; die Rechte zeigt auf das Jesuskind im Mittelbilde, die Linke hält ein Spruchband mit den Worten: Ecce Agnus Dei. Darunter kniet der Donator, ein Bischof, die weisse, mit Edelsteinen ausgestattete Mitra auf dem Haupte, das rote Pluviale, mit grüner Parüre um den Hals, über der Albe; die erhobenen und gefalteten schlanken Hände halten ein Spruchband, das über dem Haupte flattert und die Bitte enthält: Miserere mei Deus. Links oben steht St. Nikolaus in grüner rotgefütterter Kasel mit goldener Amiktparüre und blauer Dalmatik über der, vorn mit einem roten Zierstück versehenen Albe. In der Rechten hält er die drei Kugeln, in der Linken das Pedum, dessen Krümmung in einer mit Perlen besetzten Lilie endet. Die weisse, edelsteingeschmückte Mitra schmückt das von weissem Haare und Bart umrahmte Haupt. Die Handschuhe tragen rote Zirkelkreuze. Unter ihm steht St. Barbara mit einem schlanken Turme in der Linken, über dem blauen Untergewande mit einem blauen, rotgefütterten Mantel bekleidet, der auf der Brust durch eine goldene, perlengeschmückte Agraffe zusammengehalten wird. Das von blonden Haaren umwallte Haupt trägt eine mit bunten Steinen gezierte Lilienkrone. Alle vier Figuren stehen auf grünem Grunde, die drei Heiligen haben einen gepunzten Nimbus. Die Grösse der Figuren bewegt sich zwischen 30 und 33 cm.

Auf dem oberen und unteren Rahmen schweben je zwei blondgelockte Engel. Die Gewänder und Flügel der oberen Engel sind aussen rot, innen grün, während bei den unteren die Ordnung umgekehrt ist. Die Engel halten Spruchbänder mit der marianischen Osterantiphon; jedes Band zeigt einen Vers mit teilweise abgekürztem Texte: Regina celi letare alleluia — Quia quem meruisti portare alleluia — Resurrexit sicut dixit alleluia — Ora pro nobis Deum. Durch die Antiphon empfängt das ganze Bild den Charakter der Huldigung, die Maria als der Mutter des auferstandenen Welterlösers dargebracht wird.

Nach der Überlieferung hat Bischof Preczlaw von Pogarell das Bild der Breslauer Domkirche geschenkt. Die Züge des zur Rechten der Madonna dargestellten Donators erinnern in der Tat an das Gesicht der Bischofsfigur auf der Preczlawschen Grabtumba im Kleinchore der Kathedrale. Preczlaw war von 1341 bis 1376 Bischof von Breslau und stand in nahen Beziehungen zu Kaiser Karl IV. Das Hauptmotiv des Gemäldes, der charakteristische Figurenrahmen, die Engel mit Spruchband, die Zeichnung und Farbenbehandlung weisen die Tafel der damals in Böhmen blühenden Malerschule zu. Fragen wir, welcher Künstler das Bild geschaffen haben kann, so kommt zunächst Nikolaus Wurmser in Betracht, der unter Karl IV. in Böhmen tätig war. Grueber (Die Kunst des Mittelalters in Böhmen III S. 123), Janitschek (Geschichte der deutschen Malerei S. 202) und andere sind geneigt, das Madonnenbild in der Hohenfurter Stiftskirche, das 1384 als Besitzstück der Kirche urkundlich bezeugt ist, Wurmser zuzuschreiben. Wenn diese Ansicht zuträfe, so müsste Wurmser auch als Schöpfer der vor dem Jahre 1376 gemalten Breslauer Madonna gelten, denn diese erscheint auf den ersten Blick als eine Wiederholung der

Bild aus Striegau
im Schlesischen Museum für Kunstgewerbe und Altertümer

Hohenfurter und erst bei näherem Zusehen treten einige kleine Verschiedenheiten zutage. Abweichend vom Breslauer Bilde ist auf dem Hohenfurter die den Unterkörper des Kindes haltende rechte Hand Marias sichtbar; Krone und Mantelagraffe sind auf dem Hohenfurter reicher mit Edelsteinen ausgestattet, und an der rechten Schulter der Jungfrau erscheint im Goldgrunde noch ein Engel, der auf dem Breslauer Bilde fehlt. Die Heiligen auf dem Rahmen sind verschieden, aber die Engel sind dieselben und tragen auch in Hohenfurt, obgleich anders geordnet, das Regina coeli auf den Spruchbändern. Andere, namentlich tschechische Kunsthistoriker, halten die Hohenfurter Madonna für das Werk eines der italienischen Maler, die unter Karl IV. in Böhmen tätig waren. Jedenfalls kann über Zeit und Schule, der unser Bild entstammt, kein Zweifel sein. Neuwirth, der es 1901 in Breslau gesehen und studiert hat, reiht es „unter die Werke der in Böhmen in der zweiten Hälfte des 14. Jahrhunderts blühenden Malerschule" ein, will aber „damit nicht behaupten, dass es in Böhmen gemalt sein muss. Es kann auch in Breslau von einem aus Böhmen zugewanderten Meister, oder von einem Breslauer, der in Böhmen ausgebildet wurde oder daselbst längere Zeit gearbeitet hatte, gemalt sein; aber Geist und Mache stimmen zu den zweifellos in Böhmen gearbeiteten Werken".

Dass in jener Zeit auf dem Gebiete der bildenden Künste vielfache Beziehungen zwischen Schlesien und Böhmen, Breslau und Prag bestanden, ist bekannt und durch Gemälde und Skulpturen bezeugt. 1383 wurde der Prager Maler Franczke Ebirusch Bürger in Breslau und 1391 erlangte der Maler Georg Polan aus Münsterberg das Bürgerrecht in Prag (Schlesiens Vorzeit IV S. 123). „Das stattlichste uns erhaltene Tafelbild der böhmischen Malerei", eine jetzt im Kaiser Friedrich-Museum zu Berlin hängende Madonna, stammt aus Glatz (Beschreibung und Abbildung im Jahrbuch der Königl. preuss. Kunstsammlungen XXVIII S. 131). Das Schlesische Museum für Kunstgewerbe und Altertümer besitzt eine St. Anna selbdritt, die einst dem um 1384 gestifteten Karmeliterkloster zu Striegau gehörte, möglicherweise von dem eben in Breslau sesshaft gewordenen Ebirusch gemalt (Abb. S. 73). Der Faltenwurf des Schleiers und Mantels auf diesen Bildern erinnert an den Schleier der Madonna im Diözesanmuseum. Noch auffallender ist die Übereinstimmung mit den „kunstvoll gehäuften Tütenfalten" an der Kalkstein-Pieta von 1384 und an dem steinernen Schmerzensmann vom Goldschmiedealtar im Schlesischen Museum für Kunstgewerbe und Altertümer (Schlesiens Vorzeit N. F. IV S. 73 ff.).

Für die zuletzt genannten Kunstwerke konnte das Madonnenbild im Diözesanmuseum zum Muster dienen, denn als Geschenk des Bischofs Preczlaw muss es vor seinem Tode 1376 entstanden sein. Die Stiftung des Bildes war Ausdruck der von Preczlaw im hohen Grade gepflegten Verehrung Mariä und hängt wahrscheinlich zusammen mit der Erbauung der 1361 vollendeten Kleinchorkapelle und der Einrichtung des Mariendienstes darin. Auch hier machten sich wieder die Beziehungen zu Prag bemerkbar. Wie Kaiser Karl IV. mit dem Erzbischofe Arnestus im Prager Dome, so stiftete Preczlaw mit Hilfe des Kaisers in der genannten, von ihm an der Ostseite seiner Kathedrale zu Ehren Mariä erbauten Kapelle ein Kollegium von Mansionarien, welche täglich das marianische

Offizium singen sollten. Man möchte annehmen, dass das Madonnenbild dort zunächst seinen Platz erhalten habe.

Später zierte es den Altar, der im Nordschiff der Kathedrale an der Aussenseite der Hochchorwand, rückwärts vom bischöflichen Throne, stand. Als der Prälat Bartholomäus von Jerin 1609 dem Altare einen neuen Aufbau geben wollte, erhielt er vom Domkapitel nur unter der Bedingung die Genehmigung, dass „die Tafel des Bischofs Preczlaw" erhalten und in den Kleinchor transferiert werde. Der Altar ist jetzt verschwunden; an seiner Stelle lehnt der Jerinsche Grabstein an der Mauer, und nur die von Jerin 1609 restaurierten alten Wandmalereien an den Pfeilern, die den Altar flankierten, sind noch vorhanden. Wo und wie lange das Bild im Kleinchor gehangen, lässt sich nicht nachweisen. Schliesslich befand es sich in der Domsakristei, durch einen modernen Rahmen und eine Glastafel geschützt. Seit Errichtung des Diözesanmuseums gehört es zu dessen kostbarsten Besitzstücken. Es ist bis auf kleine Schäden noch gut erhalten und von jeder nachbessernden Hand verschont geblieben.

II

Das zweite Bild der böhmischen Malerschule des 14. Jahrhunderts im Breslauer Diözesanmuseum ist ein auf Eichenholz gemaltes Dreifaltigkeitsbild, einschliesslich des gekehlten Rahmens 56 cm hoch und 39 cm breit (Tafel III).

Auf einem Throne, hinter welchem der Goldgrund schimmert, sitzt Gott Vater, voll ernster, majestätischer Ruhe im Antlitz, das von greisen Haar- und Bartlocken umwallt ist. Eine mit Edelsteinen und Perlen geschmückte goldene Lilienkrone bedeckt das Haupt, das der gepunzte Kreuznimbus umgibt. In den Balken des Kreuzes sitzen oblonge Edelsteine. Über dem Untergewande, von dem nur die goldgestickten Manschetten sichtbar sind, fällt der blaue, mit goldenem Saum und gelbgrünlichem Futter versehene Leibrock bis zu den blossen Füssen nieder. Von der linken Schulter hängt ein weisser, goldgesäumter und rotgefütterter Mantel, der über den Knien zusammengeschlagen ist. Der Sitzende ruht auf einem goldgestickten Kissen, dessen Enden mit je zwei Zipfeln und Goldquasten zu beiden Seiten hervorstehen. Ähnlich ist das länglichrunde, in zwei Quasten endende Fusskissen mit Goldstickereien, namentlich schnaubenden Greifengestalten, verziert.

Vor sich hält Gott Vater ein auf dem Boden aufstehendes Kruzifix, die beiden Enden des Querbalkens mit den Händen fassend. Das Kreuz ist wie die Inschrifttafel rot, die Schrift weiss. Der Leib des Gekreuzigten ist totenfahl, die unförmlich grossen Füsse sind nebeneinander angenagelt, die aus den Händen und Füssen und der Seitenwunde rinnenden Blutstropfen dick aufgetragen. Auf dem edlen Antlitz ruht die Majestät des Todes. Das nach rechts geneigte, vom Kreuznimbus umgebene Haupt ist ohne Dornenkrone, die sorgfältig gescheitelten Haare fallen in Locken auf die Schultern; Haar und Bart sind braun. Das kunstvoll gefaltete Lendentuch reicht fast bis an die Knie. Auf dem senkrechten Kreuzbalken steht, zwischen Vater und Sohn, die Taube des heiligen Geistes, goldweiss mit ausgebreiteten Flügeln, den Kreuznimbus um den Kopf.

Der grüne Sitz des Thrones zeigt in seiner Vorderseite eine mannigfache architektonische Gliederung mit plastischen Verzierungen. Die goldene Rücklehne ist mit gotischem Masswerk verziert, und auf dem geraden Abschlusse oben sitzen zu beiden Seiten des überragenden Nimbus Gott Vaters gotische Lilienornamente. Der Seitenaufbau erinnert in die bei Giotto und seiner Schule und anderen Italienern jener Zeit vorkommende Architektur. Aus den beiden Erkerchen zu Häupten des Vaters schwingt rechts ein rot gewandeter und blau beflügelter Engel an silbernen Ketten ein goldenes Rauchfass, links erhebt ein Engel in blauem Kleide und mit goldenen Schwingen anbetend die Hände. Die blonden Locken der Engelsköpfe halten goldene Reife zusammen. Den Hintergrund bildet ein goldener Nimbus.

Über die Herkunft der Tafel und den Künstler, der sie geschaffen, sind keine Nachrichten erhalten. Vermutungen darüber müssen sich auf das Kunstwerk selbst gründen. Ziemlich allgemein wird es der unter Karl IV. in Böhmen blühenden Malerschule zugeschrieben. Der Faltenwurf des Mantels Gott Vaters und des Lendentuches des Gekreuzigten zeigen wiederum die charakteristische Behandlung des Schleiers der Hohenfurter und Breslauer Madonna und besonders des Mantels der Madonna des Erzbischofs Arnestus. Die giotteske Architektur auf dem Breslauer Dreifaltigkeitsbilde findet sich vielfach auf den Bildern der böhmischen Schule, in der, wie erwähnt, verschiedene italienische Künstler tätig waren. Sehr schön ist der Thron-Aufbau auf dem Glatzer Madonnenbilde. Ihm ähnelt der des Dreifaltigkeitsbildes, an Zierlichkeit steht er ihm allerdings nach. Auch die Gesichtsbildung des Vaters und des Sohnes kann derselben Schule entstammen, die das hoheitsvoll milde Madonnenantlitz auf der Tafel des Erzbischofs Arnestus geschaffen hat.

Zur Geschichte des Dreifaltigkeitsbildes sei noch erwähnt, dass es unbeachtet im Staube auf dem Dachboden des Pfarrhauses in Schönau a. K. lag, bis es im September 1898 gefunden und dem Diözesanmuseum überwiesen wurde. Es war im wesentlichen noch gut erhalten, insbesondere zeigten sich die Gesichter unverletzt. Doch liessen einige schadhafte Stellen, besonders an der blauen Farbe, eine Restaurierung wünschenswert erscheinen. Sie ist 1904 von Hauser in Berlin ausgeführt worden.

Joseph Jungnitz

TAFEL III

Dreifaltigkeitsbild im Breslauer Diözesanmuseum

WENDEL ROSKOPF

„MEISTER ZU GÖRLITZ UND IN DER SCHLESY"
EIN BEITRAG ZUR GESCHICHTE DER RENAISSANCE IN SCHLESIEN[1])

Die nachstehende Abhandlung will Leben und Werke eines Architekten darstellen, der von dem einen[2]) als Bahnbrecher der Renaissance in Schlesien betrachtet und einem Heinrich Schickhardt und Elias Holl an die Seite gestellt, von dem anderen nur als bäurisch grober Geselle angesehen wird[3]). Die bisherigen Untersuchungen sind vom Studium urkundlicher Belege ausgegangen, die allein nicht ausreichen, ein klares Bild von dem Wirken des Meisters zu geben. Weitere als die von E. Wernicke[4]) benutzten Urkunden dürften kaum noch zu finden sein. Insbesondere ist zu bedauern, dass die Görlitzer Ratsrechnungen der hier in Frage kommenden Jahre von 1480—1530 verloren gegangen sind oder möglicherweise in Wiener Archiven unauffindbar liegen.

Studien, die ich im Kgl. Staatsarchiv in Breslau machte, und die besonders auf den Schlossbau in Liegnitz gerichtet waren, haben für die vorliegende Arbeit leider keine neuen Quellen erschlossen. Indessen: „Si hi tacuerint, lapides clamabunt."

Durch eine stilkritische Untersuchung soll festgestellt werden, welche Bauwerke als Schöpfungen Roskopfs anzusehen sind. Das von Dr. Wernicke bearbeitete urkundliche Material wird so nach der technisch-formalen Seite ergänzt. Neben der Analyse seiner Werke soll versucht werden, aus der amtlichen Stellung des Meisters und den Zeitverhältnissen heraus seine Bedeutung klarzustellen.

Wendel Roskopf stammt wohl kaum aus Görlitz oder dessen Nachbarschaft. In den Urkundenbüchern der Stadt Görlitz findet sich zwar der Name Roskopf seit dem Anfange des 15. Jahrhunderts, allein ein Vorname Wendel ist hier ganz ungebräuchlich. Mehrere Umstände sprechen dafür, dass er aus Böhmen stammt.

So erfahren wir zunächst aus folgender Görlitzer Urkunde, wo er in die Lehre gegangen ist[5]).

„anno 1519 Von sanct Nicleskirchen und wie die meurern von der mauer gefallen sein. Demnach ein rath vor schicklich angesehen das die kirche sancti Nicolaj noch irer breit gelengert vnd eines gantzen

---

[1]) Die Abhandlung des Verfassers wurde zuerst als eine von der technischen Hochschule zu Hannover genehmigte Dissertation zur Erlangung der Würde eines Doctor-Ingenieurs mit Unterstützung dieser Zeitschrift im Jahre 1908, Breslau, Druck von Grass, Barth & Comp. (W. Friedrich) herausgegeben. Hier erscheint sie etwas gekürzt, aber um eine ganze Reihe von Abbildungen vermehrt. Die Zeichnungen auf S. 87—97 sind von dem Verfasser selbst hergestellt. Die photographischen Aufnahmen aus Görlitz stammen aus dem Atelier von Robert Scholz in Görlitz, die aus Löwenberg auf S. 83 aus dem Atelier van Delden in Breslau.
[2]) Lübke, Geschichte der Renaissance in Deutschland II S. 107.
[3]) Lutsch, Bilderwerk d. Kunstdenkmäler d. Provinz Schlesien, Textband S. 156.
[4]) Wernicke, Wendel Roskopf, Neues Lausitzisches Magazin, LXXIII (1897) S. 242—289.
[5]) Script. rer. Lusaticarum III S. 574.

pfheilers hinden ist hynaus geruckt worden, wie auch der alde vnausgehobene grund vnd mauer anzeiget, ist dobey betracht, wie man ein thurmlein zu den glocken auffuren mochte, welches den Meister Wendel der wergemeister aus rathe meister Benedix ko. mt. zu Behmann obristir wergmeister des bawes des slossz zu Praga seines lehrmeisters, also angegeben, das er die mauer bei der thur zwuschen den zweien eussern pfeillern so viel diester sterker anlegen wollet und wol vorgrundenn, wie auch geschehen etc.

Hat er, wie aus dieser Urkunde hervorgeht, seine Lehrzeit unter Benedikt von Laun durchgemacht, dann ist es auch wahrscheinlich, dass er aus Böhmen stammt. Denn es war üblich und auch ganz natürlich, nicht zu fern vom Vaterhause in die Lehre zu gehen. Auch folgende Erwägung spricht für seine Herkunft von ausserhalb. Die alten eingesessenen Görlitzer Steinmetzen hatten den Stilwandel in der Aussenarchitektur, wie er uns an mehreren Bürgerhäusern der zwanziger Jahre des 16. Jahrhunderts entgegentritt, nicht bewirkt. Es war plötzlich ein neuer Geist in die Görlitzer Baukunst gekommen, den nur ein auswärts gebildeter Meister bringen konnte. Ebensowenig wie der Ort lässt sich das Jahr seiner Geburt feststellen. Wir können annehmen, dass es um 1480 liegt.

Das erste Mal wird Roskopfs Name in einer sächsischen Urkunde vom Jahre 1518 erwähnt. Zwischen dem Meister Jacob von Schweinfurt zu Annaberg und dem Dombaumeister Sebastian Binder zu Magdeburg war wegen der Dauer der Lehrzeit Streit entstanden. Es handelte sich um das fünfte Lehrjahr, welches abgelegt oder durch Zahlung von zwei Gulden kompensiert werden sollte. Auf einer Zusammenkunft zu Annaberg am 26. Juli 1518 protestierten die Meister aus Meissen, Böhmen, der Lausitz (und Schlesien?) gegen die Angriffe, die im Verlaufe dieses Streites gegen sie gerichtet worden waren. Roskopfs Name mit dem Zusatz „Meister zu Görlitz und in der Schlesy" folgt in dem Verzeichnisse hinter dem Meister Gregor Rüdinger zu Rochlitz. Der Ausdruck „in der Schlesy" bedarf noch der Erklärung, jedenfalls ist er nicht so aufzufassen, dass Roskopf sich als Vertreter des Gebietes, das die heutige Provinz Schlesien umfasst, bezeichnen wollte. Die Lausitz war damals mit Schlesien so gut wie gar nicht verbunden. Es lässt sich auch nicht gut denken, dass die Meister von Breslau, als der weitaus bedeutenderen Stadt, bei einer Interessenvertretung Görlitz den Vorzug eingeräumt hätten.

In der Urkunde von 1519 wird Wendel Roskopf als der „Wergemeister" der Stadt bezeichnet. Bei der Aufführung eines Kirchenbaues war es seit langem üblich, einem Baumeister die Leitung vertragsmässig zu überweisen. Seine Tätigkeit erstreckte sich auf die Anfertigung des Entwurfs, der Werkzeichnungen, Schablonen und die Überwachung der Einzelarbeiten. Eigenhändige Arbeiten hat der Meister in der Regel nicht ausgeführt. Dass selbst die kleinen privaten Meister nicht mehr mit der Hand arbeiten wollten, lässt die Bestimmung in einer Breslauer Urkunde von 1542 vermuten, in der es heisst: „bei einem jeden Bau soll der Meister mit seiner Hand einen halben Tag arbeiten, darauf soll ihm auch der Bauherr ein volles oder ganzes Wochenlohn zu geben schuldig sein." Wir werden auch bei Roskopf finden, dass Bauten, die unzweifelhaft den Stempel seines Geistes tragen, in der Detailbehandlung und in der Feinheit der Ornamente recht verschiedenes Aussehen zeigen.

Mit der Zunahme kommunaler Bauten wurden die Städte genötigt, nach dem Muster des Dombaumeisters einen Werkmeister anzustellen. Ausser den oben genannten Arbeiten hatte er auch für die Anstellung der erforderlichen Arbeitskräfte zu sorgen, mit diesen die Lohnverhältnisse zu regeln und mit den Magistri fabricae (Mitgliedern der städtischen Baukommission) über Bausachen zu beraten. Bald sahen sich auch die Städte veranlasst, die Bautätigkeit in ihrem Weichbilde zu überwachen, d. h. eine Baupolizei einzurichten, deren ausführendes Organ der Werkmeister wurde. Unter den Bauten, die der Werkmeister auszuführen hatte, nahmen bis zum Ende des 15. Jahrhunderts die Kirchenbauten noch die erste Stelle ein. Bald aber sind es nur noch Profanbauten: Rathäuser, Wagehäuser, Brücken, Wehrbauten und besonders Bürgerhäuser.

Unter den im 15. Jahrhundert in Görlitz aufgeführten Kirchenbauten war die Peter-Paulskirche der bedeutendste Bau. Bei der regen Bautätigkeit ist es deshalb nicht zu verwundern, wenn uns die Urkunden berichten: „Um die Zeit von 1458 und schon in etlichen vorigen Jahren hat man hier einen Baumeister gehabet namens Gregor, welcher der Stadt Baue besorgte." Neben diesem Stadtbaumeister war ein Meister Hans als „Baumeister der Kirchen" tätig, dem 1456 Bürgerrecht verliehen wurde. Ein Lehrkontrakt vom Jahre 1461 nennt uns den Baumeister und Steinmetz Stephan Aldenberg, dessen Nachfolger sein Schwiegersohn und Polierer Thomas Neukirch wurde. Ein Meister von grossem Rufe folgt jetzt, Konrad Pfluger, der talentvollste Schüler Arnolds von Westfalen, ein vielbeschäftigter Kirchenbaumeister. Wo er herstammt, ist nicht bekannt, 1490 wird ihm die Oberleitung des Baues der Peterskirche übertragen. Um 1496 ersucht der Kurfürst Friedrich der Weise von Sachsen den Görlitzer Magistrat, ihm den Baumeister zu senden. Wahrscheinlich handelt es sich um Bauten am Schloss in Wittenberg. 1497 baute er auch Pfeiler und Gewölbe der Peterskirche in Leipzig und im folgenden Jahre die Kreuzkirche in Dresden. 1498 verlor Pfluger seine Stellung in Görlitz, er wurde sogar aus der Stadt gewiesen, weil er, ein jähzorniger Mann, seinen Schwiegersohn im Streit beinahe erstochen hätte. Er siedelte nun nach Meissen über, wo er es bis zum Bürgermeister brachte und 1504 starb.

In Görlitz folgte ihm im Amte Blasius Börer aus Leipzig, der neben Urban Lubonisch als Pflugers Parlierer an der Peterskirche gearbeitet hatte. Er baute das heilige Grab, eine Stiftung des Bürgermeisters Emmerich. Der unmittelbare Vorgänger Roskopfs ist Albrecht Stieglitzer, der 1508 Bürger der Stadt wurde. Von seinen Bauten ist zu nennen der Ratsturm, den er 1510 mit dem Zimmermeister Jobst Möller zusammen aufführte. Die Annenkapelle, die der Grosskaufmann Frenzel seit 1505 aufführen liess, stellte er 1512 fertig.

Stieglitzer starb am 4. Februar 1514. Vom 20. November desselben Jahres ist ein Schreiben des Rates von Görlitz datiert, gerichtet an Jacob Polner von Freiberg auf Kuttenberg zu St. Barbara, in dem dieser ersucht wird, als Baumeister des Steinmetzengewerkes nach Görlitz zu kommen. Polner scheint das Anerbieten abgelehnt zu haben. Wer bis zur Anstellung Roskopfs das Amt des Stadtbaumeisters versehen hat, wissen wir nicht. Wenn auch die Witwe Stieglitzers das Steinmetzgeschäft mit Hilfe eines tüchtigen Gesellen weiter geführt hat, wie die Eintragungen im Stadtbuche beweisen, so war damit die Ausübung der Funktionen eines städtischen Werkmeisters kaum verbunden. Vielleicht lag in diesen Jahren keine grössere Arbeit vor, die einen Werkmeister nötig gemacht hätte. Den Meisterswitwen war es von der Zunft gestattet, das Handwerk mit einem Gesellen weiter zu führen. Hatte dieser sein Meisterstück befriedigend hergestellt, so durfte die Witwe nach Ablauf der Trauerzeit die Ehe mit ihm eingehen. Die Meisterswitwen waren begehrte Partien für die nach Selbständigkeit ringenden Handwerker. Auch Roskopf wählte diesen Weg und heiratete 1519 die Witwe des Meisters Stieglitz. War es auch in finanzieller Hinsicht keine „gute Partie", denn das Haus Rosengasse 5 war arg verschuldet, so brachte ihn die Ehe doch in Verbindung mit einflussreichen Bürgern der Stadt. Von seinen beiden Stiefkindern, die ihm seine Frau zubrachte, hat ihm der Sohn wenig Freude gemacht. Er verlangte sein Erbteil ausgezahlt, was Roskopf 1533 „mehr aus Gutmütigkeit als aus Pflicht" tat, und ein Jahr darauf ist der Stiefsohn „im Lande zu Polen verkommen, nachdem er in Görlitz nichts als ein armes Weib im Elend verlassen". In dem Jahre der Auseinandersetzung mit seinem Stiefsohn ging Roskopf eine neue Ehe ein mit der Enkelin des berühmten Bürgermeisters Emmerich. Diese Heirat brachte ihn mit den angesehensten Familien der Stadt in nahe Verwandtschaft. Ein Schwager von ihm war der Schulrektor Laurentius Ludovikus, sein Schwiegersohn der bekannte Stecher und Formenschneider Scharfenberg. Von seiner ersten Gattin hatte Roskopf zwei Söhne, deren Erziehung er besondere Aufmerksamkeit zuwandte. In seinem Testament bemerkt er ausdrücklich, dass er den Söhnen „zu ihrem Handwerk und den Schulen viel Hilfe habe widerfahren lassen". Dem väterlichen Berufe widmete sich der älteste Sohn Wendel, während der jüngere Nicolaus Theologie studierte. Wichtig für die Kenntnis seiner Lebens- und Familienverhältnisse ist sein Testament vom 27. November 1548[1]). Daraus erfahren wir, dass er anfangs in wenig glänzenden Verhältnissen gelebt

---

[1]) Roskopf verschreibt seiner zweiten Frau ausser dem eingebrachten Heiratsgut von 200 Mark, Kindesteil 414 M. 13 Gr. 4 Pfg. und das Recht, sein Haus für 1400 M. im Erbkaufe zu erstehen.

Bei dem Hause sei das Inventar einbegriffen als: Braugefässe, Hausgerät, Tische, Tafeln, Bänke, Schenkkannen und alles anderes was niet- und nagelfest ist und zu einem Bierhofe gehört. Für den Niessbrauch soll sie ihren Stiefkindern halbjährlich 40 Mark entrichten. Ihre noch unmündigen rechten Töchter erhalten je 50 Mark zur Ausstattung und sollen im Hause der Mutter standesgemäss erzogen werden. Wenn das Haus verkauft werden sollte, dann haben die Söhne Wendel und Nickel das Vorkaufsrecht. Die Gärten nebst einer Scheuer sollen den anderen Kindern für 400 M. kaufsweise angeschlagen und diesen bei beabsichtigtem Besitzwechsel in erster Reihe zum Kauf angeboten werden. Er schliesst sein Testament, dessen nachträgliche Änderung er sich vorbehält, mit dem Wunsche, die Hinterbliebenen möchten sich in Friede und Einigkeit vertragen. Roskopfs Stieftochter, Frau Ursula, fühlte sich darüber zurückgesetzt, dass in seinem letzten Willen ihrer nicht namentlich gedacht worden war, und da auch sonst das Testament etwas dunkel war, so begaben sich am Freitag nach Nicolai (7. Dezember) desselben Jahres Schöffe Valentin Hess und der Stadtschreiber Paul Römer zu dem Testator, der auf Befragen erklärte, es wäre seine Intention und Meinung gewesen, dass seine Stieftochter mit und neben den rechten Kindern nach seinem Tode zu gleicher Erbteilung kommen sollte. In dem Nachtrage zu seinem Testamente vom

hat und sich mühsam hat durchschlagen müssen. Neben seinem eigentlichen Berufe betrieb er Landwirtschaft und das Brauwesen. Es findet sich oft, dass die Meister noch einen Nebenerwerb hatten. So erhielt der Kirchenbaumeister und Amtsvorgänger Roskopfs — Konrad Pfluger — 1493 einen Kramladen bei den Schuhbänken überwiesen. Am 25. Juni 1549 beschloss der Meister sein arbeitsreiches Leben.

Sein ältester Sohn Wendel folgte ihm 19 Jahre später im Baumeisteramte. Die Nachrichten über Werke von ihm sind sehr spärlich (siehe S. 110). Am 15. Juli 1582 wurde der Werkmeister bei Besichtigung des schadhaften Turmes am Reichenbacher Tore vom Blitz erschlagen. Ob der Steinmetz Jonas Roskopf ein Sohn Wendel des jüngeren war, ist zweifelhaft. Denn hätte er die ihm von Wernicke zugeschriebenen Bauten[1]) ausgeführt, wäre er doch wohl auch der Amtsnachfolger seines Vaters geworden und als solcher in den Bürgerrollen verzeichnet.

Ehe wir zur Betrachtung der Werke schreiten, die Roskopf als selbständiger Meister ausführte, erinnern wir uns, dass er ein Schüler des Prager Schlossbaumeisters Benedikt von Laun war. Wo Roskopf als Steinmetz unter Benedikts Leitung gearbeitet hat, konnte bisher noch nicht festgestellt werden. An der Nikolai-Kirche in Laun dürfte er kaum mit tätig gewesen sein, denn 1518 wird Roskopf schon urkundlich als „Meister zu Görlitz und in der Schlesy" aufgeführt, während Benedikt Ried den Bau dieser Kirche von 1519 bis 1524 leitete. Wahrscheinlicher ist, dass Roskopf am Wladislawschen Saale der Prager Königsburg mit gearbeitet hat, den Benedikt 1502 vollendete; denn nur einem Meister, der diesen Bau genau kannte, darf man die Anlage des ganz auffallend ähnlichen Ratskellers zu Bunzlau zuschreiben.

Wo hat nun Roskopf die neuen Stilformen kennen gelernt? Wo sind die Vorbilder zu suchen, denen die Görlitzer Früh-Renaissance, die in ihrer reichen Ausbildung einzig dasteht, ihre Entstehung verdankt? Das Nächstliegende ist, dass Roskopf von seinem Lehrmeister auf die italienischen Formen hingewiesen wurde. Es dürfte deshalb angebracht erscheinen, den Stil Benedikts von Laun näher zu betrachten: Benedikt führte von 1480 bis 1502 das Königliche Schloss auf dem Hradschin auf. 1489 heisst er „Meister auf der Prager Burg". Die Leitung der Barbara-Kirche in Kuttenberg hatte er seit 1506, und an der Nikolai-Kirche in Laun baute er von 1519 bis 1524. Hier in Laun starb er am 30. Oktober 1534. Sein Stil ist die späteste Gotik im Anschluss an die Sächsischen Hallenkirchen des Erzgebirges. Einen Schritt vorwärts in der Ausbildung des Kirchenraumes bedeutet die Anlage von Emporen an seinen Werken, unter denen die Nikolaikirche in Laun, sein letzter Bau, sonst in den wesentlichen Punkten sächsischen Einfluss zeigt. Wie bei der Annakirche in Annaberg finden sich hier drei flache Absiden als Chorschluss entsprechend den drei Schiffen. Auch die Grundrissfiguren der „gewundenen

---

3. März 1549 verzichtet er auf Rückzahlung der 40 Thl., die er der Stadt zum „Königlichen Strafgelde", das sie dem Könige Ferdinand von Böhmen ungerechter Weise zahlen musste, beigesteuert hatte.

[1]) An dem 1606 vollendeten Wagehause befindet sich an den Kragsteinen neben anderen Büsten die eines Architekten und die Buchstaben I. R. (Jonas Roskopf?)

Reihungen" und die Anordnung des Turmes sind hier ähnlich wie dort. Die für Benedikt charakteristischen Bauten, wo er origineller erscheint, sind das Schiff der Barbarakirche und der Wladislawsaal der Prager Burg. Hier überziehen die Gewölberippen in Kurven vierter Ordnung den ganzen Raum. In der Mitte bilden sie hier wie dort sechseckige Sterne. Die einzelnen Joche sind nicht durch Gurten getrennt. Von einer Renaissance-Architektur ist nichts zu finden. Nur als nebensächlicher ornamentaler Schmuck treten antike Formen auf. Am gotischen Hauptportal der Kirche in Laun z. B. befinden sich in den Hohlkehlen Mäander und Meereswelle, im Innern der Kirche kleine jonische und korinthische Kapitäle auf Rundstäben dargestellt. Die Renaissancefenster am Wladislawsaal stammen aus einer späteren Zeit[1]). Eine Fassadenbehandlung, wie sie das Löwenberger Rathaus und die Görlitzer Bürgerhäuser zeigen, hat also Roskopf von seinem Lehrmeister nicht gelernt.

An anderer Stelle[2]) wird vermutet, Roskopf habe in Breslau die Renaissance kennen gelernt. Obwohl wir noch sehen werden, dass Roskopf später gewiss Anregungen von hier empfangen hat, so müssen wir dieser Annahme doch widersprechen. Das erste kunstgeschichtlich bedeutende Werk, das hier allein in Frage kommen könnte, ist die Tür in der Domsakristei vom Jahre 1517, denn was in Breslau sonst an Frührenaissance-Architekturen zu finden ist, datiert aus dem Jahre 1528 und später, während Roskopfs Erstlingswerke, das Portal auf der Gröditzburg 1522, die Fassadenarchitektur des Rathauses in Löwenberg 1523, der Schönhof in Görlitz 1526 bezeichnet sind. Die Tür der Domsakristei zeigt nun eine solche Unkenntnis der Formen, eine derartige Naivität in der ganzen Auffassung, dass uns die oben genannten Werke Roskopfs dagegen klassisch anmuten. Besonders die Verhältnisse von Säulen Postamenten und Bekrönung sind bei ihm besser, wenn auch das Detail anfangs nicht höher steht.

Viel näher läge es, Dresden als die Stadt zu betrachten, der Roskopf die Kenntnis des neuen Stils verdankt. Denn mit Sachsen stand die Oberlausitz während des Mittelalters immer in enger Berührung, während die Beziehungen zu Schlesien jenseits des Queis weniger freundlich waren. Aber die Dresdner Bauten jener Zeit zeigen wohl einige reiche Erker, z. B. an der Frauenstrasse um 1530, im übrigen ist hier jedoch die Gestaltung der Schauseiten wenig abwechselnd, zumeist glatt geputzt und nur die Fenster und Türen mit Steingewänden versehen. Eine künstlerisch höher stehende Bautätigkeit begann erst 1530 mit dem Bau des Georgsflügels am Schlosse. Die Südseite (Stadtseite) des Georgentores, als dessen Erbauer Hans Schickentanz gilt, zeigt eine Ähnlichkeit mit den Görlitzer Frührenaissance-Fassaden, wie sie sonst nirgends auftritt. Von den drei Geschossen des Bauwerks sind das erste und zweite Obergeschoss von Pilastern eingerahmt, um die sich die durchlaufenden Brüstungs- und Bekrönungsgesimse verkröpfen. Auch hier ist durch Pilaster eine Verbindung zwischen den beiden Geschossen hergestellt, wie sie am Hause

---

[1]) Lübke, Geschichte der deutschen Renaissance, Bd. II² S. 107.
[2]) Lutsch, Bilderwerk, Textband S. 156.

Vorhalle des Löwenberger Rathauses

Unter-Markt 4 in Görlitz vom Jahre 1537 und am Schönhofe durch die langgezogenen Konsolen erreicht wurde. Die Bekrönung über den Fenstern des ersten Geschosses ist reicher ausgebildet als es in Görlitz je versucht wurde. Doch wir können auch diesen Bau schon aus chronologischen Gründen nicht als Vorbild für den Görlitzer Fassadentypus gelten lassen. Zudem kommen wir bei einer Betrachtung des nach der Stadtseite zu gelegenen Portales des Georgsbaues, das über die formale Behandlung besonders Aufschluss gibt, zu dem Resultate, dass dieses lombardischen Einfluss verrät und eher mit den Breslauer Portalen, z. B. dem der „Goldenen Krone", Verwandtschaft zeigt, als mit Roskopfs Werken. Die Görlitzer Bauten lassen dagegen eher den Einfluss Venedigs vermuten.

Nach alledem muss daran festgehalten werden, dass Roskopf doch in Böhmen oder Mähren die neuen Formen kennen gelernt hat, in deren Anwendung er auf der Gröditzburg und in Löwenberg die ersten Versuche machte, um dann in Görlitz den Höhepunkt seines Schaffens zu erreichen. Kuttenberg kannte er jedenfalls, vielleicht war er dort auch unter Ried an St. Barbara tätig. Nach Mähren hinüber ist es nicht weit und der Verkehr unter den Steinmetzen war damals sehr rege, die Wanderschaft war noch vorgeschrieben. Ein Burgtor in Mährisch-Trübau, das in deutlichen, wenn auch die ungeübte Hand eines heimischen Steinmetzen verratenden Formen bereits den neuen Stil der Renaissance in allen Einzelheiten wiedergibt, weist das auffallend frühe Datum 1492 auf. Es ist das älteste Bauwerk der Renaissance in Mähren, vielleicht das älteste diesseits der Alpen. Der Bauherr Wladislaw Welen von Boskowicz stand nachweislich in Beziehungen zu Italien[1]).

Bevor Roskopf das Werkmeisteramt in Görlitz übernahm, scheint er in Böhmen bereits selbständig Bauten ausgeführt zu haben. Das lässt das Schreiben vermuten, das der Rat von Görlitz am 23. Juli 1519 an Herrn Peter von Rosenberg auf Crummenau richtete[2]):

„Euer Schreiben und Begehr auf Ansuchen Ihrer Untertanen zu Zolislav, welche unserm Mitbürger und Steinmetzmeister Wendel eine Pur (Empor) Kirche zu bauen, angedinget, die jetzo aus Versäumlichkeit seines Gesellen, den er auch angegeben, und den Bau vertrauet, eingefallen wäre, haben wir empfangen und unserm Werkmeister mit Fleiss vorgehalten, der uns darauf berichten thät: So ihm zur Zeit sein Weg nach Zolislav etliche Male zu ziehen vorgefallen, wäre er vom Rate daselbst angegangen, ihnen sein Gutdünken mitzuteilen, wie die Empor-Kirche zu bauen, dass er denn auch getan, darum er vom Rate eine Verehrung empfangen, dass er aber dem Rat diesen Bau angedinget und durch seine Person zu versorgen, zugesagt, könnte er sich nicht erinnern, stelle aber nicht in Abrede, dass sie den Bau seinem Parlierer aus seinen Angaben vertraut in Zuversicht er solle denselben wohl vorgestanden und vollbracht haben; dass aber solches nicht geschehen, wäre ihm treulich leid, wiewohl er erachtet, dass der Schade vom Rat am meisten wäre verwahrlost worden; wie dem auch sei, wäre er erbötig, so schierst er in die Krone Böhmen reisen würde, wie er es denn bald nach Michaelis zu tun gedächte, denn vor der Zeit mag er unseres Bau halbern schwerlich abkommen zu Ew. Gnaden Untertanen gen Zolislav zu ziehen, den Schaden zu besichtigen und dabei zu raten."

Ob notwendige Bauten in Görlitz, wo er unseres Wissens nur den Erweiterungsbau der Nikolaikirche leitete, der alleinige Grund waren, weshalb er nicht nach Böhmen reiste, wie sich aus einem Entschuldigungsschreiben des Rates vom 3. Dezember desselben Jahres ergibt, oder ob er im Kirchenbau nicht die rechte Erfahrung haben mochte, wie aus den Nachrichten über den Bau der Nikolaikirche vermutet werden könnte, lässt sich nicht sagen.

Seine Tätigkeit an diesem Bau ist nachweislich die erste, die er im Dienste der Stadt Görlitz ausübte. Die Kirche selbst ist eine dreischiffige Hallenanlage von 6 Joch Länge nach Art der sächsischen Kirchen des Erzgebirges, auf die besonders die Bildung des Chores hinweist. Alle drei Schiffe sind in einem gemeinsamen aus 5 Seiten des Zwölfecks konstruierten Chorschluss zusammengefasst. Gewölbt ist nur noch die Sakristei. Die Kirche selbst hat eine horizontale Bretterdecke, die auf den Schiffspfeilern ruht. Der einzige reichere Schmuck war das Südportal. Es ist bei einem Brande der Kirche zerstört worden. Nach einer Beschreibung Büschings[3]) war es in den naturalistischen Formen der Spätgotik, ähnlich den Portalen sächsischer Kirchen (Marienkirche in Zwickau) gehalten. Errichtet wurde es 1419 von dem Pfarrer Martin Schmidt. Das Westportal zeigt bereits Anklänge an die Renaissance, und zwar in dem Monogramm Christi, an einem Schildchen im Bogenzwickel und in den kleinen Engeln, die seitlich daran angebracht

---

[1]) Prokop, Die Markgrafschaft Mähren in kunstgeschichtlicher Beziehung III S. 675 Abb. 950.
[2]) Wernicke, Wendel Roskopf, Neues Lausitzisches Magazin LXXIII (1897), S. 261.
[3]) Lutsch, Verzeichnis d. Kunstdenkmäler d. Prov. Schlesien, III S. 672 ff.

sind. In dieser Art, als kleiner ornamentaler Schmuck, finden sich Renaissanceformen bereits an den Bauten Benedikts von Laun in Böhmen, unter dessen Einflusse Roskopf hier noch steht. Diese Ornamentik kann aber nicht als Vorstufe für die einige Jahre später so überraschend reif und selbständig auftretende Görlitzer Fassadenarchitektur gelten.

Bis zum Jahre 1515 war an der Kirche wenig gearbeitet worden. Eine Vollmacht des bischöflichen Stuhles in Meissen vom Jahre 1516 gestattete in dem von den Vorfahren angelegten, von einer mannshohen Mauer umfriedigten Heiligtum 6 Pfeiler im Mittel zu vergründen, aufzuführen und am Sonnabend vor Palmsonntag den ersten Stein zu legen, was am 24. März geschah. 1517 berichteten die Görlitzer an Bischof Johann VIII., sie hätten die Pfeiler aufgeführt und zum Teil vergründet, wären aber willens, die Hintermauer nebst dem grossen Tore, die ungefähr Mannshöhe habe, abzubrechen, durch eine andere zu ersetzen und die Kirche überhaupt zu verlängern, was aber ohne Verletzung einiger „Characteres" nicht geschehen könne. Diesen Erweiterungsbau leitete, wir wissen nicht von welchem Datum an, Meister Wendel, nicht ohne dabei mancherlei Ärger zu haben. Am 26. Juni 1519 erschien eine städtische Deputation auf dem Bauplatze zur Überwachung der Arbeiten. Sie machte allerlei Ausstellungen, denen gegenüber sich Wendel Roskopf auf die Weisungen seines Lehrmeisters Benedikt von Laun berief. Zu diesen Misshelligkeiten kam dann noch der teilweise Einsturz des Gerüstes, wobei mehrere Menschen schwer verletzt wurden. Die Kirche war 1520 soweit fertiggestellt, dass die bischöfliche Weihe am Fronleichnamsfeste vollzogen werden konnte. Im nächsten Jahre wurde sie unter Dach gebracht.[1])

Bald nach Beendigung des Erweiterungsbaues der Nikolaikirche 1520 hat Roskopf die Bauleitung auf der Gröditzburg[2]) übernommen. 1505 hatte Herzog Friedrich II. mit Liegnitz und Goldberg auch den zwischen Goldberg und Löwenberg gelegenen Gröditzberg erhalten und erweiterte die alte Burg zu einem Wohnsitz für die herzogliche Familie. In welchem Jahre er mit den Bauten auf dem Berge begann, wissen wir nicht. Dass der Herzog den Görlitzer Stadtbaumeister mit der Leitung beauftragte, findet seine Erklärung einmal in dem Rufe, den Roskopf wohl schon genoss und dann darin, dass der Herzog seit 1516 in Verhandlungen mit dem Rate von Görlitz stand wegen der Güter eines dortigen Patriziers Emmerich. Die Bauten scheinen, mit Unterbrechungen, bis 1535 gedauert zu haben.

Am besten erhalten ist das Wohngebäude, der allein kunstgeschichtlich bedeutende Teil der ganzen Anlage. Ein langgestreckter zweigeschossiger Bau von ziemlich regel-

---

[1]) Am Westportal auf der Südseite und am ersten Strebepfeiler findet sich dieses ⚒ Steinmetzzeichen Ausserdem erscheint es um etwa 1480 an der Schlosskapelle in Bautzen. Das Spiegelbild findet sich als Steinmetzzeichen auch an der Nikolaikirche in Görlitz und ferner an der Kirche in Schneeberg i/S., zweimal an der Stadtkirche in Pirna i/S. und an der Nikolaikirche in Laun. Es kommt später an einer Bogenleibung des Archivflügels vom Jahre 1534, am Portal des Rathauses, an der Freitreppe und unter den Balkonen 1537 vor. Gewiss gehört es also mindestens zwei verschiedenen Steinmetzen an. Roskopfs Meisterzeichen kann es nicht sein, schon deshalb, weil es an seinen übrigen Bauten nicht wieder vorkommt.

[2]) Wernicke, Geschichte der Gröditzburg, Bunzlau 1881.

mässiger einfacher Raumverteilung. Der breite in die Mauer eingebaute Treppenaufgang führt in den Erdgeschossflur. Ein Netzgewölbe in der Form eines viereckigen Sternes, dessen Haupttrippen auch im Grundriss der Kreislinie folgen, überdeckt den Raum[1]) (Abb. auf S. 88). Die in eine Ecke eingebaute Wendeltreppe ist erst nach Fertigstellung des Gewölbes angelegt worden. Links vom Eintretenden führt eine Tür nach dem Saale, der ungefähr doppelt so lang als breit ist und von einem Netzgewölbe von 5 Jochen mit im Grundriss geradliniger Bildung der Rippen, die sechseckige Sterne darstellen, überdeckt wird. Während in der Vorhalle und dem an den Saal stossenden Männergemache die Rippen am Kämpfer auf Wandkonsolen oder Säulen ruhen, treten sie hier frei aus der Wand heraus. Aber übereinstimmend ist bei allen drei Gewölbesystemen die Profilierung der Rippen. Hier wie auch bei allen späteren Wölbungen verwendete Roskopf immer das doppelte Hohlkehlenprofil, wohingegen sein Lehrmeister Benedikt z. B. an St. Barbara in Kuttenberg den Rippen auch das Birnenprofil gab. Die Schlusssteine des Saalgewölbes sind mit Bildhauerarbeiten versehen, die den schlesischen Adler, das Monogramm Christi, das Wappen der Herzöge von Liegnitz-Brieg, ein fratzenhaftes Gesicht und ein Wappenschild mit den Buchstaben W. R. (Wenzel Rothkirch) darstellen. Drei hohe Spitzbogenfenster von bedeutender Breite führen dem Saale vom Schlosshofe aus Licht zu. Die äusseren Leibungen der Fenster bilden gegenwärtig tiefe loggienartige Mauernischen, die lauschige Sitzplätze mit der Aussicht nach dem Burghofe bieten. Bei der jetzigen Restaurierung der Burg durch Bodo Ebhardt sollen die Loggien wieder, wie sie es ursprünglich waren, und wie es die Albrechtsburg bei Meissen zeigt, erkerartig zum Innenraum zugezogen werden. Überdeckt sind sie mit Zellengewölben, wie sie am reichsten ausgebildet an der Albrechtsburg auftreten.

Im übrigen lässt die stark ruinierte Fassade eine ähnliche Nüchternheit vermuten, wie die meisten späteren Bauten Meissens und der Oberlausitz. Mit dem gotischen Ornament hatte die Zeit endgültig gebrochen. Arnold von Westfalen war seinen eigenen Weg gegangen. Die Albrechtsburg lässt alles reiche Detail vermissen. An den Erzgebirgskirchen hatte man zu einem derben Naturalismus gegriffen und damit war man an einem Wendepunkt angelangt. Man sehnte sich nach Neuem. Die durch Holzschnitte, Kupferstiche und durch den Buchdruck zuerst bekannt gewordenen italienischen Formen wurden bald in Holz und Stein nachgebildet. Vielleicht hat Roskopf durch solche bildliche Darstellungen die neuen Formen kennen gelernt, von denen er, wie oben schon bemerkt, kleinere Werke in Böhmen ausgeführt gesehen haben mag. Hier auf der Gröditzburg machte er nun selbst den ersten Versuch, etwas im neuen Stil auszuführen: es ist das in Sandstein ausgeführte Portal, welches den unteren Saal mit dem anstossenden Männergemache verbindet. Eine korinthisierende Säulenstellung mit nur aus einem Gesims bestehenden Gebälk rahmt die Tür ein. Die kurzen $^3/_4$-Säulen sind mit Kannelüren versehen, die bis etwa zur Hälfte mit Rundstäben gefüllt sind. Die Säulenpostamente

---

[1]) Lutsch, Bilderwerk, Taf. 52 Abb. 1, 2, 6.

haben an der Vorder- und der Innenfläche Füllungen mit Rosetten in flachem Relief. Die Kapitelle sind zu beschädigt, um eine klare Formenbehandlung erkennen zu lassen. Die Basen bestehen nur aus einem Karnies. Akanthusartige Eckblätter, an die Behandlung romanischer Säulenbasen erinnernd, leiten von der Rundung zum viereckigen Postamente über, dessen Deckgesims aus Platte und umgekehrt stehendem Karnies besteht. Das Bekrönungsgesims des Portals setzt sich zusammen aus Plättchen, kräftiger Sima, Plättchen, Viertelrundstab und nochmals Plättchen. Innerhalb des von Säulen und Verdachungsgesims gebildeten Gehäuses liegt der Türrahmen, dessen Glieder in etwa $1/3$ seiner Höhe über dem Fussboden nach innen verkröpft sind. Die Fascie zeigt an Stelle der Kymatien des später üblichen Architravprofils Rundstäbe, die sich nach gotischer Weise an den Ecken überschneiden. Auf dem Sturzgesimse steht ein Aufsatz von etwa halber Breite der Türumrahmung mit Renaissancepilastern auf niedrigen Sockeln, wie sie später für Roskopfs Stil bezeichnend werden. Dieser Türaufsatz bildet den Rahmen für eine Füllung, die ein bärtiges fratzenhaftes Männerhaupt im Relief zeigt. Auf dem obersten Architrav steht in Antiqualettern der Name des Meisters WENDL + ROSKOPF und darunter in gotischen Ziffern die Jahreszahl 1522. Die Inschrift zwingt uns aber noch nicht anzunehmen, dass Roskopf hier selbst einmal zum Meissel gegriffen hat, dass das Portal also ein Werk seiner Hand ist. Das Portal bildet den Zugang zu dem Männergemach. Abweichend von der Eingangshalle und dem grossen Saale zeigen hier die sich im Grundriss geradlinig projizierenden Rippen des Netzgewölbes die Form achteckiger Sterne. Die Rippen werden, wo sie in Kämpferhöhe aus der Wand heraustreten, von Konsolen gestützt. Ähnlich wie in der Vorhalle kreuzen sich die freien Enden der Rippen. Von den Schlusssteinen dieses Gewölbes zeigt einer das Wappen des Herzogs von Liegnitz, der andere eine Meistermarke, ein Kreuz auf schrägem Balken. ⊕ Wenn eines von den in Frage stehenden Zeichen als dasjenige Roskopfs angesprochen werden kann, so ist es dieses. Am 27. Mai 1524, als Herzog Friedrich mit dem Markgrafen Georg V. von Jägerndorf und dessen Bruder Wilhelm, Domherrn von Mainz und Köln, auf der Burg sich vergnügten, brach Feuer aus, wobei das kaum fertig gestellte Schloss halb ausbrannte. 1528 war Meister Roskopf noch einmal auf der Burg tätig, jedoch lässt sich nicht feststellen, was für Arbeiten er diesmal ausführte, vielleicht Restaurierungsarbeiten.

Portal in der Gröditzburg

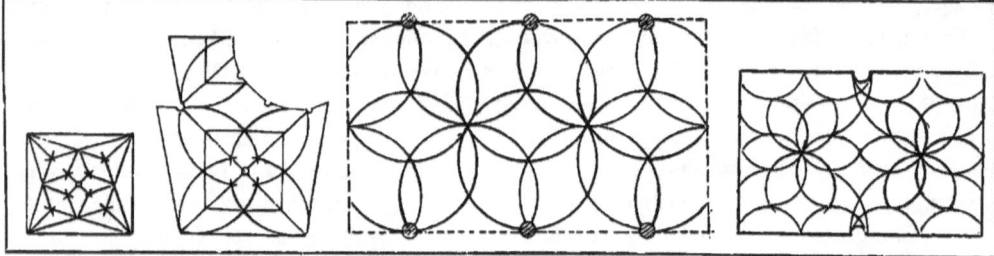

Gewölbegrundrisse
Bunzlau, Stiftschor in der kath. Kirche — Gröditzburg, Vorhalle — Kuttenberg, Mittelschiff von St. Barbara — Bunzlau, Ratskeller

In derselben Zeit, als Roskopf die Bauten auf dem Gröditzberge leitete, begann man in dem nur 15 km weit entfernten Löwenberg eine rege Bautätigkeit an dem Rathause zu entwickeln. Es unterliegt keinem Zweifel, dass die Löwenberger Meister den in der Nähe tätigen Werkmeister von Görlitz zu Beratungen nach Löwenberg kommen liessen. Bei einer Verbindung, wie sie damals unter den Steinmetzen „ähnlich wie unter den fahrenden Schülern" bestand, war Wendel Roskopf auch den Löwenberger Kollegen bekannt. Mehrere Steinmetzzeichen beweisen, dass hier und auf dem Gröditzberge die gleichen Steinmetzen gearbeitet haben. Ausserdem bestanden schon früher in Bausachen Beziehungen zwischen Görlitz und Löwenberg. So hatte man den Amtsvorgänger Roskopfs, Konrad Pfluger, zur Besichtigung der Bastionen nach Löwenberg kommen lassen. In dem Schreiben des Görlitzer Rats vom 14. Juni 1492, gerichtet an Christoph Ruprecht, Bürgermeister von Löwenberg, wird dieser aufgefordert, mit dem Werkmeister nach Görlitz zu kommen, um den dort angefangenen Bau zu besehen, welcher „gemeiner Stadt zu Ehren Nutz und Frommen vollführt werden soll" (gemeint ist die Peterskirche).

Das Rathaus[1]) weist verschiedene Bauperioden auf. Wann mit dem Bau begonnen wurde, steht nicht fest. Jedenfalls aber hat die Stadt, entsprechend ihrer frühen Bedeutung schon im 14. Jahrhundert ein Stadt- und Kaufhaus errichtet. Der für uns hier in Frage kommende Teil ist die Südosthälfte des Erdgeschosses. Die über dem sechsten Fenster der Südfront eingemeisselte Jahreszahl 1523 mag das Ende dieser Bauperiode bezeichnen, die vielleicht zwei oder drei Jahre früher begonnen hat. Am zweiten Pilaster, von Osten aus gezählt, ist die Jahreszahl 1522 zu lesen. Das war also genau zu derselben Zeit, als Roskopf für Herzog Friedrich II. die Bauten auf dem Gröditzberge leitete. Es kommt noch hinzu, dass Roskopf erst vom Jahre 1523 ab als Mitglied des Ratskollegiums im „Kürbuche" von Görlitz eingetragen ist. Bis zu diesem Jahre ist er also grösstenteils auswärts gewesen, da nach Fertigstellung der Nikolaikirche in der Stadt wenig zu bauen sein mochte. Wir werden später sehen, dass die Görlitzer Bauten erst von 1525, dem Jahre des grossen Brandes, ab datieren. Roskopfs Mitwirkung am

---

[1]) Lutsch, Bilderwerk, Taf. 74 und 75, Abb. 1.

Gewölbegrundrisse des Rathauses zu Löwenberg
Deputationszimmer   Stadtverordneten-Sitzungssaal   Halle

Löwenberger Rathause beweist aber vor allem die Übereinstimmung des Stiles mit der der Gröditzburg. Im Konstruktiven, der Raumgestaltung ist er gotisch, in den Architekturen der Fenster und Portale verwendet er Renaissanceformen, die deutlich den Schöpfer des Portals der Gröditzburg verraten. Die Gewölbekonstruktionen zeigen den Einfluss der böhmischen Schule noch unverkennbarer als die auf der Gröditzburg. Schon Lutsch weist auf die Verwandtschaft der Einzelformen der Fassade und der Einwölbung mit denen des Wladislawsaales auf dem Hradschin in Prag einerseits, dem Ratskeller in Bunzlau, dem Rathause zu Lauban und dem Festsaale auf der Gröditzburg andrerseits hin[1]). Die imposante Halle im Erdgeschoss des Rathauses lässt uns schon ahnen, ein wie bedeutendes Gemeinwesen Löwenberg gewesen sein muss (Abb. S. 83). Das reiche vierfeldige Netzgewölbe, in der Mitte des Raumes von einem Pfeiler gestützt, zeigt die Form der gewundenen Reihungen. Die Rippen entwickeln sich aus den Wandpfeilern und der Mittelstütze und vereinigen sich zu viereckigen Sternen, etwa wie in den Seitenschiffen von St. Barbara in Kuttenberg. Der an die Halle anstossende jetzt als Stadtverordnetensitzungssaal dienende Raum weist wieder ein anderes System der gewundenen Reihungen auf: drei achteckige Joche, die doppelt soviel Fensterachsen entsprechen, zeigen eine Art Fischblasenmuster im Grundriss. An den Sitzungssaal schliesst sich das Deputationszimmer mit einem Gewölbe von zwei quadratischen Jochen an, jedes zwei Fensterachsen entsprechend. Die freien Rippenenden kreuzen sich hier, ähnlich wie in der Vorhalle und dem Männergemache der Gröditzburg und dem Stiftschorgewölbe der katholischen Pfarrkirche in Bunzlau. Bei allen diesen Gewölben finden wir niemals dieselbe Grundrissform wiederholt. Jeder Raum zeigt neue Kombinationen. Gemeinsam ist aber allen diesen Räumen die gleiche Formgebung der Gewölberippen, ein schweres doppeltes Hohlkehlenprofil, und die geringe Höhe.

Mit den gekuppelten Fenstern des Erdgeschosses macht Roskopf weitere Versuche, die italienischen Formen anzuwenden. Dabei ist aber nicht anzunehmen, dass er sich mit den Löwenberger Steinmetzen auf den Werkplatz gestellt hat, um die Architekturen zu meisseln. Er hat mit seinem Löwenberger Kollegen, der sich in der Erdgeschosshalle

---
[1]) Lutsch, Verzeichnis III S. 515.

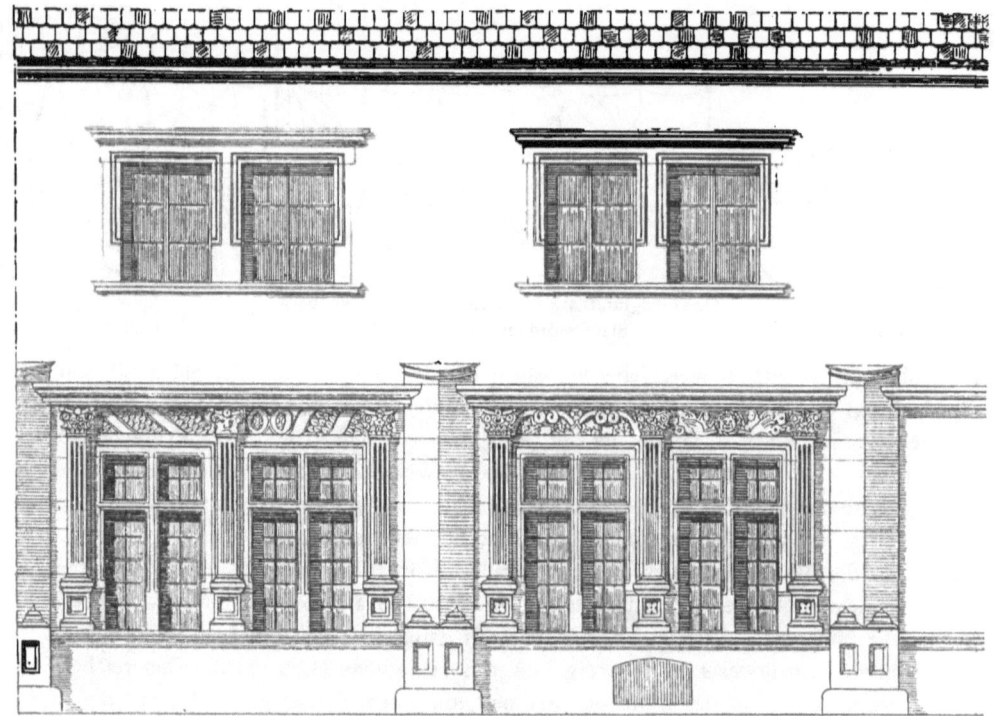

Südseite des Rathauses zu Löwenberg

im Brustbilde dargestellt hat, zusammen nur die Zeichnungen und Werkrisse für den Bau gemacht. Tüchtige Steinmetzen hatte Löwenberg genug, die dann die Ausführung der Arbeiten in Sandstein besorgten. Lutsch schreibt die 78 Steinmetzzeichen, die man an dem Bau von 1522—24 und die 7, die man im Grundbuchamte zählt, 32 Steinmetzen zu. Nach der historisch topographischen Beschreibung der Stadt Löwenberg von Bergemann waren 1551 11 Steinmetzen in der Stadt[1]).

    Die Fensterarchitektur des Rathauses ist bezeichnend für Roskopfs Stil, den er später in Görlitz zur reifen Ausbildung brachte. Ein Gerüst von Pilastern rahmt die Öffnung ein, die von einer verkröpften Fascie umzogen wird. Die eingestellten Steinkreuze und Kämpferstücke muten noch recht gotisch an. Bei dem etwa 2—3 Jahre später erbauten Schönhofe in Görlitz sind sie fortgeblieben, da hier die Lichtmasse der Fenster viel geringer sind. Das eigenartig profilierte Verdachungsgesims über jeder Fenstergruppe läuft gegen die Schrägflächen der Strebepfeiler, die wie beim Wladislawsaale in Prag den inneren Wandpfeilern, aus denen sich die Gewölberippen entwickeln, entsprechen. Die Pilaster, jeder mit drei Kannelüren, davon einige bis zu halber Höhe mit Rundstäben

---

[1]) Siehe die folgende Abhandlung „Löwenberger Steinmetzzeichen" von Gustav Croon.   D. R.

Fortsetzung der Südseite des Rathauses zu Löwenberg

gefüllt, stehen auf Sockeln, die ganz dieselbe Formengebung zeigen wie die Säulenpostamente am Portal auf der Gröditzburg. Man vergleiche die Profile auf S. 92. Von den Füllungen der Postamente zeigen einige plastische Rosetten wie auf der Gröditzburg, andere Masken. Ganz auffallend ist auch die Übereinstimmung der verkröpften Fascie und des Bekrönungsgesimses des Rathausportals mit dem im Festsaale der Gröditzburg (siehe S. 92). Die beiden Rundstäbe des Profils der Türeinfassung überschneiden sich hier ebenso nach gotischer Weise. Die Gliederfolge des Bekrönungsgesimses ist auch die gleiche wie dort: Plättchen, kräftige Sima, Plättchen, Viertelstab und abermals Plättchen. Merkwürdig ist, dass das Portal in Löwenberg, trotzdem es den Haupteingang des Rathauses bildet, einen scheitrechten Sturz zeigt und gar nicht besonders kräftig hervorgehoben ist. Sonst sind die Hausportale der Frührenaissance meist mit einem Rundbogen geschlossen, wie wir es auch an dem 1526 erbauten Schönhofe in Görlitz sehen werden. Die korinthisierenden Kapitäle der Fensterpilaster zeigen eine derbe, noch unverstandene Formengebung. Soweit die arg verstümmelten Kapitäle des Portals auf der Gröditzburg einen Vergleich zulassen, ist hier eine ähnliche Bildung anzunehmen. Ein Vergleich der Meisseltechnik ist belanglos bei der im ganzen

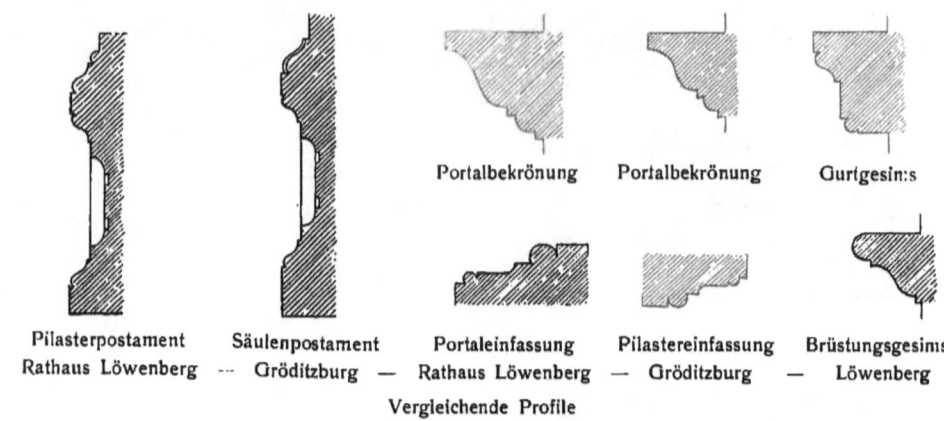

Pilasterpostament — Säulenpostament — Portaleinfassung — Pilastereinfassung — Brüstungsgesims
Rathaus Löwenberg — Gröditzburg — Rathaus Löwenberg — Gröditzburg — Löwenberg
Vergleichende Profile

gleichartigen glatten mittelalterlichen Bearbeitung. In derselben noch recht phantastischen unklaren Art ist der plastische Fries unter den Bekrönungsgesimsen der Fenster mit seinen übernatürlich grossen Eichenblättern, Blumen, Eierstäben, von einem Band umwundenen Lorbeerblattfries, Medusenhäuptern und Fabeltieren behandelt. Dass der Meister des Baues hier, wo es sich zum ersten Male um neue Formenversuche handelte, der individuellen Freiheit des einzelnen Steinmetzen so weiten Spielraum gelassen haben sollte, so Verschiedenartiges zur Darstellung zu bringen, ist nicht anzunehmen. Er wird die Ornamente wohl selbst aufgezeichnet haben. Das zeichnerische Können der Meister begann allmählich zuzunehmen, dagegen nahm das handwerkliche Vermögen der Steinmetzen ab. Die alten Baumeister zeichneten wenig, ihre Baurisse waren einfache Linienzeichnungen, in denen das Ornamentale nur angedeutet war. Sie konnten dem in langjähriger Überlieferung fortlebenden Steinmetzen die Ausführung ruhig überlassen. Diese Zeit war nun im Ausklingen. Hier handelte es sich um eine ganz neue Formenwelt, die die meisten nur vom Hörensagen kannten. So meisselten sie denn frisch drauf los; etwas Neues sollten sie durchaus schaffen und jeder wollte originell sein, wie es in seiner deutschen Art lag. Das Gärende, unsicher Tastende der ganzen Zeit tritt hier im kleinen in Erscheinung. Etwa zwanzig Jahre hat es gedauert, bis man hier eine sichere Kenntnis der italienischen Formen erlangt hatte. Davon geben die um 1546 in vornehmer Hochrenaissance ausgeführten Teile des Rathauses in Löwenberg Zeugnis. Nur ganz vereinzelte Werke in Schlesien zeigen so klassische Formenbehandlung wie die Fenster des I. Obergeschosses der Westhälfte. Dem Meister dieser Architektur — es ist sicher nicht mehr Roskopf — waren die Florentiner Palastbauten bekannt; er hat vielleicht staunend vor dem Palazzo Pandolfini gestanden.

Ungefähr zu derselben Zeit, als die Löwenberger ihrem Rathause die bedeutendsten Teile zufügten, um 1523, wurde auch in dem 18 km nördlich von Löwenberg gelegenen Bunzlau mit dem Umbau des Rathauses begonnen. Erhalten ist davon noch der

Ratskeller¹). Das Gewölbe ist, auch wenn keine Urkunden etwas darüber berichten, Roskopf zuzuschreiben. Es gibt kein anderes Werk, das mit dem Gewölbe des Wladislawsaales auf dem Hradschin in Prag, dem Hauptwerke seines Lehrmeisters, grössere Ähnlichkeit hätte. Hier wie dort entwickeln sich die Rippen aus den Wandpfeilern und überziehen den ganzen Raum, dieselben sechsstrahligen Sterne bildend wie im Wladislawsaale. Das Gewölbe selbst ist aus dem sich dem Halbkreise nähernden gedrückten Spitzbogen konstruiert. Auch hier ist die Höhe des Raumes auffallend gering und sind im Verhältnis dazu die Rippenprofile zu schwer; Fehler, wie sie auch Roskopfs Lehrmeister am genannten Baue in Prag begangen hat. Für die Rippen mit doppeltem Hohlkehlenprofil

Pilasterkapitäl vom Rathause zu Löwenberg

scheint ein Höhenmass von ca. 30 cm immer beibehalten worden zu sein, ohne Rücksicht auf die Raumgrösse und -Höhe. Wir finden dieses Mass u. a. auch bei der Nikolaikirche in Laun. Für Roskopfs Tätigkeit am Rathause in Bunzlau spricht noch, wenn auch nicht direkt, ein Schreiben des Görlitzer Rates vom Jahre 1525 an die Bunzlauer, die sich von Görlitz Meister Klaus den Ziegeldecker ausgebeten haben. Es heisst darin: „damit ihr euern angefangenen Bau vollenden und Schadens nicht gewarten dürfet, wir aber jetzt auch zu bauen haben, wissen wir euch auf diesem Herbst nicht zu vertrösten, wenn es aber Ausstand auf andere Zeiten hätte, so wollen wir ihn alsdann zu euch zu kommen gerne vergönnen". Vielleicht zwei Jahre früher wird das Ratskellergewölbe erbaut sein. Die Jahreszahl MDXXXVI, die man an der Südwestecke des Rathauses liest, bezieht sich gewiss auf eine andere Bauperiode. Um 1523 war Roskopf beim Bau des Löwenberger Rathauses mit tätig. Auf seinen Reisen von Görlitz nach dem Gröditzberge musste er immer über Bunzlau. Die Steinmetzen von Löwenberg und Bunzlau gehörten demselben „Mittel" an, sie waren also oft zusammen.

Ein Netzgewölbe, ähnlich dem der Vorhalle auf der Gröditzburg, aber von weit geringeren Abmessungen, zeigt der sogenannte Stiftschor in der katholischen Pfarrkirche in Bunzlau²). Der Gewölbeschlussstein trägt die Jahreszahl 1521. Möglicherweise hat einer von den auf der Gröditzburg unter Roskopfs Leitung arbeitenden Steinmetzen das Gewölbe, nach einem Risse des Meisters, angefertigt. Steinmetzzeichen, wie sie auf der Gröditzburg vorkommen, finden sich auch an der katholischen Pfarrkirche.

Vom Jahre 1523 ab finden wir den Meister fast ununterbrochen bis zum Jahre 1545 als Mitglied des Ratskollegiums im „Kürbuche" der Stadt Görlitz verzeichnet. Danach ist anzunehmen, dass man ihn um 1523 wieder in Görlitz brauchte. Was für Bauten er bis 1525, dem Jahre des grossen Brandes, in der Stadt aufführte, wissen wir nicht, vielleicht Wehr- und Befestigungsbauten, die instand zu halten, Sache des Rates und seines

---

¹) Lutsch, Bilderwerk, Taf. 51, 7 u. 11.
²) Lutsch, Bilderwerk, Taf. 52, danach Abb. auf S. 88.

Baumeisters war. Die frühesten Bürgerhausbauten, die wir ihm zuschreiben, zeigen als Jahr der Erbauung 1526. Schriftliche Urkunden existieren freilich nicht über diese Privatbauten; aber in dem Schreiben des Rates an auswärtige Auftraggeber Roskopfs wird immer betont, dass der Meister wegen der für die Stadt und die Bürger aufzuführenden Bauten wenig Zeit hätte. Vor allem aber wird uns eine Betrachtung der Stilformen zu der Überzeugung bringen, dass kein anderer als der berühmte Stadtbaumeister die Bürgerhäuser entworfen hat.

Aus der gotischen Zeit ist in Görlitz kein bemerkenswerter Wohnhausbau erhalten. 1525 hat ein grosser Brand mehrere Häuser auf der Neissestrasse eingeäschert. Erst von diesem Jahre an datieren die ältesten Bürgerhäuser. Bis dahin hatte man in Fachwerk gebaut, in der Art, wie noch heute in den Nachbarstädtchen Marklissa und Schönberg alte Beispiele zeigen. Die Grundrissdisposition der Häuser ist je nach dem zur Verfügung stehenden Platze verschieden. Wir haben in Görlitz nicht wie in anderen schlesischen Städten Grundstücke von fast gleicher Breite und Tiefe. Die Gesamtanlage der Stadt ist auch grundverschieden von der anderer schlesischer Städte, Neumarkt allein ausgenommen. Das Strassennetz der Altstadt scheint sich planlos aus einer uralten Dorfschaft entwickelt zu haben. Sonst zeigen hier die Städte fast alle einen regelmässigen Plan: von den Ecken des fast quadratischen Marktplatzes, dem „Ringe", auf dem mitten das Rathaus und mehrere Kaufhäuser und Buden stehen, gehen fast genau nach den vier Himmelsrichtungen die Hauptstrassen aus. Alle Strassen kreuzen sich rechtwinkelig, so einen regelmässigen Rost bildend. Diese schablonenhafte Gleichartigkeit in der Anlage der östlichen Städte erklärt sich aus dem planmässigen Vorgehen der Westdeutschen, die im 12. und 13. Jahrhundert den Osten kolonisierten und in verhältnismässig kurzer Zeit alle diese Neuanlagen schufen. In der Hauptsache hielt man bei den Wohnhäusern an der mittelalterlichen Anordnung der Räume fest. Im Erdgeschoss der Flureingang, der nach dem durch mehrere (meist zwei) Stockwerke reichenden, auf Rippen eingewölbten Treppenhause führt, das hier in Görlitz besonders malerisch angelegt ist. Es bildet den Hauptraum des Hauses, wo sich der Verkehr abspielte[1]). Höfe mit reicherer Ausbildung fehlen ganz. Auch eine solche Ausstattung der Wohnräume, wie sie etwa Nürnberg und andere Städte aus jener Zeit zeigen, ist hier nicht zu finden; dazu fehlte es den Bürgern der verhältnismässig kleinen Stadt an Mitteln. Während anderwärts in Schlesien die Häuser nach mittelalterlicher Weise mit dem Giebel nach der Strasse zu stehen, findet sich hier unter den Frührenaissancebauten kaum eine Giebelfassade. Die Satteldächer, wie sie diese Bauten zeigen, haben auch nicht die steile mittelalterliche Form. Einige

---

[1]) Ein interessantes Beispiel ist das Haus Untermarkt 4. Abbild. bei Ortwein-Bischoff, Die Renaissance in Schlesien, S. 8 u. Bl. 68.
    Es wäre noch ein Vergleich anzustellen zwischen den Treppenfluren resp. Hallen der Görlitzer Bürgerhäuser und denjenigen Tiroler Städte. Lübke macht in seiner „Geschichte der deutschen Renaissance" Angaben über eigenartige Ausbildung der Treppenhäuser in Tirol zur Zeit der Frührenaissance, wodurch ich auf die Vermutung kam, dass Roskopf vielleicht Tiroler Anlagen aus eigener Anschauung kannte.

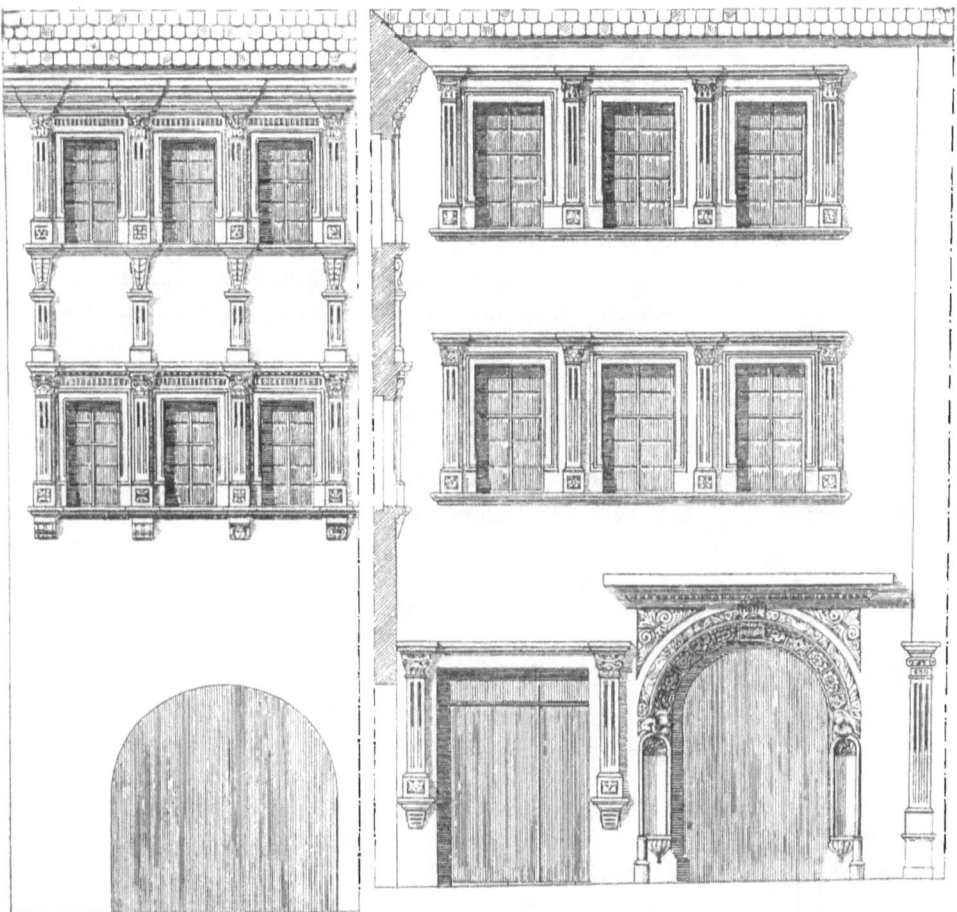

Teil am Untermarkte   Der Schönhof in Görlitz   Teil an der Brüderstrasse

Fledermausluken beleben die im Durchschnitt nicht viel über 45° geneigten Dachflächen. Auch Erker an den Fassaden sind verhältnismässig wenig vertreten und wo sie vorkommen, geschieht es an Eckhäusern und zwar in diagonaler Stellung an der Ecke. Dagegen zeigen die Häuser am Untermarkt den Schmuck tiefer Lauben, die zum Teil mit reichen Netzgewölben überdeckt, ein Bild von seltenem architektonischem Reize bieten.

Trotzdem die giebellosen Fassaden, besonders die des Schönhofes, mit dem mächtigen Hauptgesimse ganz italienisch anmuten, ist ein direkter italienischer Einfluss nicht anzunehmen. Sie sind Schöpfungen deutscher Werkleute und bieten uns seltene Beispiele für das Ringen deutschen Geistes und deutscher Hand nach Neuem in der formalen Aussengestaltung des Wohnhauses. Die Fassaden sind mit einer wenig

(ca. 5 cm) vorspringenden in Sandstein ausgeführten Pilasterarchitektur geschmückt. Diese ist aber nicht als vollständiges Scheingerüst mit einem die einzelnen Stockwerke charakterisierenden Gebälk ausgebildet, wie es etwa am Schlosse zu Dippoldiswalde zuerst versucht wurde, sondern rein dekorativ als Fensterumrahmung gedacht. Dabei ist die mittelalterliche Übung, die Gewände aus schichthohen in den übrigen Mauerverband eingreifenden Stücken herzustellen, aufgegeben worden. Die Gewände bestehen aus einem Stein, ein Rahmen fasst die Öffnung ein, wie es Antike und Renaissance zeigen. Die Mauerflächen selbst sind verputzt. Durch die übliche Verbindung der Fensterarchitekturen zweier Stockwerke erscheint die ganze Fassade wie mit einem Netz von Pilastern und Gesimsen übersponnen und erinnert daran, wie die späte Profangotik Frankreichs und der Niederlande die Fenster ähnlich mit Wandpfeilern einfasst, um die sich die durchlaufenden Gurt- und Brüstungsgesimse verkröpfen.

Von den Bürgerhäusern aus dem Beginn des 16. Jahrh. ist der Schönhof[1]) das bemerkenswerteste Werk (vgl. Taf. IV und Abb. auf S. 95 — 97). Vielleicht ist es der erste grössere Bau, den der Meister in Görlitz ausführte. Mit ihm hat er das Vorbild geschaffen für alle Frührenaissancebauten der Stadt. Die Fassade des Schönhofs zeigt keine uniforme Behandlungsweise. Das ganze Bauwerk besteht eigentlich aus zwei Teilen. Eine Hälfte ragt auf den Untermarkt hinab und springt bedeutend gegen die an der Brüderstrasse liegende Hälfte vor. In den Einzelheiten der Formgebung und den Lichtmassen der Fensteröffnungen beider Teile machen sich Unterschiede bemerkbar, die zu der Annahme führen, dass das Gebäude nicht in einer Bauperiode aufgeführt wurde. Vermutlich hat man zunächst nur den nach dem Untermarkt vorspringenden Teil des alten Fachwerkhauses, das vordem hier gestanden hat, durch den Bau vom Jahre 1526 ersetzt und im Jahre darauf den andern Teil nachgeholt. Das nach dem Untermarkt zu abfallende Terrain verlangte eine verschiedene Höhenlage der Stockwerke, so dass dieser Abschnitt des Hauses eine tiefere Fensterlage zeigt. Seinem Erdgeschoss

Pilasterkapitäle vom Schönhof

---

[1]) Lutsch, Bilderwerk, Taf. 178 u. 180. — Ortwein-Bischof, Die Renaissance in Schlesien, Bl. 70.

Seit der Abfassung dieser Arbeit sind über den Schönhof aus Anlass seiner drohenden Demolierung im Neuen Laus. Magazin LXXXIV (1908) zwei Abhandlungen erschienen. Die erste auf S. 128 ff von Stadtrat Riess unter dem Titel „Der Schönhof und das Rathaus in Görlitz" stimmt in der Zuweisung dieser Bauten an Wendel Roskopf mit Herrn Wende überein. Die zweite Abhandlung „Geschichtliches zum Schönhof in Görlitz" S. 134 ff. von R. Jecht lässt es archivalisch unentschieden, ob Roskopf der Baumeister des Hauses gewesen ist.

D. R.

TAFEL IV

Der Schönhof in Görlitz

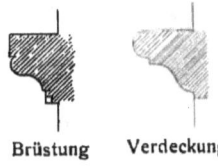
Brüstung   Verdeckung

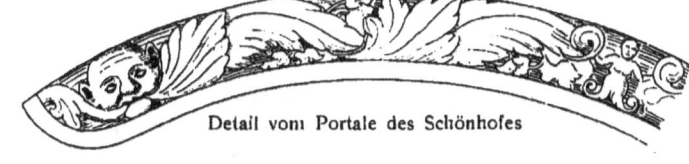
Detail vom Portale des Schönhofes

Fascien
Untermarkt Brüderstrasse

lagert sich ein Laubengang vor. Die ausspringende Ecke ist mit einem über Eck gestellten durch das I. und II. Obergeschoss reichenden Erker geschmückt. Die beiden oberen Stockwerke zeigen die von nun an, mit Ausnahme von wenigen abweichenden Beispielen, für Görlitz typisch werdende Fassadenbehandlung. Das Motiv ist in der Hauptsache dasselbe wie an dem Rathause zu Löwenberg. Sind aber dort Pilaster auf vollständig ausgebildete Postamente gestellt, so stehen sie hier nur auf Sockeln, wie bei dem Aufsatz des Portals auf der Gröditzburg. Die Brüstungs- sowie die Verdachungsgesimse laufen die ganze Frontlänge durch. Kannelierte Pilaster, deren Kannelüren bis etwa ²/₃ Höhe mit Stäben gefüllt sind, umrahmen die zu zweien und dreien gekuppelten Fenster. Bei dem vorspringenden Teile des ganzen Hauses verkröpfen diese Pilaster sich sowohl um die Verdachungs- als auch die Brüstungsgesimse. Die Pilaster des ersten Stockwerks stützen sich auf Konsolen, die unter den Kropfstellen des Brüstungsgesimses sitzen. Schlank geschwungene Konsolen unter den Pilastern des II. Stockwerkes reichen bis auf die kleinen Pilaster herab, die auf den Kropfstellen der Bekrönungsgesimse der Fenster des I. Stockwerks stehen, so dass eine Verbindung zwischen den beiden Geschossen hergestellt wird. Ein schweres Hauptgesims, die Oberglieder aus zwei Simen bestehend, darunter eine niedrige Hängeplatte und mehrere Unterglieder, bildet den oberen Abschluss und gibt der Fassade einen auffallend italienischen Charakter. Die Pilaster des II. Obergeschosses reichen bis an das Hauptgesims heran, dessen Unterglieder sich über jedem Pilaster verkröpfen, die vertikale Tendenz kräftig betonend. Die Gliederungen der Verdachungs- und Brüstungsgesimse erinnern deutlich an die des Rathauses in Löwenberg, nur sind sie den kleinen Verhältnissen entsprechend leichter. Plättchen, Kyma und Plättchen mit Zahnschnitt zeigt das Verdachungsgesims, während die Brüstung aus Wulst, Plättchen und Sima als Unterglied gebildet ist, wie in Löwenberg. Das Profil der Fascien zeigt auch 2 Rundstäbe, die sich an den Ecken hie und da noch überschneiden (Abb. auf S. 97). Die Pilasterkapitäle haben korinthisierende Form, die schon von besserem Verständnis zeugt als es in Löwenberg noch der Fall war. Besonders die Akanthusblätter der Kapitäle des obersten Geschosses zeigen schon eine ziemlich strenge Behandlung. Das Gegenteil ist zu bemerken an den Untergliedern der Erkerausladung. Hier erinnert besonders das eierstabartige Band in der ganzen Auffassung an die Friesfüllung über

Pilastersockel
vom Schönhofe

einem Fenster des Löwenberger Rathauses, wo dieses Eierstabmotiv ebenso, nur in viel grösserem Massstabe, dargestellt ist. Einfacher ist die Architektur an dem zurückliegenden Teile des Hauses. Zunächst fehlt das schwere Hauptgesims, für das hier kein Raum blieb, da die Fenster höher unter das Dach hinaufreichen und die Traufhöhe beibehalten werden sollte. Es fehlt hier ferner die Verbindung der beiden Geschosse, und um die Fensterpilaster verkröpfen sich nur die Verdachungsgesimse, während die Brüstungsgesimse glatt durchlaufen, ohne Konsolen unter den Pilastern. Auch in der Einzelbildung machen sich manche Unterschiede gegen den vorspringenden Teil bemerkbar. So zeigen besonders die Pilasterkapitäle eine ganz andere, weniger strenge, urwüchsigere Formengebung. Der Meister hat hier offenbar Steinmetzen beschäftigt, die ähnlich wie die Löwenberger noch recht wenig Übung in den neuen Formen hatten. Die Verdachungsgesimse zeigen zwar dasselbe Profil wie am anderen Teile, doch fehlt dem untersten Plättchen der Zahnschnitt, und die Gesimse selbst sitzen tiefer, der Fascie näher, so dass der kannelierte Fries über den Fenstern hier fehlt. Das Profil der Fascie zeigt auch eine kleine Abweichung gegenüber dem am Vorderbau. An Stelle des inneren Rundstabes ist hier eine Nut.

Das Portal des Schönhofs weicht in seiner Gesamtanordnung vollständig ab von den Portallösungen, die wir bisher vom Meister kennen gelernt haben. Es ist eines der in der deutschen Renaissance später so beliebten Rundbogenportale. In den abgeschrägten Leibungen der Gewände sind Sitznischen angeordnet, die etwas unter Kämpferhöhe halbkreisförmig in einer Muschelöffnung enden. Ein Kämpfergesims fehlt. An Stelle dessen ragen über den Muschelnischen Brustbilder eines behelmten Jünglings und einer bekränzten Jungfrau hervor. Gotisch ist noch die Art, wie die von Sockeln aufspringenden Rundstäbe die Nischen umziehen. Die ebenso wie die Gewände abgeschrägte Bogenleibung ist kassettiert, die Kassetten sind mit grossen Rosetten geschmückt. Dieses Motiv, ebenso wie der mit einem Akanthusblatt geschmückte Schlussstein findet sich oft an Roskopfs späteren Portalen. Ein Blattwerkband umzieht noch die Archivolte. Wie derb und ungefüge dieses Band und die Füllungen der Zwickel sein mögen, bedeutend reifer ist diese Ornamentik doch schon als die am Rathause zu Löwenberg.

Gleichzeitig mit dem Schönhofe ist nach der am IV. Obergeschoss angebrachten Jahreszahl 1526 das Haus Untermarkt 12 erbaut. Das Haus gehört zu der mitten auf dem Marktplatze stehenden Häusergruppe. Die Endachse rechts ist zu einem durch die beiden ersten Obergeschosse reichenden, wenig vorspringenden Erker ausgebildet, der früher wahrscheinlich mit einem geschweiften Dach abgedeckt war. An Stelle dessen hat man in späterer Zeit den Balkon im III. Stockwerke angelegt. Die zu zweien gekuppelten Fenster der Obergeschosse sind von einer verkröpften Renaissancefascie gleichen Profils wie der des zurückliegenden Teiles des Schönhofs umzogen, und mit einer Verdachung versehen. Die Architektur des Erkers zeigt, wie schon Lutsch bemerkt hat, Ähnlichkeit mit dem Portale des im Jahre 1540 erbauten Schlösschens in Königshain. Wie die Gesamtanordnung, so weichen auch die Einzelformen von dem Stile Roskopfs ab. Der Erker scheint nicht ursprünglich am Hause gewesen zu sein. Man hat ihn nachträglich bei einem Umbau angelegt, denn die Formen sind für 1526 zu reif. Sie verraten einen Steinmetzen, der die italienischen Formen sehr gut kannte. Vielleicht war es ein Dresdner Steinmetz, der auch von dort das ganze Erkermotiv mitgebracht hat, das für Görlitz neu war.

Vom Jahre 1528 stammt das Haus Peterstrasse 8[1]), Ecke Peterskirchplatz. Das Haus ist drei Stock hoch; an der Peterstrasse vier gekuppelte Achsen, am Platze bei der Peterskirche fünf Achsen lang, von denen die beiden Endachsen gekuppelt sind. Die Fenster des Erdgeschosses und des ersten Stockwerkes sind mit kannelierten korinthischen Pilastern umrahmt. Die Brüstungs- und Verdachungsgesimse laufen

Peterstrasse 8 in Görlitz

hier aber nicht über die ganze Front des Gebäudes, sondern verkröpfen sich bei den einzelnen Fenstergruppen wie an dem zurückliegendem Teile des Schönhofs. Wie dort, so ist auch hier das Verdachungsgesims über jedem Pilaster verkröpft. Innerhalb dieses Rahmens umzieht wieder die verkröpfte Fascie die Fensteröffnungen. An den Erdgeschossfenstern zeigt das Profil der Fascie noch gotische Anklänge in den an den Ecken sich überschneidenden Rundstäben. Die Pilasterkapitäle sind von wechselnder, phantastisch korinthischer Form, noch etwas derb und schwer, aber doch schon gefälliger als die des Schönhofs. Die niedrigen Sockel sind auch hier wieder mit quadratischen Füllungen versehen, die mit Rosetten, Schildchen und Narrenmasken verziert sind. In zwei der gekuppelten Fenster des I. Obergeschosses ist zur Unterstützung des Sturzes eine derbe jonische Säule gestellt, ohne Schwellung und Verjüngung. Der kannelierte mit Stäben gefüllte Sockel ist

---

[1]) Ortwein-Bischof, Die Renaissance in Schlesien, Bl. 64. — Lutsch, Bilderwerk, Taf. 105,3.

ebenso hoch als die Säule selbst. Die Fenster des II. Obergeschosses zeigen nur die schlichte Renaissanceumrahmung mit Verdachung und verkröpfter Sohlbank. Das Portal hat in der Gesamtauffassung Ähnlichkeit mit dem Portal des Hauses zur goldenen Krone in Breslau, so dass man[1]) auf die Vermutung gekommen ist, der Meister beider Portale sei ein und dieselbe Person. Bei den unter Breslau zu besprechenden Bauten kommen wir noch einmal darauf zurück. Hier sei bemerkt, dass nicht nur das Portal, sondern auch die Fensterarchitektur teilweise an das Haus zur goldenen Krone in Breslau erinnert. Roskopf vermeidet an dem Hause Peterstrasse eine strenge Achsenteilung. Die Fenster des II. Obergeschosses sind ohne Rücksicht auf eine solche angeordnet. Zum ersten Male zeigen hier die Bekrönungsgesimse eine von seinen Erstlingsbauten abweichende Profilierung. Sie setzen sich wie am Hause zur goldenen Krone aus Platte, Sima, Platte und Viertelstab zusammen. Eigenartig ist die Ecke des Hauses verziert. Drei kannelierte Pilaster mit korinthischen Kapitälen sind vor die geringe Abschrägung über einander gestellt.

Den Charakter der Görlitzer Bauten, als deren Urheber wir den Meister Roskopf betrachten, zeigen auch die aus jener Zeit stammenden Teile des Rathauses.[2]) Der früheste Teil vom Jahre 1534 ist der Archivflügel im Hofe, ein zweigeschossiger Bau, dessen Erdgeschoss offene Lauben bildet (Taf. V). Die gedrückten Halbkreisbögen werden von Pfeilern aufgenommen, auf die sich Pilaster setzen, ein Motiv, wie wir es oft bei Arkadenarchitekturen der deutschen Renaissance finden, zuerst vielleicht am Schloss in Dresden von 1530, aber auch am Schloss in Plagwitz bei Löwenberg i/Schl. und am reichsten ausgebildet an der Plassenburg bei Kulmbach. Gleiche Pilaster setzen sich auf die Schlusssteine der Bogen, so dass das Obergeschoss doppelt soviel Achsen erhält als das Erdgeschoss. Diese Pilasterstellung reicht bis zum Brüstungsgesimse des Obergeschosses (ein Gurtgesims fehlt), auf dem eine neue Pilasterstellung beginnt, die bis zum Hauptgesims geführt ist. Es ist eine Architektur, die im Ganzen sowohl als auch in den Einzelheiten nicht wesentlich abweicht von dem Stile des Meisters, den er besonders seit dem Einflusse der Breslauer Bauten (s. hierüber später) übte. Der Bedeutung des Baues entsprechend hat er an einigen Stellen eine etwas reichere und strengere Behandlung angestrebt. So sind die wieder auf niedrigen Sockeln stehenden Pilaster reicher ornamentiert, als es an früheren Werken geschehen ist. Ganz korrekte Gliederfolge im Sinne der italienischen Renaissance weist das Hauptgesims auf. Dagegen zeigen die Bekrönungs- und Brüstungsgesimse eine selbständige deutsche Gliederfolge. Im ganzen ist der Eindruck der Hofarchitektur trotz einiger reicherer Formen nüchtern, und die Ornamentik in ihrer immer noch dürftigen Art zeigt den deutschen Meister. Ihre Höchstleistung ist die Füllung des Mittelpilasters im Obergeschoss, auf dem in Anlehnung an Breslauer Werke Gegenstände der verschiedensten Art: Maske, Panzer, Köcher mit Bogen, Ziehbrunnen, Schilde, Kanne und Schüssel dargestellt sind.

[1]) Wernicke, Wendel Roskopf, Neues Lausitzisches Magazin, LXXIII (1897) S. 268.
[2]) Ortwein-Bischof, Die Renaissance in Schlesien, Bl. 53. — Lutsch, Bilderwerk, Taf. 93, 2.

Archivflügel des Rathauses in Görlitz

Weit über Roskopfs bisherige und spätere Werke ragt der Treppenaufgang zum Rathause empor, eine der originellsten malerischsten Schöpfungen der deutschen Renaissance überhaupt (Taf. VI). Betrachtet man die üppige Ornamentik in ihrer Phantasiefülle und vergegenwärtigt sich das Portal in der Gröditzburg, dann könnten freilich Zweifel auftauchen, ob beide Werke von einem Meister stammen. Aber fünfzehn Jahre liegen zwischen ihnen, ein Zeitraum, der die Haupttätigkeit Roskopfs umfasst. In dieser Zeit hat sich sein Formengefühl bedeutend geklärt, wie sich an den einzelnen Werken verfolgen lässt und bei Besprechung des Hauses Untermarkt 4 noch etwas näher dargelegt werden soll. Weiter kommt hinzu, dass es sehr sonderbar zugehen müsste, wenn eine Stadt, die einen anerkannt tüchtigen, viel begehrten Werkmeister besitzt, und in dessen Amtsperiode einen Erweiterungsbau ihres Rathauses vornimmt, einen anderen, womöglich auswärtigen Meister mit der Anfertigung der Pläne beauftragen sollte. Aber dem Werkmeister lag auch die Anstellung der zur Ausführung des Werkes nötigen Arbeitskräfte ob. Beim Treppenaufgang hat er sich zu dem ornamentalen Schmuck einen hervorragend geübten Steinmetzen zu beschaffen gewusst, und die Vermutung liegt nahe, dass es ein Dresdener Steinmetz war. Dort wurde seit 1530 das Schloss erweitert, bei dem tüchtige Kräfte beschäftigt waren. Ausserdem stand Görlitz auch in Bausachen immer in nahen Beziehungen zu Dresden. Die Steinmetzen beider Städte gehörten einer Bruderschaft an. Dass aber ein deutscher Steinmetz und nicht ein Italiener die Skulpturen des Treppenaufganges gemeisselt hat, beweist u. a. das dreimal eingehauene Zeichen ⚒, das später nicht mehr in Schlesien vorkommt. Es findet sich, wie oben bei Besprechung des Erweiterungsbaues der Nikolaikirche schon erwähnt wurde, an dieser Kirche, wie auch an sächsischen und böhmischen Kirchenbauten und am Hause Peterstrasse 8, jedoch lassen sich hieraus keine Schlüsse auf den Schöpfer des figürlichen Schmuckes der Rathaustreppe ziehen[1]).

Die Gesamtanlage des Treppenaufganges[2]) verrät ebenso wie die Einzelformen den deutschen Architekten. Die geschweifte Grundform der Treppe, der Zugang von halber Treppenlaufhöhe zur Pförtnerwohnung, die Balkonlage erinnern noch an deutsches

---

[1]) Bei Betrachtung der Meisseltechnik kam mir der Gedanke, die ornamentalen Füllungen könnten von anderer Hand stammen als die architektonischen Gliederungen, da z. B. an der äusseren Treppenwange um die Füllung eine scharrierte Kante läuft, während die übrigen Wangenteile glatte, mittelalterliche Meisselung zeigen. Der Steinmetz hat ausserdem sein Zeichen niemals an einer Füllung angebracht. Aber bei genauerem Zusehen, finden sich scharrierte und glatte Flächen durcheinander. So sind am Portale alle Teile scharriert; am Balkon nur die Füllungen und die Pilaster, während Gesimse und die tragenden Pfeiler glatte Bearbeitung zeigen, ebenso die von der Justitia bekrönten Säule. Das noch recht unbeholfene Figürliche der Füllungen verrät auch ganz und gar die deutsche Hand. Gemeisselt hat diese Teile derselbe Steinmetz, der auch schon 3 Jahre früher am Archivflügel im Hofe mit gearbeitet hat. Dort an der Leibung eines Arkadenbogens findet sich unter mehreren anderen auch sein Zeichen. Roskopf hat sich also nicht erst für die Bearbeitung des figürlichen Schmuckes des Treppenaufganges diesen Steinmetzen von auswärts beschafft.

[2]) Lutsch, Bilderwerk, Taf. 93, 1.

Mittelalter. So hätte ein italienischer Renaissancemeister, auch wenn der Platz für die Anlage bestimmt war, wie hier der Rathauswinkel, nicht komponiert.

Die Freitreppe ist von Sandsteinbrüstungen eingefasst, deren Innenseiten zum Teil kanneliert sind, wobei die Kannelüren wieder mit Rundstäben gefüllt werden. Die Aussenseite der Wange links ist mit Füllungen versehen, in denen Putten in halbflachem Relief auf Delphinen abwärts reiten. Die Wange endet in einem derben runden Antrittspfosten, auf dem sich die Profilglieder des Brüstungsgesimses totlaufen. Eine kandelaberartige korinthisierende Säule, deren Schaft mit Sirenen, die an ihren Brüsten Schlangen mit Adlerköpfen säugen, mit Gehängen und Kränzen geschmückt ist, steht auf dem Antrittspfosten. Die weitausladenden Abakusecken des Kapitäls werden von Sirenen gestützt, ähnlich wie bei der Säule unter einem Erker am Schlosse in Torgau. Engelsköpfchen zieren die Mitte. Die Justitia auf dem Kapitäl ist erst im Jahre 1591 aufgestellt worden. Links von der Treppe und von ihr aus zugänglich befindet sich ein für Ansprachen bestimmter Balkon, der auf zwei an Baluster erinnernde jonischen Säulen und einem rundstabartigen Mittelstück ruht. Auf die Abakusplatte setzen sich die auskragenden Glieder: ein kräftiger Eierstab, durch ein Plättchen von der mit Blättern geschmückten Sima getrennt und weiter mehrere Oberglieder. Um die Sima ziehen sich noch Spruchbändchen mit der Jahreszahl 1537. Aus Plättchen, Sima und Zahnschnittplatte, wie sie das Balkongesims zeigt, besteht auch das Deckgesims. Die Brüstung ist in Füllungen aufgelöst, die mit drei Sirenen und einer Evafigur in Relief geschmückt sind. Die trennenden Pfosten, um die sich die Gesimse verkröpfen, sind mit aufsteigendem Blattschmuck, mit Vasen, Delphinen und in der Mitte mit eingelegten Kreisschilden aus rötlichem Marmor ausgefüllt.

Das Portal selbst erinnert in seiner ganzen Auffassung an die in Görlitz zum ersten Male am Hause Peterstrasse 8 versuchte Portallösung. Sowohl am Portal selbst, wie an dem darüber angeordneten Fenster finden sich die in die schrägen Leibungen hineingestellten pilasterartigen Gewände, deren Vorderseiten winklig zur Leibung, die hier besonders tief angeordnet ist, also nicht parallel zur Wandflucht stehen. Die Leibungen unterhalb des Portal-Kämpfergesimses und die Vorderflächen der Gewände sind kanneliert und in der Mitte von Rundschildern nach venetianischer Weise, wie es schon die Pfosten am Balkon zeigten, unterbrochen; jedoch nur die beiden Rundschilde über dem Kämpfergesimse sind eingesetzt und von anderer Steinart, alle andern sind eingearbeitet. Die Archivolte der Portalöffnung ist als Flechtband behandelt, die Bogenleibung dagegen wieder kanneliert. Die Zwickel sind mit Engelsköpfchen geschmückt. Ein konsolartiger Bogenschlussstein und zwei Konsolen tragen das mit langgezogener Akroterie geschmückte Verdachungsgesims, das zugleich als Brüstung für das gekuppelte Fenster darüber dient. Die äusseren Leibungen des Fensters divergieren nicht so stark, wie die des Portals, sind auch als Pilaster ausgebildet und ebenso wie der Mittelpfosten mit Füllungen, die in der Mitte wieder von eingelegten Rundschilden unterbrochen werden, geschmückt. Der Fenstersturz ist als vorkragendes, mit einer Blattwelle verziertes, kräftiges Gesimsglied ausgeführt,

TAFEL VI

Der Treppenaufgang des Rathauses in Görlitz

das sich gegen den Hals der Leibungspilaster totläuft. Unmittelbar auf diesem Sturzgesimse ruht das Bekrönungsgesims, auf dem eine Akroterie liegt.

Ein Jahr nach der Erbauung des Rathausaufganges — 1538 — entstand das Haus Untermarkt 4, der Gasthof zum goldenen Baum (Abb. S. 103). Die schlichte Fassade gehört zu den reifsten, am meisten charakteristischen Schöpfungen Wendel Roskopfs. Es ist das gleiche Fassadensystem, wie es der Archivflügel des Rathauses und der vorspringende Teil des Schönhofs zeigen. Brüstungs- und Verdachungsgesimse laufen über die ganze Front durch. Pilaster, auf Konsolen gestützt, umrahmen die gekuppelten Fenster. Trotzdem

Untermarkt 4 in Görlitz

der Meister die Fassade im ganzen einfacher gestaltet hat, als die des Archivflügels, ist diesem gegenüber doch ein Fortschritt in der Entwicklung des Formengefühls zu bemerken; es ist hier manches leichter und gefälliger gebildet. Beim Rathause z. B. stört das unmittelbare Aufeinandersitzen des Architravgesimschens auf dem korinthischen Abakus der oberen, ebenso wie das des verkröpften Brüstungsgesimses auf dem Kapitäl der unteren Pilaster. Man vergleiche damit die weit bessere Lösung desselben Motives bei dieser Fassade. Das Archivoltenprofil des Spitzbogens der zweiachsigen Laube erinnert an das der Arkaden im Rathaushofe.

Bevor wir die während der letzten Lebensjahre Wendel Roskopfs entstandenen und die von seinen Nachfolgern in Görlitz ausgeführten Bauten betrachten, wenden wir uns der auswärtigen Tätigkeit des Meisters zu. Während seiner Amtsperiode ist Roskopf wiederholt nach auswärts gerufen worden, aber seine Abwesenheit von Görlitz ist immer nur von kurzer Dauer gewesen, abgesehen von der Zeit vor dem Jahre 1523. Am engsten blieben seine Beziehungen zum Herzog Friedrich II. von Liegnitz, der ihm nicht nur die

Leitung des Baues der Gröditzburg übertragen hatte, sondern auch später seinen Rat beim Schlossbau in Liegnitz begehrte. Wahrscheinlich begann Friedrich bald nach Fertigstellung der Gröditzburg, d. h. um 1529[1]), mit dem Erweiterungsbau des Schlosses.

Am Mittwoch nach Reminiscere (20. März) 1527 schrieb der Rat von Görlitz an den Herzog:

„Ew. Schreiben Schaffen und Begehr Ew. Fürstlichen Gnaden unseren Baumeister Wendel Roskopf auf Mittwoch nach Oculi (27. März) gen Liegnitz zu schicken, haben wir empfangen, und wiewohl unser Werkmeister beschwert, nachdem er gemeiner Stadt und unsern Bürgern fast und viel Arbeit und Gebäu aufzurichten angenommen, haben wir ihn doch vermocht sich auf bestimmte Zeit gen Liegnitz zu verfügen. Im dienstlichen Fleiss bitten wir: Ew. Gnaden wollen ihn desto eher fördern, damit er gemeiner Stadt und unsere Bürger mit ihren Gebäuden auch versorgen möge."

Ob es sich bei dieser Besprechung schon um den Schlossbau oder um Bauten auf dem Gröditzberge handelte, muss dahingestellt bleiben[2]). Unter den Liegnitzer Schlossbauakten im Kgl. Staatsarchiv zu Breslau findet sich leider nichts, was uns über die von Friedrich II. ausgeführten Bauten Aufschluss geben könnte. Auch sonst ist ausser den schon von Wernicke veröffentlichten Urkunden und der Bemerkung in Lucaes Chronik, der Herzog habe einen Meister aus Brabant zu dem Schlossbau kommen lassen, nichts Schriftliches mehr vorhanden. Trotz der Tätigkeit des Meisters Georg von Amberg, von dem wir nichts als den Namen wissen, hat Roskopf sicher Einfluss auch auf die Liegnitzer Bauten Friedrichs gehabt. Das bestätigen die Urkunden, denn am 28. Oktober 1531 schrieben die Görlitzer an Ernst, Dompropst zu Prag und Meissen, und Georg, Gebrüder von Schleinitz auf Tollenstein und Schluckenau:

„Euer Schreiben wegen unseres Baumeisters, sich zur Besichtigung etlicher nothaftiger Gebäude dorthin zu verfügen, haben wir empfangen. Wiewohl unser Baumeister fürstliche Gebäude zu Liegnitz zu versorgen übernommen, wir ihn auch sonst nicht entbehren mögen, wollen wir ihm doch auf einige Tage Urlaub gewähren."

Aus der Bauperiode unter Friedrich II. ist der 1533 datierte Toreingang noch vorhanden[3]). Die formelle Behandlung, besonders der Säulen, und die schon oben erwähnte Bemerkung Lucaes von einem Meister aus Brabant haben dazu geführt, niederländischen Einfluss, der sich sonst nicht vor der Mitte des Jahrhunderts in Schlesien findet, hier anzunehmen[4]). Steche[5]) hat dagegen darauf hingewiesen, „dass die Durchbildung des Details allerdings eine eigenartige, beinahe fremdartige sei, aber bei aller Unbeholfenheit doch teilweise merkwürdig mit der hallischen Domkanzel übereinstimmende Form der Basen zeigt." Aber auch eine gewisse Ähnlichkeit der kandelaberartigen Säulenschäfte mit denen vom Hause zur goldenen Krone in Breslau ist zu bemerken[6]). Ein Entwurf Roskopfs ist der Toreingang nicht, mit seinem Stil hat dieser Bau nicht die mindeste Verwandtschaft.

---

[1]) Wernicke, Zur Baugeschichte des Liegnitzer Piastenschlosses, Schlesiens Vorzeit Bd. V S. 80f.

[2]) Vgl. das auf S. 105 angeführte Schreiben des Rates von Görlitz vom 14. August 1528, in dem es heisst, der Meister möge auf seiner Rückreise sich nach dem Gröditzberge begeben.

[3]) Lutsch, Bilderwerk, Taf. 75, 4.

[4]) Lübke, Geschichte der deutschen Renaissance. II. S. 173.

[5]) Steche, Hans von Dehn Rotfelser. Dresden 1877.

[6]) Ortwein-Bischof, Die Renaissance in Schlesien, Bl. 2.

Im Jahre 1529 begehrte der Rat von Posen den Baumeister, doch ist nicht bekannt, zu was für Bauausführungen. Die Görlitzer schrieben am 17. Mai d. J. nach Posen: „Wiewohl er uns und gemeiner Stadt mit Dienst verpflichtet und unsere Gebäude seine Abwesenheit kaum zugeben, sich anderswohin zu begeben, haben wir ihm doch, euch zu besonderem Gefallen vergönnt, sich nach Posen zu verfügen, in der Voraussetzung, ihr werdet ihn nicht lange aufhalten." Hierbei sei erwähnt, dass er, wie aus diesem Schreiben hervorgeht, 1529 in Görlitz anwesend war, dabei aber doch „senatus officio defunctus". Aus diesem letzten Umstande ist aber nicht auf längere Abwesenheit von der Stadt zu schliessen!

Das gilt besonders für seinen Aufenthalt in Breslau, der sich höchstens auf einige Wochen des Jahres 1528 erstreckt haben kann[1]). Man hat ihn nach Breslau gerufen, um seinen Rat in Bausachen zu hören, wie das anderwärts und bei andern Meistern oft geschah. Roskopf werden in Breslau zwei Werke zugeschrieben: Das Portal des Hauses zur Goldenen Krone[2]) und das Kapitelhaus beim Dome[3]). Ferner soll sein Parlierer Hans Richter das Portal in der Ratsstube des Rathauses daselbst angefertigt haben.

Nachdem wir in Roskopf mehr den entwerfenden Architekten als den meisselgewandten Steinmetzen kennen gelernt haben, werden wir ihm schon deshalb nicht die Herstellung des Portales der Goldenen Krone zuschreiben können. Aber auch der Entwurf zu diesem Portale stammt nicht von ihm, wie uns ein Vergleich mit seinen Werken lehrt. Die Pilasterfüllungen des Portals der Goldenen Krone zeigen eine Kenntnis des italienischen Formenschatzes, die wir von dem Urheber des Portals auf der Gröditzburg nicht erwarten können. Auch die Gesamtanordnung mit den perspektivisch nach innen gezogenen Leibungen, die als über Eck stehende Pilaster ausgebildet sind, wie am Portal des Georgsflügels des Dresdener Schlosses, weichen ab von der Art wie Roskopf die Portale an gleichzeitigen und späteren Görlitzer Bauten ausbildet. Diese streifen mit Ausnahme des Rathausportals stellenweise an das Nüchterne; plastischer Schmuck ist mit augenscheinlicher Sparsamkeit verwendet, und wo er auftritt, ängstlich gezeichnet. Roskopfs Pilasterfüllungen, besonders die am Rathause, weisen mit den kreisrunden Scheiben in der Mitte auf venetianische Muster hin. Das Portal des Hauses Peterstrasse 8 in Görlitz zeigt bei aller Ähnlichkeit mit dem der Goldenen Krone doch wesentliche Abweichungen. Die einfassenden Pilaster sind in die schräge Leibung hineingestellt, so dass

---

[1]) Ein Schreiben des Rates von Görlitz, vom 28. Juni an „Wendel Roskopf, Bürger zu Görlitz, jetzt zu Breslau" handelt von einem Ziegeldecker, der geschickt werden möge, auch möchte Meister Wendel selbst darauf bedacht sein, bald möglichst anheim zu kommen, damit die Leute mit ihren Gebäuden, als gerade zu der jetzigen bequemsten Zeit, desto eher gefördert werden." Am 14. August schreibt der Rat noch einmal an Roskopf nach Breslau. Im zweiten Teile dieses Briefes heisst es: „Ehrsamer, besonders lieber Freund! Es ist auch unser Bitt und Sinnen, wenn es füglich und schicklich sein wollte, euch nicht beschweren zu lassen, so ihr anheim ziehet, eure Wege auf den Gröditzberg zu leiten, euch allda die Sachen, wie ihr wisset, fleissig anzusehen, wie wir uns gänzlich versehen tun."

[2]) Wernicke, Wendel Roskopf, Neues Lausitzisches Magazin LXXIII (1897) S. 265 ff.

[3]) Lutsch, Bilderwerk, Taf. 74 Abb. 3, Taf. 77 Abb. 5, Taf. 78.

ihre schmalen Vorderseiten lotrecht zur Leibung, also nicht parallel zur Strassenflucht laufen. Diese hier zum ersten Male auftretende Portalbildung kehrt dann wieder am Rathause und mehreren anderen Bauten späterer Zeit. Der Meister wollte eine tiefe nach innen sich verjüngende Portalöffnung schaffen, wie sie das Mittelalter so schön ausgebildet hatte. Die über Eck gestellten Pilaster und der schräg nach innen herab gezogene Architrav am Portal zur Goldenen Krone in Breslau gaben ihm eine Anregung hierzu. Aber auch in Einzelheiten versucht er selbständige Bildungen; so z. B. in dem segmentbogenartigen Aufsatz über dem Hauptgesimse. Während in Breslau die Profilglieder des Verdachungsgesimses sich nach den Enden zu verjüngen und zu Rosetten aufrollen, läuft sich am Portal in Görlitz das Gesims gegen die Rosetten tot[1]).

Das Kapitelhaus[2]) neben dem Dome in Breslau wurde 1521—27 erbaut. Am reinsten zeigt die Renaissanceformen das Portal, dem als Jahr der Herstellung MDXXVII eingemeisselt ist. Schon die Zeit der Erbauung schliesst die Möglichkeit aus, dass Roskopf der Meister dieses Werkes sei, da er zwischen 1521—27 nicht in Breslau war. Aber auch die ganze Anlage und besonders die Gewölbe verraten nicht im geringsten den Schüler Benedikts von Laun oder den Einfluss der böhmisch-sächsischen Schule. Der Türsturz des Einganges trägt das Steinmetzzeichen ⛾. Wir finden dasselbe Zeichen auf der südlichen Fassade des Rathauses zu Löwenberg und zwar als Meisterzeichen neben der Jahreszahl 1523, allerdings in vertiefter Gestalt. Am Portale Peterstrasse 8 in Görlitz kommt dasselbe Zeichen siebenmal vor. Es ist weder Roskopfs Zeichen noch das des Meisters vom Kapitelhause. Dieser hat vielmehr seine Marke an einem Gewölbeschlussstein angebracht, die verschlungenen Buchstaben B H, weiss auf rotem Grunde.

Als den Verfertiger des mit der Jahreszahl 1528 und den Buchstaben H R bezeichneten Portales im Erdgeschoss des Rathauses zu Breslau nimmt Wernicke Roskopfs Parlierer Hans Richter an. Er stammte aus der Nähe von Dippoldiswalde in Sachsen und wurde in demselben Jahre und zwar unter den gleichen Vergünstigungen wie Roskopf in die Bürgerschaft aufgenommen. Von 1527 ab war er von Görlitz abwesend, ob in Breslau, ist nicht erwiesen. Da aber von den in Görlitz noch vorhandenen Werken aus der Zeit bis 1527 keines eine Ähnlichkeit mit dem Breslauer Portale aufweist, so dürfte Richters Urheberschaft zu bezweifeln sein. Eher scheint der Steinmetz, der das Portal der Goldenen Krone meisselte, auch der Schöpfer dieses Portals im Rathause zu sein.

1535 wünschte Herzog Karl von Münsterberg-Öls den Meister für seine Bauunternehmungen zu gewinnen. Dieser sucht sich in einem Schreiben vom 2. Juni dem Auftrage zu entziehen: „Das Reisen und Bauen sei ihm wegen Schwachheit und Ungeschicklichkeit des Leibes beschwerlich; auch müsste er zuvor verständigt werden, damit

---

[1]) Eine genaue Nachbildung des Aufsatzes vom Portal in Breslau findet sich an einem Hause in der Badergasse in Löwenberg. Durch Steinmetzzeichen ist die Tätigkeit derselben Steinmetzen hier und in Breslau bewiesen.

[2]) Lutsch, Bilderwerk, Taf. 77, 5.

er nicht vergebens hinfürder reisen dürfe. Alsdann wolle er zwar die Gebäude besichtigen und soviel an ihm stände, gern Anweisung erteilen, eine Übernahme und Fertigstellung müsse er mit Rücksicht auf seine Leibesschwäche ablehnen." Am 9. August schreibt der Rat von Görlitz dem Herzoge: „Wiewohl wir unseres Werkmeisters auf diese letzten Sommertage zu gemeinen und sonderlichen Bauten der Stadt sehr übel entraten mögen, so soll er doch vierzehn Tage oder längstens drei Wochen beurlaubt werden." Der Herzog hatte 1524 einen Umbau des Schlosses Frankenstein nach dem Vorbilde des Königsschlosses zu Ofen in Angriff genommen. Zum Leiter der Bauten war Roskopfs Lehrmeister Benedikt von Laun berufen worden. Dass der Herzog nun nach dem 1534 erfolgten Tode Benedikts Meister Wendel, seinen Schüler, mit der Weiterführung der Bauten betrauen wollte, ist ein neuer Beweis für das Ansehen, das der Meister genoss. Warum dieser sich sträubte, die Bauleitung zu übernehmen, ist schwer zu verstehen. Misstrauen gegen das eigene Können wie Wernicke vermutet, dürfen wir wohl bei seiner langjährigen Erfahrung kaum annehmen, eher Verdruss darüber, dass man ihn erst jetzt für gut genug fand, den Bau auszuführen.

Mit den bisher besprochenen Bauten ist die Tätigkeit des Meisters in Görlitz noch nicht erschöpft. Wenn der Rat der Stadt z. B. in den Schreiben, die er 1529 an den Rat zu Posen und 1535 an den Herzog Karl von Münsterberg sandte, sagt, der Meister habe städtische Bauten auszuführen, so sind damit in erster Reihe wohl Wehrbauten gemeint, deren Anlage und Instandhaltung der Stadtbauverwaltung oblag. Wir haben nur spärliche Nachrichten darüber, was während seiner Amtsperiode gebaut wurde[1]).

„1536 wurde die Bastei bei der Neissbadstube, welche mit ihrem Gezimmer samt dem Dache durch einen Brand gelitten und letzteres eingebüsst hatte, wieder aufgerichtet, erhöht, mit einem trefflichen, starken Gewölbe versehen, und die Ziegeldeckung des Daches auf eine massive Übermauerung gelegt."

In demselben Jahre beabsichtigte man, die Neissebrücke steinern zu erbauen. Da sich indessen die Ältesten mit Wendel Roskopf über die Örtlichkeit nicht zu einigen vermochten, schickte man diesen aus, „sich umb Leute zu erfragen, die solchier wassierbaw kundig".

Die Uferbefestigungen der Neisse an der Peterskirche gehören auch seiner Amtsperiode an. Ein Umgang, dessen Schutzmauer kleine, mit Rundbogen geschlossene, gekuppelte Fenster zeigten, führte dort entlang. Der Mittelpfosten der Fenster ist ein Balustersäulchen in Renaissanceformen[2]). Reste von Rundtürmen zu beiden Seiten der Neissestrasse zeugen noch von der einst starken Befestigung, deren Erbauung auch in diese Zeit fällt. An dem nahe der Neisse stehenden Ochsentor liest man die Jahreszahl MDXXXVI. Am Renthause trägt ein Gesims an der Langseite die Inschrift: In rebus humanis nihil praeclarius, nihil praestantius q(uam) de repub(lica) bene mereri 1529.

---

[1]) Lutsch, Verzeichnis, III. S. 695.
[2]) Ortwein-Bischof, Die Renaissance in Schlesien, Bl. 63 unten links.

Peterstrasse 7 in Görlitz

Wir wenden uns jetzt den in Görlitz noch vorhandenen, während der letzten Amtsjahre des Meisters aufgeführten Bürgerhäusern zu die im Ganzen oder in Einzelheiten den Stil zeigen, den wir als den Roskopfs kennen gelernt haben.

Ein verhältnismässig frühes Datum weist noch das Haus Untermarkt 23 auf. 1536 liest man an der Konsole, die den Mittelpilaster des ersten Obergeschosses stützt. Was dieses Haus besonders bemerkenswert erscheinen lässt, ist der grosse Giebel, den es nach dem Markte zukehrt. Die Fassade ist 4 Achsen lang und 3 Geschosse hoch. Sie wiederholt trotz mancherlei Abweichungen die übliche Pilasterarchitektur. Das Erdgeschoss ist in späterer Zeit umgebaut worden. In den beiden Obergeschossen laufen die Haupt- und Brüstungsgesimse über die ganze Front durch. Jonische Pilaster, deren jeder mit drei Stabprofilen geschmückte Kannelüren aufweist, umrahmen die Fenster, Sockel und Hals der Pilaster sind ebenfalls kanneliert. Eine Verbindung der beiden Geschosse, wie etwa am Hause Untermarkt 4, ist hier nicht angestrebt worden, sondern die Pilaster sind nur durch kurze Konsolen gestützt. Der mächtige Giebel ist in einfacher Weise mit Beibehaltung der unteren Achsenteilung durch Wandstreifen und Gesimse gegliedert. Lutsch vermutet, dass die sonst schlichten Flächen ihre Hauptzierde durch Sgraffittenschmuck erhielten, wie er an Liegnitzer und anderen Bauten jener Zeit zu finden ist.

Das Haus Untermarkt 26, Ecke Neissestrasse, weist als Jahr seiner Erbauung 1539 auf. Bemerkenswert sind hier die drei Joche der Laubenhallen, die mit einem spätgotischen Netzgewölbe, dessen doppelt gekehlte Rippen willkürliche Überschneidungen aufweisen, überdeckt sind. Die Rippen treten teils ohne Unterstützung aus der Wand heraus, teils ruhen sie auf Renaissance-Konsolchen. Als Verzierung der Schlusssteine finden sich: eine plastische Rosette, ein Doppeladler, ein Meisterzeichen, der böhmische Löwe und die Hausmarke mit M S, der Jahreszahl 1539 und den Buchstaben H S.

Das Haus Peterstrasse 7[1] verrät uns durch das Portal vom Jahre 1544, dass der Meister hier seinen Einfluss ausgeübt hat. Wie am Portale des Hauses Peterstrasse 8

---

[1] Ortwein-Bischof, Die Renaissance in Schlesien, Bl. 66. — Lutsch, Bilderwerk, Taf. 79.

vom Jahre 1528, so ist auch hier durch Schrägstellung der Gewände eine Verjüngung der Öffnung nach innen angestrebt. Die Einzelformen zeigen einen unverkennbaren Fortschritt dem älteren Portal gegenüber. Wie beim Rathause, so sind auch hier kreisförmige Schilder in den Pilasterfüllungen angebracht. Neu ist der Versuch, die Bekrönung als Spitzverdachung auszubilden. Doch entstehen dort, wo die Glieder dieses Verdachungsgesimses gegen die Gewände laufen, unschöne Verschneidungen.

Aus demselben Jahre stammt das Haus Kränzelstrasse 27 „der goldene Anker". Die dreigeschossige Fassade ist ganz schlicht — ohne Pilasterarchitektur — behandelt. Die Fenster zeigen die verkröpfte Renaissancefascie, teilweise mit Verdachung. Das Portal ist dem des Hauses Peterstrasse 7

Untermarkt 23 in Görlitz

ähnlich. Die Verdachung ist hier auf dieselbe Art gebildet, wie dort. Von der daraufsitzenden Bekrönung sind nur noch die Endstücke vorhanden. Die Unterseite des Türsturzes ist kassettenartig gegliedert. Plastische Rosetten und flaches Ornament füllen die Zwickel des Rundbogens wie die Gewändestücke über dem Kämpfer und die Mittelkonsole unter der Schrägfläche.

Vom Jahre 1547 datiert das Haus Brüderstrasse 11[1]). Die Fassade dieses drei Geschosse hohen, fünf Achsen langen Hauses zeigt die übliche Pilasterarchitektur. In den Einzelheiten, besonders den Bildungen der Kapitäle ist eine Ähnlichkeit mit dem Hause Untermarkt 4 festzustellen. Bemerkenswert an diesem Hause ist das dem vorigen Portal

---

[1]) Ortwein-Bischof, Die Renaissance in Schlesien, Bl. 67, danach die Abbildung auf S. 111.

nahe verwandte Rundbogenportal. Zwei schön geschwungene Voluten von derselben Art, wie sie das Fenster über dem Rathausportale bekrönen, liegen auf dem Verdachungsgesimse. Die Verschneidungen mit den schrägen Gewänden sind hier ebensowenig glücklich, als an den früheren Portalen dieser Art. In den Zwickeln des inneren Rundbogens stehen die Buchstaben H S, dazwischen eine Hausmarke und im anderen Zwickel W. R. mit einem undeutlichen Steinmetzzeichen dazwischen. Vielleicht ist das Portal von Wendel Roskopf, dem Sohne, der unter dem Vater gearbeitet hat, angefertigt worden.

An der Peterskirche hat man zum Schutze der Kirchenbesucher um die Mitte des 16. Jahrh. zwischen je zwei Strebepfeiler der Nord- und der Südseite Vorhallen eingebaut[1]). Die an der Nordseite wurde 1543 errichtet. Da die Einzelformen dieses Werkes an den Stil Roskopfs erinnern, müssen wir ihm dessen Urheberschaft zuschreiben. Zwei Gurtbogen, die an der Südseite auf einer schlanken jonischen Mittelsäule und Endkonsolen, an der Nordseite auf toskanischen, am Kapitäl mit vier Konsolen besetzten Säulen ruhen, hat der Meister zwischen die Strebepfeiler gespannt. Das bei Arkaden beliebte Motiv der auf den Säulenkapitälen sitzenden Pilaster findet sich auch hier. Gewölbt sind beide Hallen in der Form gewundener Reihungen, wie sie am Wladislawsaale in Prag zuerst vorkommen.

Wendel Roskopf hat mit seinen Werken einen Einfluss auf die Stadt Görlitz ausgeübt, der auch nach seinem Tode fortdauert und der fast allen Bauten, die in der Blütezeit der Stadt (bis in das letzte Drittel des 16. Jahrh.) aufgeführt wurden, ein gemeinsames Gepräge gegeben hat. Unter den Meistern, die nach ihm in Görlitz gewirkt haben, dürfte wohl sein ältester Sohn Wendel den Traditionen des Vaters am treuesten gefolgt sein. Wir wissen nur, abgesehen von ganz bedeutungslosen Arbeiten, dass er im Januar 1567 für einen steinernen Erker in der neuen Stube, dem vormaligen Standesamte, über 14 Schock Groschen erhielt.

Aber mit diesen wenigen städtischen Arbeiten, über die wir Nachrichten haben, ist die Tätigkeit des Sohnes sicher nicht zu Ende. Der Vater, der den jüngeren Sohn Theologie studieren liess, hat dem ältesten gewiss eine solche Fachbildung gegeben, dass er imstande war, auch als Architekt im Sinne des Vaters weiter zu arbeiten. Schon die Bemerkung im Testament des alten Meisters: „dass er den Söhnen zu ihrem Handwerk und den Schulen viel Hilfe habe widerfahren lassen" sowie die Tatsache, dass Wendel der Jüngere später (1568) mit dem städtischen Werkmeisteramte betraut wurde, lässt auf eine mehr als bloss handwerkliche Ausbildung des Sohnes schliessen.

An den nach dem Tode des Vaters erbauten Bürgerhäusern, die den gleichen Stil zeigen, wie die älteren Werke, dürfte Wendel der Jüngere mehr oder weniger Anteil haben. Das gilt zunächst von dem Hause Untermarkt 8[2]), das jetzt zum Rathause zugezogen ist. Erbaut wurde es nach der Inschrift am Portale 1556; sieben Jahre nach dem Tode des alten Meisters. Die Fassade zeigt das typische Pilastersystem in reicherer, zierlicherer Behandlung, als das bisher üblich war.

---
[1]) Ortwein-Bischof, Die Renaissance in Schlesien, Bl. 69, danach die Abbildung auf S. 113.
[2]) Fritsch, Denkmäler deutscher Renaissance.

Portal vom Hause Brüderstrasse 11 in Görlitz

Lutsch[1]) schreibt: „Die Füllungen der Pilastersockel mit Narrenmasken, die Zeichnungen der Kapitäle und andere Einzelheiten lassen in diesem Hause eine Schöpfung des Meisters des Hauses Peterstrasse 8 (der nach unserer Darlegung Wendel der Ältere war) erkennen. Unterschieden ist es aber von diesem dadurch, dass hier die Stützenreihen von unten nach oben nicht unterbrochen sind." Es ist hier eine Verbindung zwischen den Fensterarchitekturen der Stockwerke hergestellt, wie am Hause Untermarkt 4. Besonders reich ist das Portal, das in den Grundzügen auch an die Schöpfungen des alten Meisters anklingt, behandelt. Es zeigt auffallende Ähnlichkeit mit dem Portal des Rathauses in Lauban, so dass wir es wohl als ein Werk Hans Lindners betrachten können. Die Meisseltechnik ist hier die glatte mittelalterliche.

Vom Jahre 1564 stammt der einstöckige Erker im Hofe des Rathauses. Er ist dem 1. Obergeschoss vorgebaut und wird unterstützt von zwei Pfeilern mit originellen jonischen Kapitälen. Über den Pfeilern kragen die, jetzt nach dem Abschlagen des Putzes sichtbar gewordenen tragenden Glieder vor. Der Echinus der Kapitäle zeigt ein skulpiertes Fruchtband, genau wie es am Erker des Hauses Untermarkt 12 vorkam.

Die Höchstleistung der Schule Roskopfs ist die Fassade des Hauses Neissstrasse 29 vom Jahre 1570, eines der prachtvollsten Werke deutscher Renaissance überhaupt. Unbeeinflusst von den bis zu jener Zeit in Schlesien sowohl als im nahen Böhmen zum Teil

---

[1]) Lutsch, Verzeichnis, III S. 719.

von Italienern im strengen Stil ausgeführten Bauten, schuf hier der Meister ein Werk, das sich ganz im Rahmen der alten Görlitzer Bauweise bewegt[1]).

Um die Mitte des Jahrhunderts mag auch die Durchfahrt zum Klosterplatz am Hause Obermarkt 24 entstanden sein. Das Obergeschoss des Überbaues zeigt eine korinthische Pilasterarchitektur, die etwas freier behandelt ist, als andere Werke.

Neben dem Roskopfschen Stile läuft eine andere Art der Fassadenbehandlung her, die durch einige etwa aus der Mitte des Jahrhunderts stammende Bauten vertreten ist. Anstatt der dort üblichen Pilasterarchitektur sind hier glatte Säulen, mit meist strengerer Formgebung zur Wandgliederung verwendet. Dieser Richtung gehören an der Erker vom Hause Untermarkt 12, das Portal des Schlösschens in Königshain und das Haus Untermarkt 1, das wahrscheinlich 1547 erbaut wurde. Das Obergeschoss dieses Hauses ist von jonischen Halbsäulen gegliedert, ebenso wie die drei Obergeschosse des Hauses Peterstrasse 17. Auch das Haus Untermarkt 24 weicht ab von der Roskopfschen Schule.

Noch einige andere auswärtige Bauten weisen die charakteristischen Merkmale des Roskopfschen Stiles auf, so das **Rathaus in Lauban**[2]). Diese Stadt gehörte ehemals zum Bunde der lausitzischen Sechsstädte, dessen Haupt Görlitz war. Es ist deshalb nicht zu verwundern, wenn wir hier Einflüsse der Görlitzer Bauweise finden. Über die Zeit der Erbauung des Rathauses geben uns mehrere Inschriften Aufschluss: ANNO SALVTIS MDXXXIX liest man am Portal: in der Halle selbst Anno dmi 1539 Ist der Paw angevang. Die Jahreszahl 1541 findet sich zweimal, erstens am mittleren Schlusssteine des Stadtverordnetensitzungssaales im hinteren Teil zu ebener Erde, hier mit dem Namen HANS LINDNER und am Friese der Tür des Standesamtes im Obergeschosse. Am Portal zur Treppe nach dem Obergeschosse steht die Jahreszahl 1543. Das Gewölbe des Vorzimmers zum Stadtverordnetensitzungssaale zeigt gewundene Reihungen, ähnlich denen in den unteren Räumen des Löwenberger Rathauses und des Ratskellers zu Bunzlau. Deutlich spricht sich aber in dem Portale zur Erdgeschosshalle der Einfluss Roskopfscher Bauten aus. Vielleicht ist der Meister, der in diesem Jahre noch das Werkmeisteramt in Görlitz bekleidete, selbst zu Beratungen nach Lauban gerufen worden. Hans Lindner, den wir als den Schöpfer des Rathausportals[3]) betrachten müssen, ist wahrscheinlich ein Glied der Löwenberger Steinmetzenfamilie dieses Namens; derselbe, der sich 1543 an der Treppe der Taufkapelle in der Pfarrkirche zu Löwenberg verewigt hat und der 1546 als Bunzlauer Bürger aufgeführt wird. 1551 arbeitete er vermutlich in Görlitz am Hause Untermarkt 8. Ein durch sein Steinmetzzeichen und die Buchstaben H L bezeugtes Werk von ihm ist das Portal des Herrenhauses in Klein-Tschirnau, Kreis Glogau, vom Jahre 1558[4]).

---

[1]) Ortwein-Bischof, Die Renaissance in Schlesien, Bl. 61 u. 62. — Fritsch, Denkmäler deutscher Renaissance.

[2]) Lutsch, Verzeichnis, III S. 615 ff.

[3]) Lutsch, Bilderwerk, Textband S. 21.

[4]) Lutsch, Verzeichnis, III S. 63.

Von den noch erhaltenen Bürgerhäusern in Löwenberg zeigt die Giebelfassade des Hauses Nr. 193 am Markte deutlich die Verwandtschaft mit den Bauten Roskopfs in Görlitz. Das Haus ist drei Geschosse hoch und zwei Doppelachsen breit. Eine jonische Pilasterarchitektur — die Kapitälbehandlung ähnlich der am Hause Untermarkt 4 in Görlitz — umrahmt die Fensteröffnungen, die zu je zweien gekuppelt sind. Auch das Rundbogenportal mit den schräg nach innen gehenden Leibungen weist deutlich auf Görlitzer Vorbilder und zwar auf das Portal des Hauses Peterstrasse 8 hin. Ein ähnlicher segmentbogenartiger Aufsatz wie dort krönt auch hier das Ganze. Einfach und gefällig ist der zweistöckige Giebel behandelt. In den beiden Bogenzwickeln des Portals liest man im Wappen die Buchstaben G L, ausserdem das Meisterzeichen ⚒ und die Jahreszahl 1555. Der Erbauer dieses Hauses ist wahrscheinlich auch ein Meister Lindner. Das Haus Nr. 130 am Markte, der Gasthof zum schwarzen Raben, verrät in den Resten seiner Pilasterarchitektur gleichfalls den Stil Roskopfs.

Oskar Wende

Vorhalle an der Peterskirche zu Görlitz

LÖWENBERGER STEINMETZZEICHEN

Schlesiens Kirchen und Profanbauten des 14. bis 18. Jahrhunderts zeigen recht häufig an Portalen, Säulen, den Fensterleibungen und Nischen, an den Gewölberippen und Schlusssteinen eingehauene Steinmetzzeichen, d. h. Handzeichen der an den Bauten beteiligt gewesenen Künstler und Kunsthandwerker[1]). Die Frage nach der Entstehung der Form solcher „Gemercke" hat die Forschung mit dem Hinweis auf ähnliche Hausmarken[2]), auf Namenmonogramme[3]) und die Zusammensetzung aus Abbildungen der Arbeitsgeräte Richtscheit, Winkeleisen und Bug[4]) beantwortet. Dagegen ist die sichere Verbindung der Zeichen mit bestimmten Künstlernamen selten herzustellen. Für die Stadt Löwenberg können wir nun aus dem auch für die Handwerksgeschichte im allgemeinen interessanten Steinmetzenvertrag von 1551 eine urkundlich gesicherte Erklärung solcher zum Teil heute noch an dortigen Bauten[5]) nachweisbaren Zeichen entnehmen.

Die erste Kenntnis dieses Vertrages verdanken wir dem Löwenberger Ratsmitglied Bergemann, der ihn in einem Überblick über die Geschichte der Löwenberger Steinmetzenzunft verwertete[6]). Diese Darstellung gibt aber den Gegenstand des Schieds unrichtig wieder und unterrichtet uns vor allem nicht über das Wichtigste, die Form der Steinmetzzeichen selbst. Auch Wernicke[7]), der verdienstvolle Sammler von Steinmetzzeichen, kennt nur Bergemanns Nachricht und bedauert, dass die Zeichen nicht bekannt seien. Es dürfte deshalb von Interesse sein, den ganzen Vertrag, wie er sich neuerdings unter alten Akten des Löwenberger Ratsarchivs wieder aufgefunden hat, hier im Wortlaut mitzuteilen.

Der Rat zu Löwenberg entscheidet den Streit zweier Zunftgenossen, von denen der eine wegen satzungswidriger Annahme eines Gesellen vom andern „ein Schelm" gescholten wird. Trotz seiner gewerbepolizeilichen Machtvollkommenheit trifft der Rat seine Entscheidung nicht selbständig. Augenscheinlich wegen der weitverzweigten Organisation der deutschen Steinmetzzünfte stützt sich sein Urteil auf die Ratschläge des ehrbaren Handwerks der Steinmetzen zu Dresden und die Vermittlung des ausländischen, zufällig in Löwenberg in Arbeit stehenden Meisters Wolf von der Weydt. Die Urkunde führt nicht, wie Bergemann meint, die Benutzung von Steinmetzzeichen als Neuerung ein,

---

[1]) Wernicke, Schlesische Steinmetzzeichen, Schlesiens Vorzeit III S. 136. — Siehe auch Luchs, Bildende Künstler in Schlesien, nach Namen und Monogrammen, Zeitschr. f. Gesch. Schlesiens V S. 1 ff.

[2]) Homeyer, Die Haus- und Hofmarken, Berlin 1870, S. 282. Eine Sammlung von Breslauer Hausmarken siehe Neue Provinzialblätter 11. Jahrgang 1872, S. 175, 511, 560, 631.

[3]) Luchs a. a. O. S. 2.

[4]) Wernicke a. a. O. S. 140*.

[5]) Lutsch, Verzeichnis d. Kunstdenkmäler d. Prov. Schlesien. III. S. 509. — Anzeiger für Kunde der deutschen Vorzeit 1877, Spalte 214.

[6]) Bergemann, Historisch-topographische Beschreibung von Löwenberg, Hirschberg 1824, S. 554 f.

[7]) A. a. O. S. 139.

sondern zählt nur die einzelnen Werkgenossen mit ihren wohlbekannten „gewonlichen gemerken" auf, wobei zu beachten ist, dass die Maurer als einfache Handwerker keine Gemerke besitzen.

Der Vertrag lautet:

Steinmetzen vortrag.

Vor allen und yeglichen, wess hohen wyrden ader standes die seint, denen dieser unnser offener brieff vorkompft, sehen oder hören lessen, bekennen und thuen kundt hiemitte wyr burgermeyster und radtmanne der stadt Lewenberg: Nach deme zwyschen Caspar Reywaltt an eynem und Urban Clauss andern teylls, beyde steinmetzer handttwercks alhie zu Lewenberg und unseren mittburgern, sich yrrungen und zwytracht zugetragen auss deme, das itzt benanter Urban Clauss den gedachten Caspar Reywaltt yres handttwercks halben gescholten eynen schelmen dorumbe, das er eynen diener auff unordentliche zeyt dess handttwercks breuchen und gewonheitten zu entgegen angenommen etc., dorauß dann die sache zu rechte unnd gerichtlicher ubunge durch clage, anttwortt, beweiß etc. und anderem weyttleufftig kommen, also das darauß viel beschwerliche weytterungen, auch viel unnradts, so sich allzeit hett erzeygtt, gegenwertig und kompfftiglich mercken lassen, zubeforen gewest ist, zu deme auch das erbare handttwerck der steinmetzen zu Dreßden durch yre manchfaldige schreyben unß dem radte unnderricht gethan, wie sich yres handttwercks ynn diesem falle beschlüsse, ordnungen und gebreuche vorhielten, denen wyr dann zuwidder ferner gehandeltt zu werden nicht haben gestatten mogen, also umbs besten willen und forzukommen weytterer unneynickeit, schadens unnd ubyls, so hierauß hette erfolgen mogen, solchen gerichttlichen zwyspalt (doch mitt beyder partt consens und vorwillung) auffgehaben, die sachen zu unnß genommen, dieselbe offte und manchfaldig ynn der ßune behandelt, endrichen aber alle diese gebrechen durch unnsere vorordente ratisfrunde, die erbarn und erßamen Hieronymum Wurffeln und Caspar Zechkorn endtlichen vortragen und hingelegen haben, auff mittel und wege, wie volgendt, zu vornehmen. Es ist aber solcher vortrag vorgenommen, betteddinget und georttert worden ynn beyßenn, mit zuthatt, radte und willen erstlich Wolffs won der Weydt, eins außlendischen meysters deß beruerten steinmetzer handttwercks, welcher diese zeit zufellig alhie auff deß handttwercks forderunge geerbtt hott und sich vor unß guttwillig erbotten, soviel an yme, sich ynn die sachen zu legen und solcher richtunge zu underwinden, deß gemercke ader zeychen, wie er unß daß gegeben, diser form und gestaltt ist ⚒, nachmalig aller meyster deß handttwercks der steinmetzen und meurer, soviel dere die zeytt alhie zu Lewenberg ynn unnserem burgerrecht befunden, wie sie mitt yren nahmen, auch gewonlichen gemercken, yeder ynn ßunderheytt alhie benant und bezeychnet seint, nemlich Hanns Lyndener ⚒[1]), Greger von der Schweydnitz ⚒[2]), Hanns Viebigk ⚒, Bartel

---

[1]) Vgl. Wernicke a. a. O. nach S. 154, Taf. Löwenberg, 22.
[2]) Ähnlich Wernicke nach S. 310, Taf. Brieg, 1.

Reyman ⚒¹), Hanns Clauß ⚒²), George Clauß ⚒, Michel Lyndener ⚒, Jacob Schyrmer ⚒³), Jacob Lyndener ⚒⁴), Michell Lachman ⚒⁵). Diese aller seint steinmetzen. Diese volgende seint meurer: Matths Berger, Peter Schwartze, Greger Buntzel, Bartel Crause, Hanns Kreber, Lorentz Lyndener, Hanns Wolff und Frantze Seydellman. Also ist angezeigte voreynigung und der vortrag durch vorgedachte unnsere ratisgenossen und vorordenten an unnser stadt zußampt den itztbezeychneten personen, steinmetzen und meurern, alß den gantzen zechen vollzogen und geendet worden dieser gestalt, das erstlich zwyschen ynen beyderseytts aller widderwille, unnfreundtlickeit, auch vorletzungen, wie die gescheen weren, mitt wortthen ader wercken, genzlichen sollen auffgehaben, abgethan und genichtiget sein, dere kein teyl gegen dem andern ynn argen ader auffrucklichen sal gedencken, wie sie dann auch dermaßen aldo zur stellen mitt munde und handttglubden eynander diß alles stethe und vheste zu halden vorheyschen und zugesagtt haben. Nochmals aber sol Caspar Reywaltt umb deß willen, das er den Urban Clauß verursacht zu reyßen, unnkosten, auch gefengnuß etc., yme dem Urban Clauß vor das alles zu voller gnuge außzegen zwey scholck (!) geldis, das schock vor 30 kreutzir geldes unnserer wehrunge gerechnet; dem gemeynen handttwercke aber der steynmetzen und meuhrern sallen sie beyde legen zu eyner peen yeder ein halb schock geldes itztangezeygter wehrunge. Und hott aldo endtlichen Caspar Reywaltt bewillet, anglobet unnd vorsprochen, sich hynforder deß hanndtwercks der steinmetzen und meurer wolgeordenten satzungen, gebreuchen und gewonheitten allzeit gemeße und gehorßamlich zu vorhalten, nach zu leben, ynen zu entgegen sich hynfuran nicht einzulassen. Gescheen etc. sonnobendis nach Quasimodo geniti im XV hundert und funffzigsten iare, aber gegeben und mytt unnserem hierauff gedruckten stadt secret besiegellt und bekrefftiget freytags nach dem sontage Oculi nach Christi unnsers liebenn herrn geburtt ym XV hundert und ein und funffzigstenn jharenn.

Originalkonzept des Löwenberger Magistrats auf Papier mit vielen Korrekturen.
[Staatsarchiv Breslau, Rep. 132a. Depositum Löwenberg, Nr. 373. „Alte Acta der Steinmetzer", vol. I: 1551—1605.]

Gustav Croon

---

¹) Vgl. Wernicke a. a. O., Löwenberg 30.
²) Vgl. Wernicke a. a. O., Löwenberg 41?
³) Vgl. Wernicke a. a. O., Löwenberg 2?
⁴) Vgl. Wernicke a. a. O., Löwenberg 38?
⁵) Vgl. Wernicke a. a. O., Löwenberg 24?

DIE BILDNISSE VON JOHANN HESS UND CRANACHS „GESETZ UND GNADE"

Immer dringlicher wird die Schaffung einer Iconographia Silesiaca. Dass hier nur möglichst enge Verbindung kunst- und literargeschichtlicher Forschung zum Ziele führen kann, dass aber auch so noch grosse Schwierigkeiten zu überwinden sind, glaube ich in den zwei in dieser Zeitschrift veröffentlichten Arbeiten über die Bildnisse von Valentin Trotzendorf[1]) und Heinrich Ribisch[2]) gezeigt zu haben. Dasselbe Ergebnis hat die dritte hier vorgelegte Arbeit über die Bildnisse des Zeitgenossen und Freundes jener beiden Männer, Johann Hess. Die Vorarbeiten zu ihr liegen geraume Zeit zurück. Ich wusste nicht, dass sie ein aktuelles Interesse dadurch erlangen würde, dass ein Aufruf zur Errichtung eines Denkmals für den Reformator Breslaus und Schlesiens in Vorbereitung, Sammlungen bereits im Gange sind. Das musste mich allerdings bestimmen, mit der Veröffentlichung nicht länger zu zögern.

I

Am Heiligen Dreikönigstage 1547 war Dr. Johann Hess entschlafen. Breslau, soweit es protestantisch geworden war, wusste die Grösse des Verlustes zu ermessen und erwies

---

[1]) Schlesiens Vorzeit VII S. 502—514.
[2]) Ebenda N. F. IV S. 88—112. Zu den daselbst veröffentlichten Bildern ist noch eines hinzugekommen, dessen Kenntnis ich Herrn Stadtbibliothekar Dr. Hippe verdanke, ein Kupferstich von Endler im „Breslauischen Erzähler", VII. Jahrgang (Breslau 1806) No. 22 Taf. 7, der aber als völlig apokryph bezeichnet werden muss.
   Ich benutze die Gelegenheit, zwei kurze Nachträge zum „Ribischhause" zu geben. Wenn eine mir von hochgeschätzter Seite ausgesprochene Vermutung das Richtige trifft, dass die unterste Figur in dem Pilasterfriese ein Totengerippe darstellt, so fällt damit auch auf die oberste Gruppe, die Geburtsszene, das befriedigendste Licht. Nach demselben Gewährsmann finden sich Reste der Fassadenarchitektur des alten Hauses oben im Westgiebel des neuen eingemauert.

dem Reformator der Stadt auch im Tode die gebührenden Ehren. Er wurde vor dem Hauptaltare der Maria Magdalenenkirche beigesetzt. Moiban, sein Genosse, und Krato von Krafftheim, sein Schüler, sprachen am Sarge.

War in ihren Reden das Bild des Theologen und Humanisten gezeichnet worden, so war man beflissen, auch durch die bildende Kunst seine Züge auf die Nachwelt zu bringen.

Grabstein und Medaille

Auf dem Steine, der das Grab schloss, wurde er in ganzer Figur gebildet[1]) die Bibel haltend und mit dem Finger der rechten Hand auf das Wort des 116. Psalm: Credidi propter quod locutus sum, Ego autem humiliatus sum nimis[2]) hinweisend. Die Inschrift lautete[3]): „Nach Christi Geburt 1547. den 6. Januarii ist in Gott entschlafen der achtbar Ehrwürdige Herr Johannes Hessus der heil. Schrifft Doctor Pfarrherr alhier deme und uns Gott der Allmächtige gnade. Amen." Leider unterliess man es, den Stein zu schützen. Er und mit ihm die Figur und die Inschrift wurden bis zur Unkenntlichkeit abgetreten. Bei der Feier des Reformationsfestes 1817 wurde „in den Grabstein eine Platte von geschmiedeten Eisen eingelassen, auf welcher die aus Metall gegossenen vom Gürtlermeister Hoensch meisterhaft gearbeiteten Buchstaben, Name und Todesjahr des Verewigten Joh. Hess. 1547 sich befinden[4])". Wahrscheinlich sind die Reste der Figur damals beseitigt worden. Die Akten über die Erneuerung des Innern der Kirche im Jahre 1889 reden nur von der Platte und bemerken ausdrücklich, dass eine Figur nur früher vorhanden gewesen sei. Die neue Platte von 1889 hat nur die Inschrift: Joh. Hess 1490 † 1547.

Keinen Ersatz für das einzige ikonographische Denkmal der Plastik bietet das einzige Denkmal der Prägekunst, welches Klose in seinen handschriftlichen Hessiaca[5]) und Fischer a. a. O. S. 37 erwähnen, eine Hess zu Ehren geprägte Medaille mit der Beischrift: „Johannes Hessus Theologus" und dem Familienwappen. Denn diese Medaille beruht nur auf dem Zeugnis von Kundmann, Silesii in Nummis S. 275 t. XXII 66. Und dieses Zeugnis ist, wie sich immer mehr herausstellt, wertlos. Kundmann gibt weder an, von wem noch wann die Medaille geprägt ist. Niemand hat sie gesehen. Weder die Form des Gesichts noch der Wuchs der Haare oder der Schnitt des Bartes gleichen denen der sicheren Hessbilder. Sie ist, wie so viele von Kundmann veröffentlichte Denkmünzen[6]), für apokryph zu achten.

---

[1]) Nik. Pol, Breslauer Annalen, zum Jahre 1547 (herausg. von Büsching, III S. 134): „Er lieget vor dem hohen Altar unter einem weissen Stein, darauf sein ganzes Bildniß, begraben, ein Buch haltende und mit dem Finger auf diese Psalmenwort zeigende: Credidi usw."

[2]) nimis fehlt bei Pol, steht aber in Ezechiels Hessiana (Breslauer Stadtbibliothek).

[3]) Sie ist durch Ezechiels Hessiana aufbewahrt.

[4]) So Fischer, Reformationsgeschichte von Maria Magdalena, Breslau 1817, S. 36.

[5]) Handschrift der Stadtbibliothek von Breslau Klose 206 fol. 5 b: „Auf der dreilötigen Münze so Hesso zu Ehren geprägt, steht er im Brustbild mit umschriebenem Namen und Titel als Johannes Hessus Theologus. Auf dem Revers: das hochadlige alte Wappen derer Hessen, so ein blauer Löwe im gelben Felde ist, haltende in der rechten Pratze ein knörrichtes Holtz, darinn geschrieben: Arma Hessiaca."

[6]) Zeitschr. f. Gesch. Schlesiens Bd. XXXXI (1907) S. 229.

Zugrunde gegangenes Bild in der Magdalenenkirche

Wir sind auf Bilder und von diesen abhängige Zeichnungen und Stiche angewiesen.

Der zeitlichen Reihenfolge nach verdiente unter diesen den ersten Platz das, wie wir sehen werden, bald nach seinem Tode geweihte Epitaph der Magdalenenkirche. Aber der Gang unserer Untersuchung bringt es mit sich, dass wir diesem Familienbilde ein anderes, Hess allein zeigendes, Bildnis vorangehen lassen.

Wir begreifen ohne weiteres, dass sich früh der Wunsch einstellte, vom Reformator und ersten protestantischen Pastor der Magdalenenkirche ausser jenem Epitaphbilde, das ihn am Fusse einer grossen Komposition in kleiner Figur und der knieenden Stellung eines Betenden im Kreise seiner Familie zeigt, ein eigenes Bildnis zu besitzen. Und der Wunsch wurde bald erfüllt; wenn Ezechiel[1]), wie es scheint, Recht hat, noch bei Lebzeiten Melanchthons. Denn die zwei Distichen, welche neben D. Joh. Hess unter dem Bilde standen:

>   Quod tenebris pulsis et secli nocte prioris
>   Lucem Evangelii clara Budorgis habet
>   Debet id omne Deo magnique laboribus Hessi
>   Qui fuit hic verbi buccina prima sacri

trugen nach Ezechiel die Unterschrift: Phil. Melanchth.

Das Bild befand sich an einer bedeutungsvollen Stelle, nämlich in der von Hess gegründeten[2]) und vielbenutzten Bibliothek der Kirche. Es wurde auch führend für die Reihe der Bildnisse seiner Nachfolger, denen ebenfalls je zwei lateinische Distichen in der Art des ersteren beigefügt wurden. Ein Teil derselben — von Joachim Pollio (1618—1644) bis Raschke (1741) ist noch heut vorhanden. Das von Hess ist zugrunde gegangen, wie Klose in den am 25. Mai 1788 niedergeschriebenen Hessiaca (Hdr. 206 der Stadtbibliothek) fol. 3 mit folgenden Worten bezeugt: „Sein Bildnis hat sich ehemals auf der Mar. Magdal. Bibliothek nebst der ganzen Folge der Pastoren zu M. Magd. befunden, ist aber durch die Bombe welche bei der Preuß. Belag. in die Biblioth. geschl. vernichtet worden." Wenn man sich überhaupt hüten wird, einer derartigen bestimmten Angabe Kloses einen Zweifel entgegenzustellen, so besonders dieser, für welche er die Bedeutung eines Augenzeugen in Anspruch nehmen darf. Scheibel nämlich erzählt im Leben seines Oheims Arletius[3]): „(1757). erfolgte die Preußische Belagerung, während welcher Arlet, obgleich nicht von Amtswegen, sich mit seinem sehr vertrauten, damals noch privatisirenden Freunde, dem

---

[1]) In den handschriftlichen Hessiana der Stadtbibliothek zu Breslau und in der Handschrift der Monumenta et inscriptiones Vratisl. zu Dieban F h 618 vol. III S. 127.

[2]) Christophori Coleri Oratio auspicalis cum habita solemni Panegyri Bibliotheca Maria-Magdalenaea usibus publicis dedicaretur, Vratislav. Anno MDCXLVI fol. B⁵: Primus Parens, hoc est primigenius huius Magdalenaeae Bibliothecae conditor fuit Johannes Hessus.

[3]) Scheibel, Lebenslauf des weyland Herrn Johann Caspar Arletius, Breslau 1789, S. 17.

itzigen Herrn Rektor Klose auf die Mar. Magdal. Bibliothek am 14. Dec. vorm. begeben hatte, als beyde in die größte Lebensgefahr geriethen; indem eine Bombe durch den Bogen zur rechten Hand des westlichen Fensters einschlug, den Fußboden aufriß und in 8 Stücke zersprang. Zum Glück befand er sich eben zwischen zwey Bücherschränken und blieb unbeschädigt; Hr. Klose aber, der noch bey dem nächsten Pfeiler in der Mitte stand, war am Kopf stark verwundet worden. Alle Fenster wurden ausgeschlagen, etliche Bände eines großen Herbarii vivi zerrissen, deren einige auch zu brennen angefangen, und die meisten Naturalien nebst vielen Bildern zerstöret." Tatsächlich fehlt das Bild von Hess nebst denen seiner ersten Nachfolger in der Reihe der Bildnisse der Pastoren der Kirche, welche seitdem in die Sakristei versetzt und unter einen gemeinsamen Rahmen gebracht worden sind.

Zum Glück aber ist das Bild nicht spurlos untergegangen, sondern wenigstens durch eine auf S. 117 abgebildete Miniaturkopie erhalten, welche der bekannte Sammler, Syndikus Dr. Andreas Assig[1]) (1618—76) von ihm wie von den Bildern zweier Nachfolger Hessens, Johann Fleischer († 1593) und Johann Scholtz des Jüngeren (1599—1618), sich verschafft hatte. In dem Sammelbande des Breslauer Stadtarchivs nämlich E 2, 2, der auf dem Rücken des Einbandes die Aufschrift Andreae von Assig, Privilegia Civitatis quae huc pertinentia. II de Xenodochiis et Hospitalibus incolis insulis S. Johannis et in Arena trägt, finden sich fol. 399b zwar nicht von Assigs, sondern eines Kanzlisten Hand geschrieben: Specialia notata de Templis Urbicis divae Mariae Magdalenae et divae Elisabethae sacratis und ziemlich am Anfange derselben folgende Notiz: „Weil nu D. Johann Hessus auch in die Magdalenceam installirt worden, hat ab illo tempore diese besonders den Vorzug, und ist deßen Bildnüß, wie auch zum Theil seiner Successorum anczeigen, von den Pfarrherren ad divam Mariam Magdalenam aber nachricht soviel deren zu erlangen gewesen, aufgezeichnet." Zwar ist dieser Text, wie es scheint, durch eine Lücke entstellt, aber schwerlich lässt sich ein Zweifel begründen, dass, wenn bald darauf (fol. 401) die Effigies Doctoris Johannis Hessi und danach (fol. 402) die gleichartigen Bilder von Joh. Scholtz und Fleischer mitgeteilt werden, diese nach den Gemälden der Kirchenbibliothek von Maria Magdalena gemacht sind. Es sind weiss gehöhte Sepia-Tuschzeichnungen des 17. Jahrhunderts in der Form des Medaillons. Dem Einwande, dass vielleicht nicht dieses, sondern ein anderes, ebenfalls einmal auf der Magdalenen-Bibliothek befindliches und alsbald von uns näher zu betrachtendes Bild von Hess die Vorlage gebildet habe, möchte ich mit der Bemerkung begegnen, dass dem Medaillon-Porträt sowohl der leidende Zug im Gesicht dieses fehlt, als auch ein andrer Haarwurf eigen ist. Die Enden der Haare gehen nämlich hier oberhalb der Ohren etwas in die Höhe.

Bild im Schlesischen Museum für Kunstgewerbe und Altertümer

Welche Bewandtnis aber hat es mit dem eben erwähnten andern Bilde der Magdalenen-Bibliothek?

---

[1]) H. Wendt, Zeitschr. f. Gesch. Schlesiens XXXVI S. 135 f.

TAFEL VII

Porträt des Johann Hess
Im Schlesischen Museum für Kunstgewerbe und Altertümer

Hess hat sich auch bei Lebzeiten malen lassen: zuerst[1]) im 25. Priester-, 54. Lebensjahre, also 1544, wenn auf das Epigramm Verlass ist, welches nachmals Nic. Reusner auf das Bild gedichtet hat:

> Quinque fere lustris Christum per templa professus
> Joannes Hessus corpore talis eram.
> Lustra decem vixi, tres annos insuper: aevi
> Quod superest, nutu dirige, Christe, tuo[2]);

sodann noch einmal, kurz vor seinem Tode. Dieses auf Tafel VII veröffentlichte Bild ist, nachdem es wahrscheinlich, wie das erstere, zuerst im Besitze der Familie gewesen war, — diese starb 1659 im Mannesstamme aus — an die städtische auf der Magdalenen-Bibliothek bewahrte Gemäldesammlung, dann ins Ständehaus[3]), das Schlesische Museum der bildenden Künste, zuletzt ins Schlesische Museum für Kunstgewerbe und Altertümer überführt worden. Es misst 57×74 cm[4]), ist auf Holz gemalt und trägt die Inschrift:

> Sola Spes Mea Crstus[5])
> Aetatis Suae LVII
> 15 46.

Nach Malweise und Schrift kann nicht bezweifelt werden, dass es Original ist. Wie die Dinge liegen, bildet es die Grundlage der Ikonographie von Hess. Sämtliche erhaltene Bildnisse, mit Ausnahme des Assigschen, des Abendmahlbildes und des Epitaphs, gehen auf dieses zurück.

1) Das Bild in der Kapelle des von Hess gestifteten Allerheiligen-Hospitals (52×75 cm), auf Leinwand gemalt. Zwar ist die Inschrift:

> Sola Spes Mea Christus
> Aetatis Suae LVII
> 1546.

frei von dem Versehen des Originals. Auch trägt das Bibelbuch, auf welches Hess weist, eine Inschrift, welche in jenem fehlt oder, richtiger gesagt, unleserlich ist, nämlich: „Ich

---

[1]) Noch früher, nämlich 1537, ist, wenn meine Vermutung das Richtige trifft, Hess unter absonderlichen Verhältnissen gemalt worden: in dem jüngst im Rathause wieder aufgefundenen „Abendmahlsbilde". Als mir Herr Professor Dr. Masner dasselbe kurz nach seiner Auffindung zeigte, äusserte ich ihm sofort die Vermutung, dass Christus die Züge von Hess, sein Nachbar zur Linken die von Heinrich Ribisch trage. Kopfbildung und Haartracht beider Figuren stimmen zu denen der gesicherten Bildnisse.

[2]) Operum Nicolai Reusneri Leorini Silesii iurisc. et consil. saxonici pars tertia continens epigrammatum libros XXIV, Jenae 1593 p. 380: De effigie Joan. Hessi Theol. Hess hatte am 27. März 1519 die Diakonatsweihe erhalten (Küntzel, Dr. Joh. Hess, Breslau 1890 S. 13). Auf das Bild der Magdalenenbibliothek kann sich dieses Epigramm nicht beziehen, denn jenes war, wie das Qui fuit hic verbi buccina prima sacri der Unterschrift beweist, nach Hessens Tode gemalt.

[3]) Katalog der Bilder-Galerie im Ständehause zu Breslau, 2. Aufl. Breslau 1857, S. 22 No. 499; 3. Aufl. 1863 S. 30.

[4]) Es sitzt heut in einem neuen Rahmen, hat aber von seinem ursprünglichen Bestande nichts, also auch keine Unterschrift eingebüsst.

[5]) Zwar hat dieses Wort etwas gelitten, aber an der Schreibung, die nur auf einem Versehen beruhen kann, ist kein Zweifel. Und gerade das Versehen spricht für die Originalität.

bin die Auferstehung und das Leben, wer an mich glaubet, der wird leben, ob er gleich stürbe und wer da lebet und an mich." Aber gerade die Form dieser Inschrift spricht gegen die Originalität und für Entstehung im 17. Jahrhundert. Während Hess ferner im Museumsbilde durchaus passend mit dem Zeigefinger der rechten Hand auf den biblischen Text weist, ist es im Kapellenbilde der Finger der linken Hand, welcher zeigt. Und wenn in letzterem die Augen grösser und muntrer, das Gesicht aber faltiger ist, so sind auch dies Änderungen des Kopisten, welche nicht im Einklange mit der Auffassung des Originals sind. Denn Hess stand, als er sich malen liess, erst im 57. Lebensjahre, war aber schon leidend. Und so kann auch in bezug auf die Malweise das Kapellenbild sich nicht mit dem Museumsbilde messen.

2) Das in Tuschzeichnung ausgeführte und weiss gehöhte Rundbildchen, welches Ezechiel besass und welches sich jetzt in dem Faszikel Hessiana von Ezechiel auf der Stadtbibliothek in Breslau befindet. Hier weist er, wie im Original, mit dem Zeigefinger der rechten Hand, die Worte: Sola Spes Mea Cristus stehen aber auf dem Buche. Die Unterschrift lautet: Joannes Hessus Norimberg. Theolog. Vrat. nat. 1490. Mens. Sept. denat. 1547. 6 Jan. aet. LVI. Symb: Credidi, propter quod locutus sum, letzteres von der Grabinschrift entlehnt.

3) Nach diesem Medaillonbildchen ist ein — sehr geringer — Kupferstich gemacht, welcher die Inschrift trägt: Johannes Hessus Norimb. Theolog. Doctor Eccl. Vrat. Pastor nat. Ao. 1491 Mense Septembri obiit 1547. d. 6. Januarii Aetat. LVI. Ex Tab. Aen. C. Ezechielis[1]). Zwischen Doctor und Eccl. ist das Wappen angebracht. Er gibt nur das Brustbild ohne die Hände. Der Talar ist pelzartig verbrämt. Ein Vorhang bildet den Hintergrund.

4) Eine Kopie des Originals ist auch das 1817 von dem älteren Höcker im Auftrage des Magistrats für die Magdalenenkirche auf Leinwand gemalte[2]), in der Sakristei aufgehängte Ölbild (62×81 cm). Die Aufschrift fehlt, auf der Bibel aber stehen hier die Worte der Grabinschrift: Credidi ideoque locutus sum. Ps. 116, 10.

5) Eine Zeichnung nach dem Original von Julie Mihes gemacht, wurde von Menzel, dem Vater[3]) Adolf Menzels, in einer Kupferätzung und einem Steindruck vervielfältigt. Auf der Ätzung steht: Dr. Johann Hess, auf dem Buche: Ps. CXVI, 10 und Credidi, ideoque locutus sum, quum, auf dem Steindruck dasselbe bis auf das unrichtige quum. Der Steindruck wurde vorgesetzt den Schriften von Fischer, Kolde (Johann Hess, Breslau 1846) und Küntzel.

6) Nur Kopf und Brust des Bildes gibt wieder das im Wartezimmer des Ober-Inspektors des Allerheiligen-Hospitals befindliche, auf Eichenholz gemalte Bild (31,5×41,5 cm) mit der Beischrift links: Effi : D : Johā | Hessi. Pasto | Wratis : und rechts: Aeta: Suae LVII | Obyt Anno | MDXXXXVII;

---

[1]) Ein Exemplar ist auf der Stadtbibliothek.
[2]) Fischer a. a. O. S. 37 f.
[3]) Semrau, Gedächtnisrede auf Adolph von Menzel, Jahresber. d. Schles. Ges. f. vaterl. Cultur im J. 1905 S. 18.

7) endlich ein auf der Stadtbibliothek befindlicher — geringer Kupferstich mit der Unterschrift: Johann Hess.

Epitaphbild der Maria Magdalenenkirche

Erst jetzt können wir zu dem oben bereits erwähnten Epitaphbilde in der Maria Magdalenenkirche (Taf. VIII) übergehen, einem der interessantesten Kunstwerke Breslaus aus dem 16. Jahrhundert, das nicht nur, was die ganze Figur betrifft, Ersatz für das Grabrelief leisten muss, sondern auch kunstgeschichtlich hoch bedeutsam ist. Das Bild (115×115 cm) auf Holz gemalt, wurde an einem der Pfeiler gegenüber der Kanzel aufgehängt, an einem hervorragenden Platze, den man ihm wiedergeben sollte, nachdem es 1889 bei der Erneuerung des Innern der Kirche oberhalb der Eingangstür zur Sakristei, so ziemlich der dunkelsten Stelle der Kirche, aufgehängt worden ist.

Ergibt sich aus der in schönen gotischen Buchstaben ausgeführten Überschrift: Johannes Hessus, doctor theologiae, pastor ecclesiae dei in hac urbe wratislavia: decessit ex hac mortali vita, anno domini millesimo quingentesimo XLVII die VI Januarii: ∞ der 6. Januar 1547 als terminus post quem für die Errichtung, so folgt aus der Unterschrift der 19. April 1560, der Todestag Melanchthons, als terminus ante quem. Denn von Melanchthon ist verfasst die aus 6 griechischen, in zwei Reihen nebeneinander gedrängten Distichen bestehende Unterschrift, welche mit Auflösung der vielen Buchstaben-Verschlingungen (und in möglichst wörtlicher Übersetzung) lautet:

Ἔστι θεῷ λιπαρῶν θυσία χαριεστέρα ἄλλων καὶ ὀδμὴν γλυκερὰ λοιβὴ ἱετ' ἀγαθήν,	Gott ist ein Opfer genehmer als andere reichliche Opfer Und eine Spende, aus der dringet der lieblichste Duft.
Τὴν σοφίαν καθαρῶς εὐαγγελίοιο διδάσκειν, καὶ φωνεῖν ὁσίαις δόγματα θεῖα φρεσίν.	Das ist: lauter die Weisheit der frohen Botschaft zu lehren Und zu verkündigen fromm unseres Gottes Gebot.
Τοῖος Ἰωάννης ποτὲ ἔνθα διδάσκαλος ἦεν, ᾧ πατρῴα ἔην Ἕσσος ἐπωνυμία.	Solch ein Lehrer war einst an dieser Stätte Johannes, Der von dem Vater her führte den Zunamen Hess.
Θέσφατα ἐς λαοῖς σπείρων ἐντάλματα Χριστοῦ πιστὸς ἐὼν δολεράς οὐ προσέμιξ' ἀπάτας,	Der einpflanzend dem Volk die Gott entstammten Gebote Christi nicht mischte bei allerlei listigen Trug.
Καὶ τίμησεν ἀκιβδήλοις ἀρεταῖς θεὸν αἰεί, ἐν κραδίῃ πίστιν, σεμνά τε ἤθη ἔχων.	Der mit Tugend, die frei von Schein, Gott immerdar ehrte Tragend im Herzen die Treu und einen edelen Sinn.
Νῦν οὖν ἐς μακάρων ψυχὴν θεὸς ἤγαγ' ὅμιλον ἐν δὲ σορῷ ταύτῃ λείψανα θῆκε πόλις.	Jetzt nun hat Gott in der Seligen Schar die Seele geführet, Doch die Reste des Leibs legt' in den Sarg hier die Stadt.

Denn dass das Gedicht von Melanchthon, Hessens Freund, herrührt, wird dadurch sichergestellt, dass Petrus Vincentius es in die von ihm revidierte Ausgabe von Phil. Melancht. Epigrammata Wittebergae 1563 und wiederholt 1575 M 4 mit der Überschrift: Epitaphium Reverendi viri D. Johannis Hessi S. Theologiae Doctoris et Vratislaviensis Ecclesiae pastoris aufgenommen hat, wenn auch dasselbe vielleicht von Melanchthon nicht für ein Epitaphgemälde, sondern, wie der Schlussvers anzuzeigen scheint, für das Grabmal selbst gedacht war.

Aber der immerhin noch beträchtliche Spielraum von 13 Jahren in der Entstehungszeit des Bildes lässt sich ganz erheblich verengern. Denn nicht bloss Hess, sondern auch seine Familie ist dargestellt. Hess war zweimal verheiratet: zuerst — seit 8. September 1525 — mit Sara Jopner Tochter des Schöffen Stephan Jopner[1]) (auch Spiegler genannt) († 1531), sodann — seit 1533 — mit Hedwig Wahle, Tochter des Wagemeisters (Zygostata) Peter Wahle († 1539). Eine jede gebar ihm vier Kinder. Wenn nun im Bilde Hess gegenüber zwei Frauen und vor einer jeden vier Kinder knien, die eine aber ein Wappenschild mit Kreuz und einem dieses durchbohrenden Pfeile, die andere ein solches mit verschlungenem P W hat, so kann nicht bezweifelt werden, dass letztere die Tochter von Peter Wahle, mithin die zweite Frau ist. Die vier vor der ersten knieenden sind ihre vier Kinder: Sara, Johannes, Anna und ein bei der Geburt gestorbenes, daher mit dem Sterbehemdchen bekleidetes Kind; desgleichen sind die vor der zweiten knieenden ihre vier Kinder: Martha, Magdalena, Paul und ein ebenfalls bei der Geburt gestorbenes, daher ebenfalls mit Sterbehemdchen bekleidetes[2]). Nun hat aber auch die älteste Tochter der ersten Ehe ein Wappenschild, auf welchem A und V verschlungen und S darüber sichtbar ist, also Sara, welche 1544 den Aurifaber geheiratet hatte. Die jüngere Tochter Anna entbehrt eines Schildes, war also zur Entstehungszeit des Bildes noch nicht vermählt. Nun hat diese am 8. Oktober 1549 den Staphylus geheiratet[3]). Mithin ist das Bild vor diesem Datum, mithin, so dürfen wir wohl nun weiter schliessen, bald nach dem Tode von Hess entstanden. Und dass dies das von vornherein wahrscheinliche ist, wer möchte das leugnen?

Damit gewinnt aber auch die ikonographische Bedeutung des Bildes. Der Maler hat Hess noch gekannt.

Und die Übereinstimmung wenigstens in den Grundzügen zwischen diesem Bilde und dem des Kunstgewerbe-Museums ist unbestreitbar.

Aber das Bild ist nicht bloss in ikonographischer, sondern auch in kunstgeschichtlicher Hinsicht von hervorragendem Werte. Neben dem knieenden Hess nämlich befindet sich nicht nur sein — oben geschildertes — Wappen, sondern auch, wie auf einem Spruchbande, die Inschrift: Di sünd ist des Todes Spies[4]), aber Das gesetz ist der Sünden Kraft 1 Cor: 15. Das gesetz richtett nur tzorn̄ an. Rom IIII. Desgleichen auf dem Bande hinter der ersten Frau: Der Gerecht lebt seines glaubens. Ro. 1. Wir haltenn, das der mensch gerecht werde durch den glauben, ohne des gesetzes wergk. Ro. 3; vor der zweiten Frau: Sihe: daß ist Gotes Lamb welches dehr weldt sünnde tregt. Johann. 1.; hinter der zweiten Frau: Der Tod ist verschlungenn im sieg. Tod: wo ist dein spieß? Helle: wo ist dein sieg? Gothe aber sey Danngk der unns den siegk giebett, durch Jesum Christum unserenn Herren. 1. Kor. 15. Sämtliche Inschriften gehören nicht zu den nur im Vordergrunde knieenden Porträtfiguren, sondern beziehen sich auf die Hauptkomposition,

---

[1]) Markgraf und Frenzel, Bresl. Stadtbuch (Cod. dipl. Sil. XI) S. 46 und 106. — Stieff, Hdr. der Stadtbibliothek 95 Blatt 29. — Köstlin, Joh. Hess, S. 219.

[2]) Küntzel S. 24.

[3]) Soffner, Staphylus S. 11.

[4]) Bei der Herstellung des Bildes 1889 ist das Wort „spies" versehentlich zu „sores" gemacht; das Wort „kraft" zu „knect".

Epitaph des Johann Hess
in der Maria Magdalenenkirche

woran jeder Zweifel ausgeschlossen wird durch die völlig gleichartige Inschrift der Bandrolle, welche von der einen Mittelfigur der Hauptkomposition ausgeht: Durchs gesecz komt erkentnus der sünde Rom 3. Das gesecz und all Propheten geenn bis auf Johannis zeit. Mat: 11.

Die Darstellung aber samt den Inschriften geht auf eine Komposition zurück, welche eine der bedeutungsvollsten Schöpfungen Lukas Cranachs ist. Dass man gerade sie für das Epitaph von Hess wählte, zeigt, in welchem Lichte man seine Wirksamkeit schaute. Denn jene Komposition ist als das Schiboleth der Reformationskunst im 16. Jahrhundert zu bezeichnen.

Dazu aber müssen wir ein wenig ausholen.

II

Als 1529 im Kurfürstentum Sachsen die protestantische Gottesdienstordnung durchgeführt worden war, empfand man, am stärksten in den führenden Kreisen Wittenbergs, das Bedürfnis, die Grundgedanken der Reformation im Bilde festzulegen, dergestalt dass dieses auch im Gotteshause Platz finden könnte. Im Mittelpunkte derselben stand die Lehre von der Rechtfertigung aus dem blossen Glauben. Diese aber führte von selbst zur Gegenüberstellung von Gesetz und Gnade, Tod und Erlösung, Altem und Neuem Testament. Cranach erhielt den Auftrag[1]), diesen Gedanken bildlichen Ausdruck zu verleihen, und es ist sehr lehrreich zu verfolgen, wie der Künstler bemüht war, der Schwierigkeiten des Stoffes Herr zu werden, der ihn bis an das Ende seines Lebens nicht mehr losgelassen hat; nicht minder aber auch zu beobachten, an wie vielen für die Reformation bedeutungsvollen Stätten seine Schöpfung einen hervorragenden Platz erhalten hat.

Ich gebe hier das Ergebnis meiner Untersuchungen, auf Polemik im einzelnen meistens verzichtend.

I) Cranach gelangte zuerst zu einer Komposition, welche auf eine symbolische Gegenüberstellung der Hauptbegebenheiten des Alten und des Neuen Testaments hinausläuft. Sie ist uns erhalten in zwei Gemälden aus dem Jahre 1529, welche der Zufall

---

[1]) Allerdings finden sich auch Berührungen mit einzelnen Stellen aus Predigten Luthers, (z. B. „über das erste Buch Mosis" von 1527, Luthers sämtl. Werke Bd. 33, Erlangen 1843, S. 5 f.; Bd. 34 S. 14 f., S. 19: „Siehe, das ist das Evangelion, dadurch darnieder liegt und verdampt ist alle Welt unter Sunde, Tod und Teufel mit alle ihrer Herrlikeit, Frömmigkeit und guten Werken. Denn es findet sich, dass es nicht der Segen ist. Wiederumb ist aufgericht vor und ohn alle Werk lauter Gnade durch Christum, dass sich Niemand rühme, sondern Jedermann Gott danke, dass er den Samen erweckt hat, durch wilchen der reiche und ewige Segen kömpt. Das ist die ganze Theologie auf einen Haufen, davon bisher keine Gelehrten noch hohe Schulen ein Wort verstanden haben." S. 20 mit Anführung der Stelle Jes. 7, S. 21 f. „Auslegung über etliche Capitel des andern Buches Mosi, gepredigt zu Wittenberg anno 1524. 1525. 1526" Bd. 35 S. 55 und 90 mit der Gegenüberstellung des dürren und grünen Holzes und der Empfängnis Christi durch Maria; „Auslegung der zehn Gebote aus dem 19. und 20. Kapitel des zweiten Buches Mosis, gepredigt zu Wittenberg 1528" Bd. 36 S. 8 über Johannes den Täufer), doch gehen diese nie so auf das Ganze, dass man die Predigten für die unmittelbare Quelle der Komposition Cranachs halten dürfte. Über ein eigentümliches zusammentreffen von Cranach mit Luther s. unten S. 128.

Nr. 1. Bild in Prag

beide nach Prag in das Rudolfinum gebracht hat, wo sie die Nummern 158 und 159 tragen. Ersteres befand sich vorher in der Sammlung Thun-Kolowrat. Beide sind auf Holz gemalt; Nr. 158 misst: 87×90 cm, Nr. 159: 91×74 cm. An beiden steht am Baumstamme 15 29, darunter die Schlange mit Fledermausflügeln und dem Ringe. Wie die feinere Ausführung der Gesichter, aber auch der Stadt im Hintergrunde zeigt, ist 158 das Original. 159 ist Wiederholung, ob von Cranachs Hand gemalt, bleibt unsicher, und entbehrt der vier Reihen von Textunterschriften. Nr. 158 kommt auf S. 126 nach einer Herrn Museumsinspektor Dr. Bergner verdankten Photographie zur Abbildung.

Der Gegensatz zwischen Altem und Neuem Testament wird zunächst dadurch betont, dass die Hauptbegebenheiten beider durch einen das Bild in zwei Hälften teilenden Baum geschieden sind, der auf der linken — alttestamentlichen — Seite kahl und abgestorben, auf der rechten — neutestamentlichen — Seite belaubt und grünend ist. Auf

Nr. II. Bild in Gotha

der linken Seite oben reichen die Hände von Gott Vater aus den Wolken dem auf dem Berge Sinai knieenden Moses die zwei Gesetzestafeln. Darüber steht: Gesecz. Auf der rechten Seite empfängt Maria, blondhaarig, in dunkelgrünem Gewande, ebenfalls auf einer Anhöhe stehend, von einer Engelsglorie umschwebt, mit gefalteten Händen den Strahl, der von dem mit einem Kreuz aus den Wolken und der Engelsglorie herabschwebenden Christuskinde ausgeht[1]). Über ihm steht „Emanuel", über Maria „Gnad", unter der Engelsglorie: „Engel erhalten zu dem Dienst Christi". Unter dem Sinai ist der Sündenfall mit der Unterschrift: Sunder; unter der Höhe der Empfängnis das Lamm, das eine gläserne Kreuzesfahne hält, mit der Unterschrift: Vnser Vnschuld. Neben dem Sündenfall ist von Lagerzelten eingefasst die Erhöhung der Schlange in der Wüste mit der Unterschrift: Figur der Rechtfertigung; auf der entgegengesetzten Seite der Crucifixus mit der Unterschrift: Vnser Rechtfertigung. Links von ihm die Verkündigung der Geburt Christi durch den Engel an die Hirten. Im Vordergrunde sind links zwei Gräber, in deren vorderem geöffneten ein Toter liegt, mit der Unterschrift: Todt; rechts der aus der Grabeshöhle auferstandene

---

[1]) P. Lehfeldt, Luthers Verhältnis zu Kunst und Künstlern, Berlin 1892, welche Schrift mir erst nach Abschluss meiner Untersuchungen zu Gesicht kam, irrt, wenn er S. 76 „Maria vom heiligen Geist empfangen" dargestellt sein lässt.

Christus auf dem als Drachen gebildeten Teufel stehend und auf den als Gerippt gebildeten noch den rechten Arm hebenden Tod die gläserne Kreuzesfahne setzend mit der Unterschrift: Vnser Vberwindung.

Den Mittelpunkt der ganzen Komposition aber bildet eine Gruppe von drei Figuren: ein nackter Mann mit gefalteten Händen vor dem Baum sitzend und nach rechts um- und aufblickend mit der Unterschrift: Mensch an Gnad, der sich sowohl von einem links stehenden Weissbärtigen mit der Unterschrift: Propheten, als auch von dem rechts stehenden ein verschlossenes Buch haltenden Täufer Johannes mit der Unterschrift: Anzeiger Christi, auf den Crucifixus hinweisen lässt. Den Hintergrund bildet eine hochgebaute Stadt: Jerusalem.

Endlich stehen auf der Predelle in vier Reihen nebeneinander gleichsam als Fundament der einzelnen Darstellungen folgende Sprüche in gotischen Buchstaben:

1). Roma. 6. Der Todt ist der sünden sold. 1. Kor. 15 / Die Sünd ist des Todes spies[1]). Aber das gesetz ist der / sünden krafft. Roma. 4. Das Gesetz richtet zorn ahn.
Roma. 1. Es wirdt offenbart Gottes zorn von himel uber / aller menschen gotlos leben und unrecht. Roma. 3. / Die seindt alezumal sünder und mangeln des preises das sie / sich Gottes nicht rümen mögen.
2). Roma. 3. Durch das gesetz komet erkenntnis der Sünden. / Matthei. 11. Das gesetz und Propheten gehen bis auff Jo/hannis zeitt.
Roma. 7. Ich Elender Mensch wer wirdt mich erlösen / aus dem Leibe des Todes. Roma. 1. Der gerechte lebet gerns ge/lawbens. Roma. 3. Wir halten das ein Mensch ge/recht werde durch den gelauben on werck des gesetzes.
3). Marci 1. Es Wirdt ein stercker komen nach mir S. / Joannes Baptist. Joan. 2. Sihe das ist Gottes lamb / das der weltt sünde treget. 1. Petri 1. In der heili-/gung des geistes zum gehorsam und besprengung des blu-/tes Jesu Christi. Amen.
Esaie 26. Send das Lamb den herscher der Erdenn / Exodi 12. Es wirdt sein ein Lamb on mackel.
4). Der Todt ist verschlungen Im sieg. Todt wo ist dein ¡ spiess? Helle wo ist dein sieg? Danck hab Gott / der unns den sieg geben hatt durch Jesum Christum / Unsern Herren. 1. Korin. 15.
Matthei 4. Die Engel haben sich genehet unnd dieneten yhm. Wenn seinen Engeln ist gepoten von dir auff das sie dich behütten yn allen deinen wegen. Psal. 90.

II) Noch in demselben Jahre 1529 aber ging aus Cranachs Werkstatt ein zweites Bild hervor, das als Umarbeitung des ersten zu bezeichnen ist, wenn auch nicht von ihm selbst, sondern vielleicht von seinem Sohne Hans gemalt, so doch von ihm selbst erfunden,

---

[1]) Diese Übertragung von κέντρον — stimulus findet sich nach einer freundlichen Mitteilung des Herrn Professor Dr. Walther weder an dieser noch an der in Inschrift 4) genannten Stelle in irgend einer der bekannten deutschen Übersetzungen.

Um so bemerkenswerter ist das Zusammentreffen mit einer auch inhaltlich durchaus verwandten Stelle in Luthers Schrift: „Von der freyheyt eynes Christenmenschen", Wittenberg 1520 (Luthers sämtl. Werke Band 27 S. 188): „Denn wer will einem solchen Herzen Schaden thun oder erschrecken? fällt die Sund und der Tod daher, so glaubt es, Christus Frummkeit sei sein, und sein Sund sein nimmer sein, sondern Christi; so muss die Sund vorschwinden, fur Christus Frummkeit in dem Glauben, wie droben gesagt ist. Und lernet mit dem Apostel dem Tod und Sund Trotz bieten und sagen: Wo ist nu, du Tod, dein Sieg? wo ist nu Tod, dein Spies? dein Spies ist die Sund. Aber Gott sei Lob und Dank, der uns hat geben den Sieg durch Jesum Christum unsern Herrn, und der Tod ist ersäuft in seinem Sieg usw." In der lateinischen Vorlage, De libertate Christiana D II v. (ed. 1521) steht: ubi est, mors, stimulus tuus? Stimulus autem mortis peccatum est.

das heut im Museum zu Gotha Nr. 333 befindliche Bild, dessen ursprünglicher Bestimmungsort zwar nicht bekannt ist, jedenfalls aber auch eine Kirche war. Auch dieses Bild ist auf Holz gemalt und trägt am Baumstamme die Signatur: 15 29 und darunter die Schlange mit den Fledermausflügeln und dem Ringe[1]). Abgeb. auf S. 127.

Die Grundlage der Komposition blieb unverändert, die durch den Baum herbeigeführte Zweiteiligkeit und die Raumverteilung im ganzen, auch der Hintergrund. Aber in der Handlung selbst wurden grosse Veränderungen vorgenommen, die Strenge der Responsion aufgehoben, die Ruhe der Darstellung mit einer dramatischen, teilweis sogar drastischen Lebendigkeit vertauscht. Der Gegensatz der Empfangnahme der Gesetzestafeln durch Moses und der Empfängnis des Christuskindes durch Maria fiel weg. An die Stelle der ersteren trat der präexistente Christus, von dessen Haupt Schwert und Lilie ausgehen, als Weltenrichter thronend auf der vom Symbol des Friedens, dem Regenbogen, umkreisten Himmelskugel, von den Heiligen angebetet; an die Stelle der Maria trat Christus gen Himmel fahrend. Der Sündenfall und die Anbetung der Schlange in der Wüste auf der einen Seite, der Crucifixus und die Verkündigung der Geburt an die Hirten auf der anderen Seite blieben. Nur kam der Crucifixus etwas tiefer zu stehen und wurde damit zugleich in den Dimensionen vergrössert. Auch geht von ihm hier ein Blutstrahl und in diesem der heilige Geist in Gestalt einer Taube auf das Haupt des zum Glauben gelangten Sünders aus. An Stelle des aus dem Grabe erstehenden Christus tritt das Lamm mit der gläsernen Kreuzesfahne als Überwinder von Tod und Teufel. Johannes ist ziemlich unverändert geblieben: er hält auch hier ein geschlossenes Buch in der Linken und weist mit zwei Fingern der Rechten den Sünder auf den Crucifixus. Der Sünder selbst blickt mit gefalteten Händen zu diesem auf, aber nicht vor dem Baume sitzend, sondern diesseits desselben, also rechts, stehend. Der Prophet aber als Anzeiger Christi, in der Tat in der ersten Komposition eine Wiederholung des Johannes, ist beseitigt oder, genauer gesagt, in einer andern Gruppe untergegangen. Dies führt auf die stärkste Änderung. An Stelle der Gräber und des Toten ist der sündige Mensch getreten, verfolgt von dem Spiesse des Todes und dem Teufel, ohne zu merken, dass sich die Hölle mit ihren lodernden Flammen und dem Geschrei der in ihr Befindlichen vor ihm auftut, aber angstvoll schreiend[2]), weil er zur Erkenntnis seiner Sünden gelangt ist. Denn Moses weist ihn hin auf die aufgeschlagenen Gesetzestafeln, und dieselbe Sprache reden, um ihn gruppiert, David, Jesaias, Jeremias.

Letztere Gruppe steht sichtlich unter dem Einflusse einer Cranach wohlbekannten Holzschnittkomposition, des Vorsatzblattes zu der zwei Jahre zuvor, 1527 in Dresden erschienenen ersten illustrierten Ausgabe der Übersetzung des Neuen Testamentes von

---

[1]) Lehfeldt, Bau- und Kunstdenkmäler Thüringens, Heft 8 S. 96 erklärt es für ein Werkstattbild, Flechsig, Cranachstudien I. Teil S. 249 und 272 schreibt es Hans Cranach zu. Wenn aber Heyck, Lukas Cranach (Künstlermonographien Nr. 95) S. 80 urteilt, dass auch die Komposition die des Sohnes sei, so ergibt sich die Unrichtigkeit ohne weiteres aus meinen Darlegungen.

[2]) Das Vorbild zu dieser Gruppe findet sich im Mittelbild des Epitaphs von Heinrich Schmitburg von 1518 in Leipzig (Flechsig, Tafelbilder Cranachs Taf. 32).

Hieronymus Emser[1]), trotzdem diese nach dem Willen des Herzogs Georg von Sachsen bestimmt war der Lutherschen Übersetzung entgegenzutreten. Dieser Holzschnitt, mit M.DXXVII. G· L· d. i. Gottfrid Leigel[2]) bezeichnet, zeigt Moses, durch die Hörner gekennzeichnet, in derselben Stellung und Handlung, neben ihm David und Propheten. Aber David weist hier auf das Christuskind hin, das von der thronenden Maria auf dem Schosse gehalten und ihrerseits auf Moses und die Propheten hingewiesen seine Hände nach ihnen ausstreckt, während das Johanneskind wie Joseph neben ihr stehen und Gott Vater, ähnlich wie auf dem Prager Bilde, segnend aus den Wolken herabschaut.

Den Figuren selbst sind in Nr. II keine Beischriften gegeben; die Unterschriften, in sechs Reihen gebracht, tragen noch besondere Überschriften: Vom Regenbogen und gericht, Vom Teuffel und Todt, Vom Mose und den Propheten, Vom Menschen, Vom Teuffer, Von Tode und Lamb. Im Text weichen sie von dem der ersten Komposition nur wenig ab; doch fehlen nicht bloss die durch den Wegfall der betreffenden Darstellung entbehrlich gewordenen (Matthei 4. Die Engel — bis Psal. 90), sondern auch mehrere andere (Roma. 6. Der Todt ist der sünden sold. Roma. 7. Ich Elender usw. Marci 3. Es wird ein sterckerer. Esaie 26. Send das Lamb). In der 1. Reihe steht: wier seind allzumal sünder unndt mangeln des preises das sie sich Gottes nicht rühmen mügen Roman. 1; in der 4. Reihe fehlt „durch" vor „den gläuwen on werch des gesetzs Roman. 3"; in der 6. Reihe steht: Der Tod ist verschlüngen ym sieg und: danck hab Gott.

IIa) Einen lehrreichen Einblick in die Umbildungsarbeit Cranachs gewährt die durch L C und Schlange sowie durch die Widmungsinschrift der Rückseite: „der durchleuchtigen hochgebornen fürstin und frawen fraw Katharina[3]) geborne herzogin zu meckelburgh etc. hertzogin zu sachsen etc. meiner genedigen frawen" als eigenhändige Zeichnung des Meisters erwiesene Federzeichnung im Kupferstichkabinett zu Dresden[4]). Sie gibt die Elemente von II. Hier ist bereits Christus als Weltenrichter auf der vom Regenbogen umgebenen Kugel thronend[5]) oben auf die linke Seite gebracht, Gott Vater aber nicht verschwunden, sondern als Gegenstück zu Christus, auf die rechte Seite gebracht, segnend die Hand erhebend über dem das Kreuz tragenden und auf den Tod tretenden Lamme; desgleichen ist die Gruppe des von Tod und Teufel in die Hölle gejagten Sünders ganz so wie in II unter dem Weltenrichter Christus angebracht. Auch die Gruppe von Moses und zwei Propheten ist ähnlich, nur dass Moses hier die geschlossenen Tafeln mit beiden Händen hält; desgleichen die Gruppe des stehenden Sünders und des hier von hinten gesehenen Johannes, welcher ihn auf das Lamm hinweist. Hinter dieser Gruppe ist, offenbar als Gegenstück zum Lamme mit dem Kreuze, die Erhöhung der Schlange in der

---

[1]) Das New Testament 1527 von Hieron. Emser übersetzt (Dresden). — Joh. Melchior Krafft, Hist. Nachr. von der vor zwey hundert Jahren verdeutschten Bibel Doct. Martini Lutheri, Altona 1735 S. 65. — Panzer, Versuch einer kurzen Geschichte der römisch-catholischen deutschen Bibelübersetzung, Nürnberg 1781 S. 40. — Friedländer, Jahrb. d. K. Pr. Kunstsamml. 1902 S. 228. Dodgson eb. 1903, 284.

[2]) Schuchardt, Cranach III S. 119.

[3]) Seit 1512 Gemahlin Herzog Heinrichs von Sachsen († 1561).

[4]) Schuchardt, Cranach II S. 47 Nr. 243. — Woermann, Handzeichnungen alter Meister im Kupferstichkabinett zu Dresden, München 1896, Mappe II Tafel 20 (66). Dass die Zeichnung, wie Lehfeldt, Luthers Verh. z. Kunst S. 78 sagt, die Skizze zum Bilde des Weimarer Museums sei, ist unrichtig.

[5]) Es knien hier, wie gewöhnlich, betend Maria und Johannes.

Nr. III. Bild in Königsberg

Wüste angebracht. Der Baum, der Sündenfall, die Verkündigung der Geburt an die Hirten, die Empfängnis, der gekreuzigte und der auferstandene Christus, der Blutstrahl, fehlen, ebensowie Bei- und Unterschriften, wie das Ganze nicht sowohl ein fertiger Entwurf für das Gemälde als ein Studienblatt ist.

III) Eine eigentümliche Vermischung der beiden bisher betrachteten Kompositionen stellt eine dritte dar, die vor kurzem aus der katholischen Kirche zu Königsberg i. Pr.[1]) in den Besitz dieser Stadt gelangt ist (Abb. siehe oben). Das Bild, auf Holz gemalt, 77 × 50 cm, trägt am Baumstamme die Jahreszahl 1532, darunter die geflügelte Schlange mit dem Ringe, und ist von so ausserordentlicher Feinheit der Malerei, dass ich kein Bedenken trage es der Hand Cranachs selbst zuzuschreiben. Doch hat es an einigen Stellen Übermalung erfahren.

Den Grundstock hat die zweite Komposition geliefert. Die linke Seite stimmt fast ganz mit ihr überein; nur dass hier Moses die Tafeln mit beiden Händen hält und David auf sie hinzeigt, aus der Hölle nicht ein, sondern mehrere Köpfe, darunter ein sich die Haare raufender weiblicher Kopf, emporragen; dass die Glorie, in der Christus sitzt, nicht

---

[1]) Auch hier hat sich nichts über die Vorgeschichte des Bildes ermitteln lassen. Vgl. Szadowski in der Altpreuss. Monatsschrift Bd. 28 (1891) Heft 1 und 2. — Ad. Bötticher, die Bau- und Kunstdenkmäler von Königsberg, Königsberg 1897 S. 168. — Dittrich, Ztschr. f. christl. Kunst 1890 Sp. 325f. — Ehrenberg, Ztschr. f. bild. Kunst 1891 S. 223.

von einem Regenbogen und Heiligen, sondern von blauen Wolken mit Engelsköpfen umgeben ist; dass Christus die Arme ausstreckt, auch der Lilie und des Schwertes entbehrt; dass endlich die Anbetung der Schlange in der Wüste auf die rechte Hälfte des Bildes gelegt ist. Grösser sind die Veränderungen dieser rechten Hälfte. Der Sünder, hier fast ganz bartlos, und Johannes sind umgestellt; letzterer — mit Heiligenschein — legt seinen linken Arm in den des Sünders. Vom himmelfahrenden Christus sind nur die Beine, in einer ebenfalls mit Engelsköpfen versehenen Wolkenglorie schwebend sichtbar. Die Gruppe der Hirten ist sehr zusammengedrängt. Denn — und damit kommen wir zu den Entlehnungen aus der ersten Komposition — zwischen ihr und der Anbetung der Schlange ist Maria auf einer Anhöhe dargestellt, den Strahl und in ihm das Christuskind mit dem (jetzt übermalten) Kreuze empfangend. Das Lamm fehlt. Statt seiner vollzieht, wie in der ersten Komposition, Christus selbst die Überwindung von Tod und Teufel, nur dass er nicht ruhig, die Rechte hebend, aufblickt, sondern gesenkten Hauptes die Lanze mit beiden Armen gegen jene stösst.

Die Unterschriften sind wie in Nr. II in 6 Reihen gebracht und stimmen mit dieser im wesentlichen überein; nur fehlen die Überschriften, und die erste Unterschrift der ersten Reihe steht als Inschrift des Bildes selbst links oben in der Ecke neben Christus als Weltenrichter in der Form: „Ro·l. / Es wird offenbart gottes zorn von / hymel uber aller menschen gottlos / wesen und unrecht". Dieser Inschrift entspricht auf der entgegengesetzten Seite neben dem Christuskinde mit dem Kreuze die folgende: „Isaia 7. / Der Herr wird euch selbs ein zeichen / geben. Sihe ein jungfraw ist (übermalt statt: wird) Schwanger sein und einen son geperen".

Nun ist es interessant zu beobachten, wie alle drei Kompositionen fortgelebt haben, wie aber doch die stärksten Nachwirkungen von Nr. III, als derjenigen ausgegangen sind, welche die der Betonung besonders werten religiösen Momente in ihrer Gesamtheit enthielt.

Wir verfolgen dies im einzelnen.

IV) Der ganze Charakter der Komposition brachte es mit sich, dass sie auch zum Schmuck der lutherischen und anderer protestantischer Bibelübersetzungen verwendet wurde. So Komposition I in Holzschnitt als Titelblatt für die sogenannte Lübecker Bibel von 1533, d. i. die niederdeutsche Übersetzung der lutherischen Bibel, die unter dem Titel erschien: „De Biblie / uth der uthleggin/ge Doctoris Mar-/tini Luthers yn dyth düdesche / vlitich uthgesettet mit sun/dergen underrichtingen alse men seen mach. / Inn der Keyserliken Stadt Lübeck / by Ludowich Dietz gedrücket. M·D·XXXIII"[1]).

Die Veränderungen sind nur geringfügig. Die Tafel mit dem Titel ist an der Mitte des Baumstammes befestigt. Der Prophet trägt hier einen Turban und hält in der Rechten ein Buch; der Sünder, bärtig und mit Lendenschurz, blickt nicht sowohl zum Crucifixus auf als nach der rechten Seite. Christus entsteigt eben erst dem Grabe und stösst das Kreuz dem Tode in den Leib. Der Teufel fehlt. Die Anbetung der Schlange und die heilige Nacht mit den Hirten ist sehr eingeschränkt. Maria steht nicht, sondern kniet. Über ihr sind nicht zwei, sondern nur eine Engelglorie. Bei- und Unterschriften fehlen.

---

[1]) Ich verdanke eine Photographie der Direktion des Königl. Kupferstichkabinetts in Berlin, welches ein Exemplar der Bibel besitzt (Nr. 2282).

V) Mit diesem Holzschnitt berührt sich eng, ohne auf ihn zurückzugehen, die ganz in die Breite gezogene Relief-Komposition einer Hochzeitstruhe niederdeutschen Ursprungs aus dem 16. Jahrhundert, die sich heut im Prussia-Museum zu Königsberg befindet und oben die Inschrift: „Das Gesette ist dorch Mosen gegeven, de Gnade unde Warheit ist dorch Jesum Christ wordene"; unten: „[De Dot] is der Sunde Solt, overst de Gave Gades is dat ewige Levent in Christo Jesu" trägt. Auch hier trägt der Prophet einen Turban, und kniet Maria. Beim Propheten steht: „He drecht unser Kreuz", bei Johannes: „Sy dat is dat Lam", beim Engel: „Es to Huldi". Die Raumverhältnisse haben es bewirkt, dass Gott Vater sich nicht über, sondern rechts von Moses befindet. Und Nebenszenen der ursprünglichen Komposition erhalten breiten Raum[1]).

VI) Noch genauer hält sich an Nr. I der Titel-Holzschnitt der „Auslegung der Episteln und Evangelien durchs gantze jar D. Mar. Luthers Auffs new corrigiert, Wittenberg M.D.XLIIII". Ich habe ihn nicht selbst gesehen, sondern kenne ihn nur aus dem, was Konr. Lange, die Silberbibliothek Herzog Albrechts von Preussen, Leipzig 1894 S. 33 über ihn bemerkt, dass nämlich der 1555 von Hieronymus Kösler in Königsberg für Herzog Albrecht, den Begründer der Reformation in Preussen, gearbeitete Silber-Einband dieses Buches den Holzschnitt im wesentlichen, wenn auch mit einigen Verschiebungen und Verkleinerungen, wiedergibt. Der Meister des in dem genannten Werke auf Tafel III abgebildeten Einbandes hat eigentlich nur die Verkündigung der Geburt weggelassen, in der Darstellung des Sündenfalls eine Umstellung und Veränderung der Figuren von Adam und Eva vorgenommen, den Toten, den Propheten und den Sünder etwas verändert, einiges verschoben, wie es die besonderen Verhältnisse seiner Aufgabe mit sich brachten, sonst alles, auch die Inschriften, freilich nicht ohne kleine Änderungen, beibehalten.

Eine einfache Nachbildung der Komposition Nr. II vermag ich nicht nachzuweisen; wohl aber eine mit Nr. III kombinierte. Auf sie wird zweckmässigerweise erst nachher eingegangen.

VII) Wenn wir uns nun zu Nr. III wenden, so ist zunächst eines Bildes zu gedenken das in demselben Jahre 1532 entstanden, aber nur noch in einem Fragment der alten Pinakothek zu München Nr. 275 erhalten ist. Es stammt aus der Zweibrückener Galerie. Das fein gemalte, vielleicht auch von Cranachs Hand herrührende Fragment[2]) auf Holz gemalt, 16 cm breit, 25 cm hoch, zeigt einen Teil des Baumstammes, an diesem die Jahreszahl 15 32[3]) und darunter die Schlange mit Fledermausflügeln; links von ihm die Gruppe von Moses und den Propheten, im wesentlichen übereinstimmend mit Nr. III. Denn

---

[1]) Abgebildet im Museumskatalog Abb. S. 20. Vgl. auch Bujack, Prussia-Museum II S. 11 und Hagen, Neue Preuss. Provinzialblätter, andere Folge Band 4 (1853) S. 354 und Lange und Schwenke, Silberbibliothek Herzog Albrechts von Preussen S. 33. Ich habe die Truhe nicht selbst gesehen, desgleichen nicht andere Exemplare

[2]) Ein gleichartiges Fragment, 33 cm hoch, 21 cm breit, auf Holz gemalt, dieselbe Gruppe aufweisend, im Hintergrunde die Anbetung der Schlange, gehört zu einem ehemals in der Nikolaikirche, jetzt im Museum der Stadt Leipzig (Nr. 610) befindlichen Bilde. Vgl. Gurlitt, Die Bau- und Kunstdenkmäler Sachsens Heft 17 S. 30, der es mit Recht der Schule Cranachs zuweist.

[3]) Nicht 1527, wie Schuchardt, Cranach II S. 96 Nr. 356 mit einem Zweifel an der Echtheit angibt.

Moses, mit Strahlen am Haupte, in grünem Rock und gelben Stiefeln, hält die aufgeschlagene Tafel mit hebräischer Inschrift; David, weissbärtig, in rotem Rock mit Hermelinkragen und mit roter Mütze — diese fehlt in Nr. III — zeigt mit der Rechten auf die Tafel. Von den zwei hinten stehenden Propheten trägt der eine, dickbäckige, eine Kapuze, der andre, blasse, eine rote Mütze. Hinter der Mütze Davids kommt noch der erhobene Arm des Todes zum Vorschein.

VIII) Verhältnismässig nahe an Nr. III hält sich auch das auf Holz gemalte, nicht signierte, aber gute Bild im Museum zu Weimar Nr. 7, Eigentum des Grossherzogs, früher auf der Wartburg[1]), 100 cm breit, 54 cm hoch. Die Abweichungen sind nur geringfügig. Christus als Weltenrichter hebt nicht beide Hände, sondern nur die linke, senkt die rechte. Am Kopfe des Moses fehlen die Strahlen; David hat keinen Hermelinmantel, sondern braunen Rock mit grünem Kragen. Unter dem Crucifixus steht nach dem Vorbilde von Nr. II am Fusse des Kreuzes das Lamm mit der Kreuzesfahne. Vom himmelfahrenden Christus sind nur die Füsse, kein Gewand sichtbar. Die Inschriften, sowohl die zwei des Bildes, als auch die Unterschriften, stimmen mit denen von Nr. III überein[2]).

IX) Eine Komposition, in der Hauptsache Nachbildung von Nr. III, in einigen Punkten jedoch auf Nr. II zurückgehend, ist uns in doppelter Brechung erhalten: erstere zunächst in einem Ölbilde, sodann in einer Miniatur, letztere im Schneeberger Altarbilde. Das Ölbild, dem königlich Bayrischen Haus gehörig (382 und 383), einst in der Königl. Sammlung der Moritzkapelle[3]) zu Nürnberg, jetzt im Germanischen Museum daselbst Nr. 266 und 267, auf Holz gemalt, ist einmal in zwei Hälften (60 cm breit, 72 cm hoch) zersägt worden[4]), deren frische Ränder noch erkennbar sind, stammt aber sicher nicht von Cranachs Hand, sondern nur aus seiner Werkstatt.

Die Zahl der aus dem Höllenpfuhle ragenden Köpfe ist hier auf acht gebracht. Der Sünder ist bärtig und mit Schurz bekleidet, wie wir es bereits im Holzschnitt der Lübecker Bibel fanden. Christus hat auch hier dunkelroten Mantel wie in Nr. III und sitzt auf blauem Himmelsglobus in lichter Glorie, umgeben von Engeln, deren zwei die tuchumwallte Posaune blasen. Die Wundmale an den Händen und an der Brust sind noch sichtbar. Moses aber (ohne Strahlen) auch hier in blaugrünem Rock und gelben Stiefeln, hält mit trübseligem Ausdruck die Gesetzestafeln geschlossen. David mit schwarzem Samtkäppchen und rotem Hut, rotem Mantel und Hermelinkragen blickt und weist ebenfalls mit traurigem Gesichtsausdruck auf ihn hin; der feiste Prophet hinter ihm hat rotes Barett, der andere roten Turban mit grünem Rande. Die Gruppe des Johannes mit dem bärtigen Sünder aber ist wieder Nr. II nachgebildet, nur dass Johannes mit beiden Fingern,

---

[1]) Schuchardt, Cranach III Nr. 87 S. 199—201. Lehfeldt, Bau- und Kunstdenkmäler Thüringens Heft 18 S. 408.

[2]) Natürlich steht hier: wird schwanger sein; desgleichen: sunder; desgleichen: nur zorn; kompt erkentnis; alle propheten; Matthei.

[3]) Schuchardt, Cranach II S. 104 Nr. 378 und 379 und III 176.

[4]) Es handelt sich also nicht, wie im Katalog der im German. Museum befindlichen Gemälde, Nürnberg 1893 gesagt ist, um zwei „Gegenstücke".

mit dem erhobenen der l. Hand auf den Crucifixus, mit dem gesenkten der r. Hand auf das Lamm mit der Kreuzesfahne weist, also kein Buch hält. Das Lamm ist ebenfalls nach dem Vorbilde von Nr. II unter das Kreuz gestellt. Die Schlangenanbetung und die Hirten der heiligen Nacht haben wieder, wie in Nr. II, eine etwas grössere Ausdehnung gewonnen, weil Maria — auch hier blondhaarig und in blaugrünem Gewande — nicht, wie in Nr. III, zwischen sie, sondern hinter die heilige Nacht der Hirten gebracht worden ist. Dagegen stimmt sowohl Christus als Bezwinger von Tod und Teufel als auch als der Himmelfahrende wieder mit Nr. III. Auch die in sechs Reihen angebrachten Unterschriften sind bis auf Kleinigkeiten der Schreibung oder Wortstellung dieselben wie in Nr. III.

Das Bild ist, wie gesagt, nur von einem Schüler gemalt, sicher aber nach einer von Cranach selbst herrührenden Vorlage.

X) Dafür spricht die Übereinstimmung mit der wunderschönen, vielleicht auf Cranach selbst zurückzuführenden Miniatur. Diese nämlich wurde hergestellt als Titelblatt des für den Kurfürsten Johann Friedrich den Grossmütigen von Sachsen auf Pergament gedruckten Exemplares der Biblia: Das ist: / die gantze Heili / ge Schrifft: / Deudsch Auffs New / zugericht. / D. Mart. Luth. / Begnadet mit / Kurfurstlicher zu Sachsen Freiheit. Gedrückt zu Wit / temberg / Durch Hans Lufft. M. D. XLI, welches sich jetzt auf der Universitätsbibliothek in Jena befindet und, wenig treu, in den Bau- und Kunstdenkmälern Thüringens von Lehfeldt, Heft 1 (Jena 1888) zu S. 143 veröffentlicht worden ist. Über dem Todesbezwinger Christus steht 1543 und darüber ist die geflügelte Schlange angebracht.

Aus der Hölle ragen hier sechs Köpfe hervor: von unten angefangen der eines Mönchs, Kardinals, Mönchs, Papstes, eines Bärtigen, einer weiblichen Figur, endlich der Oberleib einer weiblichen Figur, welche sich die Haare rauft, wie in Nr. III. Moses mit Strahlen am Kopfe, in blauem Rocke und mit Schwert umgürtet, weist hier, wie in Nr. II, mit dem Zeigefinger der rechten Hand auf die Schrift der Gesetzestafeln hin. David ist, wie in Nr. II und Nr. III, weissbärtig und mit rotem Mantel mit Hermelin bekleidet. Die rechte Seite, insbesondere die Gruppe des Sünders und des Johannes, gleicht völlig der des Nürnberger Bildes, nur dass vom himmelfahrenden Christus auch Gewand sichtbar ist. Die Inschriften stimmen in Stellung und Wortlaut bis auf Kleinigkeiten[1]) mit Nr. III überein.

XI) Diese Komposition aber, welche Cranach vielleicht selbst in das Exemplar der Lufftschen Bibel von 1541 für den Kurfürsten eingetragen hatte, wurde alsbald in einem Holzschnitt vervielfältigt, freilich auch zugleich recht vergröbert, und den folgenden Bibelausgaben als Titelblatt gegeben. So zunächst der „Biblia: Das ist: Die gantze Heilige Schrifft: Deudsch Auffs New zugericht. D. Mart. Luth. Begnadet mit Kurfürstlicher zu Sachsen Freiheit. Wittenberg M. D. XLIII." (Durch Hans Lufft.) und: (Band 2) „Die Propheten alle Deudsch. D. Mart. Luth. Gedruckt zu Wittenberg durch Hans Lufft.

---

[1]) Hier steht: wird schwanger sein; alle zumal sünder; rhummen mugen; Roman. III.; richtet nur zorn an. Roman. IIII.; erkenntnus der sunde. Roma. III; und alle propheten; das der mensch gerecht werde; on des gesetzs werck; gottes lam; welchs; Gott aber sey Danck.

M. D. XLIII."¹) Das Täfelchen mit dem Titel wurde auch hier, wie in der Lübecker Bibel, am Baum befestigt. Doch wurden einige Umstellungen als notwendig befunden. Den in die Hölle gejagten Sünder sieht man, ebenso wie Eva, nur von der Rückseite. Moses hält wieder nur die zugeschlagenen Gesetzestafeln, zeigt nicht auf sie. Die Anbetung der Schlange ist wieder richtig auf die linke, alttestamentliche, Seite, Christus, als Bezwinger von Tod und Teufel über den Crucifixus gebracht. Die Rückseite des Blattes gibt das Brustbild Johann Friedrichs mit Cranachs Schlangenzeichen.

Dieser Holzschnitt²), jedoch ohne die Umstellung des Sünders und der Eva, schmückt das Titelblatt der Matrikel der Universität Königsberg vom Jahre 1544³).

Die Umstellung des Sünders und der Eva wurde wieder beseitigt, ferner dem David ein Hut gegeben, dem Teufel aber ein Kardinalshut aufgesetzt in dem vergrösserten Holzschnitt, der das Titelblatt zur Lufftschen „Biblia: Das ist" usw. von 1545 bildet⁴).

XII) Erst jetzt kommen wir zur zweiten Brechung der wieder veränderten Komposition, dem Schneeberger Altarbilde.

Als die Schneeberger in der ersten Hälfte des 16. Jahrhunderts ihrem Schutzheiligen St. Wolfgang zu Ehren eine neue stattliche Kirche bauten und der Kurfürst Lucas Cranach mit der Ausschmückung des von ihm gestifteten Altars betraute, konnte es nicht fehlen, dass der Künstler für dieses dem neuen Glauben geweihte Gotteshaus auf seine Reformationskomposition zurückgriff. War doch, wenn auch die Vollendung des Werkes erst 1539 erfolgte, der erste Auftrag ihm noch vom Kurfürsten Johann dem Beständigen (1525 bis 1532) erteilt worden⁵) zu einer Zeit, wo er mit der Komposition Nr. III beschäftigt war. Aber da es sich um einen grossen doppelseitigen Flügelaltar handelte, in welchem der Inhalt der gesamten Heilsgeschichte dargestellt werden, die Kreuzigung Christi aber und das jüngste Gericht die Hauptbilder ausmachen sollten, so konnte die Komposition nur mit Einschränkung aufgenommen und in einzelne, auf die Flügel verteilte Darstellungen zerlegt werden. Der Altar selbst ist im Dreissigjährigen Kriege (1633) zerstört worden; die Gemälde wurden nach Böhmen (Kloster Strahow) gebracht, aber 1649 zurückgegeben. Als 1722 ein neuer Barockaltar errichtet wurde, sind die Flügelbilder an den Pfeilern der Kirche aufgehängt worden. An dem Flügel zur rechten Hand „wenn zugethan" befand sich 1. der in die Hölle getriebene Sünder; 2. Moses und die Propheten. Ersterer stimmt im ganzen mit dem Nürnberger Bilde und der Miniatur überein; auch ragen hier sieben Köpfe, darunter ein Mönch und ein sich die Haare raufender weiblicher Kopf aus der Hölle

---

¹) Ein Exemplar beider bewahrt die Stadtbibliothek in Breslau; ein Exemplar der letzteren die Lutherhalle in Wittenberg.

²) Von diesem weicht der von Schuchardt Cranach III, S. 213 Nr. 1b erwähnte Holzschnitt dadurch ab, dass Christus als Todesbezwinger über dem Crucifixus steht.

³) Beschrieben von Hagen, Neue Preuss. Provinzialblätter, andere Folge, Band IV (1853) S. 351 ff.

⁴) Er ist in der Ausgabe von 1556 wiederholt; dagegen entbehrt seiner die Ausgabe von 1546.

⁵) Christian Meltzer, Historia Schneebergensis renovata, Schneeberg 1716, S. 83. — Steche, Denkmäler von Sachsen, Heft 8 (Dresden 1887) S. 40. — Dost, Die St. Wolfgangkirche zu Schneeberg, Schneeberg 1907, S. 7.

empor. Die Flammen schlagen aus ihrem Munde heraus. Aber der Sündenfall ist weiter nach rechts, oberhalb des Todes verlegt. Stark verändert ist die Gruppe von Moses und den Propheten. Ersterer hat hier langes weisses Haupt- und Barthaar, trägt einen langen roten, mit Hermelin besetzten Mantel und hält, ähnlich wie im Nürnberger Bilde, die geschlossenen Gesetzestafeln mit der Linken an sich gedrückt. David hat grünen Rock und gelbe Stiefeln. Dahinter stehen noch drei turbanbekrönte Propheten.

Auf dem Flügel zur linken Hand „wenn zugethan", befand sich 1) Johannes den Sünder auf den Crucifixus weisend; 2) Christus als Bezwinger von Tod und Teufel. Beide Gruppen stimmen mit dem Nürnberger Bilde und der Miniatur überein; nur weist in ersterer Johannes (mit wunderschönem Kopf) mit der Rechten auf den Crucifixus, dagegen nicht auch auf das am Fusse des Kreuzes stehende Lamm, legt vielmehr seine Linke vorn ans Gewand; und in der zweiten ist etwas mehr von den Beinen und dem Gewande des himmelfahrenden Christus zu sehen.

Die Unterschriften — Bildinschriften fehlen — weichen nur wenig von denen der Miniatur und des Nürnberger Bildes ab (sie sind bei der Restaurierung der Gemälde 1886 durch Kustos Schmidt in Dresden übermalt worden), sind aber anders verteilt.

Unter dem vom Teufel Verfolgten steht: „Sie sind alle zümal sunder: und mangeln das sie sich Gottes nicht rhümen mü/gen. Roma. III: Die sünde ist des todes spies: aber das gesetz ist der sünde krafft. 1. Cor. 15."

Unter Moses und den Propheten: „Das gesetz richtet nur zorn an. Roma. IIII. Dürchs gesetz kompt erkentnis / der sünde. Ro. III. Das gesetz und alle Propheten: gehen bis auff Johann / is zeit. Matthei XI."

Unter Johannes mit dem Sünder: „Der gerecht lebt seines glaubens. Ro. 1. Wir halten das der mensch gerecht werde durch / den glauben: on des gesetzs werck. Ro. III. Sihe: das ist Gottes lamb: welchs der / Welt sünde tregt. Joh. 1. In der heilichkeit des geistes."

Unter Christus als Todesbezwinger: „Züm gehorsam und besprengüng des blütes Jhesu Christi. 1. Petri 1. Der tod ist ver / schlüngen ym sieg: Tod: wo ist dein spies: helle: wo ist dein sieg: Gott aber sey danck: der uns den sieg gibt: dürch Jhesüm Christüm unsern Herrn. 1. Cor. 15."

Auf die vier anderen Flügelbilder einzugehen ist hier kein Anlass.

XIII) Eine eigentümliche Vermischung der Komposition Nr. I und Nr. III, zugleich aber eine starke Veränderung des Cranachschen Stils stellt dar ein auf Holz gemaltes Ölbild der Sammlung Suminski Nr. 296, welches ich vor einigen Jahren in der Kunsthandlung von Nolda in Berlin besichtigen durfte (abgeb. auf S. 138). Dass das Bild, wie in dem in Vorbereitung begriffenen illustrierten Katalog dieser Sammlung angenommen wird, von Cranach selbst herrühre, ist ausgeschlossen. Nur die Elemente seiner beiden Kompositionen sind geblieben, aber in einer eigentümlichen, den Sinn entstellenden und den Stil teilweis ganz aufhebenden Umbildung. Vor allem ist die Komposition durch zu starke Zusammendrängung der vielen Figuren völlig unübersichtlich geworden. Aus der Hölle ragen hier zwei Köpfe, ein alter und ein jugendlicher, hervor. Der von Tod und Teufel Gejagte ist nackt, aber fast knabenhaft gebildet und stilistisch weit abstehend von Cranach. Eva pflückt hier einen Apfel vom Baume, nach dem Adam die Hand streckt. Über dieser Gruppe sitzt Christus von der Engelglorie umgeben auf der Himmelskugel

Nr. XIII. Bild der Sammlung Suminski

als Richter. Am stärksten verändert ist die Hauptgruppe der Mitte. Moses mit langem weissen Barte in bläulichweissem Unter- und schwarzem, reich verbrämten Obergewande hält mit der Linken die aufgeschlagenen Tafeln und weist mit dem Zeigefinger der Rechten auf ihre lateinischen Inschriften: Non habe/bes Deus ali/enos/No assum / es nomen / domini Dei/tui inugnu/ (statt in vanum) Memento./ ut diem / Sabbathi / Sanctifices // Honora / patrem / et matr/em, ut sis long/aevus su/per terram/Non occides / Non moe / chaberis /Non fur / tum facies / Non lo / queris / contra. Er blickt ernst nach der Seite des Sünders hin. Ebenso der eine hinter ihm stehende, mit einem Kapuzengewande angetane Prophet. Der andre dagegen turbanbekrönt, eine Rolle haltend blickt nach der entgegengesetzten, rechten, Seite, auf welcher der Sünder, wieder nackt, aber in völlig veränderter, auch dem Alter nach reiferer Bildung steht. Er wird von Johannes auf den Crucifixus des Kreuzes hingewiesen, das er mit der linken Hand hält, während, wie im Typus Nr. I, ein zweiter alter mit spitzem grünem Hut und rotem Rock bekleideter Prophet ihn auf Christus den Bezwinger des Todes und Teufels hinweist. Hinter dieser Gruppe ist die Schlangenanbetung; oberhalb des Todesbezwingers Maria wieder blondhaarig und in blaugrünem Gewande. Das Christuskind fehlt hier, ebenso wie die Verkündigung der Geburt an die Hirten; desgleichen die Taube im Blutstrahl, der vom Crucifixus hier nicht sowohl auf den Sünder als auf die Schlangenanbeter fällt. Oberhalb des Querbalkens des Kreuzes, mit welchem das Bild abschliesst, steht: „Sihe, das ist Gottis lam / das der welt / Sunde / tregt"; links davon: „Jo. 1;" über der Maria: „Esai. Sihe, eine / Jungfrawe wird / schwanger uñ ei/son geberen." An der steinernen Brüstung aber, welche vorn das Bild abschneidet, steht unter dem von Tod und Teufel Gejagten: „Zum tod uñ Teufel", und in der Mitte: „Durchs gesetz kompt erkentnis / Der sunden Ro. 3 / Das gesetz richt zorn an Ro. 4. / Die sunde ist des todis spies aber das gesetz / ist der sunden krafft. 1. Ko. 15."

XIV) Ähnlich wie in Schneeberg stellte sich das Problem für Cranach, als es sich um das Altarbild der Stadtkirche in Weimar handelte (abgeb. auf S. 141). Auch in diesem seinem letzten Werke und künstlerischen Vermächtnis an die protestantische Nachwelt wollte er seine Lieblingskomposition nicht missen, wenn sie auch starke Veränderungen erfahren musste. Denn auch hier wurde die Kreuzigung zum Mittelpunkte des Hauptbildes, dem auf dem linken Flügel die Taufe, auf dem rechten die Himmelfahrt entspricht. Der von Tod und Teufel Gejagte und die Gruppe von Moses, David und den Propheten — wie im Schneeberger Bilde sind es drei — wurden hinter das Kreuz geschoben, noch weiter zurück, aber auf die rechte Seite, die Schlangenanbetung, endlich hinter diese die Verkündigung der Geburt an die Hirten. Der Sündenfall fiel auch hier, wie im Schneeberger Bilde, ganz weg. Desgleichen Christus als Weltenrichter und die Empfängnis des Christuskindes durch Maria[1]), während für die Himmelfahrt der volle Raum des rechten Flügels in Anspruch genommen wurde. Am Fusse des Kreuzes steht auch hier das Lamm mit der durch die Inschrift Ecce agnus dei qui tollit peccata mundi bezeichneten Fahne. Christus als Bezwinger von Tod und Teufel nimmt den linken Vordergrund ein; den rechten Johannes, nicht, wie Janitschek, Gesch. d. deutschen Malerei S. 498 meint, „das Erlösungsopfer deutend", sondern als „Anzeiger Christi", dem hier, als der durch den Blutstrahl Gereinigte, Cranach selbst zur Seite gestellt ist, neben ihm Luther auf das aufgeschlagene Bibelbuch weisend, auf dem zu lesen ist: „Das Blut Jesu Christi reiniget unns von allen Sünden. Darumb so lasst uns hinzutreten mit Freudigkeit zu dem Gnadenstuhl, auf das wir Barmherzigkeit empfangen und Gnade finden." — „Gleichwie Moses in der Wüsten eine Schlange erhöhet hat, also muss auch des Menschen Sohn erhöhet werden, auf das alle, die an ihn glauben" (Schuchardt, Cranach, I, 212).

XV) Hatte der jüngere Cranach das Bild in Weimar 1555 vollendet, so steht das von ihm zwei Jahre später ganz gemalte Bild in Leipzig so stark unter dem Einflusse jenes, dass es sowohl in den Elementen der ganzen Komposition als auch in den Hauptfiguren, dem Crucifixus, Todbezwinger und Johannes mit dem Begnadeten als Wiederholung desselben bezeichnet werden darf. Es war für das Epitaph bestimmt, welches Leonhard Badehorn, Bürgermeister von Leipzig, seiner 1557 verstorbenen Gemahlin Anna in demselben Jahre in der Nikolaikirche daselbst setzte. Von dort ist es in das städtische Museum Nr. 46 gekommen. Es ist auf Holz gemalt, 2,60 m hoch, 2 m breit[2]), und trägt am Kreuzesstamm die Zahl 1557 unter der geflügelten Schlange mit dem Ringe. Die jetzt fehlende lateinische Dedikationsinschrift gibt Stepner, Inscriptiones Lipsienses, Lipsiae 1675 p. 121 n. 421 (abgeb. auf S. 140 nach einer Herrn Direktor Professor Dr. Schreiber verdankten Photographie).

Auch hier bildet der Crucifixus den Mittelpunkt des Ganzen. Am Stamme des Kreuzes steht das Christuskind mit dem Lamm. Links stösst Christus die gläserne Kreuzeslanze dem Teufel, in dessen Innern sich viele Menschen, darunter ein Papst und ein Bischof, befinden, in den Rachen und tritt auf den Tod. Erst hinter dieser Gruppe befindet sich der vom Teufel mit Lanze, vom Tod mit Spiess verfolgte bärtige, mit Lendenschutz bekleidete

---

[1]) Der im Tone des Zweifels vorgebrachte Gedanke von Lehfeldt, Luthers Verh. z. Kunst S. 80, dass die Empfängnis links oben gemalt war, ist unberechtigt.
[2]) Gurlitt, Beschr. u. Darst. der älteren Denkmäler Sachsens, Heft 17 S. 31 Nr. 46.

Nr. XV. Bild in Leipzig

Sünder; dahinter Adam und Eva in dem mit vielen Tieren bevölkerten Paradiese. Rechts von dem Kreuze steht im Vordergrunde Johannes, den mit Schurz bekleideten Sünder auf den Crucifixus hinweisend — der Sünder trägt hier die Gesichtszüge des im Vordergrunde knieenden jüngeren Badehorn, doch fehlt hier der Blutstrahl — links ist die Gruppe des auf die Tafeln weisenden Moses (mit Strahlen am Haupte), des David im Hermelinmantel und zweier Propheten. Den Hintergrund bildet die Anbetung der Schlange in der Wüste, während die Verkündigung der Geburt an die Hirten nur einen kleinen Raum nahe dem Kreuze einnimmt.

XVI) Eine eigentümliche Weiterbildung der Komposition auf der Grundlage des Typus Nr. I mit Zuhilfenahme von Nr. III stellt dar ein zweites Epitaphgemälde aus dem Ende des 16. Jahrhunderts, das sich jetzt — wiederhergestellt — im Märkischen Museum zu Berlin befindet[1]) und auf S. 142 nach einer der Direktion des Museums verdankten Photographie abgebildet wird.

Hier sitzt der sündige Mensch mit gefalteten Händen vor dem Baumstamm. Links von ihm sitzt Moses, ihn auf die Gesetzestafeln weisend, welche ausser den Zahlen der Gebote die Inschriften tragen: „Du solt nicht andre Gotter haben. Du solt nicht begeren Deines nechsten Weib." Hinter ihm lauert der Tod mit dem Stundenglas. Zu seinen

---

[1]) Wenn es identisch ist mit dem einst in der Nikolaikirche befindlichen, von Müller und Küster, Altes und neues Berlin I (Berlin 1737) S. 240 Nr. 21 und von Borrmann, Die Bau- und Kunstdenkmäler von Berlin (Berlin 1893) S. 230 erwähnten Bilde, so diente es als Epitaph für Jobst Krapp, Bürger und Kämmerer († 10. Juli 1585) und seine Frau († 11. Juni 1599).

Nr. XIV. Bild in Weimar

Füssen kniet ein mit rotem Schuppenpanzer angetaner Mann mit boshaftem Gesicht, mit der Rechten jenem eine Schlange an die Brust setzend, in der Linken ein Blatt mit Schrift haltend, wohl die Personifikation des bösen Geistes der Gewissensqual. Auf der rechten Seite aber sitzt Johannes, mit der Linken ein Buch haltend, mit dem Finger der rechten

Nr. XVI. Bild im Märkischen Museum zu Berlin

Hand auf den Crucifixus weisend, an dessen Stamme das Lamm mit der Fahne steht. Hinter dem bösen Geiste ist die Hölle, aus der der Teufel mit einer Feuerbüchse schiesst. Darüber ist der Sündenfall; über diesem Gott Vater, dem Moses die Gesetzestafeln reichend. Hinter dem Crucifixus ist die Auferstehung Christi dargestellt, darüber sind die Füsse des himmelfahrenden Christus, zu dem die Jünger aufblicken, sichtbar; links davon Christus als Weltenrichter thronend, von posaunenblasenden Engeln umgeben. So entsprechen einander in der staffelförmigen Komposition erstens Moses und Johannes, zweitens Sündenfall und Christus der Gekreuzigte und Auferstandene, drittens Gott Vater die Gesetzestafeln reichend und Christus der Weltenrichter.

XVII) Dasselbe gilt von einem andern Epitaphienbilde, das sich an der Südwand des Chors der Marienkirche zu Berlin befindet (Borrmann a. a. O. S. 220). Die Komposition ist ähnlich wie im Königsberger Truhen-Relief (S. 133) in die Breite (1,62 Meter, 0,92 cm hoch) gezogen. Auch hier sitzt der Sünder mit gefalteten Händen vor dem Baum, Moses aber weist mit der Rechten auf den in einem Sarge liegenden Toten und mit dem in der Linken gehaltenen Stabe auf die erhöhte Schlange in der Wüste hin. Hinter dem Toten ist der Sündenfall, darüber aber (wie in Nr. III) Christus als Weltenrichter. Johannes, ein Kreuz haltend, weist auf den Crucifixus hin. Unter diesem ist die Auferstehung, hinter ihm die Verkündigung an die Hirten, darüber Maria stehend und das Christuskind mit dem Kreuze herabschwebend dargestellt. Unter dem Sünder steht die Inschrift: „Adolf Wilcke / Anna Marcksen / T. B. M. K." Rote, den einzelnen Figuren beigegebene Buchstaben weisen auf die sechs achtzeiligen Verse, welche sich als Unterschrift über das Gemälde hinziehen.

Und so wird es gewiss noch das eine oder andre derartige Epitaph-Bildnis oder Relief geben, welches die Cranachsche Komposition mehr oder weniger frei wiedergibt[1]).

Wir aber sind am Ende des Überblicks angelangt, der notwendig war, um die Stellung des Hess-Epitaphs im Kreise dieser Darstellungen zu bestimmen.

Dasselbe, so können wir jetzt urteilen, verwendet die Cranachsche Komposition zum ersten Male für ein Epitaph. Es ist nicht als Kopie irgend eines der betrachteten Gemälde zu betrachten, sondern als eine besondere Komposition. Verhältnismässig am stärksten ist die Anlehnung an die Miniatur von 1543 und das Bild des Weimarer Museums. Am meisten verändert ist die Gruppe von Moses und den Propheten. Moses, ohne Strahlen und ohne Schwert, steht voran; einer der drei zurückstehenden Propheten hält eine Rolle. Johannes legt seine Rechte dem Sünder auf die Schulter. Desgleichen ist die Verkündigung der Geburt an die Hirten vor die Schlangenanbetung gestellt, so dass der Blutstrahl des Crucifixus über den vorderen Hirten hinweggeht. Auch in der Farbengebung geht der Meister eigene Wege. Denn Moses hat einen roten Mantel und Maria nicht einen blaugrünen, sondern einen rosafarbenen Rock mit weissem Halskragen und Manschetten. Die Farbenwirkung ist gut. Die Gesichtstypen weichen von den Cranachschen ab, sind aber von edlem Ernste und vornehm gehalten. Die Ausführung sowohl des Bildes als auch der Porträts von Hess und seiner Familie ist durchaus sorgsam und gelungen. Bemerkenswert ist, dass auch hier in dem Kopfe des Begnadeten zum mindesten ein Anklang an den Kopf des knieenden Hess zu erkennen ist. Danach ist dem jedenfalls von einem Breslauer Maler herrührenden Bilde auch in künstlerischer Beziehung, wenn auch nicht in demselben Masse wie für die Ikonographie, Bedeutung zuzusprechen.

Endlich ist es in der Gruppe des Todesbezwingers Christus nicht ganz ohne Einwirkung geblieben auf das in manchem Betracht ähnliche, im ganzen aber aus einem bereits veränderten künstlerischen Geiste geborene Epitaph von Michael Uthmann († 1581) der Uthmannkapelle in der Elisabethkirche.

Richard Foerster

---

[1]) Auf zwei werde ich schon jetzt hingewiesen von Herrn Dr. K. Meier, der mit einer Arbeit über die Nachbildung der Komposition in Stein und Holz beschäftigt ist: 1) Tafelbild in der Stephanskirche zu Aschersleben (Denkmäler der Provinz Sachsen Heft 25 Taf. XIV S. 49); 2) Epitaph für Barthol. Helmut († 1554) in der Thomaskirche zu Leipzig (Gurlitt, Denkmäler der Stadt Leipzig S. 73). Beiden liegt I zugrunde; in 1) jedoch ist der Crucifixus, wie in Nr. XIV und XV zum Mittelpunkt gemacht, im übrigen die Anordnung umgekehrt, in 2) steht der nackte Sünder unter dem Baum.

NEUERWERBUNGEN DES MUSEUMS

I

EIN ABENDMAHLSBILD AUS DEM BRESLAUER RATHAUSE

Es war bis jetzt leider nicht festzustellen, wann und wie das auf Taf. IX abgebildete Bild in das Breslauer Rathaus gekommen ist. Dort hing es im Zimmer des Bürgermeisters. Markgraf hat es in seinem anonym erschienenen Führer durch das Rathaus (Das Rathaus zu Breslau o. J.) beschrieben: „Ein Ölbild auf Holz von 1537 von einem Maler der Cranachschen Schule, das Abendmahl darstellend, bietet Porträts damaliger vornehmer Breslauer, von denen wenigstens einige noch an den darüber geschriebenen Namen zu erkennen sind. Als Stifter des Bildes erscheint nach dem Wappen der links in der Ecke stehende Dr. med. Sebald Huber."

Das ist die einzige literarische Erwähnung, die das Gemälde bis heute gefunden hat. Es verdient aber, dass man sich etwas eingehender mit ihm beschäftigt. Anlass dazu mag seine Übersiedelung in unser Museum sein. Herr Bürgermeister Trentin bot es, als sein Zimmer renoviert wurde, unserem Museum an, wo er es mit Recht besser aufgehoben glaubte. Es bedeutet eine wertvolle Bereicherung des Renaissance-Raumes, der in Gedanken berufen ist, ein Spiegelbild der Blütezeit der Stadt im 16. Jahrhundert zu geben.

Das auf eine 124:79 cm grosse Erlenholztafel sehr feinpinselig gemalte Bild ist freilich heute nur noch eine Ruine. Die Farbe muss früher stark abgeblättert sein, und einer oder mehrere Restauratoren haben diese schadhaften Stellen übermalt, wobei die meisten der sicher allen Personen beigeschriebenen Namen teilweise oder völlig verloren gegangen sind, und der neben Johannes sitzende Jünger einen ganz unverständlichen Buckel bekommen hat, von anderen Willkürlichkeiten abgesehen, zu denen wohl auch der obere Teil der Holzverkleidung des dargestellten Hauptraumes gehört. Es sind nur sehr wenige Stellen des Bildes, leider auch der Gesichter, ganz unberührt von dieser Übermalung geblieben. Eine Wiederherstellung des ursprünglichen Zustandes aber ist nach sachverständigem Urteil bedauerlicherweise heute nicht mehr möglich.

Dargestellt sind drei Szenen aus der Passionsgeschichte: als Hauptsache das Abendmahl mit dem schon erwähnten, hinter einer Kredenz stehenden Stifter und noch einer zweiten als Zuschauer beteiligten Person, dem Manne, der durch das zweiteilige, auf eine bergige Landschaft mit Architekturen im Vordergrunde sich öffnende Fenster hereinschaut, ferner in einem Nebenraum die Fusswaschung, an der den Gesichtern und der Farbe der Kostüme nach dieselben Personen, wie die des Abendmahls, beteiligt sind, und endlich als Wandbild dieses Nebenraumes oder als ein durch eine Wandöffnung sichtbarer Vorgang: Christus in Gethsemane.

Nach den noch vollständig erhaltenen Namen sind festzustellen ausser dem Stifter (H. sebalt uber) der dritte und vierte Jünger links von Christus als: H. Hans Metzler

TAFEL IX

Abendmahlsbild vom Jahre 1537

D(octor) und H. Schebitzki, ferner ist der vor ihm sitzende, bei dem noch H. albrecht sau..... zu lesen ist, als Albrecht Sauermann mit Gewissheit anzusprechen. Dagegen lassen sich die Buchstabenreste bei Judas, Johannes und dem vierten Jünger rechts von Christus mit dem eigentümlichen Profil nicht mehr deuten. Die Augen können auch täuschen, die bei letzterem „Bockwitz" lesen; wenn auch ein Hans Bockwitz, der damals im Rate der Stadt sass, sonst sehr gut in die Gesellschaft passen würde. Die Inschrift bei Christus lautet wohl: H. jacob, was vielleicht als „Jacob Boner" zu ergänzen ist. „Johann" kann sie nicht heissen, womit die von Geheimrat Förster S. 121 Anm. 1 dieses Bandes aufgestellte Vermutung fällt, dass hier der erste protestantische Prediger in Breslau, Dr. Hess, dargestellt sei. Dagegen spricht auch der in zwei Spitzen unten auslaufende Vollbart, während sonst allerdings eine grosse Ähnlichkeit zwischen Hess und dem Dargestellten anzuerkennen ist. Von den übrigen Persönlichkeiten, bei denen jetzt keine Namen mehr stehen, ist nach anderen Porträts — leider ist ihre Zahl gering — der Jünger rechts neben Christus als Heinrich Riebisch festzustellen. Ein Blick auf das auf Taf. III des IV. Bandes dieses Jahrbuchs veröffentlichte Porträt wird das sofort bestätigen. Auch glaube ich in dem markanten Lutherkopfe neben Riebisch nach einem Porträt im Fürstensaale des Rathauses Nikolaus Jenkwitz zu erkennen. Sollte ferner eine Erinnerung, die ich von früher her habe, richtig sein, nach der der damals schon nicht gern Steuern zahlende Bürger in dem Judas den damaligen Stadt-Kämmerer erblickte, so würden wir in dieser Gestalt Wenceslaus Hornig zu sehen haben. Ein anderes Porträt von ihm zum Vergleich heranzuziehen, war leider nicht möglich[1]).

Albrecht Sauermann, Heinrich Riebisch, Nikolaus Jenkwitz, Hans Metzler, Nikolaus Schebitz (auch Schewitz oder Schebitzki), Johannes Bockwitz, Jacob Boner und wenn man noch den Besteller des Bildes, dessen Wappen im Giebel des Kamins in der Mitte angebracht ist, Dr. Sebald Huber d. J., hinzunimmt, bei den übrigen, nicht festzustellenden aber etwa an Nikolaus Uthmann, Hieronymus Cromayer, Anton Banke, Dr. Vipertus Schwab denkt, so sind das die glänzendsten Namen aus dem Breslau der Renaissancezeit, die Namen der Führer des geistigen Lebens jener Tage unserer Stadt, der hervorragendsten Vertreter des Humanismus und Protestantismus, der Männer, die alle durch Verwandtschaft, zum mindesten enge Freundschaft mit einander verbunden waren, der reichen Patrizier, die fast alle auf der Siebenkurfürstenseite des Ringes oder in der Junkernstrasse ihre Häuser und Könige darin beherbergt hatten, die grösstenteils auch im Rate der Stadt deren Geschicke lenkten und von denen mehrere die höchste Würde erlangten, die einem Breslauer Bürger erreichbar war, die des Landeshauptmanns des Fürstentums Breslau.

---

[1]) Nicht unerwähnt will ich lassen, dass Herr Professor Eduard von Gebhardt in Düsseldorf, als er das Bild sah, mich darauf aufmerksam machte, dass er früher einmal (wo, wusste er nicht mehr) gelesen habe, dass ein Bürgermeister mit seinen Ratsherrn bei einem Bildschnitzer ein Abendmahl bestellte und diese zu Christus und den Aposteln Modell stehen sollten, für den Judas sich aber keiner hergeben wollte. Ein zufällig eintretender Ratsdiener aber wurde dazu ausersehen, der sich auch bereit erklärte, weil es sich für ihn zieme demütig und bescheiden zu sein.

Das war der Fall beim Ratsältesten Albrecht Sauermann[1]), der in erster Ehe die Tochter des Landeshauptmanns Hieronymus Hornig geheiratet hatte, der schon 1515 Stadtschöppe und königlicher Mann war und der Stadt Breslau siebenundzwanzig Jahre gedient hat. Er starb als Landeshauptmann am 14. März 1542. Sein Bild hängt heute noch im Fürstensaale des Rathauses. Sein ehemals in der Elisabethkirche befindliches Grabdenkmal aber ist verschwunden.

Auf den gelehrten und kunstfreundlichen Heinrich Riebisch (1485—1544), den Erbauer des Hauses Junkernstrasse 2, der erst Syndikus der Stadt und später königlicher Rat und Landrentmeister in Ober- und Niederschlesien und der Lausitz war, brauche ich hier nicht näher einzugehen, da es ausführlich erst vor kurzem durch Geheimrat Förster geschehen ist[2]).

Nikolaus Jenkwitz, der 1533, 1535 und 1537 Landeshauptmann gewesen war, starb, ebenso wie der Kämmerer Wenzel Hornig im Jahre der Vollendung des Bildes; „huius reipublicae vigilantissimus ac magnae integritatis vir" wird der erste, der zweite „Christi pauperum infirmorum hospitalis divi Bernhardini accuratissimus patronus et Mecenas" genannt in den ehrenvollen Nachrufen, die ihnen die Stadt widmete[3]).

Ein Jahr später, am 2. Oktober 1538, starb der rechtsgelehrte Doktor Johann Metzler, an den Folgen der Gicht, die ihn so geplagt hatte, dass er sich die letzte Zeit auf die Schule — er war städtischer Schulvorsteher — oder das Rathaus tragen oder fahren lassen musste, und dass er bei seinem Tode „kaum noch dem Bilde eines Menschen glich". Das sieht man allerdings diesem starkknochigen Kopfe mit den energischen Gesichtszügen nicht an, bei denen der martialische Schnurrbart vielleicht eine Zutat des Restaurators ist, da Metzler auf mehreren Bildern in der Breslauer Stadtbibliothek aus jener Zeit bartlos erscheint. Er war einer der gelehrtesten, reichsten und opfermutigsten Bürger, der 1534 an die Spitze der Stadtrepublik berufen wurde, und von dem es bei seinem Tode im Ratskataloge heisst: „Johann Metzler, beider Rechte Doktor und Rathmann, dritter Senior dieses Standes, ein kluger, treuer und das Gemeinwesen liebender Mann, in beider Redeart als lateinisch und griechisch angesehen und berühmt, an Lob der Beredtsamkeit, welcherlei auch immer nötig war, bewundernswert und endlich im Ertragen der lästigsten Widerwärtigkeiten der Seele und des Leibes, durch die er fast fünfzehn ganze Jahre gequält wurde, von grosser Mässigung des Geistes, Standhaftigkeit und Gelindigkeit." Seine Mutter war eine Schwester des Bischofs Johann Turzo, Nikolaus Uthmann sein Schwager. Während seiner Studienzeit in Leipzig, Köln, Bologna hatte er Verbindung mit den ersten Geistern in Deutschland angeknüpft und diese auch zeitlebens aufrecht erhalten; ja er scheint während der Disputation zwischen Eck, Carlstadt und

---

[1]) Augustin Weltzel, Geschichte des Geschlechts der Saurma und Sauerma, Ratibor 1869, S. 110 und von Czihak, Denkmäler des Geschlechts von Saurma und von Sauerma, Schlesiens Vorzeit V (1894) S. 185.
[2]) Jahrbuch IV S. 98 ff. und Zeitschrift des Vereins für Geschichte Schlesiens 41 (1907). S. 181 ff.
[3]) Breslauer Stadtbuch hrgb. von O. Markgraf und O. Frenzel (Codex diplomaticus Silesiae XI) Breslau 1882, S. 47.

Luther in Leipzig, der er beiwohnte, in persönliche Berührung mit Luther und Melanchthon gekommen zu sein. Denn schon 1520 stand er mit Melanchthon in Briefwechsel, und seine Hinterbliebenen erhielten von diesem und Luther bei seinem Hinscheiden Trostbriefe, die heute nicht mehr erhalten sind. Und in Breslau war sein Haus ein Mittelpunkt für alle literarisch gebildeten Männer der Stadt, in dem auch der gelehrte Domherr und Propst zum heiligen Kreuz, Georgius Logus, und der Rektor des Elisabetans, Andreas Winkler, verkehrten, und das auch fremde Humanisten wie Joachim Camerarius und Crotus Rubinianus gern aufsuchten. Professor Dr. Bauch hat eine Biographie dieses bedeutenden Mannes geschrieben[1]). Sein ebenfalls in der Elisabethkirche von seiner Frau errichtetes Epitaphium ist nicht mehr vorhanden.

Der interessante Charakterkopf des Nikolaus Schebitz mit der Polenphysiognomie aber, der 1529 in den Rat berufen wurde, 1536 zum ersten Male Ratsältester war, später auch noch öfter dieses Amt inne hatte und 1549 starb, erinnert uns an die Hilfe der Stadt beim Brande des Doms im Jahre 1540, bei dem er als Ratsältester die Rettungsarbeiten leitete.

Jacob Boner, wenn die Gestalt des Christus seine Züge trägt, vielleicht weil sein Aussehen den Maler des Bildes dazu bestimmte, ihm diese Rolle zuzuweisen, ist als Spross einer angesehenen Krakauer Kaufmannsfamilie bekannt, der das Haus Ring 7 besass. Sein Schwiegersohn war Sebald Huber d. J., der Besteller des Bildes, der Sohn des berühmten Breslauer Arztes und Physikus gleichen Namens, von dem wir in der Elisabethkirche zwei Denkmäler besitzen, ein wertvolles Ölbild von 1504 und eine Bronze-Tafel mit dem Wappen der Huber und Saurma, denn eine Eva Saurma war seine erste Frau gewesen[2]). Sein Sohn Sebald wurde mit seinem Bruder Paul 1506 an der Krakauer Universität immatrikuliert; seit dem 2. Mai 1504 schon war er Breslauer Kanonikus. Später hat er in Wien und Bologna studiert und zum Doctor artium et medicinae promoviert. 1520 verzichtete er auf sein Kanonikat und wurde 1525 Bürger[3]). Im Rate hat er jedoch nicht gesessen. Sein Testament im Kgl. Staatsarchiv in Breslau vom 2. Mai 1554 erwähnt bei einer ziemlich genauen Aufzählung des Besitzstandes das Bild nicht; er muss es also schon bei Lebzeiten einem Freunde oder dem Rathause gestiftet haben, wenn es nicht erst durch einen aus diesem „edlen Kreise" der grossen Zeit Breslaus dorthin kam. Denn es war eine Zeit hochgesteigerten geistigen Lebens, in der unsere Stadt nach Melanchthon ein „domizilium humanitatis" war und in der er ihr wie der Provinz in dem berühmten Schreiben an Herzog Heinrich von Liegnitz[4]) das glänzendste Zeugnis ausstellte, das Schlesien und Breslau je ausgestellt worden ist. Und wie in einem Brennspiegel ist diese Zeit in unserm Bilde zusammengefasst.

---

[1]) Zeitschrift des Vereins für Geschichte und Altertum Schlesiens 32 (1898) S. 49 ff.
[2]) Siehe von Czihak a. a. O. Tafel XIX und XVI, 1.
[3]) Bauch, Schlesien und die Universität Krakau im 15. u. 16. Jahrhundert, Zeitschrift des Vereins für Geschichte Schlesiens XLI (1907) S. 157.
[4]) Zuletzt abgedruckt in Zeitschrift für Geschichte Schlesiens XLI (1907) S. 181.

Von der Generation der Ratmannen, die mit grosser Festigkeit und Klugheit die Reformation eingeführt hatten, waren in dem Jahre, in dem das Bild gemalt wurde, nur noch fünf übrig, von denen drei, wie wir gesehen haben, bald hingerafft werden sollten. Aber auch dieser, durch neuen Zuwachs ergänzte Freundeskreis wollte in seinem Zusammenhalt ausdrücklich noch den Zusammenhang mit dem Protestantismus bekunden. Das bezeugt die uns heute sonderbar berührende Art, wie er sich hier konterfeien liess. Ob ein besonderes Ereignis dazu den Anlass gegeben oder ob im allgemeinen nur eine Erinnerung an den engen Verkehr dieser Männer damit geschaffen werden sollte, weiss man nicht.

Der Vorgang aber selbst steht nicht vereinzelt da. Man kann sogar sagen, die Neigung, Zeitgenossen porträtmässig in die heilige Szene einzuführen, ist in der Kunst des Reformationsjahrhunderts nicht selten. In der Vorhalle des Merseburger Doms hängt ein Tafelbild mit einer Kreuzigung, bei der die Zuschauer fast alle Porträts sind, ebenso wie auf einer Beweinung Christi mit dem Wappen der meissnischen Familien von Günterode und Aelmbeck im Schlesischen Museum der bildenden Künste in Breslau[1]), was auch auf vielen andern Epitaphiumsbildern wie diesen noch vorkommt. Noch 1670 hat Herzog Christian I. von Sachsen im Merseburger Dom eine mächtige Türumrahmung zum Eingang der Fürstengruft, eine barocke Holzschnitzerei nach Art eines Altaraufbaues, fertigen lassen, in der in der Mitte oben auf einem grossen Gemälde der Herzog selbst, seine Gemahlin und seine Kinder beschäftigt sind, den Leichnam Jesu zu bestatten. Herr Pfarrer Dr. Bergner in Nischwitz hatte die Güte, mich auf dieses Bild hinzuweisen, wie auf eine Predella zu einem Abendmahl im Kloster Güldenstern bei Mühlberg a. E. von Heinrich Gedechen vom Jahre 1569. In dieser Predella sind die beiden Geistlichen, der Pfarrer Johann Liebe und der Diakonus Paul Daucher, sowie die Kommunikanten porträtiert: Bürgermeister, Ratschreiber, Amtmann, auch der Stifter Waltin Fuchs und seine Gemahlin, die beide knieend das Sakrament empfangen. Ein Holzschnitt aus der Schule Cranachs, die Austeilung des Abendmahls durch Luther und Melanchthon an die protestantischen Fürsten[2]), wäre hier anzureihen. Auch eine Messe des hlg. Gregor, ein Tafelbild aus der Schule Cranachs d. ä. in der Aschaffenburger Gemäldegalerie gibt es[3]), bei der Kardinal Albrecht und auf der Sängertribüne einige Fürsten und Hofleute porträtiert als Akteure mitwirken. Aber es gibt auch zahlreiche Abendmahlsbilder, auf denen als Jünger am Tische sitzen: Luther, Melanchthon, Justus Jonas, Nikolaus Arnsdorf u. a. Auf drei wies mich ebenfalls Dr. Bergner hin und zwar auf eins in Ampfurth, Kr. Wanzleben, 1575 von Adam Offinger gemalt, eins in Segelhorst in der Grafschaft Schaumburg vom Jahre 1580[4]) und auf einen leider verschollenen Altarschrein, den der Administrator

---

[1]) Beschreibendes Verzeichnis der Gemälde. III. Auflage (Breslau 1898) Nr. 159.

[2]) Abgebildet in Paul Drews, der evangelische Geistliche in der deutschen Vergangenheit. Monographien zur deutschen Kulturgeschichte XII (Jena 1905) S. 31.

[3]) Döring und Voss, Meisterwerke der Kunst aus Sachsen und Thüringen Tafel XVI.

[4]) Die Bau- und Kunstdenkmäler im Reg.-Bez. Cassel. Band III, Marburg 1907, Tafel 141.

Christian Wilhelm von Magdeburg 1618 in Colbitz Kr. Wolmirstedt. „In der Mitte des Bildes feiert Christus das hlg. Abendmahl, alle Gesichter waren Porträts damals angesehener, dem Administrator nahestehender Zeitgenossen: der Administrator, Hauptleute, der Hofprediger Röber, der Pfarrer von Colbitz, Georg Schütz, andere erzbischöfliche Beamte; der Maler bildete sich im Judas ab"[1]). Die grösste Verwandtschaft aber mit unserem Bilde hat ein Abendmahl in der St. Agnuskirche in Cöthen von Lucas Cranach d. j., von dem sich eine Wiederholung in der Marienkirche in Dessau befindet[2]) (Abb. nebenstehend). Ich verdanke eine Photographie des Bildes mit

Bild in der St. Agnuskirche zu Cöthen

den nötigen Erläuterungen Herrn Rentner Schwetzke in Cöthen. Das Bild ist auf Holz in Tempera und Öl gemalt und 180 × 250 cm gross. Die Namen der Dargestellten sind nicht beigeschrieben, aber bekannt. Christus allerdings — das ist ein wichtiger Unterschied von unserm Bilde — ist kein Porträt, auch Judas nicht. Der im Vordergrund knieende Stifter ist Fürst Joachim, die übrigen von Jesus ab nach links: Fürst Georg von Anhalt, Luther, Bugenhagen, Jonas, Kurfürst Johann von Sachsen, Cranach d. j. als Schenk, Georg

---

[1]) Danneil, der Kreis Wolmirstedt. Beitrag zur Geschichte des Magdeburgischen Bauernstandes, Halle a. S. 1896, S. 134.

[2]) Abgebildet bei Heyck, Luther (Monographien der Weltgeschichte XXIX), Bielefeld und Leipzig 1909, S. 153.

Major, Johann Forster, Johann Pfeffinger, Berthold Bernhardi, Melanchthon; im Hintergrunde links Fürst Wolfgang von Anhalt, Fürst Johann II. und seine Söhne Carl, Joachim, Ernst, Bernhard. Leider ist das Bild nicht datiert, so dass man nicht sagen kann, ob es für das Breslauer die Anregung gegeben hat. Aber der Geist, aus dem es entstanden, ist derselbe. Es ist der Geist der Schule Cranachs, des künstlerischen Repräsentanten der Reformationszeit; die meisten der angeführten Bilder stammen ja aus Sachsen.

Insofern hat also Markgraf in seinem Führer durch das Breslauer Rathaus instinktiv das Richtige getroffen, als er das Breslauer Bild der Cranachschule zuschrieb. Aber stilistisch steht es in keiner Beziehung dazu. Es ist sicher in Breslau entstanden und der Maler ist uns bekannt, wenigstens von Angesicht; es ist der Mann, der zum Fenster hereinblickt, mit der vierkantigste der slavischen Dickschädel, die auf dem Bilde vereint sind. Vielleicht ist sein Monogramm, das als Pendant zur Jahreszahl an dem linken Kamin-Pilasterkapitell gesessen haben kann, übermalt. Müssig aber wäre es, einen Namen aus der langen uns überlieferten Liste der Breslauer Maler jener Zeit zu nennen, zumal sie uns nur Namen, keine Anschauungen oder gar Werte verkörpern. Die Art, wie die Köpfe und namentlich auch das Beiwerk behandelt sind, ist eher niederländisch als cranachisch zu nennen. Das Mobiliar, die noch gotischen Dreibeine, die an den niederdeutschen Stollenschrank anklingende Renaissance-Kredenz, die Gläser und der heute noch in Breslau übliche Einback auf dem Tisch, die beiden mächtigen spätgotischen Zinnkannen im Vordergrunde, wahrscheinlich Erzeugnisse Breslauer Werkstätten, und die Ausstattung der Kredenz mit Gläsern (eins davon gleicht einem Stücke unserer Museums-Sammlung), Zinntellern, Zinn- und Kupferkannen und silbernen Bechern, sind mit peinlichster Sorgfalt wiedergegeben.

Wäre das Bild, wie gesagt, nicht gar so schlecht erhalten, es wäre nach jeder Richtung hin mit seiner kirchlichen Schale und weltlichem Kern, in seiner heilig-unheiligen Erscheinung, ein köstliches Zeugnis für die Kunst und Kultur einer Zeit, in der es auch in Breslau „eine Lust war zu leben".

Conrad Buchwald

II

EIN WANDTEPPICH VOM JAHRE 1594

Der auf Tafel X abgebildete Gobelin wurde im Dezember 1907 vom Schlesischen Altertumsverein aus Mitteln einer Geldsammlung, die er gerade zu dieser Zeit anlässlich seines bevorstehenden fünfzigjährigen Jubiläums unter seinen Mitgliedern veranstaltete, angekauft und bei der Feier am 12. Januar 1908 dem Museum als Jubiläumsgabe übergeben. Zuerst hatte ihn der Verkäufer, der Hofbildhauer Wilhelm Lober in Charlottenburg, Wilmersdorferstrasse 134, dem Kunstgewerbemuseum in Berlin angeboten, wobei er als Provenienz die Provinz Schlesien nannte. Da unser Museum in dem Gobelin mit dem Salomonischen Urteil (abgeb. auf S. 152), der im Jahre 1878 von der Elisabethkirche in Breslau dem

TAFEL X

Wandteppich vom Jahre 1594

damaligen Museum Schlesischer Altertümer überwiesen worden war, bereits eine Arbeit aus derselben Werkstatt besass, machte uns die Angabe des Herrn Lober, die er bei uns auf „ein Schloss in der Nähe von Görlitz" präzisierte, die Erwerbung seines auch an und für sich höchst begehrenswerten Gobelins zur Pflicht. Wenn von drei uns damals bekannten Erzeugnissen einer örtlich noch nicht bestimmten deutschen Teppichwerkstatt zwei unzweifelhaft aus Schlesien kommen, wäre damit auch ein Hinweis auf den Entstehungsort dieser Arbeiten gegeben. Zum mindesten durfte man auf Beziehungen schlesischer Besteller zu dem Herstellungsorte schliessen. Sein Versprechen, uns nach Jahresfrist die genaue Herkunft des Teppiches zu nennen, wenn ihm das von dem ursprünglichen Besitzer gestattet würde, hat Herr Lober trotz allen Drängens nicht erfüllt. Das ist im Interesse der Wissenschaft sehr bedauerlich, denn vorläufig reichen alle sonstigen Indizien für eine sichere Heimatsbestimmung der ganzen Gattung noch nicht aus.

Est ist eine streng in sich abgeschlossene Gruppe, die die vier Teppiche des folgenden Verzeichnisses bilden. Von anderen deutschen Teppichen unterscheiden sie sich auf den ersten Blick im Stil, in der Farbengebung und der Technik. Unter sich hängen diese vier Arbeiten so eng zusammen, dass sie förmlich das vollständige Werk eines Ateliers während eines bestimmten, nicht langen Zeitraumes seiner Tätigkeit ausmachen. Alle Merkmale lokalisieren das Atelier in eine von den künstlerischen Hauptzentren mehr abgelegene Provinz. Schon der Besitz an Darstellungsmaterial deutet auf einen kleinen Betrieb hin, wenn drei mehr oder minder genaue Wiederholungen in den Bildern und eine in den Bordüren vorkommen. Beschränktes Können geht Hand in Hand mit verständiger Anhänglichkeit an die Tradition und richtigem Stilempfinden; sie lassen die Flächenwirkung noch in einer Zeit gewahrt sein, die schon längst beim Wandteppiche bildmässige Tiefenwirkung verlangte, und verleihen den Darstellungen einen treuherzig steifen, zeremoniellen Charakter. Diese Figuren, die im einengenden spanischen Kostüme biblische Szenen leidenschaftslos agieren, die Frauen züchtiglich das Taschentuch in der Hand — das ist die verkörperte Etikette der Patrizier im Sonntagsstaate in der Kleinstadt, in der Provinz. Unbehilflich zeigt sich der Teppichwirker bei der ihm vielleicht ungewohnten Aufgabe, die Bilder mit einer Bordüre zu umrahmen. Bei Nr. I setzt er noch unorganische Blüten- und Blattkombinationen neben und übereinander, aufrecht oder liegend in den Raum, erst bei No. III und IV übernimmt er das in der Zeit übliche Motiv des aus Vasen sich erhebenden Blumen- und Früchtebuketts mit Rollwerkverbindungen, um es durch Details von seltsamer Unverständlichkeit zu vergröbern.

Als provinziell wird man auch für die Entstehungszeit der ganzen Gattung und im Vergleich mit anderen deutschen Teppichen des 16. Jahrhunderts die Farbengebung mit ihren kräftigen, bunten, unvermittelt nebeneinander gesetzten Tönen bezeichnen müssen. Eine unverfälschte Vorstellung davon und zugleich ein vielleicht einzig dastehendes Zeugnis von der prachtvoll leuchtenden, dekorativen Wirkung solcher Wandbehänge in ihrer Umgebung gibt nur der Teppich No. III, der noch in seiner ganzen ursprünglichen Frische prangt, während No. I und IV — an die Farben von Nr. II erinnere ich mich kaum —

152

Nr. I. Im Schlesischen Museum für Kunstgewerbe und Altertümer

durch die Einwirkung der Zeit für manchen Geschmack vielleicht gewonnen, aber jedenfalls an dokumentarischem Werte verloren haben. In der Farbengebung steht Gelb an erster Stelle, ihm folgen Blau, Grün und Braun. Weiss wird fast nur für die Fleischteile der Figuren, Schwarz vorwiegend zur Angabe der Umrisse gebraucht. Die rote Farbe findet ihre Vertretung nur in einem reichlich zur Abschattierung verwendeten ganz charakteristischen Rosarot, das mit seinem süssfaden Tone einen ganz auffälligen Gegensatz zu der Kraft der anderen Farben abgibt.

In technischer Beziehung zeigen die Teppiche interessante Unvollkommenheiten. Ob sie auf dem senkrechten oder dem wagrechten Webstuhl hergestellt sind, lässt sich, wie mir Frl. W. Bibrowicz, Lehrerin an der Webeklasse der kgl. Kunst- und Kunstgewerbeschule, angibt, aus technischen Merkmalen nicht entscheiden. Die Kettfäden gehen wagrecht durch den Teppich wie durchgehends in dieser Zeit und auch noch später. Diese für die Erhaltung der Wandteppiche wenig günstige Besonderheit hat darin ihren

Ursprung, dass die Teppichwirkerei seit dem Mittelalter vorwiegend niedrige, aber sehr lange Wandbehänge herzustellen hatte. Für die Höhe war der Arbeiter an die Breite seines Webstuhles gebunden. Diese musste für unsere Gattung mehr als zwei Meter betragen, ein Mass, welches schon das für Rücklaken erforderliche weit übertrifft. Um aber auf diesem Webstuhl das ungewöhnliche Höhenformat der Teppiche Nr. II und III bei derselben Breite zu erreichen, die sich wieder daraus ergab, dass manche Kompositionen in denselben Grössenverhältnissen wiederholt wurden, musste der Teppichwirker zu dem primitiven Mittel greifen, dass er diese Arbeiten aus zwei Stücken verfertigte,

Nr. II. Aus der Sammlung Zschille

einem oberen und einem unteren, die aneinander genäht wurden. Zu der uns so nahe liegend scheinenden Lösung, mit senkrechten Kettfäden zu arbeiten, zu der, wie ich feststellen konnte, der Verfertiger des Teppiches mit König Karl und den vier Philosophen vom Ende des 12. Jahrhundertes im Halberstädter Dome (Lessing, Wandteppiche und Decken des Mittelalters Taf. 21) von selbst durch das Höhenformat gelangte, kommt unser Atelier nicht, es versucht sie auch nicht einmal, weil es zu sehr an den Rücklakentraditionen klebt. Bei senkrechter Kette hätte sich auch eine andere technische Unvollkommenheit weniger fühlbar gemacht. Das Verfahren, dort, wo zwei Farben parallel mit den Kettfäden zusammenstossen, eine haltbare Verbindung dadurch herbeizuführen, dass die Fäden ineinander verzahnt wurden (siehe z. B. die Altnorwegischen Bildteppiche in der Publikation von H. Grosch), kennt unser Teppichmacher nicht. Die also dadurch zwischen den Kettfäden entstehenden Spalten hält er nur durch Überfangstiche zusammen. Da in der Komposition der Teppiche, die überhaupt die Geradlinigkeit nicht vermeidet, die horizontalen Linien überwiegen, geht es ohne sehr viele und sehr lange Spalten nicht ab.

Folgende Teppiche gehören zu der Gattung:

Nr. I Abgeb. auf S. 152. Im Schlesischen Museum für Kunstgewerbe und Altertümer, ehemals in der Elisabethkirche zu Breslau und von dieser 1878 an das damalige Museum Schlesischer Altertümer abgetreten (Inv.-Nr. 7472). Eine Abbildung in Lichtdruck in Schlesiens Vorzeit N. F. I. Taf. V. Br. 216 cm, Höhe 193 cm. Mit dem Urteil Salomons. In der Farbengebung herrscht Gelb vor. Der untere Rand der Bordüre ist im Jahre 1898 durch die Berliner Gobelin-Manufaktur W. Ziesch & Co. ergänzt worden.

Nr. II. Abgeb. auf S. 153. Ehemals in der Sammlung Zschille zu Grossenhain und abgebildet im Versteigerungskataloge der „Kunstsammlungen aus der Villa Richard Zschille", Berlin R. Lepke 1901, unter Nr. 114 und 115. Leider haben die Nachforschungen nach dem Verbleib der beiden Teile, die bei der Versteigerung in verschiedene Hände gerieten, zu keinem Resultate geführt. Da die Firma Lepke die photographischen Aufnahmen und die danach angefertigten Zinkstöcke für die Abbildungen im Kataloge nicht mehr besitzt, diese aber für eine Reproduktion keine genügende Vorlage abgeben, wurden sie für die umstehenden Abbildungen, im ganzen mit Beschränkung auf das Kompositionsschema umgezeichnet. In einem wichtigen Punkte lässt die Abbildung im Versteigerungskataloge direkt im Stich: von den Wappen in der Bordüre ist das zur Linken (heraldisch), so wenig deutlich, dass selbst eine so gewissenhafte Zeichnerin wie Frl. Pfauth für die Richtigkeit ihrer Umzeichnung nicht die Verantwortung übernehmen kann.

Ich nehme an, dass die beiden Stücke ursprünglich ein Ganzes waren, oben das Salomonische Urteil, unten die zwei Marienszenen. Eine Trennung war sehr leicht möglich, da sie nur zusammengenäht waren. Allerdings wird die Annahme der Zusammengehörigkeit durch die Angaben im Versteigerungskataloge erschwert. Wenn es dort bei Nr. 114 heisst: „Flandrischer Gobelin. Das Urteil Salomons..... Gr. 210 × 230 cm. Bordüre ergänzt", muss man zunächst annehmen, dass diese ergänzte, im Kataloge nicht mitabgebildete Bordüre mitgemessen ist. Bei Nr. 115: „Desgleichen. Darstellung aus dem Neuen Testament .... Gr. 130 × 170 cm" ist die erste Zahl unbedingt ein Mess-, Schreib- oder Druckfehler, weil sie doch nach den Grössenverhältnissen des Stückes nicht einmal die Hälfte der anderen Dimension betragen durfte. Das Längenmass von 170 cm wird aber stimmen. Denn die Wiederholung dieser beiden Szenen bei Nr. III, die in der rechten Hälfte etwas weiter auseinandergezogen ist, misst 178 cm (bei einer Höhe von 68 cm). Hat nun das Salomonische Urteil der Sammlung Zschille, wie von vornherein wahrscheinlich ist, annähernd dasselbe Grössenformat wie bei Teppich Nr. I, betrug also seine Breite wie bei diesem ungefähr 168 cm, so passen die Teile 114 und 115 in der Breite zusammen und der ganze Gobelin hatte so ziemlich dieselbe Grösse wie Nr. III. Für die Zusammengehörigkeit der beiden Teile spricht ja auch ihre Herkunft aus demselben Besitze und das Fehlen der seitlichen Bordüren, die bei irgend einer Gelegenheit zusammen mit der oberen abgeschnitten worden sein müssen. Es wäre sonst doch sonderbar, dass zwei in so gleicher Weise verstümmelte Teppiche einer seltenen Gattung sich in demselben Besitz zusammengefunden haben sollten.

Der Teppich der Sammlung Zschille steht in der Mitte zwischen den Teppichen Nr. I und III. Mit dem ersteren hat er das grosse Hauptbild gemein, an dem der untere Teil mehr friesartig angefügt ist, mit dem letzteren die Verschiebung aus dem fast quadratischen in ein Höhenformat und die Zusammensetzung aus zwei Teilen, die sich daraus ergab, dass der Webstuhl nicht die Breite für die Herstellung in einem Stücke besass (siehe S. 153). Das Urteil Salomons ist in der Komposition nach Nr. I wiederholt, aber wenn es auch in demselben Rahmenformat gehalten sein mag, doch nicht so genau, dass es nach demselben Karton gearbeitet wäre, der dieselbe Kettfädeneinteilung zulässt, wie die Wiederholungen der Estherszene bei Nr. III und IV und selbst noch die Szenen der Verkündigung und der Heimsuchung im unteren Streifen von Nr. II und Nr. III, bei denen die Veränderungen nur das Beiwerk treffen. Beim Salomonischen Urteil sieht man zahlreiche kleine Veränderungen in den Einzelheiten der Komposition, viel weiter geht aber das Bestreben, die frühere Komposition in Äusserlichkeiten zeitgemäss umzugestalten. Gegen Nr. I hat sich bei Nr. II eine vollständige Umwandlung der deutschen Tracht in die spanische vom Ende des 16. Jahrhunderts vollzogen. Man vergleiche dafür die Veränderung der Kopfbedeckung bei der Frau, die das Kind hält, und im Kostüme der knieenden Frau. Auch König Salomon und seine beiden Ratgeber sind nach ihrer früheren biblischen Kostümierung stark modernisiert, der ihm zunächst stehende ist geradezu in einen spanischen Hofherrn umgekleidet worden. Den jüngeren Ursprung des Zschilleschen Wandteppiches beweist auch der vollkommen verschiedene Charakter der Bordüre, die die merkwürdig unbehilfliche, rückständige Aneinanderreihung von unorganischen Blatt- und Blütenkombinationen durch das Renaissancemotiv der Blüten- und Fruchtbuketts in Vasen ablöst.

Nr. III. Abgeb. auf der Lichtdrucktafel X. Im Schlesischen Museum für Kunstgewerbe und Altertümer, erworben 1907 (siehe S. 150). Höhe 303, Br. 233 cm. Aus zwei Stücken zusammengenäht, der obere Teil (Höhe 94 cm) und der untere (Höhe 209 cm) stossen unter der Darstellung des Salomonischen Urteiles zusammen, wobei die Seitenbordüren nicht genau aneinander passen. In diesem stattlichsten Exemplare der ganzen Gattung hat der Teppichwirker drei Bilder streifenartig übereinander vereinigt. Der oberste Streifen zeigt eine neue Fassung des Salomonischen Urteiles, der mittlere breitere Esther vor König Ahasver, der untere eine Wiederholung der Verkündigung und Heimsuchung von Nr. II. Verändert ist hier nur die Landschaft und hinzugefügt als ein hübscher Zug das begrüssende Hündchen. Bemerkt sei auch in dieser sonst so schematischen Komposition die realistische Andeutung des Zustandes Mariens. Das Mittelstück erhält eine Auszeichnung dadurch, dass die Halsketten der Frauen und Salomons, sowie dessen Zepter mit Silberfäden durchwirkt sind.

In der unteren Bordüre nennt eine Tafel mit Rollwerkumrahmung die Namen der Stifter oder Besitzer des Teppiches:

> CHRISTOF
> MORDER
> CATHARINA
> KREIS. S. EH
> HAVSFRAW
> ANNO 1594.

Nr. IV. Abgeb. auf S. 157. Im Kaiser-Friedrich-Museum der Stadt Magdeburg. Stammt aus der Sammlung Fenkner in Goslar. Auf diesen Teppich machte mich mein Kollege Dr. Seger aufmerksam und Dr. Volbehr hatte die Freundlichkeit, ihn mir zum Studium nach Breslau zu senden. Das 220 cm breite und 120 cm hohe Fragment bringt eine Wiederholung der Estherszene von Nr. III von solcher Genauigkeit, dass sie förmlich auf dieselben Kettfäden und mit Schussfäden derselben Farben gearbeitet ist. Nur gerade die linke Fusssohle der Esther hat eine andere Farbe. Trotz dieser Übereinstimmung, die sich auch auf die Bordüre erstreckt, war der Teppich etwas breiter als Nr. III, indem links der Bewaffnete nicht so abgeschnitten ist wie dort und noch der Kopf eines zweiten Kriegers hervorschaut und rechts eine Säule hinzugefügt ist; er war auch reicher dadurch, dass das Gewand des Ahasver und der Esther Musterung erhielt. Jetzt steht das Fragment weit hinter Nr. III zurück, seine Farben sind verblasst und es ist auch sonst nicht gut erhalten. Am unteren Rande ist links eine nicht zugehörige Leiste eingeflickt, dann links von Esther ein Zwickel ausgefüllt, wobei ihre linke Hand roh ergänzt wurde und der dritte zuschauende Mann ein Auge verlor. Ergänzt sind auch die Schuhe Ahasvers.

Für die Entscheidung darüber, wo der Ursprungsort der hier aufgezählten Teppiche zu suchen ist, könnten die Wappen auf Nr. II und die Stifternamen auf Nr. III den Ausschlag geben. Aber beide haben sich bis jetzt noch nicht bestimmen lassen. Die Wappen hat Herr Assessor Schlawe in Breslau nicht unter den schlesischen finden können, womit freilich nicht gesagt sei, dass sie nicht schlesische sind. Verschiedene andere Versuche zu ihrer Bestimmung sind ebenso resultatlos geblieben wie die Fahndung nach dem Christoph Mörder, der mit seiner Frau Katharina Kreis den Teppich Nr. III anfertigen liess. Der Name Mörder (Morder) findet sich für adelige und bürgerliche Familien in verschiedenen Gegenden Deutschlands[1]). Am bekanntesten ist die adelige Linie in

---

[1]) Einige Angaben über das Vorkommen des Namens Mörder im Mittelalter in Deutschland (Mecklenburg, Pommern) bringen folgende drei anonym erschienene Broschüren eines und desselben Verfassers: a) Legende und Wahrheit über das Geschlecht Mörder. Eine biographische Skizze. Dorpat 1870. — b) Légende sur l'origine de la famille Moerder (Traduction d'un manuscrit allemand). Dorpat, ohne Jahresangabe — c) Erinnerungen an Karl Karlowitsch Mörder, Erzieher Sr. Majestät des Kais. Alexander II. Biographische Skizze. Dorpat 1873.

Nr. IV. Im Kaiser Friedrich-Museum zu Magdeburg

Mecklenburg[1]), das Wappenbuch von Siebmacher führt den Namen auch unter den pommerschen und fränkischen Geschlechtern an[2]). Und unsere Nachforschungen haben sein Vorkommen auch in Schlesien für bürgerliche Familien festgestellt[3]).

Der Name Mörder liesse also wohl die Herstellung des Teppichs Nr. III in Schlesien oder für Schlesien zu. Aber schon der Name Kreis der Frau des Christoph Mörder scheint von Schlesien weg, nach Sachsen, zu weisen[4]), wobei daran zu erinnern ist, dass uns als Herkunft dieses Teppiches von dem Verkäufer das westlichste Schlesien, die Umgebung von Görlitz, genannt wurde. Und wenn auch die Herkunft von Nr. I aus der Elisabethkirche in Breslau ursprünglich für die Frage nach dem Entstehungsorte der

---

[1]) G. von Bülow, Das Geschlecht der von Moerder. Über die Mecklenburgische Linie. Im „Herold" 1877 (Jahrg. 8.) S. 45 ff. u. 57 ff. Auf der Stammtafel S. 82 findet sich im 16. Jahrhundert ein Christoph von Mörder, der aber mit einer Emerentia von Vieregg vermählt ist. — Schlie, Kunstdenkmäler des Grossherzogtums Mecklenburg-Schwerin, führt I S. 414 eine Eva Morders 1645 (= Eva von Mörder) und V S. 215 eine Margreta Morders 1618 an.

[2]) Siebmacher, Erneuert und Vermehrtes Wappenbuch, Nürnberg 1701, III 129; V 166.

[3]) Für freundliche Bemühungen bei der Mörderjagd schulde ich dem hiesigen Kgl. Staatsarchiv, den Herren Professor Dr. Jecht in Görlitz, Stadtbibliothekar Dr. Hippe, Stadtarchivar Dr. Wendt, Dr. Heyer und Dr. Hintze wärmsten Dank. Der Name Mörder ist in Breslau nachgewiesen durch Dr. Hippe: Hannos morder der Meyster Johannis von Rothenburg des arcztes son ist, 1364 (Bresl. Schöppenbuch II fol. 223a); durch Dr. Heyer aus dem Kirchenbuche von Maria-Magdalena: Christoph Mörder, Handelsmann, und Sohn des Gabriel Mörder, J. U. D. und Advocaten in Nürnberg, heiratet 1609 Frau Marie Hammer, Witwe des Handelsmannes Hans Pavel. — Dr. Wendt macht aufmerksam auf einen „Nycolaus Morder, pater fratris Nycolai" im Nekrologium des Klosters Heinrichau (Zeitschr. f. Gesch. Schlesiens IV S. 289). — Dr. Hintze hat in den Kirchenbüchern von Brieg den Namen ziemlich häufig bei Leuten aus dem Volke im 17. und 18. Jahrhundert gefunden.

[4]) Kunstdenkmäler d. Königreiches Sachsen, 29. Heft (Zittau) S. 229: Matz Kreis.

Truhe im Hamburgischen Museum für Kunst und Gewerbe

ganzen Gruppe massgebend sein mochte, so wird die Kraft dieses Zeugnisses dadurch abgeschwächt, dass der uns erst später bekannt gewordene Teppich Nr. IV aus Goslar kommt. Denn die stilistischen Merkmale sprechen mehr für das nordwestliche Deutschland, etwa von der Provinz Sachsen an bis zur Elb- und Wesermündung. Die Darstellungen, die das Hauptrepertoir unserer Teppichwerkstatt bilden, das Urteil Salomons und Esther vor Ahasver sind ein Lieblingsstoff für die Reliefs an den Vorderwänden niederdeutscher Truhen. Als Beispiele bilden wir mit Genehmigung des Herrn Direktor Dr. Brinckmann zwei solcher Truhenwände aus der 2. Hälfte des 16. Jahrhunderts im Hamburgischen Museum für Kunst und Gewerbe ab, auf S. 158 eine mit Szenen aus dem Buche Esther (Brinckmann, Führer S. 641). Links Esther, gefolgt von ihren Frauen, knieend vor Ahasver, der ihr das Szepter gewährend entgegenstreckt, rechts muss Haman seinen Todfeind Mardochai auf königlichem Rosse vor den König führen. Im Hintergrunde der beiden Hauptszenen sind andere Momente der Geschichte in kleinen Figuren dargestellt. Salomo als Richter und die Huldigung der Königin von Saba vor ihm zeigt die auf S. 159 abgebildete Truhenwand (Brinckmann, Führer S. 642). Diese Reliefs haben, wie mir Herr Dr. Stettiner mitteilt, als Vorbilder niederländische Kupferstiche. Die Esthertruhe ist aus einer Folge von Stichen des P. Galle nach Martin Heemskerck zusammengesetzt, andere Esthertruhen des Hamburgischen Museums schliessen sich noch enger an die Vorbilder an. Das Salomonische Urteil der anderen Truhe geht zurück auf einen Stich des Dirk Volkertsz Coornheit nach Fr. Floris vom Jahre 1556. Es ist misslich, so verschiedene Dinge wie grosse Teppiche und kleine Holzreliefs unmittelbar miteinander vergleichen zu wollen, es soll auch nicht bestritten werden, dass die letzteren unter dem direkten Einflusse ihrer Vorbilder eine lebhafter bewegte Komposition behalten haben und fast niemals in der Aneignung der zeitgenössischen Tracht bei den Figuren so weit gehen wie die

Truhe im Hamburgischen Museum für Kunst und Gewerbe

ersteren, aber es will mich doch dünken, dass in den Teppichen und Truhenreliefs der Geist einer und derselben Kunst herrscht. Das kommt einem erst voll zum Bewusstsein, wenn man andere Teppiche mit denselben Darstellungen zum Vergleich heranzieht, so für das Urteil Salomonis den prunkvollen Leipziger Wandteppich des Seger Bombeck vom Jahre 1557 (abgeb. im Kunstgewerbeblatt N. F. III Tafel zu S. 49) und für Esther vor Ahasver einen niederrheinischen Wandteppich im Dome zu Xanten vom Jahre 1574, von dem mir eine Photographie aus der Bibliothek des Kgl. Kunstgewerbemuseums in Berlin vorliegt.

Direkte Verwandtschaft aber mit unserer Teppichgattung finde ich in den drei Serien von gewirkten Wandbehängen, die mit einer grossen Anzahl zugehöriger Kissen das Rathaus von Lüneburg aufbewahrt. Diese noch nirgends abgebildeten, in den „Kunstdenkmälern der Provinz Hannover" III 2 u. 3 S. 273 nur beschriebenen Teppiche dienten bei feierlichen Gelegenheiten in der Ratsstube als Rücklaken und haben demgemäss die Form sehr langer Streifen mit einer Höhe von nur 62—83 cm. Sicherlich sind alle drei Serien in Lüneburg verfertigt worden, wo schon im 15. Jahrhundert die Teppichwirkerei geübt wurde, wie Rechnungen für das Rathaus (siehe oben S. 216) und erhaltene Arbeiten im dortigen Museum schliessen lassen. Von den Rathaus-Rücklaken ist das älteste, auf dem in acht Bildern die Geschichte von Massinissa und Sophonisbe dargestellt ist, (ein Teil davon nach einer mit Genehmigung des Rates von Lüneburg angefertigten Photographie abgeb. auf S. 160) noch in die Mitte des 16. Jahrhundertes zu setzen. Fünf sehr lange Streifen mit Blüten, Blättern und Früchten auf schwarzem Grunde, zwischen denen in bestimmten Abständen wilde Männer mit dem Lüneburger Wappen im Schilde stehen, sind 1579 datiert. Zwei Streifen mit Rosen-Blüten, Knospen und Blättern und dem Lüneburger Wappen tragen die Jahreszahl 1584.

Teil eines Wandbehanges im Rathause zu Lüneburg

Den Gobelin Nr. III unseres Museums vom Jahre 1594 und mit ihm die ganze Gattung, zu der er gehört, trennen von dem ältesten Lüneburger Wandteppich vielleicht 40 Jahre. Aber trotzdem hatte ich, als ich in Lüneburg den Gobelin Nr. I neben den dortigen Wandbehängen ausbreitete, den Eindruck, dass von diesen eine Verbindung zu unserer Gruppe herüberführe. Sie äussert sich, mehr als in der Gebundenheit und der Strenge des figürlichen Elementes, in Einzelheiten, wie der türmereichen gotisierenden Architektur und den Hügelformationen, auf die man Ausblick hat, in der Vorliebe für die den Vordergrund abschliessenden Ziegelmauern, der Belebung des Himmels durch hereinragende Zacken und der Angabe der Steilfalten an den Gewändern, bei denen schmale Linien die breiten Streifen begleiten. Das sind Züge, die sich auch bei anderen deutschen Teppichen dieser Zeit, aber ich weiss nicht ob sonst so sehr vereinigt, vorfinden. Und bei den Lüneburger Verduren vom Jahre 1579 und 1584 dringt zugleich mit der Verbindung von grossen Rosen, Blüten und spitzen Blättern, aus denen sich die Bordüre Nr. I zusammensetzt, neben der gelben Farbe als Dominante und in derselben Art der Abschattierung jener rosenrote Ton vor, der für unsere Gattung so bezeichnend ist.

Bei aller Verwandtschaft der Lüneburger und unserer Gattung ist diese keine direkte Fortsetzung der ersteren. Wir haben vor allem keinen Beweis dafür, dass die Lüneburger Wirkerei, die ausschliesslich schmale Rücklaken und Kissen verfertigte, — Beispiele dafür aus dem 17. Jahrhundert im dortigen Museum — zu dem grossen Formate unserer Teppichgattung übergegangen sei. Auch der schwarze Grund bei den Lüneburger Verduren von 1579 und 1584 und die hochdeutsche Inschrift bei Nr. III statt der wohl zu erwartenden niederdeutschen entfernt mit den Namen Morder und Kreis, die nach Angabe von Herrn Dr. Reinecke für Lüneburg ganz fremd klingen, die beiden Gattungen voneinander. Wir können also bis jetzt die Gattung, deren Hauptvertreter sich im Breslauer Museum zusammengefunden haben, nur im allgemeinen der Sphäre der niederdeutschen Kunst zuweisen, aber noch

Wandbehang im Schlesischen Museum für Kunstgewerbe und Altertümer

nicht örtlich festlegen. Das Atelier, aus dem sie hervorging, kann ganz gut infolge einer Berufung seinen Sitz weit von seiner ursprünglichen Heimat gehabt haben. Unser Museum besitzt in dem Wandteppich aus der Brieger Fürstenschule vom Jahre 1569 (Schlesiens Vorzeit N. F. II Taf. IV) und dem Rücklaken mit dem Herzog Georg Friedrich von Brandenburg und Jägerndorf und seiner Gemahlin zu seiten ihres Wappens aus der Nikolaikirche zu Brieg (abgeb. auf S. 161) zwei Arbeiten, die bestimmt für Schlesien verfertigt wurden. Dass sie auch in Schlesien entstanden sind, als Werke einheimischer oder zugewanderter Meister, lässt ihre Eigenart vermuten[1]). Eine Vergleichung dieser Teppiche mit der Reihe Nr. I—IV fördert nur Ähnlichkeiten zutage, die im Stile der ganzen Zeit liegen. Und das Rücklaken mit dem Jägerndorfer Herzogspaar hat ein gänzlich anderes Kolorit. Wenn Schlesien an der Reihe Nr. I—IV einen Anteil hat, so kann er darin bestehen, dass eine aus Niederdeutschland eingewanderte Teppichmacherfamilie sie hier angefertigt hat. Aber es wird auch keine Überraschung bedeuten, wenn sich einmal

---

[1]) Siehe auch E. W. Braun in der Zeitschrift „Kunst und Kunsthandwerk" 1907 S. 380, deren Leitung uns das oben abgedruckte Klischee freundlichst zur Verfügung stellte. Brieger Teppichmacher sind in dem unten angefügten Verzeichnisse angeführt.

Lucae, Schlesiens curiöse Denkwürdigkeiten, Frankfurt a. M. 1689, erwähnt in Brieg zwei gewirkte Teppiche: 1) auf S. 644 einen Teppich in der „Bibliotheca bei dem fürstlichen Gymnasio. Derselben erster Grundleger war Hertzog Georgius II Anno 1583. Weil dieses Gemach recht quadrat und also einen ziemlich weiten Platz beschleusst in dessen Mitten allzeit eine lange mit einem Teppiche darinnen die vollkommenen fürstlichen ausgewürckten Wappen zu sehen bedeckte Tafel und auff derselben die Himmels- und Erdkugel steht usw." Vielleicht ist dieser Gobelin identisch mit dem oben erwähnten, von dem ich bei der Publikation in Schles. Vorzeit N. F. II S. 107 angenommen habe, dass er für das Hauptauditorium der Schule bestimmt war. 2) S. 1368: „Das grosse Speise-Gemach an der Mittagsseite sonst die schöne Tafelstube genannt ist auch von ziemlicher Höhe jedoch mehr nach der Länge als Breite zu consideriren. Man sihet nicht allein darinnen die bekleidete Wände mit schönen Teppichten und die darin gewürckten Bildnissen der Lignitzischen und Briegischen Hertzoge welche noch Hertzog Georgius II machen lassen."

herausstellen sollte, dass die Gattung mit Schlesien nichts weiter zu tun hat, als dass ein Exemplar davon einmal in die Elisabethkirche zu Breslau gestiftet worden ist.

Die Geschichte der Teppichwirkerei in Deutschland ist noch ein wenig bearbeitetes Gebiet. Jeder Name kann hier wichtig werden. Man wird also Herrn Dr. E. Hintze dafür dankbar sein müssen, dass er die Daten über schlesische Teppichmacher, die er bei seinen Arbeiten für das schlesische Künstlerlexikon gefunden hat, in dem folgenden Verzeichnis zusammenstellt.

Schlesische Teppichmacher

Breslau.

Michael Milde, Tebichtmacher und Tebichtdrucker in Breslau, und seine Frau Margareta lassen am 8. November 1574 einen Sohn Michael taufen (Taufb. I v. Mar. Magdal.). — Michel Milde dem Tepichtmacher stirbt zwischen dem 29. März und 5. April 1585 ein Kind (Bresl. städt. Totenb. II, Abteil. Neustadt). — Michael Milde, der Tebichtmacher in Breslau, wird als auf der Bischofsgasse wohnhaft erwähnt, als seine Schwägerin Anna, die Tochter des † Schneiders Christof Scholtz zu Löwenberg, mit dem Schenken George Scholtz am 11. Februar 1590 in der Maria Magdalenenkirche in Breslau aufgeboten wird. — Milde muss um 1595 verstorben sein, da seine Witwe Dorothea am 22. September 1596 mit dem Schenken Hans Hirscheman aufgeboten wird (Aufgebotsb. v. Mar. Magdal.). — Michel Mildes des Tebichmachers Tochter Catharina, eine Dienstmagd, stirbt ca. 7./14. April 1600 (Bresl. städt. Totenb. V, Abteil. Allerheil.).

Jacob Steltzner, Tebichtmacher in Breslau, heiratet am 2. Dezember 1578 Margareta, die Tochter des Tagelöhners Lorentz Hiltman von Canth (Traub. II v. Mar. Magdal. Bresl.).

Lorentz Schnur (Schnor, Schnorr), gebürtig von Freiberg, Tepichtdrucker und Tebichtmacher in Breslau, heiratet am 17. April 1581 Ursula, die Tochter des † Melchior Ludwig zu Brackwitz bei Lemberg (Traub. II v. Mar. Magdal.). — Lorentz Schnur, ein Tebichttdrücker bey S. Christoffell in Breslau, heiratet Cantate 1586 Martha, die Tochter des Fuhrmanns Valtten Frischner (Traub. d. Elisabethk.). — Lorentz Schnur dem Tebichtmacher stirbt zwischen dem 31. Oktober und 7. November 1586 seine „gelaßen" Tochter Anna (Städt. Totenb. II, Abteil. Mar. Magdal.). Weiter sterben ihm seine verlaßenen Kinder Hans, Ursula und Nickel ca. 8./15. Oktober 1599 bezw. ca. 12./19. November 1599 (Städt. Totenb. IV, Abteil. Allerheil.).

Georg Liechtenberger, Tebichtmacher in Breslau, Sohn des Bauern Urban Liechtenberger in Saltzborn (= Salzbrunn), heiratet 1. Trinitatis 1601 Barbara, die Tochter des Schwertfegers Valten Seyffert (Traub. d. Elisabethk. Bresl.).

Hans Carl (Carll, Karl), Tebichttmacher (Töpichtmacher) in Breslau, wohnt in der Groschengasse, als am 4. Januar 1615 seine Tochter Maria und am 5. September 1617 sein Sohn Michel stirbt (Bresl. städt. Totenb. VIII, Abteil. Mar. Magdal.). Heiratet als Witwer am 30. Oktober 1617 Susanna, die Tochter des Kürschners Hans Hedorn (Traub. IV v. Mar. Magdal. Bresl.).

Constantinus Neuman, Tebichttmacher und Tebichttmahler in Breslau, wohnhaft am Schiesswerder in Hans Zanges Hause, als ihm am 22. und am 24. Oktober 1625 seine drei Töchter Eva, Anna und Maria an der Pest sterben (Bresl. städt. Totenb. XV Seite 56 und 57 Nr. 500, 505, 508).

George Pohl, Teppichtmacher vor S. Niclas in Breslau, wird erwähnt, als seine Witwe Dorothea am 8. März 1666 den Parchner Christoph Langer und seine nachgelassene Tochter Maria am 21. Februar 1667 den Parchner Christoph Schrötter heiratet (Traub. VI v. Mar. Magdal. Bresl.).

Michael Pitsch, Täppicht-Wäber auf dem Stadtgute in Breslau, stirbt c. 23. Januar 1696, alt 67 Jahre (Bresl. städt. Totenb., Abteil. 11000 Jungfr.).

Adam Kiessling (Kießlig), Teppichtmacher auf dem Stadtgute vor dem Oderthor in Breslau, wohnhaft in des Siebenrademüllers Häusern. Sein Sohn Friedrich stirbt $^7/_4$ Jahre alt c. 8. Januar 1695 und sein Sohn Benjamin $2^1/_2$ Jahre alt c. 26. Oktober 1699. Kiessling selbst stirbt am 29. Januar 1700 im Alter von 39 Jahren (alle Daten: städt. Totenb. Bresl.).

Gottfried Hämpel, Teppichmacher auf dem Elbing in Breslau, heiratet am 11. November 1715 Catharina, die Tochter des Büchsenmachers Matthaeus Käppel in Rawitsch (Traub. d. Elisabethk. Bresl.).

Brieg.

Dem Tebichtmacher stirbt am 7. und 8. Oktober 1572 je ein Kind (Nikolaik. Brieg).

Der Tebichtmacherin stirbt am 21. und 24. Oktober 1572 je ein Kind (Nikolaik. Brieg).

Egidius Hohestrasse, dem Teppichtmacher in Brieg, stirbt am 29. Mai 1591 ein klein Kind; desgl. am 31. Juli 1595. Am 20. August 1601 ist dem Melchior Zimmermann, gewesenen Pfarrherrn zu Bogrelle, ein Söhnlein bei Egidius dem Teppichtmacher, seinem Grossvater, gestorben. Dem Egidius Hohstrasse stirbt am 4. September 1603 eine Tochter. Egidius Hochstraße der Thöwichtmacher in Brieg ist gestorben am 19. Januar 1621, einkommen vom ausleutten von 3 Pülsten 33 gr. 9 hl. (alle Daten: Nikolaik. Brieg).

Gottfried Leübischer, gewesener Bürger und Teppichtmacher in Brieg, wird am 25. Januar 1682 begraben (Nikolaik. Brieg).

Görlitz.

Martin Hoyauff (Hoiauf, Heauf), Briefmaler und Töppichmacher von Halle in Sachsen, gewinnt am 15. September 1609 in Görlitz das Bürgerrecht, nachdem er sich bereits etliche Jahre mit seiner Arbeit dort aufgehalten (Görlitzer Ratsarchiv, Varia 41, Bürgerliste 1601/1676). Nach einer gefälligen Mitteilung von Herrn Stadtarchivar Prof. Dr. Jecht in Görlitz beweisen die Geschossregister der in Frage kommenden Jahre (Libri exactorum extra urbem, Bl. 50a), dass Martin Hoiauf von 1603 bis 1610 in Görlitz auf dem Rademarkte (jetzt Demianiplatz) wohnte und eine halbjährige Steuer von 2 Groschen erlegte.

III

EIN POKAL AUS DEM ALLERHEILIGEN-HOSPITAL VOM JAHRE 1643

Unser gutes altes Rathaus, das jeder Breslauer Altertumsfreund von innen und aussen genau zu kennen glaubt, hat im Jahre 1908 auf einmal noch zwei Überraschungen beschert, die zu wertvollen Erwerbungen unseres Museums wurden. Die eine ist das auf S. 141 ff. besprochene Abendmahlsbild vom Jahre 1537, die andere ein Pokal aus dem Allerheiligen-Hospital vom Jahre 1643. Als wir im Jahre 1905 für die Goldschmiedekunst-Ausstellung schlesische Arbeiten von überallher zusammentrugen, dachten wir nicht daran, dass auch das nahe Rathaus, dem das Museum einige seiner Glanzstücke, das Dorotheenreliquiar, zwei Hedwigsgläser, einen Frührenaissance-Schmuck, das mit Perlen bestickte Caselkreuz, die Prunkwaffen Herzog Friedrichs II. von Liegnitz u. a. verdankt, für unser Unternehmen noch einen Beitrag liefern könnte. Das ist unsere Schuld, denn der

Pokal aus dem Allerheiligen-Hospital ist in der Literatur unter den Besitztümern des Rathauses erwähnt, in dem allerdings nur selten mehr benutzten I. Bande des Denkmälerverzeichnisses der Provinz Schlesien von Lutsch, und als wir auf seine Anführung auf S. 257 gestossen waren, war er auch gleich zur Stelle.

Der hier nach einer Zeichnung von Margarete Pfauth abgebildete, 56,5 cm hohe Pokal ist eine Arbeit des Breslauer Goldschmiedes Matthes Alischer, der 1616 Meister wurde und 1652 starb (Hintze, Die Breslauer Goldschmiede S. 38). Alischer gehört selbst in seiner Generation, einer im Breslauer Goldschmiede-Handwerk an Talenten armen Zwischenzeit zwischen Renaissance und Spätbarock, nur zu den Mittelmässigkeiten. Sein Nautilus in Bautzen und die Rundfigur des hl. Jacobus in der kath. Pfarrkirche St. Jacobi in Neisse sind wenig erfreuliche Arbeiten. Der Pokal aus dem Allerheiligen-Hospital ist besser, auch entwicklungsgeschichtlich viel interessanter. In der Form ist er ein später Nachfolger jener stolzen hohen Pokale mit konischer Kuppa, die für die letzten Dezennien des 16. und noch für die zwei ersten des 17. Jahrhunderts typisch sind, aber die Vergoldung, die früher das ganze Gefäss bedeckte, betont nur mehr einzelne Stellen des Fusses und des Deckels, um an der Kuppa aussen ganz zu fehlen, und an Stelle der Treibarbeit ist die Gravierung getreten, ein mageres, für die künstlerische Verarmung der Zeit bezeichnendes Ersatzmittel, das die Vorliebe für den blanken Silberton grossgezogen hatte und das erst später wieder von der neu erstarkenden Goldschmiedekunst eingeschränkt wurde.

Auf der Kuppa und dem Deckel gibt der Stich Bilder in Kupferstichmanier, wiederholt also seine eigene Technik. Die Kuppa nimmt zum grössten Teile ein Allerheiligenbild ein, gewissermassen ein redendes Wappen für den Besitz des Hospitals, das unbekümmert um den Grundwiderspruch, der für den Protestantismus eigentlich schon in dem Namen lag, an diesen anknüpft und das spezifisch katholische Thema nur äusserlich in protestantischem Sinne zu einer Anbetung der Trinität umändert. Auch Johann Hess, der im Jahre 1526 das Hospital gründete, hatte sich nicht an dem Namen gestossen, ja diesen, wie es scheint, selbst gewählt, da nichts darüber bekannt ist, dass an der Stelle des Hospitales sich früher eine Allerheiligen-Kirche oder -Kapelle befunden habe. Vielleicht besass das Hospital einmal ein Bild, auf das die Darstellung des Pokales zurückgeht, wahrscheinlicher aber hatte diese einen Kupferstich als Vorlage. Entfernt klingt noch die Komposition des Dürerschen Allerheiligenbildes an. Die Mitte nimmt ein grosses Kruzifix ein, darüber schwebt in Wolken der hl. Geist als Taube und Gott Vater, links und rechts sieht man in den Wolken in Halbfiguren Moses, David und Johannes den Täufer auf der einen Seite, die Apostel Petrus, Paulus, Johannes und zwei andere ohne Attribute auf der anderen Seite. Unten kniet im Halbkreise um das Kruzifix, in Anbetung emporblickend, die Schar der Gläubigen, darunter auch eine weibliche Figur, mit der wohl die Jungfrau Maria gemeint ist. Auf der Rückseite der Kuppa ist in den Raum zwischen den Wolken gross ein aus O und S gebildetes Monogramm (Omnium Sanctorum) und darunter tafelartig folgende Inschrift gesetzt:

> IM ✠ IAHR·
> SECHZEHN · HVNDERT · VIRZIG · VND DREY
> WAR· ICH· GEFERTIGET· VON · NEW·
> DIE· ANKVNFT ·VND · HERKOMMEN ·MEIN·
> ZEIGT·AN· EIN · SONDER· BVCHELEIN·

Auf dem Deckel wechseln ovale Medaillons mit der Taufe Christi und dem letzten Abendmahle und runde mit den Wappen der Stadt Breslau und der Familie von Saebisch (siehe unten) ab. Die Vergoldung der übrigen Fläche mit den Rollwerkumrahmungen der Medaillons und zwickelfüllenden Früchtebuketts lässt den Deckel reicher erscheinen als den Becher. Bekrönt wird der Deckel von einem Knopfe mit maskenartiger Ausladung und der gegossenen, nachziselierten Figur des segnenden Salvator Mundi. Knopf und Figur bestehen aus zwei Teilen, die mit dem Deckel durch eine lange Schraube verbunden sind. Nach der unverhältnismässigen Grösse der Figur und dem abweichenden Ton der Vergoldung ihrer Gewandung ist man geneigt, sie für eine nachträgliche Zutat zu halten.

Man klopft nie vergeblich bei unserer Stadtbibliothek oder bei unserem Stadtarchiv an und so war auch das Sonderbüchelein bald gefunden, von dem die Inschrift auf der Kuppa des Pokales spricht, ein hübsch in Leder gebundenes Manuskript (Stadtarchiv Hs. Q 313), in dem die Männer, die „diefes Wercks Stifftung beförderer fein gewefen", der Pfarrer des Hospitals Augustus Riegel, der Buchhalter Nikolaus Thiel und der Schaffer Adam Wanger Bericht über die Entstehung des Pokales, seine Kosten und deren Deckung abstatten. Begonnen wurde das „Büchlein Willkommen im Hospital Omnium Sanctorum" im Jahre 1643, abgebrochen im Jahre 1662. Es gewährt einen interessanten Einblick in die mühsam geduldige Art, mit der in alter Zeit wohl nicht vereinzelt solche Stiftungen zustande kamen. Man fühlt sich an die Nöte moderner Denkmalskomitees erinnert. Pfarrer Riegel beginnt die Geschichte des Pokales tiefsinnig mit einer naturphilosophischen Betrachtung:

„Recht ist geredet, wen gesaget wird: Corruptio unius est generatio alterius. Diefes erfähret man in vielen vnterschieden dingen. Den fo der Same in die Erden geworffen, verwefet, folget darauff die ernewerung und vermehrung selbigen Samens. Wen die Efsentia der Simplicien in der Medicin der Corruption unterworffen wird, folget darauff und daraus ein herliches Compositum, fehr nütz vnd dinstlich. Diefer vntergang der verweflichen dinge erhelt hirmit auch die fortpflanzung vnd daß vnsterbliche gedächtnus derselbigen.

Wie nu die Natur gefallen träget, das der Efsentien gedächtnuß möge erhalten werden: Alfo wil vnß auch gebühren, das wir der gedächtnuß Liebhaber vnd der posteritet handhaber mögen erfunden werden. Daß wen etwas eingehet, corrumpiret wird, vnd den zum vntergang sich neiget, möge wiederumb aufgerichtet, zu rechte gebracht vnd alfo im gedächtnus erhalten werden. . Waß nun dißfals in gemein gefaget worden, erweifet fich auch infonderheit an dem Wilkommen vnd alfo genanten Trinckgefchir im Hofpital omnium Sanctorum."

Man erfährt also zunächst, dass der Pokal im Hospital nicht zu kirchlichen Zwecken, etwa für die Verabreichung des Abendmahles, sondern als Willkommen gedient hat. Damit löst sich der scheinbare Widerspruch zwischen den religiösen Darstellungen und der Profanform des Gefässes.

Nachdem nun weiter, immer mit zierlicher Verbeugung vor den Geboten der Mässigkeit ausgeführt worden ist, wie notwendig das Hospital einen Willkommen brauche, um seinen Gästen einen Ehrentrunk vorsetzen zu können, wird erzählt, dass schon „in verwichenen Zeiten von dem damahligen Spittalmeister ein Trinkgeschir den gästen zum Willkommen vorgesetzet worden sey. Weil aber selbiges Trinckgeschir den Herren Vorstehern sampt den gästen wegen der ergerlichen Figur so daran gebildet gewesen gäntzlich mißgefallen (wahrscheinlich war es eine unbekleidete mythologische Figur) also hat an dessen stadt der Erbahre Tobiaß Han, damalß Kirchknecht bey der Kirchen zu St. Elisabeth, ein glaß mit einem Zienernen Fuß, an welchem alle Heiligen gemahlet (Malerei auf Zinn klingt unwahrscheinlich, vielleicht ist Gravierung gemeint) Anno 1610 verehret, welches dan von dato an alß ein willkommen gebrauchet worden. Hirauff hat der Erbare Hanß Han Bottenschaffer alhir, seines seligen Vaters stiftung verbessern wollen und einen Silbernen Fuß Anno 1642 machen lassen. Eben dieses Jahr hat der Erbare George Bohr von Dachs, Ihr Excellentz Hr. Feldmarschalch Hoffkirches Hoffeschneider welcher vor der Zeit im Hospital gelegen in erwegung der erzeigeten wolthaten, die er gerühmet, zur danckbarkeit eine Silberne stürtzen machen lassen. Alß aber mehr gedachtes Glaß zum Goldschmidt gegeben, ist es zerschellet." Man hat sich nun entschlossen, den silbernen Fuss und Deckel in Abschlag zu geben, um einen neuen Pokal, zunächst ohne Deckel, anfertigen zu lassen.

Die Kosten dafür betrugen 59 Taler 13 Groschen 6 Heller, und werden wie folgt, berechnet:

	Thlr.	Gr.	H.
Der Becher wie er alhir an zu sehen wieget 4 Marck 9 Loth (eine Mark = 16 Lot) Daß Loth wie es dem Goldschmiede bezahlet worden à Gr. 18, 1 Thlr. zu 36 Gr. (also 74 Lot × 18 = 1314 Gr. = 36 Thlr. 18 Gr.)	36	18	—
Macherlohn vom Loth 3 Sgr (Hier wird in eine andere Münzrechnung übergegangen; 3 Silber- oder Kauergroschen sind 4½ gewöhnliche oder Weissgroschen.)	9	4	6
Zum vergolden 2½ Fl. Ungr.	6	9	—
Von der Figur oder Bildnuß zu stechen (für die Gravierungen)	7	18	—
Sunt: Zu 36 Gr.	59	13	6

In der nun folgenden Spenderliste werden zunächst der Fuss und der Deckel des Glaspokales mit 13 Loth = 6 Thlr. 18 Gr. und 12 Loth = 6 Thlr. in Einnahme gestellt. Die Spenden betrugen meistens nur 1¼—1½ Thaler; Anna Thielin, die Frau des Buchhalters am Allerheiligen-Hospital, beweist mit 4 Thlr eine besondere Generosität, die Hauptmäcenaten aber sind die Altknechte der Baecker, die mit 7 Thlr. 18 Gr. die Spende von 3 Thaler ihrer Herrn Ältesten übertrumpfen, wahrscheinlich als Draufzahlung zu einer Stiftung von Betten im Hospital für die Gesellschaft der Innung. Bis zum Jahre 1647 ist die Summe von 57 Thlr. 21 Gr. zusammengebracht. Inzwischen hatte man, angesichts der baldigen Deckung der Schuld, den Deckel mit dem Knopf und sicherlich nachträglich, als diese Arbeit schon fast fertig war, als eine zweite, imposantere Bekrönung die Christusfigur in Auftrag gegeben. Dafür wird eine neue Rechnung aufgestellt.

Lauß Deo Anno 1647 in Breßlaw	Thlr.	Gr.	H.
Der Becher ohn den Deckel wieget 4 Marg 9 Loth koftet wie pag. 10 zu fehen in allem zufammen a gr. 36	59	13	6
A Di ult° Octobris ift der Deckel auch verfertiget worden, wieget 2 Marg 6¼ Loth das Loth à gr. 18 —	19	—	—
Macherlohn vor dem Bildtnüs Christi fo 16 Lot wieget a gr. 9	4	—	—
Vor den übrigen 22 Loten a. gr. 4½	2	27	—
Zur Vergoldung 1 Fl. ungr.	2	10	—
Vor den Figuren undt Wappen zue stechen	3	27	—
Summa Summarum	91	13	6
Dazu ist nun von guttherzigen Personen vorehrt worden	57	21	—
Wann folches von obiger Summe abgezogen wirdt. Reftiret, fo noch zu bezahlen Sa.	33	28	6

Es beginnt nun eine neue Sammlung, die in den Jahren 1647 und 1648 noch lebhaft geht und dann sich bis zum Jahre 1655 hinschleppt. Vorher bringt das Büchlein noch ein Verzeichnis der „Herren Vorfteher des lobwürdigen Gemeinen Almofens undt diefes Hofpitals", an deren Spitze als erster Vertreter des Rates Samuel von Säbisch, der spätere Ratspräses, stand. Dadurch erklärt sich das Wappen der Familie von Säbisch auf dem Deckel des Pokales. Im Jahre 1652 werden Herr George Junge, Rathsbuchhalter im Schweidnitzerkeller, Goldschmied Hans Hartig und Weinhändler Hans Burghardt als Spender aufgeführt, weil sie „die Stürze an dem Becher wie auch den Fuss, welcher etwas breiter gemacht worden, auf ihre Unkoften vergolden laßen." Worin die Verbreiterung des Fusses bestand, wenn sie nicht einer vollständigen Umarbeitung gleichkam, lässt sich nicht feststellen. Wenn erst im Jahre 1652 die Stürze und der Fuss vergoldet werden, muss der Pokal bis dahin aussen bis auf das Gewand der Christusfigur, bei der man eine mit der Anfertigung gleichzeitige Vergoldung annehmen muß, nur den Silberton gezeigt haben, was für diese Zeit, die noch die Verbindung von Silbergrund und Vergoldung liebte, sehr bemerkenswert ist und sich vor allem durch die aufgedrungene Sparsamkeit erklärt. Die 6 Thlr. 9 Gr. in der Rechnung des Jahres 1643 und die von 2 Thlr. 10 Gr. in der von 1647 können sich dann nur auf die Vergoldung des Kuppa- und Deckel-Inneren beziehen, die notwendiger gefunden wurde als die der Aussenseite des Pokales.

Im Jahre 1655 — der Goldschmied Alischer und der Pfarrer Augustus Riegel waren inzwischen gestorben — erscheint die Schuld von 33 Thlr. 28 Gr. 6 H. getilgt und es bleiben noch in Cassa 3 Groschen; dagegen lässt man in diesem Jahre noch ein Futeral für den Becher zum Preise von 7 Thlr. 18 Gr. anfertigen. Mit der Eintragung einer Spende von 1¼ Thlr. für diese letzte Errungenschaft bricht im Jahre 1662 das Büchlein ab.

Es ist ein freundlicher, gerecht waltender Zufall, der das Dokument für die Entstehungsgeschichte des Willkommens aus dem Allerheiligen-Hospitale erhalten hat. Ohne diese Aufschlüsse müsste uns gar manches an ihm rätselhaft sein. Durch sie wird das stilhistorisch interessante Werk auch ein kulturgeschichtliches Denkmal. Mit keinem Worte erwähnt der Bericht den grossen, jammervollen Krieg, unter dem Deutschland damals litt. Die Not der Zeit wird ruhig hingenommen, sie lässt die Herstellung des Pokales wohl hinschleppen, aber die Willenskraft zur Vollendung des Vorhabens vermag sie nicht zu brechen. Wenn man nach dem einzelnen Falle schliessen darf, ist die Bürgerschaft Breslaus aus den Dezennien schwerer Prüfung mit den alten Traditionen hervorgegangen.

Karl Masner

Sargschild der Breslauer Tuchscherer,
Arbeit des Jacob Hedelhofer in Breslau, datiert 1665,
1909 vom Museum aus einer Stiftung des Stadtverordneten A. Friedenthal angekauft

Gravierung auf einer Breslauer Renaissance-Zinnkanne im Altertumsmuseum in Sagan

SCHLESISCHE ZINNGIESSERWERKSTÄTTEN

Vorbemerkung. Die nachstehende Abhandlung bildet das einleitende Kapitel einer im Manuskript fast vollendeten Publikation über die schlesischen Zinngiesserwerkstätten, ihre Meister und ihre Erzeugnisse.

Die ältesten Nachrichten, die wir in Schlesien über Zinngiesser besitzen, reichen in die erste Hälfte des 14. Jahrhunderts zurück. Vorher hat es hier auch kaum ein eigenes Gewerk der Kannen- und Zinngiesser oder Cantrifusores (Cantrifices) und Stannarii, wie sie in lateinischen Urkunden heissen, gegeben, da das Zinn in Schlesien bis dahin jedenfalls nicht in nennenswerter Menge als selbständiges Metall verwendet wurde, sondern nur als Legierungsmittel beim Rotguss eine wichtige Rolle spielte. Erst als im 14. Jahrhundert die Zinnbergwerke von Graupen und Schönfeld in Böhmen, die ältesten in Mitteleuropa, reichliche Zinnmengen lieferten und in Prag venetianische und lombardische Giesser mannigfache Zinnwaren verfertigten[1]), begann auch in Schlesien das Gewerbe der Kannen- und Zinngiesser sich selbständig zu entwickeln und von dem älteren der Rotgiesser sich abzuzweigen. Doch hat sich diese Loslösung weder plötzlich noch in allen Städten Schlesiens gleichzeitig vollzogen. Speziell den Glockenguss, von Rechts wegen Sache der Rotgiesser, sehen wir bis über die Mitte des 16. Jahrhunderts vornehmlich in den Händen von Kannengiessern liegen. Wir treffen hier somit auf eine Erscheinung, wie sie in ähnlicher Weise bereits für Böhmen und Mähren[2]), einige Städte der damals gleich Schlesien zu Böhmen gehörigen Oberlausitz[3]), für Freiberg in Sachsen[4]) und in vereinzelten Beispielen auch für andere Gegenden Deutschlands nachgewiesen ist[5]).

[1]) E. Reyer, Zinn, eine geologisch-montanistisch-historische Monografie, Berlin 1881, S. 236. — F. L. Hübsch, Versuch einer Gesch. des böhm. Handels, Prag 1849, S. 229. — L. Schlesinger Gesch. Böhmens, Prag-Leipzig 1869, S. 286.

[2]) B. Grueber, Die Kunst des Mittelalters in Böhmen, Teil IV, Wien 1879, S. 154—158. — C. Schirek, Das Zinngiesserhandwerk in Mähren, in den Mittheil. des Mähr. Gewerbe-Museums XI (1893) S. 41 Anm. 11.

[3]) Edmund Brückner, Die Glocken der Oberlausitz, Neues Lausitzisches Magazin LXXXII (1906) S. 35—37; dort sind unter Nr. 4, 5, 9, 10, 12, 15 fünf Zittauer und ein Bautzener Kannengiesser verzeichnet, aus deren Werkstätten Glocken hervorgegangen sind. Wegen Görlitz siehe S. 171 Anm. 2.

[4]) Konrad Knebel, Rot-, Zinn- und Glockengießer Freibergs, in den Mitteilungen vom Freiberger Altertumsverein, Heft 39 (1903) S. 7 ff.

[5]) In Frankfurt am Main gehörte 1470 der Büchsen- und Glockengiesser Martin Moller dem Zinngiesserhandwerk an. Vgl. Alexander Dietz, Das Frankfurter Zinngiessergewerbe und seine Blüthezeit im

In Breslau wurde von dem Kannengiesser Georg Schmieder am 16. März 1366 eine grosse zinnerne (!) Glocke für die Maria Magdalenenkirche gegossen[1]). Für den Südturm derselben Kirche lieferte am Tage Alexii (17. Juli) 1386 der Kannengiesser Michael Wilde die Marienglocke, im Volksmunde Armsünderglocke genannt[2]). Ebenfalls eine Glocke für die Maria Magdalenenkirche goss 1471 der Kannengiesser Hans Greulich[3]), der auch auf einer Glocke des Breslauer Rathauses als Giesser genannt ist[4]). In der evang. Pfarrkirche von Nieder-Gutschdorf bei Striegau und in der kath. Pfarrkirche von Neukirch bei Breslau tragen Glocken aus den Jahren 1494 und 1496 den Namen des Breslauer Kannengiessers Steffan Grofe[5]). Im Jahre 1507 goss der Kannengiesser George Milde die grosse Glocke der Elisabethkirche in Breslau[6]). Christina, die Witwe des ebengenannten George Milde liess 1520 in ihrer Werkstatt die Glocken der kath. Pfarrkirche von Trachenberg „vff ein nawes" giessen[7]). In demselben Jahre erwarb Andreas Hilger aus Freiberg in Breslau das Bürgerrecht[8]). Er wird in alten Urkunden bald als Glocken- bald als Kannengiesser bezeichnet und ist Mitglied der Zinngiesser- und nicht der Rotgiesserzeche gewesen.

18. Jahrhundert. Abhandlung in der Festschrift zur Feier des 25jährigen Bestehens des Städtischen Historischen Museums in Frankfurt am Main, dargebracht vom Verein für Geschichte und Alterthumskunde, Frankfurt 1903, S. 150, 175. — Ein Kannengiesser Heinrich (Heino) von Gesen goss 1485 Glocken für Biedenkopf und Offenbach in Nassau. Vgl. Heinrich Otte, Glockenkunde, 2. Aufl. Leipzig 1884, S. 80, 196.

[1]) Hans Lutsch, Verzeichnis der Kunstdenkmäler der Provinz Schlesien, I S. 203, Glocke Nr. 1. — Schlesiens Vorzeit II S. 256. Die dortige Mitteilung ist einer handschriftlichen Notiz in einem Exemplare des Polschen Hemerologium Silesiacum Wratislaviense in der Bibliothek der Provinzialstände in Breslau entnommen. — Nikolaus Pol, Jahrbücher der Stadt Breslau, herausgegeb. von Büsching, I, Breslau 1813, S. 127, gibt ohne Nennung des Giessers 1358 als Entstehungsjahr der Glocke an.

[2]) Lutsch a. a. O. I S. 203 Glocke Nr. 2. — Daniel Gomolcky, Merckwürdigkeiten in der Kayserund Königl. Stadt Breßlau, 3. Aufl. Breßlau 1733, Teil I S. 148. — Zimmermann, Beyträge zur Beschreibung von Schlesien, XI, Brieg 1794, S. 200, 442. — Eine Pause der Glockeninschrift in der Bibliothek des Breslauer Kunstgewerbemuseums unter XXVII 1507 gr. (Pause 2). — Zahlreiche Breslauer Chronisten nennen als Entstehungsjahr der Glocke fälschlich 1485 oder 1486. Pol, Jahrb. a. a. O. I S. 142 u. II S. 138 gibt erst richtig 1386, dann falsch 1485 an. — S. B. Klose's Darstellung der inneren Verhältnisse der Stadt Breslau, S. 259.

[3]) Lutsch a. a. O. I S. 203 Glocke Nr. 3. — Eine Pause der Glockeninschrift in der Bibliothek des Breslauer Kunstgewerbemuseums unter XXVII 1507 gr. (Pause 6).

[4]) [Mentzel:] Topographische Chronik von Breslau, I, Breslau 1805, S. 192. Dort ist als Entstehungsjahr der Rathausglocke Greulichs fälschlich 1360 angegeben; ebenso in der Zeitschrift des Vereins f. Gesch. Schlesiens V (1863) S. 3.

[5]) Lutsch a. a. O. II S. 265 u. 446 (Lutsch gibt bei der Glocke von Neukirch fälschlich die Jahreszahl 1493 an). — Steffan Grofe wird Bürger am 20. Oktober 1494 (Bresl. Bürgerb. IV fol. 77).

[6]) Lutsch a. a. O. I S. 239. — Gomolcky a. a. O. S. 136. — Zimmermann a. a. O. S. 181, 433. — Pol a. a. O. II S. 190. — Breslauer Erzähler II S. 441. — Samuel Benjamin Klose's Darstellung der inneren Verhältnisse der Stadt Breslau, in den Scriptores rerum Silesiacarum III S. 259. — Eine Pause der Glockeninschrift in der Bibliothek des Breslauer Kunstgewerbemuseums unter XXVII 1507 gr. (Pause 8). — Auch bei dieser Glocke weisen die Angaben der Chronisten über die Zeit der Entstehung Verschiedenheiten auf.

[7]) Breslauer Stadtarchiv, Signaturbuch LXXIV, Donnerstag nach Antonii confessoris [19. Januar] 1520. (Die Kenntnis dieser Stelle verdanke ich einer gefälligen Mitteilung von Herrn Dr. A. Heyer.)

[8]) Breslauer Stadtarchiv, Bürgerbuch V fol. 10b.

Arbeit des Kannengiessers George Hübener in Löwenberg, um 1560

Ihm wurde 1521 eine Glocke für die Görlitzer Peterskirche in Auftrag gegeben und 1560 goss er zwei Glocken für die Dreifaltigkeitskirche in Lauban[1]).

In gleichem Umfange können wir den Kannengiessern in den schlesischen Provinzialstädten ihre Tätigkeit als Glockengiesser nachweisen[2]). Für eine 1441 gegossene

---

[1]) Neues Lausitzisches Magazin LXXXII (1906) S. 10, 13, 38, 39, 70, 91. — Anzeiger für Kunde der deutschen Vorzeit, Jahrg. 1880 Sp. 252. — Schlesiens Vorzeit III S. 435 f. — Knebel a. a. O. S. 29 f.

[2]) An erster Stelle sind vielleicht zwei Görlitzer Giesser zu nennen, Meister Lucas, der 1377 eine 38 Zentner schwere Glocke für Görlitz goss, und Meister Pulster, der 1379 die Gewichte für die Uhr des Ratsturmes in Görlitz lieferte, 1390 die Glocken desselben Turmes reparierte und 1401 einen Vertrag wegen des Gusses einer Glocke für Diehsa abschloss; doch geht aus den urkundlichen Nachrichten nicht hervor,

Siegel der Kannengiesser in Breslau, datiert 1532 (etwas vergrössert)

Glocke der evang. Pfarrkirche von Mittel-Lobendau bei Liegnitz ist Magister Hannus, ein Liegnitzer Kannengiesser, als Verfertiger namhaft gemacht[1]). Im Jahre 1453 erhielt der Kannengiesser Meister Andres in Görlitz 50 Groschen als Bezahlung für ein Seigerglöckchen[2]). In den kath. Pfarrkirchen von Waldenburg und von Zobten bei Löwenberg befindet sich je eine 1467 durch Meister Jacob den Kannengiesser von Liegnitz gegossene Glocke[3]). Der Kannengiesser Mathis Sidenhar, der 1462 in Breslau das Bürgerrecht erwarb, vor 1470 aber nach Neisse übersiedelte und dort 1479 am Ringe wohnte, ist auf zwei Glocken der kath. Pfarrkirchen von Nieder-Gostitz bei Patschkau und Kleuschnitz OS. als Giesser genannt[4]). Die kath. Pfarrkirche von Nieder-Berbisdorf bei Hirschberg besitzt eine Glocke, die 1507 von dem Cantrifusor Mathias Halbritter in Hirschberg gegossen wurde. Von demselben Meister kennen wir ausserdem noch je zwei signierte Glocken in der kath. Pfarrkirche von Rohnstock bei Bolkenhain und in der evang. Pfarrkirche von Prauss Kr. Nimptsch mit den Jahreszahlen 1499, 1500, 1503 und 1504[5]). Die Glocke der kath. Pfarrkirche von Tarnowitz trägt eine tschechische Inschrift, die besagt, dass sie 1560 von MISTR TAM KONWARZ A ZWONARZ ZE MIGOWA, das heisst von Meister Tam dem Zinn- und Glockengiesser aus Migow gegossen wurde[6]). In Löwenberg sind wir in der Lage, einen Kannengiesser in seiner Tätigkeit als Glocken- und als Zinngiesser nachzuweisen. Die kath. Pfarrkirche von Neukirch a. d. Katzbach besitzt nämlich eine Glocke, die 1556 von Jorge Huebener dem Kannengiesser zu Lembergk (Löwenberg) angefertigt

Marken der Hübenerschen Schüsseln

wurde, der in dem gleichen Jahre auch zwei Glocken für die Dreifaltigkeitskirche in Lauban lieferte[7]). Von demselben George Hübener bewahrt aber das Schlesische Museum für Kunstgewerbe und Altertümer in Breslau drei grosse Zinnschüsseln (Abb. S. 171),

ob die genannten Meister dem Kannengiesser- oder dem Rotgiessergewerbe angehörten. Vgl. Richard Jecht, Die ältesten Görlitzer Ratsrechnungen bis 1419, im Codex diplomaticus Lusatiae superioris III S. 24 f., 49, 164. — Neues Lausitzisches Magazin XIV (1836) S. 262; LXX (1894) S. 109; LXXXII (1906) S. 10f, 12, 35.

[1]) Lutsch a. a. O. III S. 317. — Anzeiger für Kunde der deutschen Vorzeit, Jahrg. 1877 Sp. 295.

[2]) Görlitzer Ratsarchiv, Ratsrechnungen von 1453. — Neues Lausitzisches Magazin LXXXII (1906) S. 36. — Anzeiger für Kunde der deutschen Vorzeit, Jahrg. 1877 Sp. 175.

[3]) Lutsch a. a. O. II S. 259; III S. 543. — Derselbe Kannengiesser verpfändete 1460 eine Glocke an Johann Lamprecht. Liegnitzer Stadtarchiv, Schöppenbuch Nr. 914 fol. 36.

[4]) Breslauer Stadtarchiv, Bürgerbuch IV fol. 16. — Schlesiens Vorzeit V S. 163. — Lutsch a. a. O. IV S. 69 u. 212. — Pause der Glockeninschrift von Kleuschnitz in der Bibliothek des Breslauer Kunstgewerbemuseums in einem Bande Schlesische Glocken-Inschriften XXVII 1507 gr. Pause 1.

[5]) Lutsch a. a. O. II S. 416; III S. 419 u. 361.

[6]) Lutsch a. a. O. IV S. 422.

[7]) Lutsch a. a. O. III S. 430. — Neues Lausitzisches Magazin LXXXII (1906) S. 39 u. 91.

die neben der Stadtmarke von Löwenberg und einem noch ungedeuteten Stempel das Meisterzeichen Hübeners tragen.

Einen Hinweis auf die einstigen handwerklichen Beziehungen der Zinn-, Rot- und Glockengiesser enthalten unter anderen die Zechsiegel und Wappen der Kannengiesser von Breslau, Liegnitz und Schweidnitz. Das „Petsir" der „Kandelgisser zv Bresla" von 1532 zeigt neben einer Zinnkanne eine Glocke und ein Mörserrohr[1]). Ebenso liessen die Breslauer Zinngiesser noch 1643 auf ihren silbernen Sargschilden neben zwei Zinngeräten zwei Embleme des Glocken- und Rotgiessergewerbes anbringen, obwohl sie mit diesem damals nichts mehr zu tun hatten[2]).

Sargschild der Breslauer Zinngiesser-Innung

Das Siegel der Liegnitzer Kannengiesser trägt als Bildschmuck eine grosse Zinnkanne und links daneben eine Glocke[3]). Das Wappen der Schweidnitzer Zinngiesser ist von einem gravierten, im Breslauer Kunstgewerbemuseum bewahrten Deckelglase her bekannt, das laut Inschrift 1692 von dem Zinngiesser Johannes Kretschmer seinem Gewerke verehrt wurde. Es zeigt im Wappenschilde eine Glocke, eine Zinnkanne und ein Kanonenrohr und als Helmzier zwischen zwei mit Fähnchen geschmückten Büffelhörnern eine Zinnflasche.

Abgesehen vom Glocken- und wahrscheinlich auch vom Büchsen- und Kanonenguss hat sich in Breslau die Trennung des Zinngiesserhandwerkes von dem der Rotgiesser für die Anfertigung kleinerer Geräte aus Rotmetall in der Hauptsache schon im Verlaufe des 14. Jahrhunderts vollzogen. Wenigstens begegnen uns hier seit den letzten Dezennien des Jahrhunderts neben den Kannengiessern auch Rotgiesser in grösserer Zahl. So erwarben in Breslau die Rotgiesser Hannos Swob 1384, Hannos von Lubk 1385, Nicolaus Fonke 1387, Mathis de Stampin 1391, Nicolaus Sewman 1394, Hannos Stochse vor 1402, Laurentius Grieff 1402, Nicolaus Stolcz 1404, Johannes Beheme 1407, Jacobus Smed 1408, Johannes Rosindorn 1409,

---

[1]) Das Originalpetschaft aus Messing mit Griff aus Zinn seit 1908 im Besitze des Schlesischen Museums für Kunstgewerbe und Altertümer.

[2]) Die Schilde sind eine Arbeit des Breslauer Goldschmieds George Nitsch (Meister 1623—1645) und befinden sich jetzt im Besitze der Vereinigten Gelb-, Glocken- und Zinngiesser-Innung in Breslau.

[3]) Der einzige vorläufig bekannte Abdruck des Siegels befindet sich auf einer mit 24 Zechsiegeln ausgestatteten Vollmacht der Liegnitzer Innungen für den Rat ihrer Stadt vom 8. März 1585 im Stadtarchiv von Liegnitz unter Innungsakten ohne Signatur (die Kenntnis dieses interessanten Schriftstückes verdanke ich einer gefälligen Mitteilung des Herrn Stadtarchivars Prof. Zumwinkel in Liegnitz).

Mathis Leydemete 1411, Cuncze Weydeler und Niclas Beheim 1415 usw. das Bürgerrecht[1]). Ferner schlossen sich um das Jahr 1439 die Breslauer Rotgiesser zu einer eigenen Zeche zusammen; denn seit 1440 ist ihr Handwerk durch Älteste in den Seniorenlisten der städtischen Signaturbücher vertreten. Der erste, 1470 angelegte Breslauer Catalogus civium weist von 1470—1490 zweiundzwanzig Namen von Rotgiessern auf und Samuel Benjamin Klose nennt 1499 unter den damaligen Breslauer Handwerkern neben 15 Kannengiessern noch 7 Rotgiesser und Schellenschmiede[2]). In welchem Verhältnis die Zahl der Rotgiesser zu der der Kannengiesser während des 14. und 15. Jahrhunderts in den Provinzialstädten stand, lässt sich schwer sagen, da es uns hier an vollständigen oder vergleichenden Handwerkerlisten fehlt. In Liegnitz sehen die Statuta cantrifusorum vom 5. März 1400 nicht nur einen bestimmten Lohn für das von den Kannengiessern verarbeitete Zinn sondern auch für das Kupfer vor[3]). Der Rotguss spielte demnach für den Liegnitzer Zinngiesser damals gewiss noch eine wichtige Rolle. Wie streng dagegen in Liegnitz in der zweiten Hälfte des 16. Jahrhunderts die Arbeitsteilung zwischen den Gewerken der Zinn- und Rotgiesser durchgeführt gewesen sein muss, beweist eine Klage, die ein Liegnitzer Rotgiesser 1589 gegen die Kandelgiesser bei dem Rate der Stadt vorbrachte, weil der Kannengiesser George Besnitz d. ä. infolge eines Streites mit dem Rotgiesser sich die für seine Arbeit erforderlichen „messenen Luedtformen" selbst anfertigen wollte und der Rotgiesser hierin einen Eingriff in seine Rechte erblickte[4]).

Gefördert durch den Umstand, dass in Schlesien die Steinzeugindustrie infolge des Mangels an geeigneten Tonlagern der Verbreitung und Einbürgerung des Zinngerätes wenig Konkurrenz machte, sehen wir seit der Mitte des 14. Jahrhunderts die Zahl der Kannen- und Zinngiesser rasch wachsen. In Breslau, wo wir allein zuverlässiges und ziemlich vollständiges Urkundenmaterial über die älteste Geschichte des Kannengiesserhandwerks in Schlesien besitzen, erwarben von 1370—1399 neunzehn Zinn- und Kannengiesser das Bürgerrecht. Aus Görlitz, Liegnitz und Schweidnitz sind für jene Zeit vorläufig nur wenige Meister des Gewerks der Kannengiesser ermittelt; doch bedeuten diese zufällig überlieferten Namen gewiss nur einen Bruchteil der in jener Zeit tatsächlich vorhanden gewesenen Meisterzahl. Die Breslauer Kannengiesser müssen sich schon vor 1385 zu einer Innung zusammengeschlossen haben, denn seitdem finden wir ihre zwei Zunftältesten in den Seniorenlisten der damals angelegten Signaturbücher der Stadt. Ferner

---

[1]) Breslauer Stadtarchiv, Bürgerbuch II fol. 25, 27b, 29b, 33b, 37; III fol. 3b, 8, 13, 14b, 15b, 19b, 26a b. Hannos Swob ist 1384 im Bürgerbuch als Rotsmet, 1392 im Schöppenbuch VII fol. 91, 92 als Rotgiesser bezeichnet. — Vgl. die durch Alwin Schultz in Schlesiens Vorzeit IV S. 493 ff. zusammengestellte, mit dem Jahre 1396 beginnende (allerdings unvollständige) Liste von Breslauer Rot-, Stück- und Glockengiessern. — Am 29. April 1575 erhielten die Rotgiesser in Breslau eigene Innungsartikel; Breslauer Stadtarchiv, Liber definitionum II fol. 229b—235a.

[2]) Scriptores rerum Silesiacarum III S. 268.

[3]) Liegnitzer Stadtarchiv, Ms. Lign. Nr. 2, Liegn. Handwerkerstatuten „hic sunt conscripta ordinaciones et statuta mechanicorum", S. 41.

[4]) Liegnitzer Stadtarchiv, Acta betreffend das Zinngiesser-Mittel, Nr. 1228, fol. 8—9.

musste die Zeche der Kannengiesser neben sämtlichen anderen Innungen am 27. September 1389 dem Könige Wentzel und dem Breslauer Rate für die Zukunft Gehorsam versprechen[1]).

Eine ganz erhebliche Steigerung erfuhr die Zahl der Breslauer Kannengiesser im 15. Jahrhundert. Nicht weniger denn 117 Meister erwarben von 1400—1499 das Bürgerrecht. Hiermit erreichte die Zahl der Kannengiesser, welche sich während eines Jahrhunderts in Breslau niedergelassen hat, ihren Höhepunkt. Um so bedauerlicher ist, dass wir ausserhalb Breslaus in den Provinzialstädten aus der Zeit der höchsten Blüte des Zinngiesserhandwerks nur recht dürftiges Urkundenmaterial besitzen. Wenn auch Breslau ohne Zweifel unter allen Städten Schlesiens bei weitem die erste Stelle einnahm, so gehen wir doch gewiss in der Annahme nicht fehl, dass auch die übrigen bedeutenderen Städte Schlesiens, wie Brieg, Glogau, Görlitz, Liegnitz, Neisse, Reichenbach, Sagan, Schweidnitz und andere im Verhältnis zu ihrer Grösse und wirtschaftlichen Bedeutung an dem Aufschwunge des Zinngiesserhandwerkes entsprechenden Anteil nahmen. Die aus dem Ende des 15. und dem Anfange des 16. Jahrhunderts erhaltenen Zinngeräte von Löwenberg, Sagan und Schweidnitz beweisen, dass sich die Kannengiesser der Provinz mit denen Breslaus messen konnten.

Zinnkanne der Gerber- und Corduaner-Innung in Breslau, Schweidnitzer Arbeit, um 1500

Auch das 16. Jahrhundert ist für das schlesische Zinngiesserhandwerk noch eine Zeit der Blüte. In Breslau erreichte zwar die Zahl der Zinngiesser schon lange nicht mehr die Höhe wie im 15. Jahrhundert, indem von 1500—1600 nur noch 56 Zinngiesser das Bürger- und Meisterrecht erwarben, wir dürfen deshalb jedoch noch nicht auf einen Rückgang des Zinngiessergewerbes in ganz Schlesien schliessen. Einmal stand eben Breslau damals an dem Wendepunkte einer grossen Vergangenheit, dann aber verringerte sich auch durch die sich im 16. Jahrhundert endgültig vollziehende Trennung von Zinngiesser- und Rotgiessergewerbe das Arbeits- und Absatzgebiet der Kannengiesser. Endlich erklärt sich die geringere in Breslau ansässige Zahl von Zinngiessern gewiss noch

---

[1]) Breslauer Stadtarchiv, Liber magnus I fol. 12b. — Abgedruckt von Georg Korn im Codex diplomaticus Silesiae VIII S. 84 f. Urk. 59.

dadurch, dass die Provinzialstädte jetzt mehr Kannengiesserwerkstätten als früher in ihren Mauern beherbergten. In einem Schreiben von 1532 werden in Schweidnitz, Gross-Glogau, Troppau, Liegnitz, Neisse, Freystadt und Ratibor Kannengiesserzechen erwähnt. Im Jahre 1561 ist von der Zeche der Kandelgiesser in Görlitz und 1604 von den ehrbaren Zechen der Kannengiesser zur Schweidnitz, Strehlen und Olsse (Oels) die Rede[1]). Das Vorhandensein einer Zinngiesser-Innung in Oppeln mit eigenem Zechsiegel ist durch ein Schriftstück vom Jahre 1615 urkundlich belegt[2]). Ferner besass wahrscheinlich Reichenbach in Schlesien bis 1633 eine Zinngiesser-Innung. Eigene Zunftartikel werden jedoch nur wenige der genannten Zechen gehabt haben. Wir müssen vielmehr annehmen, dass man sich allgemein gehaltener, mehrere Handwerke umfassender Rechtsbelehrungen bediente, wie sie zum Beispiel in Liegnitz den Zinngiessern zusammen mit den Nadlern, Drahtziehern, Heftelern und Paternosterern 1396 gegeben wurden[3]).

Das 17. Jahrhundert bedeutet für die kulturelle Entwicklung ganz Schlesiens eine Zeit des Niederganges. Die Verheerungen des Dreissigjährigen Krieges, das mörderische Pestjahr von 1633, die ununterbrochenen Religionszwistigkeiten, die Türkenkriege mit ihrer die wichtigen Handelsbeziehungen nach dem Südosten lähmenden Wirkung, haben so durchgreifende Veränderungen in allen Ständen und Gewerben des bürgerlichen Lebens gezeitigt und eine so nachdrückliche Rückwärtsbewegung der wirtschaftlichen Verhältnisse und künstlerischen Bestrebungen eingeleitet, sowie an vielen Orten eine so starke Verminderung der Einwohnerzahl herbeigeführt, dass auch das Handwerk der Kannengiesser von diesen nachteiligen Folgen nicht unberührt bleiben konnte, zumal noch obendrein damals eine nicht unerhebliche Preissteigerung des Rohzinns eintrat[4]). In Breslau haben während des 17. Jahrhunderts nur 37 Zinngiesser das Meisterrecht erworben. In den Provinzialstädten müssen wir auf einen ähnlichen Rückgang der Meisterzahl schliessen, wenn wir auch hier mangels ausreichenden Quellenmaterials nicht in der Lage sind, durch Gegenüberstellung genau fixierter Zahlen den Umfang der Abnahme darzutun. So scheinen bereits im 17. Jahrhundert die Kannengiesserzechen von Oels, Oppeln und Strehlen ganz eingegangen zu sein. In Reichenbach und Striegau erlosch um das Jahr 1633 der Betrieb von Zinngiesserwerkstätten für einige Jahrzehnte vollständig. In Schweidnitz werden 1634 nur zwei Werkstätten im Besitze von Zinngiesserwitwen genannt.

Obwohl die wirtschaftliche Lage Schlesiens auch weiterhin durch die infolge des nordischen Krieges unterbundenen Handelsbeziehungen zu Russland und später durch

---

[1]) Breslauer Stadtarchiv, Liber definitionum I fol. 150b—151a; II fol. 37b—38a; IV fol. 144b—145a.

[2]) Breslauer Kgl. Staatsarchiv, Rep. 35, F. Oppeln, Stadt Oppeln, Vol. V fol. 322b. — Franz Idzikowski, Geschichte der Stadt Oppeln, Oppeln 1863, S. 147.

[3]) Liegnitzer Stadtarchiv, Ms. Lign. Nr. 2, Liegn. Handwerkerstatuten S. 30—32. Abgedruckt bei Georg Korn, Schlesische Urkunden zur Geschichte des Gewerberechts, insbesondere des Innungswesens aus der Zeit vor 1400, im Codex diplomaticus Silesiae VIII S. 99 ff. Urk. 67.

[4]) E. Reyer a. a. O. S. 97. — A. Dietz, Das Frankfurter Zinngiessergewerbe und seine Blüthezeit im 18. Jahrhundert, a. a. O. S. 162, 163.

Kanne der Löwenberger Tuchknappen. Arbeit des Löwenberger Kannengiessers G., datiert 1523

die Schlesischen Kriege Friedrichs des Grossen manche Krisis durchzumachen hatte, so vermochten sich doch einige Gewerbe, wie zum Beispiel das der Goldschmiede und Kürschner, seit dem letzten Viertel des 17. Jahrhunderts von der Depression wieder zu erholen und die Leinenindustrie brachte es zu einer zuvor nie erreichten Höhe. Den Zinngiessern aber war durch den inzwischen eingetretenen Wandel des Geschmackes die Möglichkeit genommen, zu einer wirklich neuen Blüte ihres Handwerks zu gelangen, obschon sich ihre Zahl an manchen Orten im Vergleich zum 17. Jahrhundert wieder etwas hob und in den durch den Leinwandhandel emporblühenden Gebirgsstädten Hirschberg und Landeshut gegen früher erheblich vergrösserte. Mit dem Populärwerden der Fayence, dem Aufblühen der Glasindustrie und dem Wohlfeilwerden des einfachen 12-lötigen Silbergerätes büsste das Zinn seine wichtige Rolle im bürgerlichen Haushalte ein. Vieles Gerät, das früher aus Zinn war, wurde nun durch Glas-, Silber- und Fayencegeschirr ersetzt. Besonders empfindlich und schliesslich von vernichtender Wirkung für das Zinngiessergewerbe wurde die Konkurrenz der keramischen Erzeugnisse, als im letzten Viertel des 18. Jahrhunderts die Fayence durch die äusserst billige und daher überall schnell sich einbürgernde Steingutware, die man seit 1776 auch in Schlesien selbst erzeugte, abgelöst wurde. Die Lage des schlesischen Zinngiessergewerbes am Ende des 18. Jahrhunderts schildert eine Beschwerdeschrift, mit der sich die Zinngiesser von Brieg am 26. November 1785 wegen eines „Pfuschers" an den Magistrat ihrer Stadt wandten. In der Eingabe heisst es, dass durch das fast bei jedem, auch dem Ärmsten sich befindende Porzellan — worunter nach damaligem Sprachgebrauche auch Fayence und Steingut gemeint ist — die Nahrung der Zinngiesser so zurückgesetzt sei, dass die wenigen Tage im Jahre zu zählen seien, an welchen ein Stück neu verfertigte Zinnarbeit verkauft werde[1]).

In Breslau erwarben während des 18. Jahrhunderts gegen 32, in Neisse gegen 19, in Liegnitz gegen 18, in Glogau gegen 15 Zinngiesser das Meister- und Bürgerrecht. In manchen Städten gingen die Werkstätten ganz ein oder beschränkten sich auf den Betrieb einer einzigen. Nach Zimmermann, Beschreibung von Schlesien (Bd. XII S. 323), waren in den achtziger Jahren des 18. Jahrhunderts in allen schlesischen Städten, unter Ausschluss derjenigen des bis 1815 nicht zu Schlesien gehörigen Teiles der Ober-Lausitz, im ganzen 81 Zinngiesser tätig. Davon entfallen etwa 14 auf Breslau, je 5 auf Glogau, Liegnitz und Schweidnitz, je 4 auf Hirschberg, Jauer und Neisse, je 3 auf Brieg und Landeshut, je 2 auf Frankenstein, Glatz, Grünberg, Habelschwerdt, Sagan und Sprottau, je einer auf Beuthen a. d. O., Bunzlau, Cosel OS., Freystadt NS., Goldberg, Greiffenberg, Guhrau, Haynau, Herrnstadt, Liebau, Löwenberg, Namslau, Neumarkt, Neurode, Neusalz, Neustadt OS., Oels, Patschkau, Ratibor, Raudten, Schmiedeberg und Strehlen. Man könnte auf Grund dieser Ziffern einwenden, dass sich bei einigen der erstgenannten Städte die Zahl der Zinngiesser gegen früher nicht wesentlich verringert hat. In Breslau z. B. waren 1499, also zur Zeit der höchsten Blüte des Handwerks auch nur 15 Kannengiesser als Meister tätig. Doch ist die Gleichheit von dem Augenblick an eine scheinbare, sobald man

---

[1]) Brieger Ratsarchiv, Acta Handwerks-Sachen, die Zinngiesser betreffend, fol. 14.

bedenkt, dass sich die Bevölkerungszahl dieser Städte zum Teil bedeutend vermehrt, in Breslau beispielsweise mehr als verdoppelt hat. Ausserdem führten viele Zinngiesser wegen Arbeitsmangels am Ende des 18. Jahrhunderts ein recht klägliches Dasein, und manche von ihnen suchten sich neben ihrem Handwerk noch eine andere Erwerbsquelle als Gastwirte, Handelsleute oder Steuereinnehmer.

Als mit dem Beginn des 19. Jahrhunderts die Steingutware in noch weiterer Ausdehnung als früher im einfachen Gebrauchsgeschirr des bürgerlichen Haushaltes zur Herrschaft gelangte und mit der Aufhebung des Zunftzwanges die Innungsstuben als traditionelle Käufer von Zinngeräten fast ganz in Wegfall kamen, ging die Zahl der Zinngiesser in Schlesien allerwärts zusehends zurück. An vielen Orten, in denen vorher wenigstens ein oder zwei Zinngiesser tätig waren, finden wir dann keinen einzigen mehr. Das Adressbuch von Breslau gibt 1832 nur noch 6 Meister an. In Glogau, wo 1809 noch 5 Zinngiesserwerkstätten bestanden, gab es 1840 nur eine.

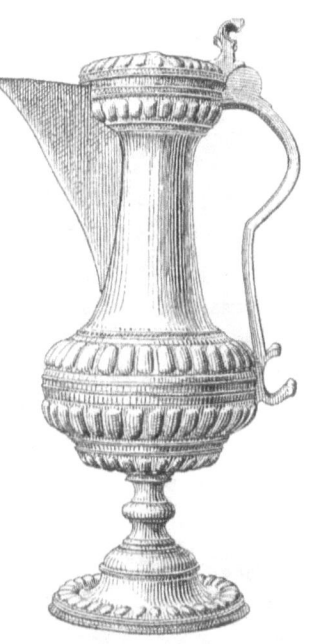

Arbeit des Breslauer Kannengiessers Matthes Dannewein d. ä. Um 1575

In Breslau als der Hauptstadt der Provinz war vom 14.—19. Jahrhundert naturgemäss die grösste und bedeutendste Zinngiesser-Innung Schlesiens. Sie galt für alle übrigen schlesischen Zinngiesser-Innungen als die Ober- und Hauptzeche. Hier holten sich schon im Jahre 1399 die Liegnitzer Kannengiesser eine Rechtsbelehrung über die Zinnprobe und das Macherlohn. Die Verordnungen und Privilegien der Breslauer Kannengiesser legte man in der Provinz mehrfach bei der Abfassung von neuen Zunftartikeln zugrunde. In Breslau kamen mehrmals Streitigkeiten zum Austrag, bei denen man sich in der Provinz nicht zu einigen vermochte. Hier wurde 1561 ein Streit zwischen dem Hirschberger Kannengiesser Hans Burss und der Görlitzer Kannengiesserzeche geschlichtet. Hier hatte sich 1591 der Liegnitzer Kannengiesser Hans Goltbach d. ä. in Streitsachen zu verantworten. Hier kam 1629 eine Meinungsverschiedenheit zum Ausgleich, die in Lauban zwischen dem Kannengiesser Balthasar Puschmann und dem Kupferschmied Friedrich Feuerstein wegen des Zinnvergiessens von Kupfergeräten herrschte[1]). Als in Sprottau der Kannengiesser Abraham Wilde mit seinem Zunftgenossen Friedrich Vechner „wegen falschen Zinns" langwierige Differenzen hatte und auf Ansuchen des Sprottauer Magistrats das Zinngiesser-Mittel von Glogau den Zwist beilegen sollte, erklärte Wilde, dieses nicht als Richter anerkennen zu wollen, sondern wandte sich im Juli 1617 nach Breslau, um dort

---

[1]) Breslauer Stadtarchiv, Liber definitionum II fol. 37b—38a; V fol. 289b—290a. — Liegnitzer Stadtarchiv, Acta betreffend das Zinngiesser-Mittel, Nr. 1228, fol. 10.

vor der Oberzeche sein Recht zu finden[1]). In vielen Teilen Schlesiens galt die Breslauer Zinnprobe als Richtschnur. In Breslau arbeiteten mit Vorliebe die Gesellen, bevor sie in der Provinz als Zeitarbeiter zum Meisterrechte einwarben. Welches Ansehen die Breslauer Zinngiesser noch am Ende des 18. Jahrhunderts auswärts genossen, erhellt die Tatsache, dass sich um das Jahr 1780 die Zinngiesser von Warschau wegen der Anerkennung ihrer von König Stanislaus August von Polen bedingungsweise bestätigten Innung neben Danzig und Frankfurt a. M. auch nach Breslau wandten[2]).

Neben der Breslauer Zinngiesser-Innung ist an Zahl der Meister die Liegnitzer die grösste in Schlesien gewesen. Ja im 17. Jahrhundert waren die Liegnitzer Kannengiesser den Breslauern zeitweise an Zahl überlegen; 1636 waren in Liegnitz acht, in Breslau nur sechs Zinngiessermeister tätig. An Ansehen jedoch stand die Innung von Schweidnitz über der von Liegnitz. Neben der Breslauer Zinnprobe finden wir im 18. Jahrhundert fast ebenso häufig die von Schweidnitz erwähnt. Nächst Breslau hat vornehmlich Schweidnitz die schlesischen Städte mit Zinngiessern versorgt. Im 18. Jahrhundert gewann die Schweidnitzer Innung noch dadurch an Bedeutung, dass sie sich mit den Zinngiessern von Jauer zu einem gemeinsamen Innungsverbande mit dem Sitze in Schweidnitz zusammentat. Zu den ältesten Zinngiesser-Innungen Schlesiens zählt jedenfalls die von Glogau. Sie spielte für die Weichbildstädte des Fürstentums Glogau und darüber hinaus bis zum Beginn des 19. Jahrhunderts eine wichtige Rolle. Für die Zinngiesser in den Städten des nordwestlichen Teiles von Schlesien scheinen Sagan, für den südöstlich von Breslau gelegenen Teil Schlesiens Brieg, für das südliche Oberschlesien Neisse, und endlich für die seit 1815 zu Schlesien gehörigen Gebiete der Oberlausitz Görlitz Mittelpunkte gebildet zu haben. In kleineren Orten, in denen keine Zinngiesser-Innungen oder kombinierten Mittel mit verwandten Gewerken bestanden, waren die Zinngiesser Mitglieder der Gemein-

Spätgotische Zinnkannen auf einem Breslauer Gemälde von 1537

---

[1]) Glogauer Ratsarchiv, Fach 234, Acta betreffend das Zinngiesser-Mittel, Vol. I fol. 6–9.
[2]) Dietz, Das Frankfurter Zinngiessergewerbe, a. a. O. S. 173.

zechen oder Bürger- und Vielhandwerkerzünfte. In solchen Fällen mussten sie sich als auswärtige Meister in die Zinngiesser-Innung einer anderen Stadt aufnehmen lassen. Beispiele dafür sind schon aus dem 17. Jahrhundert bekannt. Die Zinngiesser von Jauer waren damals in Breslau inkorporiert und liessen dort ihre Lehrjungen ein- und ausschreiben. Seit 1739 wurde auf Grund der Generalzunftartikel (Vorwort, Punkt 7, 8, 10) auf die Inkorporierung streng gesehen, „wofern nemblich diese anderwärtige Incorporation wegen der Reise-Unkosten und anderen Umbständen nicht allzubeschwerlich" fiel. Infolge des äusserst dürftig überlieferten Urkundenmaterials über die Vergangenheit der Zinngiesser-Innungen in den schlesischen Provinzialstädten, sind wir über die verschiedenen Angliederungen der Zinngiesser kleinerer Orte an die Zünfte grösserer Städte recht mangelhaft unterrichtet. Nur das kann als sicher gelten, dass die Liegnitzer, Schweidnitzer und Glogauer Zinngiesser einen grossen Kreis von Zunftgenossen aus benachbarten Orten bei sich inkorporiert hatten, während Breslau auf die Inkorporierung auswärtiger Meister keinen grossen Wert legte und zeitweise davon ausdrücklich Abstand nahm.

Das ganz allgemein herrschende, durch die alten Zunftgesetze geförderte Bestreben des früheren Handwerksbetriebes, die Werkstatt Generationen hindurch in einer Familie auf die Söhne und Enkel oder auf die an Gesellen verheirateten Töchter oder Meisterswitwen zu vererben und zu übertragen, können wir auch bei den schlesischen Zinngiessern im reichsten Masse finden. Es liesse sich eine beträchtliche Zahl von Beispielen dafür anführen, dass die Werkstätten oft viele Generationen durch Geburt oder Heirat in einer Familie verblieben sind. Für den nebenher stetig neu hinzukommenden Zuwachs an Meistern hat Schlesien selbst zu allen Zeiten das Hauptkontingent gestellt. Über die Herkunft der aus der Fremde nach Schlesien zugezogenen Zinn- und Kannengiesser besitzen wir — abgesehen von einzelnen Fällen aus älterer Zeit, bei denen der Name der Meister auf ihre Heimat sichere Schlüsse zulässt — erst seit dem 16. Jahrhundert mit dem Beginn der ältesten Kirchenbücher urkundliches Material in grösserem Umfange. Bei seiner Durchsicht ergibt sich, dass die süddeutschen Länder nur ganz verschwindend wenig Meister dem schlesischen Zinngiesserhandwerk geliefert haben, so machte sich der Kannengiesser George Becke aus Memmingen 1567 in Neisse, der Kannengiesser Wolfgang Schödener aus Amberg 1581 in Lauban und der Zinngiesser Johann Gottlieb Bintsch aus Nürnberg 1704 in Beuthen a. d. O. ansässig. Etwas reger sind die Beziehungen zwischen Böhmen und Schlesien gewesen. Der bei weitem grösste Teil der von auswärts nach Schlesien zugezogenen Zinn- und Kannengiesser stammte aus Preussen, Pommern, Brandenburg und vor allem aus Sachsen.

Die mannigfachen Beziehungen der einzelnen schlesischen Zinngiesserwerkstätten untereinander hatten zur Folge, dass sich auch für die zünftigen Verordnungen über die Aufnahme und Lehrzeit der Lehrjungen, die Pflichten und Rechte der Gesellen, die Vorbedingungen für die Meistereinwerbung, die Meisterstücke, Zinnproben und Marken, vielfach gleiche Gewohnheiten herausgebildet haben. Unter ihnen sind für die Geschichte des Kunstgewerbes in erster Linie die Bestimmungen über die Meisterstücke, Zinnproben und Marken von Interesse.

Die Meisterstücke

Die älteste Verordnung über die Form und den Umfang der Meisterstücke ist in Schlesien aus Breslau erhalten. Sie wurde am 31. Juli 1499 von den Ratmannen der Stadt bestätigt[1]). Die Breslauer Kandelgiesserzeche zählt somit in ganz Deutschland zu den allerersten, die genaue Bestimmungen über diesen Punkt einführten. In Rostock erschien zwar schon 1482 eine Kannengiesser-Ordnung, die im neunten Artikel die Anfertigung von Meisterstücken vorsieht, aber sie gibt nicht an, worin dieselben bestehen sollten[2]). Selbst die Nürnberger Zinngiesser sind in der Einführung von bestimmten Probestücken für die zum Meisterrechte Einwerbenden etwa um ein Jahr hinter Breslau zurückgeblieben, und in Leipzig folgte man erst 1538[3]).

Die Breslauer Ordnung von 1499 verlangt folgende vier Arbeiten: „das irste, eyne gefuste weynkann von eynem topp, sampt der forman daczw; das ander stucke eyn hengelsteyn vonn leyhme zw sulcher weynkanne dynende; das dritte stucke sal sein eyne schosselform vnd eyne schossel doreynn gedreet von sechs pfunden; das vierde meisterstucke sal seyn eyn leyhmener blettersteyn vnd ein handtfaß dorein von sechs kwarten, mit eynem hochenn dache vnnd mit eynem ercker ader tormeln"[4]). Die Zinngiesser hatten also nicht nur ihre Fertigkeit in der Bearbeitung des Metalles, sondern auch in der Herstellung und Modellierung der Formen zu erweisen. Als Frist für die Anfertigung der genannten Probestücke setzt die Ordnung 14 Tage, eine Zeitspanne, die auch die kommenden Jahrhunderte in Breslau und den meisten Provinzialstädten innegehalten wurde; nur die Liegnitzer und die Brieger Ordnungen gewähren 24 Tage, die Glogauer 4 Wochen. Die Schweidnitzer Kannengiesser-Artikel von 1582 verlangen dieselben Meisterstücke wie die Breslauer. Hier hat man selbst bei der Erneuerung der Innungsartikel im Jahre 1725 noch an den gleichen Meisterstücken, also auch an der durchaus gotischen Form des Handfasses, festgehalten[5]), während in Breslau seit 1677 das Handfass und die Schüssel in der Form und Art, „welche selbter zeit gebräuchlich und anwehrlich", zu

---

[1]) Breslauer Stadtarchiv, Liber magnus I fol. 97b.

[2]) Wilhelm Stieda, Das Amt der Zinngießer in Rostock, in den Jahrbüchern des Vereins für meklenburgische Geschichte und Alterthumskunde, Jahrgang LIII (1888) S. 151 f. und 165.

[3]) Hans Demiani, „François Briot, Caspar Enderlein und das Edelzinn", Leipzig 1897, S. 69 u. 111 Anm. 511.

[4]) Als Beispiel für die unter den Meisterstücken geforderte gefusste Weinkanne möge die auf S. 183 abgebildete, mit Deckeldrücker 61,5 cm hohe, gotische Kanne dienen. — Zinnerne Handfässer (Waschbecken) mit Wasserbehältern in Form einer gotischen Architektur zählen heute bekanntlich zu den grössten Seltenheiten. In Schlesien scheint sich kein Exemplar dieses ehedem sehr beliebt gewesenen Gerätes erhalten zu haben.

[5]) Original-Artikelsbrief vom 18. Juli 1725 (auf Papier, in Buchform) im Schlesischen Museum für Kunstgewerbe und Altertümer in Breslau (Inv.-Nr. 111:07).

liefern waren¹). Die Liegnitzer Zinngiesser-Artikel von 1636 und die Brieger von 1670 stimmen im wesentlichen mit denen von Breslau und Schweidnitz überein, fordern jedoch statt des Henkelsteins eine Flasche²). Die Abweichung ist wohl verständlich, wenn man beachtet, dass die komplizierten, oft figürlich gebildeten Henkel der Spätgotik eine gewisse Übung für ihre Herstellung erforderten, die erheblich einfacheren der späteren Zeit aber keine besondere Geschicklichkeit mehr erheischten. So hat man denn auch in Breslau in der Ordnung von 1736 die Herstellung einer Henkelform aus der Reihe der Meisterstücke gestrichen und sich mit drei Arbeiten begnügt, für diese jedoch gegen früher grössere Gewichte eingeführt³). In anderen Städten, wie Liegnitz und Brieg, blieb man nach wie vor bei vier, den jeweiligen künstlerischen Formen der Zeit angepassten Probestücken, nämlich dem Handfass in Melonenform, dem Birnkrug, der Flasche und der Schüssel, und verlangte für diese ein geringeres Gewicht, als es in den Städten mit drei Probestücken üblich war. In Görlitz forderte man schon im 16. Jahrhundert nur drei Meisterstücke. Die Ordnung von 1586 nennt als solche eine zweibäuchige, acht Quart fassende Kanne mit hohem Fuss, ein Handfass in gotischen Formen und drittens eine Schüssel von 5 Pfund⁴). Ebenso verlangen die Glogauer Zinngiesser-Artikel von 1711 und 1734 nur drei Probestücke, bestehend in einer grossen Schüssel, einer grossen Kanne und einem grossen Handfass⁵). An manchen Orten bestimmten die Zinngiesser-Ordnungen die Abgabe eines der Meisterstücke als Geschenk auf das Rathaus; die Görlitzer Kannengiesser mussten die grosse Kanne, die Liegnitzer und Brieger das Handfass dem Rate verehren.

Schlesische Zinnkanne. 15. Jahrh.

¹) Breslauer Stadtarchiv, Liber definitionum IX fol. 65a—67a, Artikel 4.
²) Original-Konzept des Artikelsbriefes der Liegnitzer Zinngiesser vom 4. April 1636 im Liegnitzer Stadtarchiv unter Acta betreffend das Zinngiesser-Mittel, Nr. 1228 fol. 29a—32a. — Abschrift der Brieger Zinngiesser-Ordnung vom 24. September 1670 im Brieger Ratsarchiv in einem Sammelbande „Mittels-Privilegia von der Stad Brieg", fol. 349a—355a.
³) Original-Artikelsbrief vom 5. Mai 1736 (auf Pergament, in Buchform) im Schlesischen Museum für Kunstgewerbe und Altertümer in Breslau (Inv.-Nr. 949; 93).
⁴) Eine alte Abschrift der Görlitzer Kannengiesser-Ordnung vom 23. September 1586 im Görlitzer Ratsarchiv unter Varia 44 (167), fol. 227b—233b.
⁵) Original-Konzepte der Glogauer Zinngiesserartikel vom 18. Mai 1711 und Februar 1734 im Glogauer Ratsarchiv, Fach 234, Acta betreffend das Zinngießer-Mittel, Vol. I fol. 51—57, 81—97.

Die Zinnproben und Marken

Die früheste Nachricht über das in Schlesien bei der Herstellung von Zinngeräten üblich gewesene Mischungsverhältnis von Zinn und Blei gehört dem Ende des 14. Jahrhunderts an. Im Jahre 1399 teilte der Rat der Stadt Breslau den Liegnitzer Kannengiessern auf deren Wunsch mit, dass ihre Breslauer Zunftgenossen „czu eyme steyne czenis seczen czwey pfund blyes vnd sy nemen von eyme pfunde czu machelone sechs heller"[1]). Da ein Stein damals 24 Pfund hielt, mischte man also das Zinn zum Zwölften. Diese Probe blieb sehr lange im Gebrauch. Die durch Kaiser Sigismund den Breslauer Zinngiessern 1420 verliehenen Statuten sowie deren Erneuerung durch den Breslauer Rat im Jahre 1533 und die neue Ordnung von 1564, ferner die Liegnitzer Zinngiesser-Ordnung von 1636 und die Brieger von 1670 fordern „der uhralten Ordnung" gemäss[2]) noch genau dasselbe Mischungsverhältnis. Man verwendete demnach an den ebengenannten Orten einen ganz ungewöhnlich geringen Zusatz von Blei. Bis jetzt ist aus Deutschland und Österreich keine Stadt bekannt, deren Zinngiesser eine gleich gute Probe in ihren Privilegien vorsahen[3]). In Schweidnitz dagegen nahmen die Zinngiesser schon in alter Zeit nach dem Muster der in Deutschland weit verbreiteten „Reichsprobe" einen etwas grösseren Zusatz von Blei. Die dortige Kannengiesserordnung von 1582 bestimmt, „auch sullen die Kannengiesser nicht mer setzen als drithalb pfundt bley zu einem stein zinn". Auf Grund dieser Bestimmung verarbeitete man das Zinn zum Zehnten (eigentlich $1 : 9\,{}^3/_5$), wie wir aus einem vom 16. August 1634 datierten Berichte des Schweidnitzer Zinngiessergesellen George Krische an die Liegnitzer Zinngiesser erfahren[4]). Gleich den Schweidnitzer Zinngiessern haben wahrscheinlich auch die Glogauer, Görlitzer und Laubaner frühzeitig die Probe zum Zehnten gehabt.

Ausser der „pruff zum zwelfften" nennt die Breslauer Ordnung von 1533 noch die Verarbeitung „geschlagens zynes", für das sie vorschreibt, dass „dasselb gantz lautter sey vnd auch noch aldem gebrauch die pruff genugsam hab"[5]). Dieselbe Bestimmung finden wir auch bei einer grösseren Anzahl auswärtiger Kannengiesser-Statuten, zum

---

[1]) Liegnitzer Stadtarchiv, Ms. Lign. Nr. 2, Liegn. Handwerkerstatuten S. 40. Abgedruckt bei Georg Korn, Schlesische Urkunden zur Geschichte des Gewerberechts, insbesondere des Innungswesens aus der Zeit vor 1400, im Codex diplomaticus Silesiae VIII S. 103 Urk. 70.

[2]) Mit der uralten Ordnung sind bei Liegnitz die Statuta cantrifusorum vom 5. März 1400 gemeint. Liegnitzer Stadtarchiv, Ms. Lign. No. 2, Liegn. Handwerkerstatuten S. 41.

[3]) Zahlreiche Mitteilungen und Literaturangaben über Zinnproben gibt H. Demiani in seinem Werke über François Briot, Caspar Enderlein und das Edelzinn, S. 66 u. 107 f., Anm. 471—477. Vgl. auch A. Dietz, Das Frankfurter Zinngiessergewerbe, a. a. O. S. 154, 163.

[4]) Liegnitzer Stadtarchiv, Acta betreffend das Zinngiesser-Mittel, Nr. 1228, fol. 25.

[5]) Breslauer Stadtarchiv, Liber definitionum I fol. 157b—158a.

Beispiel in der „Policey Ordnung der Stend im Elsasz" von 1552, in der Nürnberger Zinngiesserordnung von 1578, wo Artikel 4 vorschreibt, „kein geschlagen noch Englisch zien anderst dann von lautern gueten zien ohne einigen zusatz dess pleyes zu machen", sowie in der sächsischen Zinngiesserordnung vom 2. August 1614[1]). In Schlesien beschränkte sich die Verarbeitung von lauterem Zinn nicht nur auf Breslau. Auch in Liegnitz, Löwenberg und Schweidnitz haben sich Geräte aus reinem Zinn nachweisen lassen.

Im letzten Viertel des 17. Jahrhunderts — also zu derselben Zeit, in der die schlesischen Goldschmiede statt der 14-lötigen die 12-lötige Silberprobe einführten — gab man die Zinnprobe zum Zwölften ganz auf und führte wie in Schweidnitz die sogenannte Reichsprobe zum Zehnten ein. Im 18. Jahrhundert wurde in den meisten schlesischen Städten das Zinn nach der Breslauer und Schweidnitzer Probe zum Zehnten verarbeitet. Dies erfahren wir aus einer grösseren Zahl von Berichten, die anlässlich einer am 15. August 1748 von der Breslauer Regierung erlassenen Umfrage, betreffend die in den schlesischen Städten übliche Silber- und Zinnprobe, aus den Provinzialdepartements im Herbste 1748 in Breslau eingingen[2]). Die Bestimmung, das Zinn zum Zehnten zu verarbeiten, wurde übrigens von den Zinngiessern verschieden ausgelegt; die einen setzten zu 10 Pfund Zinn ein Pfund Blei, die anderen nahmen zu 9 Pfund Zinn als Zehntes ein Pfund Blei hinzu. In manchen Orten, wie Breslau, Brieg und Schweidnitz, war die Verarbeitung von geringerem Zinn ausdrücklich verboten, in anderen dagegen, wie Glatz, Landeshut, Reichenbach usw., war nebenher auch die Verwendung von geringerem Zinn zulässig und zwar wohl dann, wenn es der Auftraggeber ausdrücklich forderte oder wenn es sich um den Umguss von altem Zinngerät handelte. Nur in wenigen Städten Schlesiens war nach Massgabe der Berichte von 1748 eine geringere Zinnprobe als die zum Zehnten üblich; so wurde in Neisse zu 6 Pfund Bergzinn 1 Pfund Blei und in Frankenstein zu 7 Pfund Bergzinn 1 Pfund Blei zugesetzt.

In betrügerischer und gewinnsüchtiger Absicht wurde natürlich des öfteren von einzelnen Meistern gegen die bestehenden Vorschriften gefehlt und minderwertiges Zinn verarbeitet. Aus dem über diesen Punkt vorhandenen Urkundenmaterial liesse sich aus allen Jahrhunderten eine ansehnliche Zahl von Beschwerden zusammenstellen. An sie reihen sich die Klagen über die nichtzünftigen Zinngiesser, die sich als „Pfuscher" auf den unter geistlicher Jurisdiktion stehenden Gebieten oder an kleinen Orten niederliessen und zum Schaden der an bestimmte Proben gebundenen Innungsmeister minderwertige Zinngeräte lieferten. Am 29. Dezember 1699 erliess das Königl. Oberamt in Breslau eine Currenda, dass die Pfuscher, so falsches Zinn oder anderes falsches Metall einschleppen

---

[1]) H. Demiani, François Briot etc. S. 69. — A. Dietz, Das Frankfurter Zinngiessergewerbe, a. a. O. S. 163. — K. Berling, Sächsische Zinnmarken, Kunstgewerbeblatt III (1887) S. 134. — H. Demiani, Sächsisches Edelzinn (Nachtrag), im Neuen Archiv für Sächsische Geschichte u. Altertumskunde XXV (1904) S. 314 (Sonderabdruck S. 10).

[2]) Breslauer Kgl. Staatsarchiv, Rep. 14, PA. VIII. 245e, Acta generalia der Kgl. Kriegs- und Domänenkammer, betreffend die Vorschriften bei Verarbeitung von Juwelen, Gold, Silber und Zinn, Vol. I (1744—1772).

Beuthen a. d. O. 1768	Breslau c. 1500	Breslau c. 1550	Breslau c. 1560	Breslau c. 1700	Breslau c. 1750

Breslau 1766	Breslau 1766	Breslau c. 1800	Brieg 1652–1693	Brieg 1692–1724	Brieg 1792– n. 1822

Bunzlau 1735–1780	Bunzlau 1757–1790	Bunzlau 1781–1813	Frankenstein c. 1830	Freystadt NS. 1777–1800	Freystadt NS. c. 1800

Glatz c. 1598 – c. 1634	Glatz 1724–1763	Glatz c. 1780	Gleiwitz c. 1800 (?)	Glogau c. 1650	Glogau c. 1780
				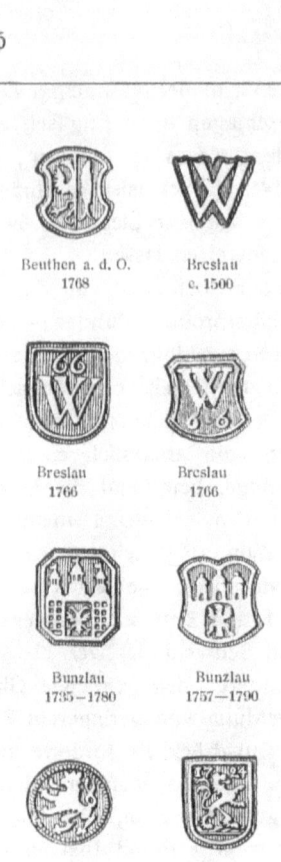	
Görlitz c. 1800	Greiffenberg? c. 1560	Greiffenberg c. 1650	Greiffenberg c. 1800	Grünberg c. 1740–1763	Guhrau 1764–1804

Hirschberg c. 1738–1792	Hirschberg 1740–1759	Jauer c. 1605–1632	Jauer 1784	Landeshut 1679–1720	Landeshut 1742–1785

Stadtmarken auf schlesischen Zinngeräten

Lauban
c. 1750

Liegnitz
c. 1460

Liegnitz
1640—1672

Liegnitz
1665—1684

Liegnitz
1677—1699

Liegnitz
c. 1800

Löwenberg
1523

Löwenberg
c. 1750

Mark-Lissa
c. 1742

Namslau
c. 1700

Neisse
c. 1650

Neisse
c. 1720

Neumarkt
c. 1750

Oels
c. 1800

Oppeln
c. 1600

Ratibor
c. 1860

Raudten
1754—1788

Reichenbach
c. 1500

Reichenbach
c. 1750

Sagan
1653—1770

Sagan
1666—1808

Sagan
1778—1802

Sagan?
c. 1780

Schmiedeberg
c. 1750

Schweidnitz
c. 1500

Schweidnitz
c. 1670

Schweidnitz
c. 1750

Sprottau
c. 1775

Steinau a. d. O.
c. 1700

Steinau a. d. O.
c. 1750

Strehlen
c. 1665

Strehlen
c. 1700

Strehlen
c. 1800

Striegau
c. 1800

Waldenburg
c. 1780

Wohlau
c. 1775

Stadtmarken auf schlesischen Zinngeräten

Kinder-Saugkännchen (?)
Liegnitz, um 1460

und verarbeiten, nicht geduldet werden sollen, damit das Handwerk der Zinn- und Kannengiesser nicht beeinträchtigt werde[1]).

Nach dem Niedergange des schlesischen Zinngiessergewerbes am Ende des 18. Jahrhunderts und nach Aufhebung des Zunftzwanges hat man im 19. Jahrhundert zuweilen recht minderwertige Zinnproben verarbeitet. Erst die amtliche Regelung der Zinnprobe durch das Reichsgesetz vom 25. Juni 1887, laut dessen Bestimmungen das Zinn für „Efs-, Trink- und Kochgeschirr sowie Flüssigkeitsmaafse" höchstens mit einem zehnprozentigen Zusatz von Blei verarbeitet werden darf, hat wieder einheitliche Ordnung geschaffen[2]).

Die Zinngiesser hatten gleich den Goldschmieden als Ausweis für das Vorhandensein der vorschriftsmässigen Probe ihre Arbeiten mit Stadt- und Meisterzeichen zu versehen. Wann sie die Anbringung von Marken einführten, ist für Schlesien urkundlich nirgends festgelegt. Vielleicht geschah es um dieselbe Zeit wie in Leipzig, wo man laut einer vom 23. November 1446 datierten städtischen Verfügung für neues, nach der Probe „czum eilfften" gearbeitetes Zinn die Doppelmarkierung anordnete[3]). Jedenfalls tragen die ältesten bekannten schlesischen Zinngeräte, die der zweiten Hälfte des 15. Jahrhunderts sowie dem ersten Viertel des 16. Jahrhunderts angehören und aus Breslauer, Liegnitzer, Löwenberger, Saganer und Schweidnitzer Zinngiesserwerkstätten hervorgegangen sind, bereits fast sämtlich Stadt- und Meistermarken. Die Zinngiesser gingen also in Schlesien in der Anwendung von Marken den Goldschmieden bedeutend voran, da diese in Breslau erst 1539, in Görlitz 1566, in Liegnitz 1570, in Neisse 1571, in Schweidnitz und Reichenbach 1574, in Brieg 1580 und in vielen anderen Städten noch bedeutend später die Stempelung der Silberarbeiten einführten. Ferner sei noch auf einen Unterschied im Punzierungsverfahren der Goldschmiede und Zinngiesser hingewiesen. Während die Goldschmiede in allen Städten, wo mehrere Meister des Handwerks ansässig waren, die Stadtmarke von einem eigens dazu verordneten Zunftältesten oder Stempelmeister anbringen liessen, haben die Zinngiesser stets beide Marken, also sowohl das Stadt-, wie das Meisterzeichen eigenhändig aufgeschlagen. Das einzelne Stück wurde nach seiner Fertigstellung nicht einer Beschau durch den Obermeister der Innung unterworfen. Die meisten bekannten Zinngiesserartikel enthalten statt dessen Vorschriften, wonach die Ältesten viertel- oder halbjährlich die Zunftgenossen in ihren Werkstätten zu besuchen hatten, um sich dort nach jeweiligem Ermessen von der Verarbeitung der vorschriftsmässigen Zinnprobe und der Führung richtiger Gewichte zu überzeugen. Damit der

---

[1]) Breslauer Kgl. Staatsarchiv, Rep. 135, D 326 f.: Joh. Ant. de Friedenberg, Codex Silesiacus, Vol. I Pars VI pag. 824—827. — Arnold, Supplement zu Brachvogels Sammlung Kaiserl. und Königl. Privilegien, Statuten, Reskripten des Landes Schlesien, Teil II, Leipzig 1739, S. 145 f. — Glogauer Ratsarchiv, Fach 234, Acta betreffend das Zinngiesser-Mittel, Vol. I fol. 22—25 u. 46—48.

[2]) Reichs-Gesetzblatt von 1887 S. 273.

[3]) K. Berling, Stadtmarken der Zinngiefser von Dresden, Leipzig und Chemnitz, im Neuen Archiv für Sächsische Geschichte und Altertumskunde XVI (1895) S. 124.

Breslau

?
1497

?
c. 1500

?
1511

Frantz Bleuel
1541—1572

Hans Eberhart
1560—v. 1588

Matthes Dannewein d. ä.
1563—1593

Jacob Adam
1611—1633

George Hessler
1632—1660

Andreas Dannewein
1634—1642

Jeremias Biederman
1635—1673

George Krische
c. 1638—1678

Christoph Furchheim
1644—1667

Hans Lein
1647—1671

Friedrich Bartsch
1665—1680

Paul Nitsche
1685—1723

Adam Christ. Reichart
1685—1712

Joachim Schwartz
1686—1710

Matthes Binner
1694—1756

Johann Schia
1696—1748

Christian Schlegel
1712—1740

Johann Mart. Glautz
1719—1748

George Christ. Nitsche
1720—1746

Johann Albert. Schultze
1735—1770

Joh. Christ. Hoppe
1738—1763

Casp. Gottfr. Kräuckler
1739—?

Carl Benjam. Hilscher
1744—1763

Joh. Gottl. Gensch d. ä.
1747—1790

Joh. Jac. Hohenstein
1752—1786

Carl Gottl. Nitsche
1755—1784

Benjam. Gottl. Lange
1763—1798

Joh. Conr. Müller
1770—1803

George Benj. Kasowsky
1773—1805

Friedr. Gottlob Lange
1798—1822

Ferd. Thom. Weck
1809—?

Joh. Gottlob Krüger
1820—1836

Auswahl von Meistermarken der Breslauer Zinngiesser

einzelne Meister eine zuverlässige Unterlage für das richtige Mischungsverhältnis des zu verarbeitenden Zinns an der Hand hatte, erhielt er bei der Erlangung des Meisterrechtes von der Innung eine Zinnprobe, mit deren Hilfe er den Gehalt seiner Legierung jederzeit bestimmen konnte. Die persönliche Führung eines Stempels für das Stadtzeichen hatte zur Folge, dass die Stadtzeichen der Zinngiesser nicht wie bei den Goldschmieden innerhalb einer bestimmten Zeit genaue Übereinstimmung zeigen. Es stand vielmehr in dem Belieben des einzelnen Zinngiessers, unter Zugrundelegung des für die Stadt gültigen, meist dem Stadtwappen oder einem Teile desselben entlehnten Markenbildes, sich die Einzelheiten der Form und Zeichnung selbst zu wählen. Im allgemeinen können wir allerdings die Beobachtung machen, dass in gleichen Zeiten gleiche oder wenigstens sehr ähnliche Formen bevorzugt wurden.

Welche Erwägungen für die Wahl des Meistermarkenbildes massgebend waren, entzieht sich natürlich meist unserer Kenntnis. In älterer Zeit scheinen manche Meister das Bild des Namensheiligen verwendet zu haben, wenigstens fällt es auf, dass eine Anzahl von Meistern mit dem Vornamen Johannes (Hans) in ihrem Markenbilde einen Kopf Johannes des Täufers oder des Evangelisten angebracht haben. Allerdings begegnen wir gelegentlich auch dem Johanneskopf auf Meistermarken, ohne dass deren Besitzer mit Vornamen Hans hiess. Mehrmals finden wir redende Zeichen, so bei George Hessler in Breslau einen Hasen, bei Rudolph Schuhmacher in Landeshut einen Schuhleisten, bei Johann Heinrich Fischer in Steinau drei Fische, bei Johann Jeremias Rabe in Löwenberg einen Raben, bei Daniel Eilefeld und Johann Gottfried Eilefeld in Hirschberg eine Eule, bei Johann Friedrich Bischoff in Brieg eine Bischofsfigur usw. Häufig sind heraldische Wappentiere, wie der Greif und der Löwe, auch Embleme des Handwerks, wie die Glocke und die Kanne, ferner der Anker, „Spes" und „Fortuna", hoffnungsvolle und glückverheissende Zeichen für das Gedeihen der neu gegründeten Werkstatt. Gelegentlich hat auch der Name und das Zeichen des Hauses, in dem sich die Werkstatt befand, das Markenbild bestimmt; so führte Johann Gottlob Krüger in Breslau nach dem Hause „Weisser Stern" auf der Schmiedebrücke einen achtstrahligen Stern als Meisterzeichen. Voll ausgeschriebene Namen als Meisterzeichen kommen im 18. Jahrhundert ziemlich selten vor, sind dagegen häufig im 19. Jahrhundert.

Manche Meister benutzten je nach dem Umfange der zu zeichnenden Arbeit bald grössere, bald kleinere, an sich in der Regel aber vollkommen ähnliche Stempelpunzen. Bei dem Ersatz eines abgebrauchten Stempels wurden auf dem neuen bisweilen kleine Veränderungen vorgenommen. So führte der Zinngiesser Paul Nitsch in Breslau zeitweise in seinem Meisterzeichen die Zahl 1685 (Jahr seiner Meistersetzung), die er auf späteren Stempeln wegliess. Eine recht merkwürdige Veränderung des Meisterpunzens hat sich der Zinngiesser Samuel Gottlieb Siebeneicher in Guhrau gestattet, indem er die Allegorie der Hoffnung einmal sitzend, ein anderes Mal stehend darstellte. Die Auflösung der Initialen einer Meistermarke kann gelegentlich mit Schwierigkeiten oder wenigstens mit einer gewissen Unsicherheit verbunden sein, wenn sich der betreffende

Johann Friedrich Mix in Neisse, 1808— n. 1834

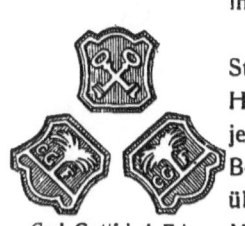

Carl Gottfried Friese in Lauban, um 1787

Dreimarkensysteme

Meister bei den Initialen nicht auf seinen Vor- und Zunamen beschränkte, sondern aus dem Vor- oder Zunamen zwei Buchstaben wiedergab. Auf der Meistermarke des Zinngiessers Gottfried Breyer in Sagan finden wir zum Beispiel nicht G B, sondern GF B (GF in Ligatur), und bei Christoph Forchheim in Breslau nicht C F, sondern C F H [1]).

Zinnrose
Schweidnitz um 1500

Abgesehen von den grossen spätgotischen Zinnkannen, die die Stadt- und Meisterzeichen meist in mehrfacher Wiederholung auf den Henkeln zeigen, markierten die schlesischen Zinngiesser im allgemeinen jede Arbeit nur mit je einem Stadt- und Meisterstempel. Doch gibt es auch Beispiele dafür, dass sie in Anlehnung an das vornehmlich in Sachsen üblich gewesene Dreimarkensystem [2]) entweder den Stadt- oder den Meisterstempel doppelt einschlugen und zwar nicht nur in Orten, die der sächsischen Grenze benachbart lagen, sondern auch an solchen, die zu Sachsen wenig Beziehungen hatten, wie z. B. Neisse. Dass sich auf den Zinnarbeiten von Görlitz, Lauban und Mark-Lissa in der Regel drei Stempel finden, erklärt sich aus der ehemaligen Zugehörigkeit dieser Städte zu Sachsen. Da die Görlitzer Zinngiesser gleich den Glatzern einen gekrönten Löwen und die Laubaner Zinngiesser gleich den Liegnitzern zwei gekreuzte Schlüssel als Stadtmarke führten, bildet das von den Görlitzern und Laubanern angewandte Dreimarkensystem oftmals eine willkommene Handhabe für die Zuweisung eines Zinngerätes an Görlitz oder Glatz, respektive an Lauban oder Liegnitz.

Seit dem 17. Jahrhundert erscheinen in oder neben den Meisterzeichen und Stadtmarken hin und wieder auch Zahlen, die in der Regel das Jahr der Meistersetzung des betreffenden Zinngiessers angeben, in vereinzelten Ausnahmefällen aber in Verbindung mit der Stadtmarke auf eine Zinnproben-Verordnung hinweisen, wie zum Beispiel die Zahl „66", die in Breslau seit 1766 regelmässig neben dem Stadtzeichen (W) erscheint.

Die Geräte aus lauterem oder „geschlagenem" Zinn, wie es die Breslauer Ordnung von 1533 nennt, wurden mit denselben Stadt- und Meistermarken versehen, wie sie die Erzeugnisse aus dem sogenannten Probezinn erhielten. Um jedoch ihren reinen Zinngehalt zu kennzeichnen, brachte man bei ihnen ausserdem noch eine fünf- oder sechsblättrige Rose in Reliefguss an, die bei Kannen im Inneren des Deckels oder im Kannenboden ihren Platz fand.

Als im 17. Jahrhundert (im Sprachgebrauch) an die Stelle des geschlagenen Zinns das englische Zinn trat, das teils aus England stammte, teils nur im Werte dem aus England bezogenen entsprach, verschwindet die Zinnrose oder dient höchstens nur dekorativen

---

[1]) Ähnliche Beispiele lassen sich bei einigen schlesischen Goldschmieden des 18. Jahrhunderts nachweisen: Gottfried Lichtenberger in Prausnitz stempelte GLB und Blasius Judelbauer in Neisse BIB.

[2]) K. Berling, Sächsische Zinnmarken, Kunstgewerbeblatt III (1887) S. 136.

Beuthen a. d. O.

Brieg

Johann Jac. Beyersdorff 1708—? Jeremias Wesske d. ä. 1652—1693 Benjamin Wesske 1692—1724 Christoph Berger 1727—1746 Johann Friedr. Bischoff 1750—1789 Otto Friedr. I. Groth 1792—n. 1822

Bunzlau

Freystadt N.-S.

Caspar Jäckel 1735—1780 Samuel Traug. Jäche 1757—1790 Joseph Brandel 1813—1876 Samuel Pechmann 1725—1774 Christ. Friedrich 1732—1769 Joh. Christoph Boyne 1777—1800

Glatz

Glogau

Balthasar Dauman c. 1598—c. 1634 Joh. Andr. Kessler 1724—1763 Primitivus Gintzel d. j. c. 1780 Balth. Friedr. Müller c. 1750—1781 Benj. Gottl. Bergmann c. 1755—1798 Balth. Wilh. Müller 1781—n. 1809

Görlitz

Greiffenberg

Grünberg

Carl Gottlieb Schwartz c. 1800 M. Schwartz c. 1630 Joachim Schwartz c. 1650—n. 1686 I. F. Mattausch c. 1800 Joh. Gottl. Hoffmann c. 1730—1760 Joh. Gottl. Klippel c. 1740—1763

Guhrau

Hirschberg

Jauer

Samuel Gottlieb Siebeneicher 1764—1804 Gottlieb Heinr. Emler c. 1738—1792 Daniel Eilefeld 1740—1759 Gottfried Jähn 1766—1786 Christoph Rudel d. ä. c. 1605—1632

Landeshut

Lauban

Liegnitz

Rud. Schuhmacher 1679—1720 Carl Heinr. John d. ä. 1742—1785 Carl Gottfried Friese 1787—? Tobias Schlegel 1640—1672 Siegmund Schia 1658—1695 Hans Rudel 1665—1684

Auswahl von Meistermarken schlesischer Zinngiesser

Liegnitz

Peter Lange 1677—1699   Benedict Prell 1743—1787   Joh. Jacob Jaeckel 1750—1784   Joh. George Wittberg 1759—n. 1805

Löwenberg

Meister G. c. 1523   Johann Jeremias Rabe c. 1724

Mark-Lissa

Conr. Heinr. Kaldinicher c. 1742

Neisse

Hans Felsman 1585—?   Wilh. Schram v. 1618—1654   Christ. Raschdorff? c. 1693—?   George Christ. Maass 1703—1720   Joh. Joseph Beyer 1725—1741

Oels

Joh. Daniel Müssigang 1798—?

Raudten

Joh. Pet. Leschhorn 1754—1788   Dan. Gottl. Leschhorn 1806—1849

Reichenbach

Melch. Beer c. 1585—1633   Joh. George Wildner 1732—1768   Chr. Gottl. Kretschmer 1768—1782

Sagan

Conrad Kampffer 1696—1703   Gottfried Breyer 1683—1722   Joach. Heinr. Kampffer d.Ä. 1703—1743   Joh. Conrad Kampffer 1724—1760   Joh. Heinr. Kampffer d.J. 1771—1808   Joh. Carl Spiss 1778—1802

Sagan?

Joh. Thomas Spiss c. 1790

Schweidnitz

Meister M. 1498   ? c. 1500   Hans David Schade c. 1670   I. C. S. c. 1800

Sprottau

Heinr. Samuel Schiller c. 1775

Steinau a. d. Oder

Joh. H. Fischer c. 1700   George Friedr. Speer 1714—1746   Martin Geisler 1746—v. 1766

Strehlen

I. K. c. 1665   C. G. I. c. 1800

Striegau

Christian Gottlieb Klein c. 1775—1799

Auswahl von Meistermarken schlesischer Zinngiesser

Zwecken. Statt ihrer verwendete man, wie es auch anderwärts allgemein üblich war, Marken mit der Darstellung eines Engels nebst der Beischrift FEIN ZINN oder ENGLISCH FEINZINN und den Initialen des Meisternamens, der zuweilen auch voll ausgeschrieben vorkommt. Da bei den Engelmarken das Stadtzeichen in der Regel weggelassen wurde, ist ihre Zuweisung an bestimmte Städte jetzt häufig mit Schwierigkeiten verknüpft.

Neben den Stadt- und Meistermarken finden sich gelegentlich noch Eichzeichen; denn die Zinngiesser hatten die Pflicht, bei den als Mass dienenden Zinngefässen auch das Eichen mit Gewissenhaftigkeit vorzunehmen. Am 29. August 1547 wurde vor dem Breslauer Rate ein Kannengiesser vereidet, für die Weinhändler „an die Quartkannen Zaepplin zu machen und auf die gericheten Weinmaß den Buchstaben W und darüber eine Krone zu schlagen"[1]). Die Görlitzer Kandelgiesser erhielten 1590 von dem Rate ihrer Stadt eine Ordnung, „das hinfurt kein meister kein zeplin inn gantze oder halbe töppe, deßgleichen gantze oder halbe quart weder einhemisch noch frembden einmachen soll, er habe es dann zuuor beyn dem eldisten meister geeichet, da soll alßdann das zeplin inn beysein zweyer meister eingemacht vnd das stadtzeichen, so ein erbar rath dem handtwerge dorzue verordnet, darauf geschlagen werden . . . vnnd soll kein meister einig zepfel einmachen, es sey dann obgeschriebener maß geeichet vnd das czeichen aufgeschlagen . ."[2]). Die Liegnitzer Zinngiesserordnung von 1636 und die mit dieser fast gleichlautende Brieger Ordnung von 1670 enthalten im 17. Artikel genaue Bestimmungen über die Aufbewahrung und die Behandlung der Eichmasse. Kein Meister durfte dieselben über nacht bei sich behalten, sondern musste sie nach dem Gebrauche dem Innungsoberältesten bald wieder in Verwahrsam geben. — Die Gerber- und Corduaner-Innung in Breslau besitzt eine Zinnkanne vom Jahre 1666, die ausser der Breslauer Stadtmarke und dem Meisterzeichen des George Krische die nebenstehend abgebildete Eichmarke, sowie im Innern der Kuffenwandung das „Zaepplin" in Form eines halbkugeligen Knöpfchens aufweist. Die der Eichmarke beigegebene Zahl 1660 gibt jedenfalls das Jahr der Vereidigung des Zinngiessers an, der die Richtigkeit der Eichung an der Kuffe nachzuprüfen und durch den nebenstehenden Stempel zu beglaubigen hatte. In mehreren schlesischen Städten haben sich auf Zinngeräten des 18. Jahrhunderts Adlerstempel in Verbindung mit Stadtzeichen als Eichmarken nachweisen lassen. Die hier beigegebenen Abbildungen zeigen die Stempel einer 1732 datierten, mit einem Eichzäpfchen versehenen Zinnkuffe des Liegnitzer Altertumsmuseums, die wahrscheinlich der Werkstatt des Zinngiessers Christoph Müller in Frankenstein zuzuschreiben ist, sowie eines kleinen geeichten Kännchens im Breslauer Kunstgewerbemuseum, das neben dem Stadt- und Meister-

---
[1]) Pol, Jahrbücher der Stadt Breslau, herausgegeben von Büsching, III S. 137 f.
[2]) Görlitzer Ratsarchiv, Varia 44 (167) fol. 281 b—282 a.

zeichen des Hirschberger Zinngiessers Johann Gottfried Eilefeld als Eichmarken einen Adler- und einen Hirschstempel mit der Initiale B trägt.

Bezugsquellen für das Zinnmetall

Schlesien besass bei Giehren am Fusse des Iserkammes ein eigenes zinnproduzierendes Bergwerk, das aber nur kurze Zeit, von 1576—1590, blühte und für den Gesamtverbrauch an Zinn ohne grosse Bedeutung blieb[1]). Die schlesischen Kannengiesser waren daher auf den Bezug von auswärtigem Zinn angewiesen. Das indische, spanische und englische, das für die Mittelmeerländer und den Westen Europas vom Altertum bis ins Mittelalter und selbst späterhin eine wichtige Rolle spielte, kam für Schlesien wegen der schwierigen und kostspieligen Transportverhältnisse zur Verarbeitung in grösseren Mengen zunächst nicht in

Geeichte Zinnkanne des G. Krische, Breslau 1666

Betracht. Unvergleichlich günstigere Bezugsquellen für den Bedarf an Zinn eröffneten sich den Schlesiern im 14. Jahrhundert durch die reichen Erträge der Zinnbergwerke von Graupen und Schönfeld in Böhmen. Durch sie wurde erst, wie eingangs bereits gesagt, die Entwicklung des Zinngiesserhandwerks in Schlesien ermöglicht. Bei dem Bezug des böhmischen Zinns verband sich mit der bequemen Transportmöglichkeit noch der Vorteil, dass Schlesien damals zur Krone Böhmen gehörte, also der Bedarf an Zinn gleichsam aus dem eigenen Lande gedeckt werden konnte. Als am Ende des 15. und am Anfang des 16. Jahrhunderts Graupen und Schönfeld ihre Ertragsfähigkeit einbüssten und statt dessen neben Schlackenwald und Zinnwald in Böhmen auch Altenberg, Zinnwald, Ehrenfriedersdorf, Geyer und Eibenstock in Sachsen wichtige zinnproduzierende Bergwerke besassen, hat man in Schlesien ausser dem böhmischen Zinn auch sächsisches verarbeitet. In erster Linie aber bediente man sich nach wie vor des böhmischen (Schlackenwalder) Zinns, da Kaiser Ferdinand I. zur Förderung des einheimischen Bergbaus am 20. September 1550, 6. März 1551 und 16. März 1554 die Einfuhr von fremdem Zinn in das Königreich Böhmen und in die demselben einverleibten Länder verbot[2]). Einen Hinweis auf die Verarbeitung von böhmischem Zinn finden wir 1561 in einer Supplik der Gross-Glogauer Zinngiesser und Kupferschmiede „von wegen erlaßung des zolsß von

---

[1]) „1576 ist das Zinnbergwerk zum Gyren im Greifensteinischen Gebiet angegangen." Nikolaus Pol, Jahrbücher der Stadt Breslau, herausgegeb. von Büsching, IV S. 81. — Konrad Wutke, Schlesiens Bergbau und Hüttenwesen, Urkunden u. Akten 1136—1740, im Codex diplomaticus Silesiae, XX (1900) S. 4 u. 184; XXI (1901) S. 152 f. — Arthur Sachs, Die Bodenschätze Schlesiens, Leipzig 1906, S. 46. — Carl Hintze, Handbuch der Mineralogie, I, Leipzig 1907, S. 1685.

[2]) Franz Anton Schmidt, Chronologisch-systematische Sammlung der Berggesetze des Königreiches Böhmen, der Markgrafschaft Mähren und des Herzogthumes Schlesien, II, Wien 1832, S. 339—341 Nr. 49, S. 342 Nr. 50, S. 354—357 Nr. 55. — Wutke, Schlesiens Bergbau etc. im Codex diplomaticus Silesiae XXI S. 112 Nr. 630.

dem zin vnd kupfer, so sy von der Röm: Kay: may: etc. perckwerkh verarbeiten vnd verführen", worunter nur die böhmischen Bergwerke gemeint sein können[1]). Die Verarbeitung von sächsischem Zinn scheint den schlesischen Zinngiessern vornehmlich nur in den Städten der Piastenfürstentümer erlaubt gewesen zu sein. Am Tage Stephani 1589 bekennt der Kannengiesser Hans Goldbach in Liegnitz, dem Wolff von Schonbergk zu Maxen (Rgbz. Dresden) die Zahlung für $7^1/_2$ Zentner Frauenberger Zinn zu schulden, und ein Jahr später ist derselbe Kannengiesser laut Bekenntnis vom 4. August 1590 dem Hans Heinrich von Schönbergk in Maxen für $4^1/_2$ Zentner Frauenberger Zinn die Zahlung schuldig[2]). Ausserdem werden natürlich die Zinngiesser von Görlitz, Lauban, Mark-Lissa und anderen Orten des jetzt schlesischen Teiles der Ober-Lausitz im 17. und 18. Jahrhundert wegen ihrer Zugehörigkeit zu Sachsen das Zinn aus sächsischen Bergwerken bezogen haben.

Mit dem Rückgange der böhmischen und sächsischen Zinnproduktion seit der Zeit des Dreissigjährigen Krieges einerseits und dem um dieselbe Zeit wieder neu aufblühenden Zinnbergbau Englands andererseits[3]) findet seit dem letzten Viertel des 17. Jahrhunderts auch das englische Zinn in den schlesischen Zinngiesserwerkstätten Eingang. So kann es sich in den am 14. Juni 1678 von Kurfürst Friedrich Wilhelm von Brandenburg anlässlich der Beschwerden der Breslauer Kaufmannschaft gegebenen Bestimmungen für den Krossener Durchgangszoll wohl nur um englisches Zinn handeln, das der Kurfürst mit einem Zoll von $1^1/_2$ Groschen pro Zentner belegte[4]). Früher dagegen war der Verbrauch von englischem Zinn in Schlesien anscheinend nicht statthaft; wenigstens wurde 1560 einem Breslauer Kannengiesser untersagt, „sich des verbottenen englischen zynes" zu bedienen[5]). Erschwert blieb allerdings die Verwendung von englischem Zinn in Schlesien während der ganzen Zeit der österreichischen Herrschaft; so wurde in dem 1718 von Kaiser Karl VI. publizierten Zollmandat für Ober- und Niederschlesien der Einfuhrzoll für englisches und anderes ausländisches Zinn pro Breslauer Zentner auf 4 Floren, für das Schlackenwalder und anderes Zinn aus erbländischen (böhmischen) Bergwerken pro Zentner auf nur 30 Kreuzer festgesetzt[6]). Erst mit der preussischen Herrschaft hat sich der Verbrauch von englischem Zinn unter dem Einflusse des die englischen Waren und

---

[1]) Breslauer Kgl. Staatsarchiv, Rep. 13, AA III 6c, Kaiserl. Rescripte v. 1558—1562, fol. 361b—362a. Ebenda AA III 23a, Berichte des Oberamts an den Kaiserl. Hof v. 1558—1561, fol. 336b—337a.

[2]) Breslauer Kgl. Staatsarchiv, Rep. 29, Stadt Liegnitz, Liegnitzer Contractbuch XXII fol. 267b, 421. — Ein Zinnbergwerk von Frauenberg gibt es nicht; es dürfte daher der Ausdruck „Frauenberger Zinn" eine Handelsbezeichnung gewesen sein, gerade so wie heute das Zinn aus den Vereinigten malayischen Staaten im Handel Straits-Zinn genannt wird, weil die Straits-Settlements die Haupt-Ausfuhrstellen sind.

[3]) E. Reyer a. a. O. S. 239.

[4]) Konrad Wutke, Die schlesische Oderschifffahrt, Codex diplomaticus Silesiae XVII (1896) S. 204, vgl. auch S. 310, 10. Februar 1733.

[5]) Breslauer Stadtarchiv, Liber definitionum II fol. 18a.

[6]) Arnold, Supplement zu Brachvogels Sammlung Kaiserl. u. Königl. Privilegien, Statuten, Rescripten des Landes Schlesien, Teil I, Leipzig 1736, S. 446 f.

Rohprodukte sehr begünstigenden Edikts Friedrich des Grossen vom 11. Mai 1774 gesteigert¹). Ferner ordnete der preussische König schon vorher am 17. Mai 1768 ausdrücklich die Verzinnung von Gefässen mit reinem englischen Blockzinn an²). Die Verarbeitung von böhmischem Zinn trat seit 1742 schon aus politischen Gründen zurück. Das unverarbeitete sächsische Zinn dagegen wurde 1765 „auf dem bisherigen Handlungssatz" belassen³).

Schaustück der Breslauer Fischer-Innung, Arbeit des Jeremias Biedermann in Breslau, datiert 1653

Dietz hat in seiner Abhandlung über „das Frankfurter Zinngiessergewerbe und seine Blüthezeit im 18. Jahrhundert" (a. a. O. S. 166) für die Frankfurter Zinngiesser nachgewiesen, dass sie neben ihrem Gewerbebetriebe auch mit unverarbeitetem Rohzinn und Blei handelten. Für Schlesien hat sich hierzu vorläufig nur eine Parallelerscheinung in Görlitz ermitteln lassen, wo den Zinngiessern auf Grund ihrer Zunftartikel von 1586 der Kleinhandel mit Zinn gestattet war, „weil es sonst fast an allen orten breuchlich (!?), das niemandts alß die kandelgisser, schnell vnd lautern zien bey pfunden vnnd darunter zuuerkauffen, macht haben"⁴).

Der Handel mit fertigen Zinnwaren

Der Verkauf der fertigen Zinnarbeiten ging zunächst in dem mit der Werkstatt verbundenen oder bisweilen auch von ihr abseits gelegenen Gewölbe (Laden) vor sich. Sodann bot der Besuch der Wochen- und Jahrmärkte in und ausserhalb Schlesiens den Kannengiessern ein wichtiges Absatzgebiet. Verschiedene schlesische Zinngiesser-Privilegien enthalten für die einheimischen Märkte genaue Vorschriften über die Baudenaufstellung und den Verkauf der Waren. Da der übermässig häufige Besuch der Märkte die Meister in nachteiliger Weise von ihrer Werkstatt fernhielt und ausserdem die Konkurrenz der aus verschiedenen Städten zusammenströmenden Meister manche Misshelligkeiten im Gefolge hatte, einigten sich 1532 die Kannengiesserzechen von Breslau, Schweidnitz, Gross-Glogau, Troppau, Liegnitz, Neisse, Freystadt und Ratibor, die Wochen- und zwei Jahrmärkte ihrer Städte untereinander nicht mehr zu besuchen⁵). Auf die pünktliche Innehaltung des Vergleiches wurde fortan streng geachtet. Als sich 1669 der Liegnitzer

---

¹) Korn'sche Edictensammlung XIV (1785) S. 180 ff., 183.
²) Korn'sche Edictensammlung X (1782) S. 192 ff.
³) Korn'sche Edictensammlung VIII (1780) S. 778.
⁴) Görlitzer Ratsarchiv, Varia 44 (167) fol. 233. — Ebenda R. Sect. I Nr. 616, Acta betreffend Kannengiesser.
⁵) Breslauer Stadtarchiv, Liber definitionum I fol. 150b—151a.

Oelser Arbeit, um 1800

Zinngiesser Hans Rudel anmasste, mit seinen Waren den Jahrmarkt in Schweidnitz zu besuchen, erhob der dortige Zinngiesser Hans David Ende auf Grund der alten Vereinbarung von 1532 dagegen Einspruch[1]).

Ein anderes Mittel, die Zinnwaren an den Mann zu bringen, fand man in der Einrichtung einer Art Lotterie. Am 21. März 1570 erhielten die Liegnitzer Kandelgiesser Georg Fellegiebel, Peter Besnitz, Florian Koschwitz, Caspar Goebel, Hans Goltbach und Steffan Beutel von dem Rate ihrer Stadt die Erlaubnis, „einen glückstopf etzlicher stück gemachts zihnern gefeßes anzurichten"[2]). In Schweidnitz hatten die Zinngiesser das Recht, alljährlich beim Feste des Königschiessens Zinnwaren ausspielen zu lassen; als die Schweidnitzer Goldschmiede 1681 beschlossen, beim Königschiessen in einer Baude Silberwerk feil zu bieten, „darumb dan mag Kägel geschoben und geraßelt werden", erhoben die Zinngiesser 1682 dagegen Protest, und die Goldschmiede mussten sich um einen anderen Kegelplan bewerben[3]). In Glogau stand es nach altem Brauche nur den Zinngiessern zu, beim Königschiessen Spiele oder Rasseltische zu halten; im Privilegienbrief von 1711 wurde ihnen dieses Recht von neuem bestätigt[4]). Ferner erfahren wir aus alten Berichten über Schützen- und Volksfeste, dass es vielfach Sitte war, unter den Gewinnen auch Zinnpreise auszusetzen. Allerdings muss es für die meisten Fälle dahingestellt bleiben, ob man dabei das Zinn in Form von Barren oder in Form von fertigen Geräten verwendete.

Wie steht es nun um den Aussenhandel mit schlesischen Zinnwaren? Ohne dass eine bestimmte Gegend genannt ist, wird den Schweidnitzer Kannengiessern von dem Rate ihrer Stadt in einer Verordnung von 1516 erlaubt, ausserhalb des Landes Schlesien frei zu ziehen und ihre Waren zu Nutz und Frommen zu verhandeln[5]). Andere Nachrichten nennen Polen als ein wichtiges Absatzgebiet. Als 1519 Breslauer Kannengiesser mit ihren Gefässen nach Thorn zogen, wurde ihnen in Kalisch Zoll abgefordert, obgleich sie versicherten, dass sie seit Menschen Gedenken niemals in irgend einer Stadt in Polen Zoll entrichten mussten. Obwohl König Sigismund von Polen auf ein Bittgesuch des Breslauer Rates seinen Zolleinnehmern den Befehl erteilte, keinen Zoll zu fordern, sahen sich die Breslauer 1522 wiederum genötigt, wegen der nämlichen Zollerpressungen bei dem polnischen Könige vorstellig zu werden. Anfang März 1525 beklagten sich die Breslauer Kannengiesser, dass ihre Zunftgenossen von Krakau bei dem Könige ein Privilegium erwirkt hätten, wonach die Breslauer Meister fortan auf den freien Märkten in Polen nicht

---

[1]) Liegnitzer Stadtarchiv, Acta betreffend das Zinngiesser-Mittel, Nr. 1228 fol. 4 u. 40—45.
[2]) Breslauer Kgl. Staatsarchiv, Rep. 29, Stadt Liegnitz, Liegnitzer Contractbuch XIV fol. 257.
[3]) Innungslade der Schweidnitzer Goldschmiede, Protokollbuch I S. 8.
[4]) Glogauer Ratsarchiv, Fach 234, Acta, betr. d. Zinngiesser-Mittel, Vol. I fol. 28b, 36, 40b, 45, 54b.
[5]) Liegnitzer Stadtarchiv, Acta betreffend das Zinngiesser-Mittel, Nr. 1228, fol. 6.

unter einem Stein oder Zentner ihre Arbeit verkaufen oder altes Zinn für neues auswechseln sollten[1]).

Aus einer Breslauer Ratsverhandlung vom 26. Juni 1560 erfahren wir, dass der König von Polen kurz zuvor durch ein der Kandelgiesserzeche in Posen verliehenes Privileg den Breslauer Kannengiessern das Recht nahm, nach Polen ihre Waren zu verkaufen, nachdem sie „zuuor im land zue Polenn auf offenen mergtenn bej czentnern, steynen, pfundenn vnd halbenn ihr zinern gefeß habenn vorkeuffenn auch das alte eingewechsselte czin aus der cronn Polenn in die Schlesi fuhren" durften. Veranlassung zu der harten Massnahme des polnischen Königs bot die Lieferung „etlicher tadelhafftiger arbeit" an einen Apotheker in Posen durch den Breslauer Zinngiesser Stentzel Fischer, der sich am 25. September 1559 und 26. Juni 1560 deswegen zu verantworten hatte. Hierbei kam auch zur Sprache, dass derselbe Fischer bereits früher zu Lontschitz einen unrichtigen Handel gehabt hat. Da die Verordnung des polnischen Königs den Handel der schlesischen Zinngiesser schwer schädigte, wurde Stentzel Fischer von den Ratmannen beauftragt, allen Fleiss aufzuwenden, um den König von Polen zur Rücknahme seiner harten Verfügung zu bewegen. Die Verhandlungen haben aber — falls sie überhaupt geführt wurden — zu keinem Ergebnis geführt, denn die Breslauer Zinngiesser-Innung forderte 1567 von Fischer eine in dieser Angelegenheit vorgeschossene Geldsumme sowie ein dem Sekretär des Polenkönigs gegebenes „Flaschenfutter" zurück. Da Fischer nicht in der Lage war, das Geld wiederzuerstatten, kam die Angelegenheit am 22. Oktober 1567 zur Entscheidung vor den Breslauer Rat[2]). Um dieselbe Zeit, als Stentzel Fischer seinen Breslauer Zunftgenossen die Handelsbeziehungen zu Polen verscherzte, hatten die Liegnitzer Kannengiesser Schwierigkeiten mit dem Verkauf ihrer Zinnwaren nach Polen, indem ihnen die an der polnischen Grenze bei Guhrau gelegene Gutsherrschaft Rützen 1554 und 1560 ungerechtfertigter Weise Wegezölle abforderte[3]).

Kokosnusspokal mit Zinnfassung, datiert 1738

Der Handel mit fremden Zinnwaren scheint in Schlesien nie bedeutend gewesen zu sein. Erstens spricht dafür das ausserordentlich seltene Vorkommen von auswärtigen Zinnarbeiten in altschlesischem Besitze, zweitens bestätigen einige urkundliche Nachrichten direkt oder indirekt diese Vermutung. Waren doch die schlesischen Zinngiesser zu allen Zeiten zahlreich genug, um den Bedarf des Landes durch Erzeugnisse der eigenen Werkstätten decken zu können. Sie waren daher in ihrem guten Rechte, wenn sie sich durch Privilegien und Verordnungen die fremde Konkurrenz nach Möglichkeit vom Halse zu halten

---

[1]) Samuel Benjamin Klose's Darstellung der inneren Verhältnisse der Stadt Breslau vom Jahre 1458 bis zum Jahre 1526, Scriptores rerum Silesiacarum III S. 143.

[2]) Breslauer Stadtarchiv, Liber definitionum I fol. 303; II fol. 16b—19b, 142b—143b.

[3]) Breslauer Kgl. Staatsarchiv, Rep. 29, Stadt Liegnitz, VIII Nr. 41a.

suchten, besonders wenn das von auswärts eingeführte Zinn in der Probe dem einheimischen nicht vollwertig entsprach[1]). Im Jahre 1765 ordnete Friedrich der Grosse an, dass „die Einfuhre des Sächsischen gearbeiteten Zinns gänzlich verbothen seyn soll" und im Januar 1783 dehnte er das Verbot ganz allgemein auf die „Einbringung" alles fremden, neu gefertigten Zinngeschirres aus[2]).

Die bei weitem interessanteste, den Handel mit fremden Zinnwaren in Schlesien betreffende Urkunde gehört dem Ende des 16. Jahrhunderts an. Der Partierer Hans Baumgarten hatte sich in Breslau 1589 mit dem Vertriebe fremder Zinngeräte befasst. Als die ortsangesessenen Kandelgiesser dagegen protestierten und die Angelegenheit vor den Breslauer Rat kam, führte dann Baumgarten aus, „weil er kein andern zin dan geeczte vnd gegossene arbeitt vnd kunststucke führete, welche die Breßlischen meister nicht zu machen pflegten, auch nicht machen kondten, derwegen er dadurch inen an ihrem handtwerg keinen einhalt thette, so verhoffe er, daß ihme, solche gegossene vnd geeczte arbeit vnd kunststucke zuuorkauffen, von den kannegissern mit billigkeit nicht kondte gewehrett werden". Die Zinngiesser waren nicht in der Lage, die Richtigkeit der Baumgartenschen Verteidigung in Abrede zu stellen und so entschieden die Ratmannen am 12. Mai 1589, „daß dem Baumgarten in den offentlichen jarmärckten frey vnd vnuorschrenckt sein soll, allerley gegossene, geeczte vnnd andere kunststucke, welche die Breßlischenn meister nit zumachen pflegen oder machen können, feil zuhaben vnd zuuorkauffen; ausserhalb der jarmargkte aber soll er solcher stucke keines höher dann eines pfundes schwer feill zuhaben vnd zuerkauffen befugt sein" (Bresl. Stadtarchiv, Lib. definit. III fol. 248b—249a). Das Ratsprotokoll ist für uns von hohem Werte. Bestätigt es doch mit klaren Worten die Richtigkeit einer an der Hand der noch erhaltenen schlesischen Zinnarbeiten zu machenden Beobachtung, dass die Anfertigung von sogenanntem Edelzinn mit Reliefdekor und geätzter Arbeit in Schlesien eine sehr untergeordnete Rolle spielte und nur von wenigen Meistern in bescheidenem Umfange geübt wurde, das schlesische Zinngiesserhandwerk sich also nicht dem süddeutschen, sondern dem norddeutschen Kreise mit vorwiegend graviertem, zum Teil von Messingeinlagen begleiteten Dekor angliedert, gleich wie von den aus der Fremde zugezogenen Meistern selbst nur verschwindend wenige aus Süddeutschland gebürtig waren, sondern die meisten den sächsischen und norddeutschen Nachbargebieten entstammten.

Erwin Hintze

---

[1]) Vom September 1748 bis Februar 1749 führten die Schweidnitzer Zinngiesser Beschwerde gegen einen böhmischen Zinnwarenhändler, der in Schweidnitz 1748 auf dem Fastenmarkte seine Waren feilgehalten hatte. Schweidnitzer Ratsarchiv, Sect. VII Fach 19, Acta betreffend das Mittel der Zinngiesser, Vol. I (1739—1800) fol. 23—45.

[2]) Korn'sche Edictensammlung VIII (1780) S. 778 u. 779; XVIII (1788) S. 5 f.

EIN GLASPOKAL DER JOSEPHINENHÜTTE IM STAATSARCHIV ZU BRESLAU

Das Königliche Staatsarchiv zu Breslau ist seit einigen Jahren im glücklichen Besitze des auf S. 203 abgebildeten Glaspokals. Übrigens des einzigen Schmuckstückes dieser Art, das in seinen Räumen aufbewahrt wird; und es hat seine besondere Bewandtnis damit, dass dieses prächtige Erzeugnis schlesischer Glastechnik der Hut des Staatsarchivs übergeben wurde. Stammt es doch aus dem Nachlasse Gustav Adolf Harald Stenzels, des Begründers unseres Archivs, und hat doch mit ihm zugleich dessen literarischer Nachlass, für alle Zukunft gegen Zerstreuung gesichert, im Verwahrsam unseres Magazins die erwünschte Unterkunft gefunden! So ist den vielen wichtigen Beständen des Staatsarchivs als eine neue wertvolle Sammlung das Vermächtnis des Mannes hinzugetreten, dem Schlesien so viel zu verdanken hat. Was Stenzel für Wissenschaft und Staat im allgemeinen geleistet hat, was im besonderen seine Lebensarbeit für die schlesische Geschichtsforschung und Geschichtsschreibung bedeutet, das haben Freunde und Verehrer, vor allem unser Markgraf treffend gekennzeichnet. „Als Meister ehren wir ihn noch immer," sagt Markgraf[1]; ich meine als Meister ganz besonders im Sinne des Goetheschen Wortes: „Unsere Meister nennen wir billig die, von denen wir immer lernen." Nicht anerkennen allein werden wir sein Lebenswerk, wir müssen es bewundern. Erst wer die Geschichte des Staatsarchivs zu Breslau aufmerksam studiert hat, bekommt eine klare Anschauung von der gewaltigen Arbeitskraft dieses Mannes, der nicht ein Kärrner, sondern ein hervorragender Bildner war. Und auch die etwas herbe Strenge seiner sittlichen Beurteilung lernen wir verstehen, wenn wir Einblicke in die Kämpfe seines Lebens tun. Sein willensstarker Charakter verleugnete sich nie, und mit zielbewusster Klarheit, aber auch mit ungeschminkter Offenheit trat er selbst gegen ihm unberechtigt erscheinende Einsprachen seiner Vorgesetzten für seine Ideale und für seine Grundsätze in die Schranken. Was er den Seinen gewesen ist und wie treu und fest sein Gedächtnis in seiner Familie fortlebt, das zeigt die mit warmer Pietät geschriebene Biographie seines Sohnes Gustav. Darin sind viele Briefe seines Nachlasses verarbeitet worden. Nicht diese allein umfasste seine literarische Hinterlassenschaft. Schon bald nach seinem Tode gingen die meisten seiner Bücher, Manuskripte und Materialien für seine Geschichtswerke an das Staatsarchiv über. Nur Stammbücher und Andenken anderer Art nebst der wertvollen Briefsammlung blieben in den Händen der Familie.

Nach dem Tode des Verfassers der Biographie hat sich die Witwe Gustav Stenzels, Frau Auguste Stenzel geb. Ehm, mit edler Hochherzigkeit entschlossen, alle Teile des noch verbliebenen Nachlasses ihres Schwiegervaters herzugeben und dem Staatsarchiv zu überlassen. Sie tat es, weil sie sich davon überzeugt hatte, dass sie keine Stätte finden werde, wo der Nachlass auch in diesen Teilen sicherer aufbewahrt und treuer behütet

---

[1] Zeitschrift des Vereins für Geschichte Schlesiens XXVI S. 417.

werde. Damals fasste sie den Entschluss, auch den Pokal den übrigen Gegenständen hinzuzufügen; sie wünsche, so sagte sie mir, dass er nicht von dem literarischen Nachlasse getrennt werde; daher solle das Staatsarchiv, nicht ein Museum den Pokal erhalten.

Unter den zahlreichen Werken Stenzels, welche am Schlusse der Biographie zusammengestellt sind, finden sich nur wenige genealogische Arbeiten. Man kann es verstehen, dass der vielbeschäftigte Mann die Erledigung genealogischer Anfragen und Aufträge adliger und bürgerlicher Geschlechter seinen Mitarbeitern überliess. Es muss im Jahre 1844 oder 1845 gewesen sein, als der Reichsgraf Schaffgotsch in Warmbrunn dem Staatsarchive vermutlich den Auftrag erteilte, die in seinen Beständen vorhandenen Nachrichten zur Geschichte seines Geschlechts zusammenzustellen, und wir müssen annehmen, da besondere Nachrichten fehlen, dass aus diesem Anlass die Verbindung Stenzels mit dem Grafen entstanden ist. Das Schreiben, in dem dieser Auftrag gegeben wurde, scheint nicht mehr erhalten zu sein, wohl aber ein Dankbrief des Grafen vom 26. August 1846. Die im Staatsarchiv aufgehobenen Konzepte der Urkundenauszüge, welche vom Archivkustos Beinling angefertigt sind, zeigen den grossen Umfang dieser Genealogia Schaffgotschiana. Ohne Zweifel ist Beinlings für die Arbeit verwandte Zeit besonders honoriert worden; den Leiter des Archivs, der dem Kollegen die Richtungen anwies, nach denen er zu arbeiten hatte, und ihn wohl auch auf die Fundstellen in zahllosen Abteilungen aufmerksam machte, ehrte der gütige Auftraggeber auf eine ganz besonders ansprechende und vornehme Art. Reichsgraf Schaffgotsch schenkte Stenzel jenen Glaspokal, der nach dem Muster einer Pompejanischen Vorlage in Josephinenhütte unter grossen Schwierigkeiten hergestellt wurde; zweimal misslungen, gelang erst beim dritten Male die mühsame Arbeit. Der Brief, welcher hier folgen mag, spricht für sich selbst. Nicht häufig wird einem Gelehrten eine Ehrung zuteil, wie diese, von der man nicht weiss, ob man mehr die Gabe selbst oder den feinen weltmännischen Takt und die warme Sprache des Gebers rühmend hervorheben soll.

Sowohl Gustav Stenzel in seiner Biographie S. 464 als Krusch in seiner Geschichte des Staatsarchives S. 274 erwähnen diese Schenkung des Reichsgrafen Schaffgotsch. Der besondere Anlass, die genealogischen Arbeiten, wird allerdings auch hier nicht hervorgehoben, aber wir dürfen, da weitere Beziehungen fehlen, doch wohl mit Bestimmtheit vermuten, dass für sie der Dank des Grafen ausgesprochen worden ist.

Der genaue Wortlaut des eigenhändigen Briefes ist folgender:

Verehrtester Herr Geheimer Rath,

In dem prachtvollen Werke über die Ausgrabungen in Pompeji von Zahn fand ich Heft VIII Nr. 77 die Abbildung einer in einem Grabmahle neben der Casa delle quattro Colonne a Musaico, gefundenen Glas Vase, deren Farbenschmelz und zierliche Form mich so angesprochen hat, dass ich mich mit dem Gedanken, besser gesagt, mit dem Wunsche herumtrug durch meine Glasfabrik eine ähnliche Arbeit ausführen lassen zu können. Nachdem 2 Exemplare unter der schwierigen Arbeit des Ciselirens zersprengt worden waren, ist der dritte Versuch gelungen, und die Ausführung von allen Kennern freudig begrüßt worden.

Um nun diesen Pocal, das beste, was meine Fabrik bis jetzt geliefert hat, und welcher die Muse der Geschichte an seiner Stirn trägt, in die würdigste Hand zu geben, bitte ich Sie hochverehrter Herr Geheimer Rath, ihm in Ihrem Arbeitszimer ein Plätzchen einräumen, und dabei manchemal dessen gütigst Sich erinnern zu wollen, der, wohl fühlend welch geringen Theil seiner Schuld er nur abzutragen vermag, sich dennoch durch die Hoffnung gehoben sieht daß Sie deshalb keinen geringeren Werth auf die aufrichtigste Dankbarkeit und die ungeheuchelte Hochachtung legen werden mit welcher er Ihnen stets ergeben sein wird

Gf. Schaffgotsch.

Warmbrunn, den 26. August 1846.

Zu dem Glase bemerkt Professor Masner: „Es ist in Überfangtechnik hergestellt, die Verzierungen heben sich in blauem Relief vom Grunde ab. Ein ähnliches Glas mit einem durch Ranken springenden Hirsch besitzt das Schlesische Museum für Kunstgewerbe und Altertümer. Für die Londoner Weltausstellung des Jahres 1851 verfertigte die Josephinenhütte in diesem Verfahren zwei besonders grosse und reichverzierte Deckelvasen mit dem Porträt der Königin Victoria und des Prinzregenten, die vor einiger Zeit aus der Josephinenhütte in das Warmbrunner Schloss übertragen worden sind. Als der Spezialist der Josephinenhütte für die Überfangtechnik, bei der es gilt, aus einer im heissen Zustande auf das Glas aufgeschmolzenen andersfarbigen Schichte im kalten Zustande Reliefs zu schneiden (im obenstehenden Briefe heisst das „Ciselieren"), wird ein gewisser Simon genannt. Der Brief des Grafen Schaffgotsch an Geheimrat Stenzel gibt an, wann die Josephinenhütte mit Versuchen in diesem Verfahren begann und wie sie zu ihm gelangte. Als technisches Vorbild diente das nach der Portlandvase hervorragendste antike Überfangglas, die im Jahre 1837 zu Pompeji in der Casa della quattro Colonne a Musaico gefundene Amphora mit dionysischen Szenen, deren farbige Abbildung Graf Schaffgotsch in dem 1845 abgeschlossenen II. Teile des Werkes von Zahn, „Die schönsten Ornamente etc. aus Pompeji (Taf. 77) kennen gelernt hatte. Bei dieser Vase steht das Relief in weisser Schichte auf blauem Grunde. In der Biedermeierzeit hatte die Vorliebe für farbige Gläser wieder zugenommen. In der Josephinenhütte führten die Bemühungen, statt der üblichen Ätzung das echte antike Überfangverfahren wieder zu beleben, zu dem schönen Erfolge, auf den ihr Besitzer mit Recht stolz sein konnte. Denn in der ganzen damaligen Glasfabrikation finden ihre Überfanggläser keine Konkurrenten."

Otto Meinardus

Schüssel aus Meissener Porzellan
Neuerwerbung des Jahres 1906/07 — Siehe S. 216

NACHTRAG ZUM AUFSATZ „DIE BILDNISSE VON JOHANNES HESS UND CRANACHS GESETZ UND GNADE"

Nachdem obiger Aufsatz gedruckt war, habe ich die zwei am Schluss desselben (S. 143 Anm. 1) erwähnten Gemälde selbst untersuchen können.

XVIII. Das Bild in der Stephanskirche zu Aschersleben (jetzt in der Sakristei), abgebildet in den Bau- und Kunstdenkmälern der Provinz Sachsen, Heft 25, Taf. XIV, mit Text von Brinkmann S. 49 ff., auf den ich verweise, ist gewiss nicht, wie dieser annimmt, ein eigenhändiges, noch weniger eines der wertvollsten Werke Cranachs, sondern die fleissige Arbeit eines mittelmässigen Schülers dieses Meisters. Die Figur, in welcher Brinkmann den Meister selbst hat erkennen wollen, trägt nicht seine Gesichtszüge, hat überhaupt ebenso wenig etwas Porträthaftes, als die übrigen Figuren, sondern stellt unzweifelhaft nach Analogie der andern Kompositionen den Propheten dar, welcher, wie Johannes, den Sünder („Adamita") auf das Lamm hinweist (Beischrift des Täfelchens: „Sehet das lamp got/tes welches der welt/sunde auf sich nimpt/Johannes 1"). Zugrunde liegt Typus I, doch sind folgende bemerkenswerte Änderungen vorgenommen. Die Anordnung ist linksläufig. Adam („Sunder") sitzt und legt seine Rechte um den Rücken der stehenden Eva, welche ihre Linke auf seinen Nacken legt. Die Schlange geht, wie oft, in einen weiblichen mit Zackenkrone geschmückten Oberkörper aus. Neben dem Paare kauert „Der todt", über ihm kniet auf einer Anhöhe neben dem brennenden Busche Moses, die Gesetzestafeln aus den ausgestreckten Händen Gottes empfangend. Darüber steht: „Das geseczs ist durch Mosem gegeben." Links davon befindet sich im Hintergrunde die Schlangenanbetung durch Moses und die Kinder Israel in der Wüste neben den von Flammen überschütteten Zelten. Vor dieser Szene ist ein dem obigen entsprechendes Täfelchen angebracht mit der Inschrift: „Sehet eine Junckfr/au wirt schwanger/werden und wirt/geberen einen son. Esaye 7." Den Mittelpunkt des Ganzen bildet, wie in XV, der Crucifixus, welcher dicht vor dem untern Teile des Baumstammes angebracht ist. Der Blutstrahl geht nicht vom Crucifixus, sondern vom Lamme aus. Die Gruppe des vor dem Stamme sitzenden „Adamita", des Johannes und des Propheten ist oben erwähnt. Links davon Christus neben dem durch Siegel verschlossenen Grabe als Bezwinger von Tod und Teufel. Daneben die Beischrift: „Christus ist gestor/ben umb unser sund willen. und auffer/standen umb unser/gerechtfertikeitt wil/len: Roma. 4". Darüber auf der Anhöhe steht Maria (mit blondem Haar im blaugrünen Rock). Zu ihr schwebt das Christuskind mit Kreuz herab. Unter ihm steht: „Emanuel". Über Maria hält ein Engel ein Tuch mit der Inschrift: „Gnad". Ganz oben sind betende und singende Engel. Über dem untersten steht „Glori(a) in excelsis"; rechts von ihnen die Inschrift: „Gnad und warheit/ durch Jesum Cristum/Johan. 1."; links auf Täfelchen: „Und es tratten zu/ym die engel und/dinetten yhm/Den er hat seinen/engeln über Dich be/vehel gethan/Psalmo. 90."

Die Unterschriften ziehen sich in 3 Reihen über das ganze Bild hin: 1): „Das gesecze richt nur zorn an Ro. 4. Exo 19/. Der stachel des todes ist die sunde. Die kraft aber/der sunde ist das gesecze. 1. Cor. 15. Der todt ist der sunden solt. Romanos 7. 2) adams kint. Ich elender mensch wer wirt mich erlösen/von dem leib disses todes. Rom. 7. Ich bin die auferste/ung und das leben. wer an mich glaubet der wirt/leben ob er gleich stürbe und wer do lebet und glaubt an mich. Jo. 11. 3) Got sei danck, der uns den sigk gegeben hat durch unsern Hern Jesum Christum./1. Cor. 15. Unser glaub ist der sig der die/welt überhunden hat. 1. Johan. 5." Bemerkenswert ist, dass sich hier zum ersten Male „der stachel des todes" findet. Über die Provenienz des Bildes ist bisher nichts bekannt. Es hat jedenfalls zu einem Epitaph gehört.

Noch mehr hat sich an I gehalten XIX, die Komposition des Epitaphs für den 1554 verstorbenen Protonotarius Bartholomäus Helmut in der Thomaskirche zu Leipzig (jetzt im Kirchenarchiv; Gurlitt, Baudenkmäler der Stadt Leipzig S. 73). Es sind nur folgende Abweichungen von I hervorzuheben. Rechts oben von den Ästen des Baumes befindet sich Gott Vater, in der Linken die Weltkugel haltend, die Rechte segnend erhebend und zum Crucifixus herabblickend. Der Sünder („Men[sch an][1]) Gnad"), von Gurlitt als „Täufling Christus" missverstanden, angetan mit einem nach hinten herabfallenden schwarzweissen Mantel, steht hier. Johannes („Anzeiger Cristi") weist ihn mit der Linken auf den sehr gross, völlig in Vorderansicht gebildeten, am Haupte mit Strahlen versehenen Crucifixus hin, von dem der Blutstrahl mit der Taube ausgeht. („Unser/Rechtfer/tigung".) Der Prophet („Propheten") weissbärtig, mit enganliegenden schwarzen Hosen, rotem Mantel, schwarzer Kappe, goldverziertem Barett, gelben Stiefeln angetan, blickt ernst, fast traurig zu Boden. Das Lamm steht unter dem Tod und Teufel bezwingenden Christus. Maria, über dem Grabgebäude, neben einem andern Gebäude stehend, hat, wie im Hess-Epitaph, ein rotes Gewand. Übertrieben ist der Unterschied in den Grössenverhältnissen der Mittelgruppe und der übrigen Figuren. Es ist fleissige, aber keineswegs feine Arbeit eines von Cranachs Werkstatt ziemlich weit abstehenden Malers.

Richard Förster

---

[1] Die in eckige Klammern gesetzten Buchstaben sind jetzt abgeblättert.

BERICHT ÜBER DAS VIII. ETATSJAHR

(1. April 1906—31. März 1907)

ARBEITEN IN DEN SAMMLUNGEN

Beginn einer Neueinrichtung der kulturhistorischen Abteilung. Das Erdgeschoss unseres Museums nehmen Sammlungen ein, die unter dem Namen „Kulturhistorische Abteilung" zusammengefasst sind. Auch hier machte sich im Laufe der Jahre das Bedürfnis geltend, trotz des Raummangels eine übersichtlichere Einteilung der einzelnen Gruppen durchzuführen und Platz für neue Gruppen zu schaffen. Es wurde beschlossen, den grossen, gegen den Palaisplatz gelegenen Saal durch Einziehung von Querwänden in fünf Kompartimente zu teilen, von denen drei die Sammlung „Alt-Breslau" aufnehmen sollten. Dieser Arbeit, die erst im folgenden Etatsjahre unternommen wurde, ging eine Verlegung der Innungsaltertümer von der Ecke des grossen Saales in das Eckzimmer VI voraus. Dort haben sie wenigstens einen besonderen Raum für sich allein. Freilich kann auch er nur ein Provisorium bedeuten. Denn die Gruppe der Breslauer Innungsaltertümer vermehrt sich durch depositarische Überweisungen der Innungen und Ankäufe sehr rasch und so möchte man gern diesen erinnerungsreichen und künstlerisch wertvollen Besitz endlich einmal in einem würdigen Innungssaal vereinigt sehen, der in ganz Deutschland nicht seines Gleichen finden würde.

Übernahme von Altertümern aus der Magdalenenkirche. Zahlreiche Ausstattungstücke, namentlich Epitaphien und Holzfiguren, die seit der Restaurierung der Magdalenenkirche auf deren Boden lagerten, wurden auf Ansuchen des Gemeindekirchenrates unter Wahrung des Eigentumsrechtes der Kirche vom Museum übernommen und zunächst in das Depot im ehemaligen Elisabeth-Gymnasium überführt. Die Instandsetzung der Stücke, die eine Restaurierung noch lohnen, wird viel Zeit, Mühe und Kosten in Anspruch nehmen. Ob es möglich sein wird, die imposante, figurenreiche Barockorgel, deren Holzbestandteile wir gleichfalls übernahmen, im jetzigen Museumsgebäude aufzustellen, muss vorläufig dahingestellt bleiben.

VERMEHRUNG DER SAMMLUNGEN

1. VORGESCHICHTLICHE SAMMLUNG

Jüngere Steinzeit:

Jordansmühl Kr. Nimptsch. Wohngruben 29—53, Gräber 36—44, viele Einzelfunde. (Ausgrabung des Altertumsvereins.)

Nosswitz Kr. Glogau. Wohngrube 4 und 5. (Ausgrabung des Altertumsvereins, Geschenk des Herrn Leissner.)

Hartlieb Kr. Breslau. Wohngrubenfunde: Scherben, Stein- und Knochengeräte.

Breslau, Gabitzweg. Gefässe aus Skelettgräbern.

Beuthen a. O. Kr. Freystadt. Gefässe, Scherben und Flintspäne aus Skelettgräbern. (Ausgrabung des Altertumsvereins.)

Deutsch-Lauden Kreis Strehlen. Arbeitsaxt aus Stein. (Geschenk des Herrn Lehrers Klose in Klein-Kniegnitz am Zobten.)

Hirschberg. Sogen. Schuhleistenkeil, im Bober am Fusse des Hausberges gefunden. (Geschenk des Herrn von Üchtritz und Steinkirch auf Schloss Tschochau.)

Kauder Kr. Bolkenhain. Halbe Steinaxt. (Geschenk von Fräulein Friedlene Otto.)

Kostenthal Kr. Cosel. Halbe Steinaxt.

Lerchenborn Kr. Lüben. Axt aus Serpentin. (Geschenk von Frau Helene Semmer in Lerchenborn.)

Ratibor. Ein Flachbeil, eine Hacke und eine durchbohrte Arbeitsaxt aus Stein.

Schlesien. Vier Steinäxte. (Geschenk der Herren Strieboll in Breslau, Levit in Steinau und Stefke in Lissa.)

Alte Bronzezeit:

Gleinitz Kr. Glogau. Tongefässe und Bronzenadeln aus 9 Skelettgräbern. Vgl. Bd. IV S. 2—5.

Hartlieb Kr. Breslau. Scherben aus 2 Wohngruben.

Krehlau Kr. Steinau. Grabfund: Dolch, 2 Nadeln, Steinhammer, Becher. Vgl. Bd. IV S. 6.
Landau Kr. Neumarkt. 4 grosse Vorratsgefässe. Vgl. Bd. IV S. 44.
Ottwitz Kr. Strehlen. 3 Tongefässe des Aunjetitzer Typus aus Skelettgräbern. (Geschenk des Herrn von Luck auf Ottwitz.)

Zeit der Urnenfelder:

Beilau Kr. Neumarkt. 8 Grabfunde und viele einzelne Gefässe, Bronzen und Eisensachen. (Ausgrabung des Altertumsvereins und Geschenke der Herren Lehrer Malhaizik und Gutsinspektor Langner in Beilau.)
Cantersdorf Kr. Brieg. Grabfunde 11—25 und einzelne Gefässe und Beigaben. (Ausgrabung des Herrn Lehrers Gebhardt in Cantersdorf.)
Cosel Kr. Sagan. Funde aus 4 Grabhügeln. Vgl. S. 36.
Dyhernfurth Kr. Wohlau. Buckelurne. (Geschenk des Herrn Hermann Richter in Dyhernfurth.)
Herrnstadt Kr. Guhrau. Grabfund 4—8. (Ausgrabung des Altertumsvereins.)
Hünern Kr. Trebnitz. Becherförmiges Gefäss. (Geschenk des Herrn Pastors Riemann.)
Jordansmühl Kr. Nimptsch, Niedenführsches Feld. Grabfund.
Kroitsch Kr. Liegnitz. Zahlreiche Tongefässe, darunter auch bemalte, und Beigaben. (Geschenk des Herrn Rittergutsbesitzers Leutenant a. D. Enger.)
Kuhnern Kr. Striegau. Bolusstift und zugehörige Urne. Vgl. S. 47 (Geschenk des Herrn Dr. med. Leporin in Kuhnern.)
Mochau Kr. Neustadt O.-S. 2 Grabfunde. (Ausgrabung des Altertumsvereins.)
Nosswitz Kr. Glogau. Tasse und Scherben. (Geschenk des Herrn Gutsbesitzers Leissner.)
Oelschen Kr. Steinau. Buckelkrüge und andere Gefässe.
Poischwitz Kr. Jauer. Buckelkrug und 2 andere Gefässe. Vgl. S. 4. (Geschenk des Herrn Gemeindevorstehers Hoffmann.)
Polkau Kr. Bolkenhain. Schwertgriff und Ösennadel aus Bronze; Tongefässe und bronzene Schmucksachen. Vgl. S. 4ff. (Geschenk des Herrn Dr. med. Kaudewitz in Rohnstock.)
Schönbrunn Kr. Sagan. 8 Tongefässe der jüngeren Hallstattzeit. (Geschenk des Herrn Joseph Jende.)
Stabelwitz Kr. Breslau. Tüllenaxt aus Bronze und Tongefässe aus Gräbern der jüngeren Hallstattzeit. (Geschenk des Herrn Apothekers Stefke in Lissa.)
Wersingawe Kr. Wohlau. Räucherschale aus einem Grabe der Hallstattzeit. (Geschenk des Herrn Pastors Büttner in Wersingawe.)
Zülz Kr. Neustadt O.-S. Eiserner Gürtelhaken aus einem Hallstattgrabe. (Geschenk des Herrn Bürgermeisters Badura in Zülz.)

Vorrömische Eisenzeit:

Denkwitz Kr. Glogau. Eiserne Spät-La Tènefibel von ungewöhnlich guter Erhaltung. Geschenk des Herrn Rittergutsbesitzers Maager in Denkwitz.)
Mochau Kr. Neustadt O.-S. Henkelkrug der jüngeren La Tènestufe. (Geschenk des Herrn Kreis-Schulinspektors Langner in Oberglogau.)

Römische Kaiserzeit:

Boyadel Kr. Grünberg. Schildbuckel, Lanze und Nähnadel aus Eisen. (Geschenk Sr. Exzellenz des Herrn Generals Freiherrn von Scheffer.)
Dankwitz Kr. Nimptsch. 2 Spinnwirtel, gefunden auf einer durch Scherbenfunde bekannten Ansiedlungsstelle.

Slavische Zeit:

Boyadel Kr. Grünberg. Scherben vom Burgwalltypus. (Geschenk Sr. Exzellenz des Herrn Generals Freiherrn von Scheffer.)
Oelschen Kr. Steinau. Schläfenring aus Bronze. (Geschenk des Herrn Bruno Ecke in Oelschen.)
Scharley Kr. Beuthen. Schleifstein und Scherben. (Geschenk des Herrn Obersteigers Gürich in Scharley.)

Ausserschlesische Funde:

Nordböhmen. Sammlung verzierter Scherben aus neolithischen Wohngruben und aus Ansiedelungen der Markomannenzeit. (Geschenk des Museums in Teplitz.)

2. MÜNZKABINETT

Der Zuwachs betrug 4 goldene und 43 silberne Münzen, 1 Kupfermünze, 1 kupferne Marke, 16 silberne Medaillen und 10 Medaillen aus unedlen Metallen. Für Ankäufe wurden 614 Mark aufgewendet. Von schlesischen Stücken sind hervorzuheben:

Oberlehnsherr: Leopold I. Dukat 1678. Friedensburg u. Seger 504.
„ Friedrich II. $^1/_2$ Friedrichsdor 1769. F. u. S. 1095.
„ Friedrich Wilhelm II. $^1/_3$ Taler 1790 B. F. u. S. 1233.
Liegnitz-Brieg: Georg, Ludwig und Christian. 2 Dukat 1652. Neu.
Stadt Breslau: Gravierte und vergoldete Marke in Dukatengrösse o. J. Hs. IOHANNES·CARL· HAINT· (Lötspur). Breslauer Wappen. Rs. SANCT-WENCES. Der Heilige.
Stadt Löwenberg: Kupferner Heller (1621). Alter Original-Abschlag. Unicum. Vgl. Friedensburg, Schlesiens neuere Münzgeschichte, S. 228.
Ephorinus, Anselmus: Vergoldete Bronzemed. 1557. Älterer Guss, vielleicht nach dem Original im Münchener Kabinett. 92 mm. Vgl. Zeitschr. f. Gesch. Schlesiens 1905 und 1906.
Höckel, Joh. Caspar: Silb. Med. 1804. 36 mm. F. u. S. 3793.
Schöbel von Rosenfeld, Georg: Silb. Med. o. J. 39/40 mm. F. u. S. 4015.
J. Kittel und C. Vinck: Silb. Med. 1687 auf die Krönung Joseph I. z. König v. Ungarn. Ohne Randschrift 50,5 mm. Neu. Abb. S. 226.
J. Kittel: Silb. Med. 1700 auf die Jahrhundertwende. 35 mm. F. u. S. 4163.
„ Silb. Med. o. J. HÆ TIBI SINT COMITES u. s. w. 78,5 mm. Neu.
Breslau: Silb. Med. 1741 von KITTEL auf die Huldigung d. schles. Stände. Vgl. F. u. S. 4251 Anm.
Schlacht bei Hohenfriedeberg: Silb. Med. 1745. F. u. S. 4302.

Geschenke erhielt die Sammlung vom Gemeindekirchenrat in Jauer, von der Stadt Freiburg i. B., von der Freiwilligen Feuerwehr in Freiburg i. Schl., vom Schlesischen Altertumsverein und vom Schlesischen Verein Nimrod; ferner von Herrn Kgl. Spediteur Kahlert in Ohlau, Lehrer Koch in Breslau, Baumeister Alexander Nitsche in Freiwaldau, Mühlenbesitzer Rother in Soritsch bei Glatz, Graf Schaffgotsch auf Koppitz, Mühlenbesitzer Schwarzer in Deutsch-Rasselwitz und Frau Jenny Schlesinger in Gleiwitz.

3. KULTURGESCHICHTLICHE SAMMLUNG

Alt-Breslau:

Das Weisse Vorwerk, ein um 1840 gemaltes kleines Ölbild, das die Südfront dieses im 18. Jahrh. als Sommerresidenz der Breslauer Fürstbischöfe erbauten Schlösschens darstellt.
Der Breslauer Maschinenmarkt auf dem Exerzierplatz vor dem Kgl. Schlosse, Temperabild von Richard Pfeiffer, im Auftrage des Museums gemalt.
Modell der Leinwandbude „Zu den drei Türmen" (Nr. 27/28) im Topfkram am Ringe zu Breslau. (Geschenk des Herrn Generalkonsuls R. Fuchs-Henel.)

Stammbücher:

Stammbuch des Glogauer Professors Günther Röller in 10 Bänden. Es ist schon im vorigen Bande der Zeitschrift auf S. 158 ff. näher beschrieben worden, seine Erwerbung fällt aber erst in dieses Jahr. Die grössere Hälfte des Kaufpreises wurde durch eine ausserordentliche Beihilfe des Provinzial-Ausschusses von Schlesien gedeckt. Seitdem das Stammbuch im Besitze des Museums ist, ist es schon häufig von Nachkommen der dargestellten Personen benutzt worden, um auf photographischem Wege Reproduktionen der Ahnenbildnisse zu erlangen.
Skizzenbuch des Gymnasiallehrers August Knötel in Glogau (1852—1865) mit Porträts von Glogauer Persönlichkeiten dieser Zeit, gewissermassen eine Fortsetzung des Röllerschen Stammbuches. (Geschenk des Herrn Professors Dr. Knötel in Kattowitz.)

Innungswesen und Handwerksgerät:

Zechsiegel der Töpfer in Raudten, Bronze, von 1654.
Zechsiegel der Stell- und Radmacher in Juliusburg, Eisen, vom Ende des 17. Jahrh.
Siegel der Tischler-Innung zu Juliusburg, Messing, von 1850.
Wurstbügel, Kupfer, bezeichnet: Valtin Richter 1682. (Geschenk der verw. Frau Fleischermeister Friedrich in Bernstadt.)
Desemerwage (vgl. Zeitschr. f. Ethnol. 1900 S. 327) Holz, mit der eingeschnittenen (Jahres-?) Zahl 1688. (Geschenk des Schles. Altertumsvereins.)

Waffen und patriotische Andenken:

Fundstücke von den Ausgrabungen auf dem Gipfelplateau des Zobtenberges, in den Fundamenten der um 1470 zerstörten Burg gesammelt, darunter einige Lanzen- und Pfeilspitzen, Sporen, Hufeisen u. dgl. (Überweisung des Zobtengebirgsvereins.)
Offiziersdegen mit der Inschrift „me fecit Potzdam 1735".
Feldabzeichen mit preussischem Adler, Messing, gefunden in Rathen, unweit des Schlachtfeldes von Leuthen. (Geschenk des Herrn Apothekers Stefke in Lissa.)
Zinnsoldaten aus Friderizianischer Zeit. (Geschenk des Herrn Direktors Dr. Seger.)
Flugblatt auf den Friedensschluss von Breslau 1742. (Geschenk des Herrn Plaetschke in Beerberg bei Marklissa.)
Helm und Koppel eines Gardegrenadiers um 1875. (Geschenk des Herrn Lehrers Claus.)

Trachtengeschichtliches:

Presse aus Holz zum Fälteln von Spitzenjabots aus dem Anfange des 19. Jahrh. (Geschenk der Frau Amelie Ikes.)
Gerätschaften aus einem Breslauer Puppenhause vom Anfange des 19. Jahrh. (Geschenk von Fräulein Käthe Schmidt.)

Schlesische Volksaltertümer:

Brotschrank (sog. Almer), Kiefernholz, bunt bemalt. Zweigeschossig, zwischen beiden Geschossen eine Schublade. Datiert 1796. Aus Hermsdorf am Kynast.
Kleiderschrank, Kiefernholz, eintürig, in einfachster Brettfügung gebaut, mit bunter Marmorierung bemalt; auf der Tür durch aufgelegte Profilleisten markierte Felder mit Blumendekor. Ende 18. Jahrh. Aus Kunersdorf bei Hirschberg.
Kleiderschrank, Kiefernholz, eintürig, mit abgeschrägten senkrechten Vorderkanten und Giebelverkröpfung des Dachgesimses. Sehr geschmackvoll in Blau-Weiss schattierten Wellenlinien bemalt. In den durch aufgelegte Profilleisten markierten Feldern bunte Blumenmalerei auf hellem Grunde. Datiert 1796. Aus der Kolonie Strickerhäuser bei Schreiberhau.
Kinderspielzeug: Puppenbettstelle und Truhe aus farbig bemaltem Kiefernholze. Um 1800. Aus Gotschdorf bei Hirschberg.
Brautschachtelfigur aus bemaltem Holze: „Kindelbringer" in roter Soldatenuniform, auf dem Rücken einen Korb, an welchem zwei Leitern angelegt sind. 18. Jahrh. Aus Herzogswaldau bei Jauer.
Weihnachtspyramide, bemaltes Holz. Anf. 19. Jahrh. Aus Gotschdorf bei Hirschberg.
Leuchter, Eisen, mit zwei Gabeln für Kienspäne und einer Tülle für Talglichte. Anf. 19. Jahrh. Aus Hermsdorf am Kynast.
Körbchen aus Weidengeflecht, zum Aufbewahren der Kienspäne. Datiert 1814. Aus Hermsdorf am Kynast.
Haubenständer, Holz mit Kerbschnittarbeit. Schäferarbeit, 19. Jahrh. Aus Herzogswaldau bei Jauer.
Wäscheklammer, Holz mit Kerbschnittarbeit. Schäferarbeit, 19. Jahrh. Aus Herzogswaldau bei Jauer.
Spinngeräte: Hecheln und Krätzeln mit verschiedenen Kammsystemen, Rockstöckel-Übrige, Spindeln und Spinnwirtel, zum Teil mit farbiger Bemalung. 19. Jahrh. Aus Gross-Zöllnig, Stronn und Zessel bei Öls. (Geschenk des Herrn Lehrers Göldner in Liegnitz.)
Rockenbrief, Papier, mit barockem Blumendekor in Golddruck auf rotbraunem Grunde. Anf. 19. Jahrh. Aus Herzogswaldau bei Jauer.
Gold- und Silber-Hauben vom böhmischen Typus. Mitte 19. Jahrh. Getragen von böhmischen Bewohnerinnen der Kolonie Strickerhäuser bei Schreiberhau.

4. DIE SAMMLUNG DES KUNSTGEWERBES

Antikes Kunstgewerbe:

Krater, glockenförmig, mit Darstellung eines Hahnenkampfes und zwei Männern im Gespräche in tongrundig aus dem schwarzen Firnisüberzug ausgesparten Figuren, 5. Jahrh. v. Chr.

Tonkrüge, einhenkelig, flüchtig bemalt mit Palmetten, 5. Jahrh. v. Chr. (Vermächtnis des Herrn Geheimrats Dr. Grempler.)

Rosettenknöpfe aus Gold, ein Paar, mit feinem Goldkörnchendekor. Etruskisch, 5. Jahrh. v. Chr. Gefunden in Viterbo. (Angekauft aus dem Legat des 1905 † Fräulein Toni Landsberg.)

Architekturteile und Arbeiten in Stein:

Relieftafel aus Sandstein mit Kreuzigungsgruppe in landschaftlicher Umgebung. Laut vierzeiliger lateinischer Inschrift anlässlich einer überstandenen Pest 1568 von Melchior Arnold und Caspar Lang gestiftet. Stammt von dem Hause Reuschestrasse 12 in Breslau. Vgl. H. Lutsch, Kunstdenkmäler der Stadt Breslau, S. 150. (Geschenk des Herrn Gustav Krantz.)

Architekturteile aus Stein. a) Hausportal mit dreiteiligem oberen Gebälkabschluss und abwechselnd bossierten und glatten Quadern als Umrahmung der Türöffnung, b) fünf Konsolen mit weiblichen Halbfiguren und Festons, c) Teile einer Treppenbrüstung. Von dem 1906 abgebrochenen Hause Ring 58 „Goldener Palmbaum" in Breslau. Das Portal trägt die Jahreszahl 1592 und steht nach Lutsch, Kunstdenkmäler der Stadt Breslau, S. 90 und 154, auf Grund der Eigenart der Quaderbildungen unter dem künstlerischen Einflusse des 1590 aus Danzig nach Breslau berufenen Stadtbaumeisters Hans Schneider von Lindau. (Geschenk des Herrn Dr. Priebatsch.)

Säulen aus Sandstein, zwei Stück, die eine aus dem Parterre, die andere aus dem ersten Stockwerk des Hauses Ring 1 in Breslau, eine mit romanischem Kapitäl. (Geschenk des Herrn S. Wittenberg.)

Kaminverkleidung aus Marmor. Um 1730. Stammt aus dem Hause Ring 1 in Breslau. (Geschenk des Herrn S. Wittenberg.)

Möbel und Holzschnitzereien:

Zargentisch aus Nadelholz, mit spätgotischem Laubornament in ausgestochenem Flachschnitt, wie er in den Alpenländern als volkstümliche Kunst lange in Übung war. Aus Graubünden, 16./17. Jahrh.

Innungslade eines Tischlermittels, reich intarsiert mit farbigen Hölzern. Schlesien, 17. Jahrh. (Vermächtnis des Herrn Geheimrats Dr. Grempler.)

Kleiderschrank, furniert, zweitürig, mit Schubladen-Unterbau, Kugelfüssen und wagerechtem Deckengesims; die Vorderseite ist durch drei Pilaster mit geschnitzten korinthischen Blattkapitälen gegliedert. Schlesien, 1. Hälfte 18. Jahrh.

Beichtstuhl (?) aus Eichenholz, in Form eines offenen Thronsitzes auf einem Podium. An den Mittelsitz schliessen sich zu beiden Seiten noch kleine Sitze an, auf deren dreieckige Sitzfläche je eine grosse Kugel aufgesetzt ist. Auf der Rückenlehne als Bekrönung das Wappen derer von Landskron in farbig bemalter Reliefschnitzerei. Auf der Unterseite des Podiums flüchtig mit roter Farbe skizziert die Aufschrift: 1743 D. 20. Dec. Tischler George Mihl. Stammt aus dem Betsaal des Allerheiligen-Hospitals in Breslau und wurde durch das Kuratorium des Hospitals dem Museum überwiesen.

Kommode mit Nussholz furniert, vierschubladig, mit Ornamenten des Laub- und Bandwerkstiles eingelegt, 18. Jahrh. (Vermächtnis des Herrn Geheimrats Dr. Grempler.)

Kleiderschrank mit Nussholz furniert, zweitürig, der architektonische Aufbau mit den Pilastern auf der Schlagleiste und an den abgeschrägten vorderen Seitenkanten, den geschnitzten Akanthuslaubkapitälen und der Führung des Deckengesimses noch ganz im Stile der Barocke. Nur die allegorischen Figuren, deren Fleischteile durch Elfenbeineinlagen wiedergegeben sind und die in hellem Holz eingelegten Ornamente verraten den Ursprung des Schrankes aus der Louis XVI-Epoche. Besonders schönes Beispiel für eine Gruppe schlesischer Schränke des 18. Jahrhunderts, die bereits durch zwei Exemplare im Museum vertreten ist.

Garderobenständer aus einer glatten Mahagoniholzsäule mit Messingblecheinsatz, Messinghaltern für Hüte und achtarmigem Ring für Stöcke und Schirme. Schlesien, Anf. 19. Jahrh.

214

Teile einer Feuerspritze, bestehend aus einer geschnitzten Wange mit dem Stadtwappen von Friedeberg a. Queis und zwei liegenden Löwen, mit Resten von farbiger Bemalung. Datiert 1727. (Geschenk des Herrn Staatsrates v. Essen.)

Bilder und Miniaturen:

Brustbild Kaiser Rudolfs II. Kleines Porträtmedaillon aus einer hellen Masse in Nachahmung von Kehlheimer Stein mit der Beischrift: RVDOLPHVS. II. ROM. IMP. SEMP. AVG. REX. HVNG. BOE. In einer runden Bernsteinkapsel. Deutschland, um 1600. (Geschenk des Herrn Kaufmanns Jacob Molinari.)

Bildnis einer jungen Dame in Rokokotracht. Miniatur auf Elfenbein. Um 1750. Wahrscheinlich die Arbeit eines in Öls in Schles. tätig gewesenen Miniaturmalers, da obiges Bildchen nach Angabe des früheren Besitzers aus der Umgebung von Öls stammt und ausserdem aus der gleichen Gegend Arbeiten desselben Künstlers bekannt sind, die sich jetzt im Besitze des Grafen E. von Schwerin in Berlin und des Subdirektors Friedrich in Breslau befinden.

Josef Fürst Hohenlohe-Waldenburg-Bartenstein, Fürstbischof von Breslau, Miniatur auf Elfenbein im Deckel einer runden Schildpattdose mit Goldeinlagen. Gemalt von Gottfried August Thilo in Breslau, um 1793. Vgl. Schlesiens Vorzeit N. F. III S. 119—136, 153 f.

Damenbildnis und Kinderbildnis im Kostüm der Biedermeierzeit. Aquarelle auf Papier. Signiert v. Rahden 1833. Vgl. Schlesiens Vorzeit N. F. III S. 147, 156.

Herren- und Damenbildnis als Silhouetten auf Goldgrund unter Glas, in einem gemeinsamen ovalen Messingreif. Anf. 19. Jahrh., aus schlesischem Besitze. (Geschenk der Frau Oberbürgermeister Schmieder in Eisenach.)

Wilhelm Grempler, Ölbild auf Leinwand, Brustbild, gemalt von Otto Kreyher in Breslau. (Vermächtnis des Dargestellten.)

Steinzeug, Fayence, Steingut:

Öllampe, gebr. Ton, in Form eines kugeligen mit kurzen Stacheln besetzten Igelgefässes auf vier Beinen. Mittelalterlich. Gefunden beim Bau der Markthalle am Ritterplatz in Breslau.

Ofenkachel, unglasierter Ton, auf der Vorderseite im Relief die Figuren der hh. Katharina und Barbara. Rückseite mit topfförmigem Ausbau. 15. Jahrh. Gefunden beim Neubau der Markthalle am Ritterplatz in Breslau.

Ofenkacheln, unglasierter Ton, 2 Stück, auf der quadratischen Vorderseite in Relief ein Falkenjäger zu Pferde, vor ihm ein Strauch mit einem Vogel. Die Rückseite mit topfförmigem Ausbau. 15. Jahrh. Gefunden im Baugrunde des Hauses Taschenstrasse 22 in Breslau.

Keramischer Fund, bestehend aus unglasierten Töpfen mittelalterlichen Gepräges, einem Schmelztiegel mit grüner Bleiglasur, einem Ziegelfragment mit sternförmigem Kerbschnittmuster und Bruchstücken von Ofenkacheln. Aus dem Oderbett vor der neuen Werderbrücke in Breslau beim Baggern zutage gefördert.

Kuffe aus dunkelgraubraunem Steinzeug, mit leicht vergoldetem Schuppenmuster und zwei Krabben- und Palmettenfriesen in Relief mit mehrfarbigem Emaildekor. Mit Zinndeckel. Kreussen, 17. Jahrh.

Birnkrug aus dunklem Steinzeug, mit einem Brautpaar und Blattranken in farbig glasiertem Relief auf Kerbschnittmuster. Zinndeckel datiert 1739. Vermutlich sächsisch. (Vermächtnis des † Herrn Geheimrats Dr. Grempler.)

Wasserblase, Hafnergeschirr mit bunter Glasur, auf der Vorderseite in Relief Christus am Kreuze und die beiden Schächer, auf den beiden Schmalseiten je ein Kreuz mit einer Schlange. Über den Schächern die Initialen B K, über den Schlangen die Jahreszahl 1553. Süddeutsch.

Schüssel, türkische Halbfayence, mit bolusroten Blumen, blauen Tulpen und lichtgrünem Blattwerk. 17. Jahrh. (Vermächtnis des Herrn Geheimrats Dr. Grempler.)

Schüssel, türkische Halbfayence, mit einer von stilisiertem Blatt- und Blumenwerk umgebenen Kanne in Bolusrot, Blau und Grün. 17. Jahrh. (Vermächtnis des Herrn Geheimrats Dr. Grempler.)

Schüsselchen, Majolika, mit Blattornament in kupferigem Lüster. Spanien, 17./18. Jahrh. (Vermächtnis des Herrn Geheimrats Dr. Grempler.)

Schüssel, Majolika, im Spiegel eine Landschaft mit einem Landsknecht zu Pferde und einem zu Fuss, am Rande Blattornament und ein Wappen in farbiger Malerei. Castelli, 17. Jahr. (Vermächtnis des Herrn Geheimrats Dr. Grempler.)

Schüssel, Majolika, auf Fuss, in der Mitte der Schüssel ein Rundmedaillon mit der Stigmatisation des hl. Franz von Assisi, am Rande figürliches Renaissance-Ornament. (Vermächtnis des Herrn Geheimrats Dr. Grempler.)

Albarello, Majolika, mit blauen Ranken, gelben Bändern und dem österreichischen Doppeladler. Bezeichnet: Callégari Pesaro. Nach 1763. (Vermächtnis des Herrn Geheimrats Dr. Grempler.)

Henkelkrug, Majolika, mit Ausgussdille, mit Blumen, Ranken und einem Wappen nebst den Initialen C B in flüchtiger Blaumalerei. (Vermächtnis des Herrn Geheimrats Dr. Grempler.)

Schüssel, Fayence, im Spiegel eine Fortuna, am Rande ein Reh, Dromedar, Landschaften und chinesische Motive in Blau mit schwärzlichen Konturen. Ohne Marke. 18. Jahrh. (Geschenk des † Herrn Sanitätsrats Dr. Constantin Reichelt.)

Masskrug, Fayence, mit landschaftlichen Motiven in einer Kartusche in Blau auf manganviolettem gespritzten Grunde. Marke A L in Ligatur. Zinnmontierung datiert 1749. Im Deckel drei Marken; Stadtmarke mit gekreuztem Schlüssel und Schwert nebst Jahreszahl 1717 (Naumburg a. S. ?).

Salz- und Pfefferfass, Fayence, in Gestalt eines auf einem Baumstumpf sitzenden Mädchens, das auf den Knieen mit beiden Händen das Gefäss hält; bunt bemalt. Marke H F in Ligatur. Holitsch, um 1760. Über Salzfassfiguren vgl. C. Schirek, Die k. k. Majolika-Geschirrfabrik in Holitsch, Brünn 1905, S. 247 f.

Leuchter, Fayence, in Form eines von Weinranken und Blattwerk umwundenen Baumstammes mit zwei Ästen als Leuchterarmen; bunt bemalt. Marke D P = Proskau, II. Periode 1769—1783. (Geschenk des Herrn Hofantiquars Max Altmann.)

Tafelaufsatz, Fayence, in Form eines Felsens, an dessen Abhängen Bergleute arbeiten und dessen Spitze von einer Burg bekrönt ist, farbig bemalt. Ohne Marke, doch zweifellos Proskauer Fabrikat. Um 1790.

Masskrug, Fayence, bemalt mit braunem Holzmaserungsmuster und einem ovalen Medaillon mit bunten Blumen. In Zinn montiert. Marke P = Proskau, Periode III. Zinndeckel datiert 1801.

Kaffeekännchen, hellgelbliches Steingut. Puppenspielzeug. Marke PROSKAU farblos eingedrückt. Um 1792. (Geschenk des Herrn Mangelsdorff.)

Deckelterrine aus hellgelblichem Steingut, oval, bemalt mit vier Ansichten von Burgen in brauner Sepiamalerei. Marke PROSKAU farblos eingepresst. Anf. 19. Jahrh.

Teller, Steingut, in der Mitte ein Korb mit Früchten, am Rande Streublumen in farbiger, vorherrschend brauner Malerei. Marke PROSKAU farblos eingedrückt. Anf. 19. Jahrh.

Jardinière, hellgelbliches Steingut, oval, mit durchbrochenem Flechtwerk. Marke PROSKAU farblos eingedrückt. Anf. 19. Jahrh.

Tasse nebst Untertasse, Fayence mit schokoladenbrauner Glasur, darauf Streublumen, Blattgirlanden und ein Bukett in weisser Emailmalerei. Marke D W = Dietrichstein-Weisskirchen, um 1795.

Teller, zwei Stück, helles Steingut mit stark glänzender Glasur, braun bedruckt mit Ansichten von Cöln a. Rhein und von Schloss Stolzenfels. Marke undeutlich, farblos eingedrückt. 1. Hälfte 19. Jahrh. (Geschenk des † Herrn Sanitätsrats Dr. Constantin Reichelt.)

Teller, helles Steingut mit stark glänzender Glasur, schwarz bedruckt mit einer Ansicht der Brücke über die Birs im Münstertal. Marke ein Anker, farblos eingedrückt. 1. Hälfte, 19. Jahrh. (Geschenk des † Herrn Sanitätsrats Dr. Constantin Reichelt.)

Teller, drei Stück, helles Steingut, mit buntem Blumendekor in bäuerlichem Geschmack nebst Aufschriften „Dein Glück mein Wunsch" und „Iß den Braten ohne Sorgen und die Sauce laß auf Morgen." Marken M 6, M 13, M 19. Magdeburg, Mitte 19. Jahrh. (Geschenk des Herrn Werner.)

Baumölbiertopf, braunglasiertes Irdengeschirr, darauf drei ovale Medaillons mit dem österreichischen Doppeladler in Relief. Schlesien, 1. Hälfte 18. Jahrh.

Teller, Irdengeschirr mit dunkel gelbbrauner Engobe, mit flüchtig skizzierten Wellenlinien. Schlesische Bauerntöpferei, 19. Jahrh. (Geschenk der Frau Gräfin Posadowsky-Wehner, Gross-Pluschnitz O.-S.)

Porzellan:

Berlin: Frühstückservice, bestehend aus Kaffeekännchen, Zuckerschälchen und zwei Tassen nebst Untertassen mit bunten Streublumen; an den Rändern goldenes Rocaillemuster. Am Ausguss der Kanne eine farbig getönte weibliche Maske, Henkel in Form eines Astes, der in grünes Blattwerk endigt. Auf der Kanne die Marke G (Gotzkowski) in Graublau über der Glasur und eingekratzt VOU. Auf den übrigen Stücken die Zeptermarke unter der Glasur, daneben in Gold Nr. 10. Um 1763. Die gleichen Stücke kommen in dem Kaffeeservice des Grafen W. von Hoym vor. Vgl. Adolf Brüning, Europäisches Porzellan des XVIII. Jahrhunderts, Berlin 1904, S. XVIII f. u. S. 100 Nr. 576. (Geschenk des † Herrn Sanitätsrats Dr. Constantin Reichelt.) — Frühstückservice, bestehend aus Kaffee- und Milchkännchen, Büchse, Spülnapf und zwei Tassen nebst Untertassen, mit blauem Schafgarbenmuster. (Geschenk des † Herrn Sanitätsrats Dr. Constantin Reichelt.) — Messer und Gabel aus Stahl mit Porzellangriffen, darauf Gittermuster in Relief und Blaumalerei. (Geschenk des † Herrn Sanitätsrats Dr. Constantin Reichelt.)

Capo di Monte: Deckelterrine nebst Untersatzteller (Wöchnerinnenterrine) reich dekoriert im Geschmack der Wiener Empire-Porzellane mit goldenem Blattdekor auf dunkelblauem Grunde. Auf dem Deckel zwei buntfarbige Hafenansichten von Neapel: „Veduta di Napoli dalla parte di Levante" und „Veduta di Napoli dalla parte di Ponente". Um 1805.

Meissen: Schüssel mit ungewöhnlich reichem mehrfarbigen Dekor im japanischen Geschmack (siehe die Abbildung auf S. 204). Schwertermarke hellblau auf der Glasur, ausserdem eingekratzt W 92 (Inv. Nr. der Porzellansammlung des Johannaeums in Dresden). — Schalentasse nebst Untertasse mit buntfarbigen Blumen und Insekten im japanischen Geschmack. Marke der Tasse: Merkurstab in der Glasur; auf der Untertasse Schwertermarke in hellblau über der Glasur; auf beiden Stücken eine 9 in Eisenrot. Um 1732. (Geschenk des † Herrn Sanitätsrats Dr. Constantin Reichelt.) — Tasse nebst Untertasse mit Reiterkämpfen in feiner Purpur- und Goldmalerei, aus dem von Campenhausenschen Service. Unter der blauen Schwertermarke ein C in Gold, ausserdem auf der Tasse ein Kreuzchen, auf der Untertasse die Nr. 63 eingepresst. — Madonna auf Himmelskugel, in weissem goldgesäumten Gewande, die Hände zum Gebet faltend und den Kopf mit Strahlennimbus leicht emporhebend; bemalt. Ohne Marke. Um 1750. — Kaffeekännchen in antikisierender Form mit langer Ausgussdille, die in einem Drachenkopfe endigt. Bunt bemalt mit zwei Blumenbuketts und Streublumen. Um 1830. (Geschenk des † Herrn Sanitätsrats Dr. Constantin Reichelt.) — Tasse nebst Untertasse von ungewöhnlicher Grösse mit blauem Zwiebelmuster. 19. Jahrh. (Geschenk des † Herrn Sanitätsrats Dr. Constantin Reichelt.)

Unbekannte Fabriken: Saucenlöffel aus fayenceartigem Porzellan mit dickwandiger ovaler Laffe und einem am Ende astartig gebildeten Stiel; mit Camaieu-Höhung und farbigem Streublumenmuster. 18. Jahrh. — Bechertasse nebst Untertasse mit feinen weissen, zum Teil in golden gerandete Blätter ausgehende Spiralen auf blauem Grunde. Marke ein Strich, darunter ein Punkt. Um 1800.

Glas:

Passgläser, zwei Stück, mit 4 Passringen und je einer Spielkarte „Grün Unter" und „Eichel Unter" in farbiger Emailmalerei nebst Beischriften „Ich fürcht mich nicht" und „Ich steche dich". Deutschland, 1. Hälfte 18. Jahrh.

Branntweinfläschchen, darauf in farbiger Emailmalerei die Gottesmutter mit dem Kinde auf Halbmond und die Aufschrift: Anno christi 1742. Schlesisch. (Vermächtnis des Herrn Geheimrats Dr. Grempler.)

Becherglas, darauf in farbiger Emailmalerei die Gottesmutter mit dem Kinde auf Halbmond, Blumenwerk und die Aufschrift: „Die Jungfrau maria zarth, Christum den Herrn gebohren hat, 1756." Schlesisch. (Vermächtnis des Herrn Geheimrats Dr. Grempler.)

Becherglas mit den hh. Augustinus und Ciriacus, Blattwedeln und Blumenwerk in Zwischenglasvergoldung. Auf dem Boden des Glases in gleicher Technik mit karminroter Folie ein Engelpaar, das einen Kelch mit einer von Strahlen umgebenen Hostie hält. Am Rande die Inschrift: HÆC MVNERA POST FVNERA. Schlesien, um 1735.

Deckelpokal in der für die sächsischen Gläser des 18. Jahrhunderts charakteristischen Form, graviert mit einer Jagddarstellung und der Inschrift: Las lieben lieben sein, ich kan mit jagen und hetzen mich ebenso wohl ergötzen. Sachsen, um 1740.

Trinkgefäss in der Form des sog. Igel, graviert mit Barockblumen und dem Breslauer W. Schlesien, Anf. 18. Jahrh. (Vermächtnis des Herrn Geheimrats Dr. Grempler.)

Becherglas, darauf in Gravierung S. Maria Magdalena umgeben von Kartuschenwerk. Schlesien, Mitte 18. Jahrh.

Deckelpokal in der für die schlesischen Rokokopokale charakteristischen Form, graviert mit einer grossen Ansicht von Hirschberg, dem Wappen der Familie Ketzler und der Inschrift: „Jour most Humble Servant Carl Jerem. Ketzler." Warmbrunn, um 1760.

Pokal gleicher Form, graviert, auf der einen Seite Ansicht von Breslau mit Bildnis Friedrichs des Grossen, auf der anderen Seite, durch Säulen getrennt, Warmbrunn und Riesengebirgspanorama mit Riesen-Koppe und Kynast und ein kleines Medaillon mit Ansicht von Hirschberg. Warmbrunn, um 1760.

Becher mit niedrigem Fusse, reich graviert mit Handelsszenen, bei denen auch die Breslauer Wage vorkommt. Lippenrand vergoldet. Schlesien um 1760.

Kuffe aus Milchglas mit farbiger Emailmalerei, die eine Landschaft mit Glashütten zeigt, darüber ein gekröntes G, ein rosa Schriftband mit den Worten „Gott durch deine Güte, diese Glashitte behüte", und der preuss. Adler mit einem grünen Schriftbande: „Sub umbra alarum tuarum"; daneben die Beischrift: „Lotzen den 1ten Jun: 1774." (Geschenk des Herrn Stadtverordneten Friedenthal.)

Sturzbecher mit Griff in Form einer Hacke. Bezieht sich auf eine der Gesellschaften zur alten Hacke. Schlesien, 18. Jahrh.

Brunnenglas mit der aus eingravierten kleinen Blümchen gebildeten Aufschrift „Andenken" auf rosa gefärbtem Grunde. Schlesien, um 1840.

Brunnenglas, gehenkelt, mit Kreisen und Sternmustern in ausgeschliffenem weissen Überfangglase. Schlesien, um 1850.

Becherglas, graviert mit der Ansicht des Zackenfalls und einem Medaillon mit der Inschrift: Koschny. Schlesien, um 1850. (Geschenk der Frau Geheimrat Neisser.)

Brunnenglas mit dunkelrotem Überfang, aus dem Blätter, Sternmuster, Kreise und ein Medaillon ausgeschliffen sind. Schlesien, um 1860.

Deckelpokal, graviert mit Ornamenten im Renaissance-Charakter. Schlesien, um 1880. (Vermächtnis des Herrn Direktors Albert Schweitzer.)

Goldschmiedearbeiten:

Ciborium, Silber vergoldet, im 16. Jahrhundert aus einem romanischen Kelche durch Hinzufügung eines Schaftes und eines mit weisssilbernen durchbrochenen Rollwerk verzierten Deckels hergerichtet. Auf dem Fusse die vier Evangelistensymbole, auf der Kuppa Kreuzigungsgruppe, Josua und Kaleb, die Erhöhung der Schlange und das Opfer Abrahams in getriebener Arbeit. Stammt aus der kath. Pfarrkirche von Alt-Lomnitz bei Habelschwerdt.

Abzeichen für die Breslauer Ratsausreuter, Silber vergoldet, in Form eines fünfpassigen Schildchens mit plastischem Krabbenwerk. In der Mitte ein erst im 19. Jahrhundert hinzugefügtes Schildchen mit dem Breslauer Stadtwappen. Breslau, 15. Jahrh. Vier gleiche Stücke bewahrt die Breslauer Rathausinspektion.

Frauengürtel, Silber, bestehend aus acht langrechteckigen Stegen; auf diesen in Aufstiftung vierteilige Blattrosetten mit Granatäpfeln und Engelsköpfchen. Mit eingeritzter Gewichtsangabe: XXIII LOT. Schlesien, um 1600. Zusammen mit Münzen in der Ziegelei Sczepanowitz bei Oppeln gefunden. (Geschenk der Frau Hohberg.)

Pokal, Silber vergoldet, Hälfte eines Doppelbechers, auf der Kuppa Früchte und Rollwerk in getriebener Arbeit. Beschauzeichen: Breslauer W Typus III. Meisterzeichen V K in Ligatur = Veit Koch, Meister von 1580—1619. Vgl. Erwin Hintze, Die Breslauer Goldschmiede, Breslau 1906, S. 101. Aus der evang. Pfarrkirche St. Salvatoris in Oyas Kr. Liegnitz.

Weinkanne, Silber mit Vergoldung, auf dem Mantel und dem Deckel schweres Barockblumen- und Blattwerk in getriebener Arbeit. Beschauzeichen: Breslauer W Typus VI. Meisterzeichen: H I = Hans Iachmann d. j., Meister von 1681—1728.

Münzbecher, Silber, mit Braunschweig-Lüneburgischen Münzen und barockem Blatt-, Blumen- und Früchtewerk in getriebener Arbeit; siehe Abb. S. 61. Beschauzeichen: Breslauer Johanneskopf Typus II, Meisterzeichen M I = Matthäus Jachmann d. j., Meister von 1690—1726.

Deckelkanne, Silber, mit Münzen auf dem walzenförmigen Mantel und kräftigem eckigem Henkel (siehe Abb. S. 60). Jauerer Beschauzeichen: geschachter Schild. Meisterzeichen I F W = Johann Friedrich Wendrich, Meister von 1700—1742.

Galanteriedose. Silber mit Vergoldung, oval; auf dem Deckel eine drehbare Kalenderscheibe. 1. Hälfte 18. Jahrh.

Becher, Silber, auf niedrigem Fuss; die Wandung ist durch kräftige senkrechte Rippen gegliedert und in der oberen Hälfte mit spätem Laub- und Bandwerkornament in Ziselierarbeit verziert. Beschauzeichen: Breslauer Johanneskopf Typus X. Stempelmeisterbuchstabe C (1727—1737). Meisterzeichen F G = Ferdinand Grische, Meister von 1725—1769. (Angekauft aus den Zinsen des Legates Joseph Epstein.)

Willkommpokal, Silber, an allen Teilen mit sauber ausgeführter Treib- und Ziselierarbeit bedeckt (siehe die Abbildung S. 219). Beschauzeichen von Lissa Prov. Posen: Halber Ochsenkopf und halbes Beil. Meisterzeichen: HEISIG. Um 1740. Stammt aus der Sammlung George Agath in Breslau; Auktionskat. von Lepke Nr. 52.

Tischleuchter, ein Paar, Silber, mit profiliertem Sockelfusse und Schaft. Schweidnitzer Beschauzeichen: ein Schwein. Stempelmeisterbuchstabe X. Meisterzeichen IGR in einem Dreipasse = Johann Gottlieb Roggenbau, Meister von 1730—1751. (Angekauft aus den Zinsen des Legates Joseph Epstein.)

Zuckerdose, Silber, oval mit Blumenzweigen und Ranken auf leicht gewelltem Grunde in getriebener Arbeit. Beschauzeichen: Breslauer Johaneskopf Typus XIII. Stempelmeisterbuchstabe G Typus II (c. 1761—1776). Meisterzeichen I E B = Johann Ernst Braungart, Meister von 1754—1793. (Angekauft aus den Zinsen des Legates Joseph Epstein).

Esslöffel, Silber, Neisser Beschauzeichen: Lilie mit Jahreszahl 1765. Meisterzeichen I R = Ignatz Rieger, Meister von 1763—1787. (Geschenk des Schlesischen Altertumsvereins.)

Zuckerdose, Silber, ovaler Kasten mit Rippung. Beschauzeichen: G mit Krone (Görlitz?). Lotzeichen: 12. Meisterzeichen undeutlich. Mitte 18. Jahrh. (Angekauft aus den Zinsen des Legates Joseph Epstein).

Zuckerdose, Silber, in Form eines rechteckigen Kastens, auf dem Deckel Zopfdekor in Treibarbeit. Datiert 1794. Beschauzeichen: ein Greif (Greiffenberg in Schlesien?). Lotzeichen: 12. Meisterzeichen: A D V in herzförmigem Felde.

Sahnlöffel, Silber, mit halbkugeliger, radial gerippter Schöpfkelle. Beschauzeichen: Breslauer Johanneskopf. Meisterzeichen H W = Hermann Weissenborn, in Breslau tätig von 1827—1835. (Geschenk des † Herrn Sanitätsrats Dr. Constantin Reichelt.)

Fingerring, Dukatengold, mit Filigranarbeit. Schlesien, Anf. 19. Jahrh.

Unedle Metalle:

Galanteriedose, Email auf Kupfer, in Form eines Köfferchens, farbig bemalt mit landschaftlichen und figürlichen Darstellungen, die sich auf den Handel beziehen. Um 1740.

Riechbüchschen, Email auf Kupferunterlage, in Form eines kleinen Eies mit drei kleinen farbigen Landschaften. Mitte 18. Jahrh. (Geschenk des † Herrn Sanitätsrats Dr. Constantin Reichelt.)

Dose, Email auf Kupfer, langoval, mit einer farbigen landschaftlichen Darstellung und mehrfarbigem Streifenmuster. 2. Hälfte 18. Jahrh. (Geschenk des † Herrn Sanitätsrats Dr. Constantin Reichelt.)

Türklopfer, Bronze, in Lyraform. In der Mitte Poseidon mit Dreizack; zu seinen Seiten geflügelte Seepferde, deren Vorderbeine sich über der Muschel kreuzen und deren mit Blattwerk belegte Fischleiber die Form der Lyra bilden. Venedig, 2. Hälfte 16. Jahrh. Ein ähnliches Exemplar im Nordböhmischen Gewerbemuseum in Reichenberg.

Türklopfer, Bronze, in Form einer Löwenmaske mit beweglichem Schlangenring. 18. Jahrh. Stammt aus Schömberg Kr. Landeshut in Schlesien.

Teller, Zinn, 2 Stück, in der für die Scheibenteller der Renaissance charakteristischen Form, reich graviert. In der Mitte der Teller allegorische weibliche Halbfiguren, laut Beischriften das Fasten und Almosengeben darstellend. Am Rande Renaissance-Ranken mit Vögeln und Tieren und das Wappen des Doktor Christianus Creutzman. Datiert 1647. Stadtmarke: Breslauer W. Meisterzeichen: ein Hase nebst Initialen G H = George Hessler, Meister von 1632 bis 1660.

Schüssel, Zinn, in Tremoliertechnik graviert. Auf dem gewölbten Spiegel ein Liebespaar in landschaftlicher Umgebung, auf dem breiten flachen Rande Ranken mit barockem Blumen- und Blattwerk. Stadtmarke von Brieg: drei Anker. Meisterzeichen: eine Kanne nebst Initialen I W = Jeremias Wesske d. ä., Meister von 1652—1693.

Kuffe, Zinn, auf dem walzenförmigen Mantel in Gravierung das Wappen einer Bäckerinnung, mehrere Namen und die Jahreszahl 1698. Stadtmarke: Breslauer W. Meisterzeichen: Haupt Johannes des Täufers nebst Initialen I S = Johann Schia, Meister von 1696—1748.

Teller, Zinn, graviert mit Zunftemblemen (des Fleischergewerbes?), Namen und Jahreszahl 1812. Brieger Stadtmarke: drei Anker nebst Jahreszahl 1792. Meisterzeichen: Hermes nebst Initialen OFIG = Otto Friedrich J. Groth, Meister seit 1792.

Tischleuchter, Zinn, ein Paar, mit profiliertem Kleeblattfusse und gegliedertem Schaft; abgebildet auf S. 198. Stadtmarke von Öls: Johannisvogel. Meistermarke: Fortuna nebst Initialen IDM = Johann Daniel Müssigang, heiratet 1798. Beide Stempel sind verbunden durch die Überschrift: BRESL. PRO(be).

Hauszeichen, Kupfertafel, darauf in getriebener Arbeit ein Ochse. 17. Jahrh. Stammt von dem Hause „Blauer Ochse" auf der Breitestrasse 42 in Breslau.

Rasiermesser, Stahl, auf den Griffschalen in Silber tauschiertes Blumenwerk, nackte Frauen, Vögel, Eichhörnchen und je eine Fortuna mit Velum. Deutschland, 17. Jahrh.

Stellzirkel, Eisen, an den Schenkeln und den beiden Flügeln der Schraubstange Verzierungen in Eisenschnittarbeit. Deutschland, 17. Jahrh. Stammt aus der Sammlung George Agath Breslau, Auktionskat. Nr. 300.

Oberlichtgitter, Schmiedeeisen mit ausgezeichnetem Laub- und Bandwerkornament aus vierkantigem Bandeisen und ausgeschmiedetem Blattwerk. Um 1730. Stammt aus der Nähe von Görlitz.

Plakette, Gusseisen, rund, auf die Wiedererhebung Preussens nach der Napoleonischen Fremdherrschaft. Bezeichnet: Wolf delin., Posch fec.

Vasen aus Gusseisen, zwei Stück von verschiedener Grösse, in Form von antiken Krateren. Anf. 19. Jahrh., aus der Eisengiesserei in Gleiwitz O.-S. (Geschenk des Herrn Architekten Schwartzer.)

Kassetten, Gusseisen, eine zylindrisch, die andere in Form eines Würfels und weibliche Figur in antikem Gewande, kniend, auf dem Kopfe eine Schale haltend. Anf. 19. Jahrh., aus der Eisengiesserei in Gleiwitz. (Geschenk der Frau Gräfin Posadowsky-Wehner, Gross-Pluschnitz O.-S.)

Schreibzeug, Gusseisen, mit neugotischem Dekor. Um 1830. (Geschenk der Frau Oberbürgermeister Schmieder, Eisenach.)

Textiles:

Tischdecke, aus weisser Leinwand, quadratisch, bestickt mit barockem Blumenwerk und einem aus den Buchstaben J. L. v. L. gebildeten Monogramm in karminroter und chamoisfarbener Seide. Datiert 1747. Das Monogramm soll sich nach alter Tradition auf die Familie von Larisch auf Wilkowitz bei Koschentin beziehen.

Tischdecke, aus karminroter Seide mit weissleinenen Kettfäden, in der Mitte allerlei Liebesembleme, am Rande und in den Ecken Schäferszenen. Schlesien, um 1780.

Krönchen, aus einem mit Goldpapier beklebten, aussen mit Filigrandraht, bunten Steinen und Perlen geschmückten Pappereif. Breslauer Klosterarbeit. 18. Jahrh. Solche Krönchen wurden von den Schwestern der Elisabethinerinnen in Breslau bei der feierlichen Einkleidung einer neuen Schwester getragen. (Geschenk des fürstbischöflichen Diözesanmuseums in Breslau.)

Taufgarnitur, bestehend aus einer Decke und einem Kinderjäckchen in Leinen mit reicher Weissstickerei und Durchbrucharbeit. 18. Jahrh. (Geschenk der Frau Geheimrat Neisser.)

Taufgarnitur, bestehend aus einem weissleinenen Kinderjäckchen mit Klöppelspitze, zwei Kinderhäubchen aus Klöppelspitze, einem Häubchen aus weissem Mullstoff mit Stickerei und rosa Seidenstoffunterlage und einem Wickelbande aus Pikee. Schlesien, Anf. 19. Jahrh. (Geschenk der Frau Gerichtsrat Dr. Franz.)

Taufkäppchen, aus weisser Seide mit Streublumen in farbiger Seidenstickerei. Breslau, um 1805. (Geschenk der Frau Clara Neumann, geb. Wiesner.)

Herrenweste, grauer Rips mit einer Bordüre aus Blättern und Stiefmütterchen in schwarzer und hellbrauner Seidenstickerei. Getragen in Breslau um 1805. (Geschenk des Herrn Gerichtsassessors Schlawe.)

Damenstrohhut, in der Form der sog. Kiepen, besetzt mit einem dunkelblauen Bande. Schlesien, um 1830. (Geschenk des Schlesischen Altertumsvereins.)

Damenkleid, aus weissgestreiftem lilafarbenen Stoff. Schlesien, um 1838. (Geschenk des Fräulein Elisabeth Neide.)

Spielkartenbeutel, mit mehrfarbiger Perlenstickerei und Messingbügel. Breslau, um 1840. (Geschenk des † Herrn Sanitätsrats Dr. Constantin Reichelt.)

Bucheinbände:

Bucheinband zu einem 1723 bei Johann Gottfried Weber in Striegau gedruckten Grüssauischen Josephs-Buche, Pergament, mit goldenen Streublümchen und weissem Bandwerk auf rotgefärbtem Grunde. Schlesien, c. 1723.

Japan und China:

Kakemono, Malerei auf Seidenstoff mit Gold auf dunkelblauem Grunde. Buddha, begleitet von den Göttinnen Avalokidesvara und Mahasthama (Kwannon), auf Wolken herabschwebend. Die Darstellung von Erscheinungen des Buddha vor Priestern und anderen Gläubigen ist in der japanischen Kunst ein nicht seltener Vorwurf.

Buddha, aus vergoldetem dunkelbraun patiniertem Holze, in sitzender Stellung auf einem grossen Sockel mit Blattdekor, die Hände über den übereinandergeschlagenen Beinen aneinanderhaltend.

Chawan, Teekumme in der Temmoku genannten Art, besonders schönes Stück, aus dunkelschwarzbraunem Steinzeug mit geflossener, leicht irisierender, dunkelschwarzbrauner, rostfleckig auskristallisierter Glasur: sog. Öltropfenglasur (Temmoku yuteki). Oberer Rand mit Silberfassung. Für Japan gearbeitet in China in Chien-yang unter der Sung-Dynastie (960—1279) und am Anfang der Yüan-Dynastie (1280—1367). Vgl. Katalog d. Ausstell. jap. Kleinkunst Slg. Gustav Jacobi, Berlin 1905, S. 51. (Angekauft aus dem Legat des 1905 † Fräulein Toni Landsberg.)

Schreibkasten (Suzuribako) aus schwarzbraun gelacktem Holze; den Deckel nehmen eine Bleiplatte, auf der ein chinesischer Dichter in sitzender Stellung in Steinzeug aufgelegt ist, und eine grosse halboffene Schriftrolle ein. Im Inneren des Deckels ein grosser Kürbis aus Goldlack mit Blättern aus Silberlack und Blei, auf dem eine Heuschrecke sitzt. Mit Künstlermarke. Ritsuo-Arbeit, 18. Jahrh. (Angekauft aus dem Legat des 1905 † Fräulein Toni Landsberg.)

Briefkasten (Fubako) aus schwarz gelacktem Holze; auf dem mit feinem Korbgeflecht überzogenen Deckel in Goldlackmalerei ein Gartentor, auf dessen Dach ein Vogel sitzt, dahinter kahle Äste mit roten Blüten.

Schälchen aus gelacktem Holze, rund, mit Schmetterlingen und Wappen der Tokugawa in Schwarz- und Goldlack auf rotgoldenem Aventurinlackgrund. 17. Jahrh. (Geschenk des Herrn Gustav Jacobi, Berlin.)

Inro aus dunkelschwarzbraun gelacktem Holze, dreiteilig, auf Vorder- und Rückseite je eine grosse Libelle in farbigem Lackrelief. Signiert: Hanzan (= Ritsuo II.), Mitte 18. Jahrh. (Angekauft aus dem Legat des 1905 † Fräulein Toni Landsberg.)

Inro aus gelacktem Holze, vierteilig, auf goldenem Grunde in erhabener Goldlackmalerei Zweige des Pfefferbaumes (Schinus Molle) mit roten Trauben aus Stein oder gefärbter Elfenbeineinlage. Mit zwei Signaturen; nach Angabe des Verkäufers zu lesen: Shibayama und Shokasai.

Dose aus rotem Lack (Tsuishu) mit Blumendekor in geschnittenem Relief.

Fries, aus Holz geschnitzt und bemalt, mit Wasserwogen, zwischen denen zwei weisse und zwei braune Hasen dahinlaufen (Sinnbild des über das bewegte Wasser gleitenden Mondspiegels; siehe „Kokka" Heft 10).

Netsuke, Holz, in Form einer Schildkröte, die auf dem Rücken ein Junges trägt. Signiert. — Desgleichen, darstellend einen Shishi Tänzer mit Löwenmaske. Signiert. — Desgleichen, in Form eines schlafenden Mannes. Signiert. — Desgleichen, in Form einer Okame-Maske (Göttin Uzume). Signiert.

Schwertstichblätter, 12 Stück. 17.—19. Jahrh. Arbeiten in verschiedenen Stilen.

Räuchergefäss, aus Bronze. 19. Jahrh. (Maximilian und Landgerichtsrat Lionsches Vermächtnis, Berlin.)

Schüsseln, Messing, ein Paar, mit Drachen in bunter Zellenschmelzarbeit. 19. Jahrh. (Maximilian und Landgerichtsrat Lionsches Vermächtnis, Berlin.)

Schüssel, Messing, mit einem Pfau in Zellenschmelzarbeit. 19. Jahrh. (Maximilian und Landgerichtsrat Lionsches Vermächtnis, Berlin.)

Teller, Imari-Porzellan, mit Räuchergefäss und Blütenzweigen in Eisenrot, Blau und Gold. 18. Jahrh. (Geschenk des † Herrn Sanitätsrats Dr. Constantin Reichelt.)

Prunkvase, Porzellan, mit Blumenwerk, blühenden Zweigen und Vögeln in bunter Malerei. Japan, 19. Jahrh. (Vermächtnis des Herrn Geheimrats Dr. Grempler.)

Schüssel, Porzellan, mit figürlicher Darstellung in Emailfarben. China, Mitte 18. Jahrh. (Vermächtnis des Herrn Geheimrats Dr. Grempler.)

Modernes Kunstgewerbe:

Deckelpokal, aus Glas, reich graviert mit langbärtigen Masken, Obstzweigen und leichtem Linien- und Blattornament. Entworfen von Sigfried Haertel in Breslau, ausgeführt in der Josephinenhütte und dort graviert von dem Glasgraveur Michael Benna, 1905. (Angekauft aus Mitteln des Kaiser-Friedrich-Fonds.)

Willkommpokal, Silber, 1905 anlässlich der Eröffnung des Herrenstübels im Schweidnitzer Keller des Breslauer Rathauses im Auftrage der Stadt Breslau angefertigt. Entwurf von Professor Ignaz Taschner. Ausführung von Tillmann Schmitz. Vier Rundmedaillons auf dem Kelch behandeln das Thema: Liebe, Jugend, Freuden des Alters, Musik. Auf dem Fusse Darstellungen, die sich auf die Eingemeindung von Vororten und die Eröffnung des Herrenstübels beziehen: „Ihr Bauern zieht als Bürger ein, Mein Breslau, du sollst grösser sein — Im Schweinschen Keller das Herrenstübel, Verscheuch die Sorge und heil' das Übel". (Überwiesen vom Magistrat.)

Bronze-Medaille zur Erinnerung an die Einweihung der erneuerten Schlosskirche in Wittenberg. Berlin 1905. (Geschenk des Königl. preuss. Unterrichtsministeriums.)

Originalmodell des Festzeichens für die Teilnehmer an der 76. Versammlung der Gesellschaft Deutscher Naturforscher und Ärzte in Breslau 1904. Messingschildchen mit einer Eule und dem W der Stadt Breslau in getriebener Arbeit. Nach einem Entwurfe des Malers Sigfried Haertel ausgeführt von dem Ziseleur Tillmann Schmitz in Breslau.

Spanschachtel, bunt dekoriert mit einem Paare tanzender Bauernmädchen und Musikanten. Gemalt im Dezember 1906 von Walenty Zietara auf der Kgl. Kunst- und Kunstgewerbeschule in Breslau in der Klasse von Professor Rossmann.

Einband zu dem Katalog der im Herbste 1905 vom Museum veranstalteten Goldschmiedekunstausstellung. Entworfen und in weissem Leder mit Goldpressung ausgeführt von dem Buchbindermeister F. Klinke in Breslau, 1905.

VERMEHRUNG DER BIBLIOTHEK

Wichtigere Bücherankäufe im Berichtsjahre waren: Kempf, Alt-Augsburg. — Döring und Voss, Meisterwerke der Kunst aus Sachsen und Thüringen. — Ilg, das Palais Kinsky. — Schmitz, die mittelalterlichen Türen Deutschlands. — Die Raumkunst in Dresden 1906. — von Molthein, Bunte Hafnerkeramik der Renaissance. — Album der Erzeugnisse der ehemaligen württembergischen Manufaktur „Alt-Ludwigsburg". — Heiden, Berliner Spitzenausstellung 1905. — Dreger, die Wiener Spitzenausstellung 1906. — De Bry, Emblemata nobilitatis. — Domanig, die deutsche Medaille.

Die Reihe der Kunstdenkmäler-Inventare wurde vermehrt um: „Die Bau- und Kunstdenkmäler des Rheingaues" und die der Provinz Westpreussen, letztere ein Geschenk der Provinzial-Kommission zur Vermehrung der westpreussischen Museen.

Grössere Geschenke machten der Bibliothek ausserdem der Kunstgewerbeverein für Breslau und die Provinz Schlesien (Lessing und Brüning, der pommersche Kunstschrank), die Vereinigung schlesischer Bücherfreunde (de Bry, Emblemata saecularia) und der Schlesische Altertumsverein, aus dessen Mitteln eine Anzahl prähistorischer Schriften gekauft wurde.

Für die Studienblättersammlung wurde erworben zur Vervollständigung der Sammlung kunsttopographisch wichtiger Ansichten aus Schlesien: zwei alte Aquarelle des Kreuzherrenhofes in Breslau, dreissig Stück Federzeichnungen von Ernst Müller-Bernburg in Leipzig, Vorlagen für die Illustrationen des Buches: „Breslau" von dem genannten Künstler, sechs Aquarelle von Dr. Emil Löschmann in Breslau, darstellend Innenräume aus dem durch Gustav Freytags Roman „Soll und Haben" bekannt gewordenen Molinarischen Hause (Albrechtstrasse 56) in Breslau, ferner Federzeichnungen oberschlesischer

Holzkirchen von Architekt Curt Schwartzer in Breslau und 3 Zeichnungen des aus Breslau gebürtigen Malers Albert Kornek (1813—1905) vom Jahre 1857: Salzbrunner Bauernhäuser und Bauernstuben. Auch überwies der Breslauer Magistrat Photographien von Breslauer Bauten, die vor deren Abbruch gemacht wurden.

Die schlesische Porträtsammlung, mit deren Anlage aus alten, bisher ungeordneten Beständen in diesem Jahre begonnen wurde, erfuhr eine Bereicherung durch ein günstiges auswärtiges Angebot von Porträtstichen vornehmlich des 18. Jahrh. und schlesischer Herkunft. Das radierte Bildnis Gustav Freytags von Stauffer—Bern kam als Maximilian- und Landgerichtsrat Lionsches Vermächtnis dazu.

Die Photographien-Ausstellung gab Gelegenheit, eine kleine Gruppe künstlerischer Porträt- und Landschaftsphotographien zusammenzustellen, wofür einige Berufs- und Amateurphotographen, u. a. Glauer in Oppeln, Grienwaldt in Bremen, Kübler in Darmstadt, Lohmann in München-Gladbach, Ernst Müller in Dresden, Hugo Pringsheim in Breslau, Schwier in Weimar, eine Anzahl guter Blätter stifteten.

Für die Sammlung japanischer Holzschnitte wurden Drucke von Morunobu, Masanobu, Sukenobu, Kiyohiro, Shigenaga, Shunsho, Toyokuni, Yeisan, Hiroshige, Sadahide und Kunisada erworben.

Regierungsbaumeister Walter Epstein in Zehlendorf bei Berlin schenkte handgedruckte japanische Papiere zur Füllung von Setzschirmen und Schiebetüren, die er in Japan gesammelt hatte.

Weitere Geschenkgeber für die Bibliothek waren: Fräulein Bock — Kaufmann Julius Brann — Breslauer Verschönerungsverein — Dresdener Werkstätten — Dr. R. Forrer, Strassburg — Dr. Frank, Oberaspach — Grass, Barth u. Co. — Geheimrat Dr. Grempler — Oberlehrer Dr. Habel — Dr. Haupt, Eutin — Dr. Heierli, Zürich — Tapezierer Hoffmann — Gustav Jacobi, Berlin — Geistlicher Rat Dr. Josef Jungnitz — S. Eminenz Kardinal Fürstbischof Dr. Kopp — Goldarbeiter Kühne — Hauptmann von Langenthal — Mährisches Gewerbemuseum, Brünn — Direktor Professor Dr. Masner — Karl von Rheinbaben, Warmbrunn — Schlossermeister August Saal — Gerichtsassessor Karl Schlawe — Professor Dr. Schoeneich — Geh. Regierungsrat Professor Dr. Schulte — Direktor Dr. Seger — Frau A. Stenzel — Professor Henry Thode, Heidelberg — Verlag der Breslauer Morgenzeitung.

Ferner hatte die Bibliothek die erste grössere Erbschaft zu verzeichnen. Der derzeitige Nestor der schlesischen Künstler, Maler Theodor Blätterbauer in Liegnitz, der 1906 starb, hatte dem Museum seine Sammlung von Skizzen schlesischer Kunstdenkmäler testamentarisch verschrieben, die in seinem langen arbeitsreichen Leben grösstenteils aus Studien zu Ölgemälden, Aquarellen und Buchillustrationen in seinen Mappen sich angehäuft, und von der das Museum schon in früheren Jahren eine grössere Zahl Blätter angekauft hatte. Trotzdem waren noch 264 Skizzen übrig, die der Sammlung von Abbildungen schlesischer Kunstdenkmäler als wertvoller Bestandteil einverleibt werden konnten.

Die Ausgaben für die Bibliothek betrugen 4896,66 Mark.

AUSSTELLUNGEN

Schülerzeichnungen, ausgestellt vom Verein der Zeichenlehrer höherer Schulen Breslaus
Radierungen von Erich Heermann in Kramsach, Tirol
Stoffe von Julius Koblinski in Breslau
Entwürfe zum Umbau der schwarzen Krähe auf dem Neumarkt
Glasfenster von der Firma Ed. Seiler in Breslau
Stickereien von Else Kirsten in Breslau
Entwürfe für die Festhalle zum Sängerfest in Breslau
Stickereien der Gräfin York von Wartenberg, geb. Gräfin Kalkreuth, auf Schloss Kl.-Öls
Herkomerpreis für Automobilrennen von Prof. Theodor von Gosen in Breslau
Ausstellung des deutschen Photographenvereins, verbunden mit der 35. Wanderversammlung des Vereins
Photographische Aufnahmen von den Breslauer Kaisertagen
Altarbilder von Prof. Max Wislicenus für Kirchen in Ober-Schlesien
Marmorierpapier, ausgestellt von der Schule der Buchbinderinnung zu Breslau

Gravierte Gläser, ausgeführt in der Werkstatt der Firma Moritz Wentzel in Breslau
Batikarbeiten von den Malern Max Fleischer-Berlin und Paul Hampel-Breslau und von Frau Geheimrat Neisser zur Verfügung gestellte Originalarbeiten aus Batavia
Gewinne zur Verlosung des Kunstgewerbevereins für das Jahr 1906
Bemalte Spanschachteln von den Schülern der Malklasse des Professors Hans Rossmann an der hiesigen Königlichen Kunst und Kunstgewerbeschule
Plakat- und Festkartenentwürfe für das Sängerbundesfest im Juli 1907
Künstlerische Frauenkleider vom Verein für Verbesserung der Frauenkleidung in Breslau
Neuerwerbungen des Kunstgewerbemuseums für das Etatsjahr 1906/07
Wettbewerbsentwürfen für das Gehäuse einer öffentlichen Strassenuhr in Breslau.

VORTRÄGE

Am 9. und 12. Januar hielt Dr. Moritz Dreger, Kustos am k. k. Österreichischen Museum für Kunst und Industrie zu Wien, zwei Vorträge über die „Hauptarten der Spitze".

KAISER FRIEDRICH-STIFTUNGSFONDS

Der Lehrer an der städtischen Handwerkerschule Hampel erhielt ein Stipendium, um an einem Kursus zur Erlernung des Batikverfahrens bei Max Fleischer in Berlin teilnehmen zu können. — Für die Sammlungen wurde der von Siegfried Härtel entworfene und in der Josephinenhütte ausgeführte Glaspokal (siehe S. 222) erworben.

STIFTUNG VON GELDBETRÄGEN

Eine Gönnerin des Museums, die nicht genannt sein will, stiftete den Betrag von 700 Mark, Frau Jenny Schlesinger, Gleiwitz, wie alljährlich 20 Mark.

BESUCH DER SAMMLUNGEN UND DER BIBLIOTHEK

A. BESUCH DER SAMMLUNGEN

Monat	Anzahl der Besuchstage	Grösste Besucherzahl an einem Tage	Geringste Besucherzahl	Gesamtzahl der Besucher
April 1906	28	1 012	68	7 281
Mai	30	518	52	4 476
Juni	29	1 373	44	6 093
Juli	31	622	79	5 623
August	31	518	68	4 897
September	28	879	72	6 957
Oktober	31	780	55	6 257
November	29	543	54	3 760
Dezember	30	645	36	4 892
Januar 1907	28	806	48	3 771
Februar	28	797	54	4 486
März	29	684	43	4 692
zusammen	352			63 185

Bantzer pinxit　　　　　　　　　　　　　　　　　　　　　　　　　　　　　　Heliogravure Meisenbach, Riffarth & Cı.

Die grösste Besucherzahl hatte das Museum am 4. Juni mit 1373, die kleinste am 6. Dezember mit 36 Personen.

Korporative Besuche:

13. Mai die Gesellige Vereinigung des Handlungsgehilfen-Vereins — 30. Mai die Schule aus Freiwaldau — 23. Juni der Lehrerverein Breslau-Land — 25. Juni die Schulen aus Järischau und Barzdorf — 4. Juli die Lehrer vom Ferienzeichenkursus in Breslau — 13. Juli die Schule aus Puditsch — 17. Juli der Verein jüdischer Religionslehrer — 10. Oktober die Lehrer vom Ferienzeichenkursus — 16. Oktober die Mädchenschule No. 36 in Breslau — 12., 15., 16., 22., 23., 29., 30. Januar und 5. und 6. Februar eine Klasse der Kgl. Kunst- und Kunstgewerbeschule in Breslau — 16. Januar eine Klasse der Handwerkerschule in Breslau — 17. Januar die Lithographenklasse der Fortbildungsschule in Breslau — 5. Februar die Schule aus Mariahöfchen — 22. Februar eine Klasse der katholischen Realschule in Breslau.

B. BESUCH DER BIBLIOTHEK

im April . . 363	Juli . . . 289	Oktober . 392	Januar . . 394
Mai . . 238	August . . 270	November . 425	Februar . 410
Juni . . . 288	September 264	Dezember . 419	März . . . 447

zusammen 4199

Die Bibliothek war vom 1. Mai bis 30. September in den Abendstunden geschlossen.

DIE MUSEUMS-DEPUTATION UND DAS BUREAU

Wilhelm Grempler †

Am 8. Januar 1907 starb in fast vollendetem 81. Lebensjahre der Geh. Sanitätsrat Prof. Dr. med. et phil. Wilhelm Grempler, Mitglied der Verwaltungs-Deputation des Museums und Ehrenpräsident des Altertumsvereines. Wir haben seine Bedeutung für die Wissenschaft, für das Museum und den Altertumsverein bereits in einem ausführlichen Nachrufe gewürdigt, den wir noch an die Spitze des damals gerade zur Ausgabe gelangenden IV. Bandes unseres Jahrbuches setzen konnten. Am 11. Januar nachmittag fand im Lichthofe des Museums, in dessen Mitte der reich mit Kränzen geschmückte Sarg aufgebahrt war, eine in ihrer Schlichtheit und Aufrichtigkeit wundersam ergreifende Trauerfeierlichkeit für den Verstorbenen statt. Während draussen der Wintertag zu Ende ging und der Raum drinnen bald nur mehr von den Kerzen um den Sarg beleuchtet war, trug der Gesangverein der Breslauer Lehrer das Lied „Integer vitae" vor. Dann sprachen Oberbürgermeister Dr. Bender für die Stadt, Sanitätsrat Dr. Koerner für den Breslauer Ärzteverein und Direktor Dr. Seger, als Fachgenosse des Verstorbenen, für den Altertumsverein und das Museum. Mit dem Vortrage von Goethes „Wanderers Nachtlied" in der Schubertschen Komposition wurde die Feier geschlossen. Bei der Verbrennung der Leiche in Gotha war als Vertreter des Museums Direktor Dr. Seger anwesend.

Benno Milch †

Wenige Tage nach dem Tode Gremplers, am 11. Januar, erlitt die Verwaltungs-Deputation des Museums einen neuen schmerzlichen Verlust durch das Hinscheiden des Kgl. Kommissionsrats Benno Milch, des Vertreters des Schlesischen Zentral-Gewerbevereines. Wenn in der Geschichte der Bestrebungen zur Gründung eines Kunstgewerbemuseums in Breslau der Schlesische Zentral-Gewerbeverein eine Hauptrolle spielt, gebührt das Verdienst daran neben Geheimrat Websky dem Kommissionsrate Benno Milch. Er hat als Schatzmeister des Vereines dafür gesorgt, dass dessen Bemühungen nicht bloss theoretischer Art blieben, indem er viele Jahre klug und umsichtig Mittel zusammenbrachte, die den Verein in den Stand setzen sollten, ein Kunstgewerbemuseum zu gründen. Dann als der Magistrat die Errichtung des Institutes als eines städtischen ins Auge fasste, trat Milch opferwillig dafür ein, dass das schöne Sümmchen von 100000 Mark, das das Vermögen des Zentral-Gewerbevereines ausmachte, der Stadt zur Inneneinrichtung des Museums und zur Vermehrung der Sammlungen zur Verfügung gestellt werde.

Heinrich von Korn †

Am 20. März 1907 endete ein sanfter Tod das arbeitsreiche Leben des Stadtältesten Dr. Heinrich von Korn, Ehrenmitgliedes der Deputation des Museums. Sein Name ist mit der Geschichte unseres Museums unlöslich verknüpft. Wie er durch das fürstliche Geschenk von einer halben Million Mark die Gründung des Schlesischen Museums für Kunstgewerbe und Altertümer ermöglicht hat, das ist noch in zu frischer Erinnerung, als dass es mehr als eines Hinweises darauf bedürfte. (Siehe Bd. I dieses Jahrbuchs S. 30 u. 170.) Sein Interesse am Gedeihen dieser Anstalt hat er auch nachher bei mancher Gelegenheit bekundet. Ihm verdanken wir auch eines der kostbarsten Besitztümer unserer Sammlung, den berühmten Sacrauer Fund. Hatte er ihn seinerzeit dem damaligen Museum schlesischer Altertümer zur Aufbewahrung überwiesen, aber das Eigentum an den Goldsachen sich noch vorbehalten, so war seine letztwillige Verfügung, dass nun auch diese in den dauernden Besitz des Museums übergehen sollten. Sein Andenken wird durch die schon zu seinen Lebzeiten im Lichthofe des Museums aufgestellte Marmorbüste geehrt (Jahrbuch II S. 179). Die nach dem Gemälde G. Bantzers angefertigte Heliogravüre, deren Reproduktion die Familie gütigst gestattet hat, gibt das Bild seiner energischen, für das Museumswesen unserer Stadt so bedeutenden Persönlichkeit vortrefflich wieder.

An die Stelle von Geheimrat Grempler entsendete der Schlesische Altertumsverein den Kaufmann Strieboll als ordentliches Mitglied in die Museums-Deputation. Stellvertretendes Mitglied wurde Dr. Lustig. — Der Zentral-Gewerbeverein wählte an Stelle des Kommissionsrats Milch den Stadtverordneten Professor Höffer und als dessen Vertreter den Ökonomierat Kutzleb. — Für Herrn Berkop, der aus der Stadtverordneten-Versammlung ausschied, wählte diese den Stadtverordneten Finger.

Am 11. November 1906 starb nach längerem Leiden der Hilfsaufseher des Museums Walla. Seit 1880 am ehemaligen Museum schlesischer Altertümer angestellt, dann von uns übernommen, hat er in dieser langen Zeit dem Museum treue Dienste geleistet und sich insbesondere als geschickter Restaurator vorgeschichtlicher Funde bewährt.

Medaille auf die Krönung Josef I. 1687
von J. Kittel und C. Vinck

BERICHT ÜBER DAS IX. ETATSJAHR

(1. April 1907—31. März 1908)

ERRICHTUNG EINES WILHELM GREMPLER-DENKMALS

Geheimrat Grempler hatte in seinem Testamente angeordnet, dass seine Leiche in Gotha verbrannt werde, und den Wunsch ausgesprochen, dass die Asche in der prähistorischen Sammlung des Museums ein Ruheplätzchen finden möge. Auf Antrag der Direktion und im Einverständnis mit der Museumsdeputation beschloss die Stadtverwaltung, dem um das Museum so hochverdienten Manne in der prähistorischen Sammlung ein Denkmal zu errichten, das zugleich die Aschenurne aufnehmen solle. Mit seiner Ausführung wurde der Direktor der kgl. Kunst- und Kunstgewerbeschule Professor Hans Poelzig betraut. Am 12. Januar 1908, dem Tage, an welchem der Altertumsverein sein 50jähriges Jubiläum feierte, erfolgte durch Oberbürgermeister Dr. Bender die Übergabe des Monumentes an das Museum.

Ausgeführt ist das Denkmal in Verde antico. In einer Nische der Wölbung steht die Aschenurne. Eine Bronzeplatte darunter zeigt das von Professor Ernst Seger modellierte Porträt des Verstorbenen und die Inschrift:

DEM URGESCHICHTSFORSCHER
UND VAETERLICHEN FREUNDE
DES MUSEUMS
WILHELM
GREMPLER
* 26. 1. 1826 † 8. 1. 1907
SEINE ASCHE
RUHT AN DIESER STAETTE
DIE VON SEINEM WIRKEN
ZEUGNIS GIEBT

ARBEITEN IN DEN SAMMLUNGEN

Der Raummangel und die Villa Websky

Der mit der Zeit immer drückender werdende Raummangel, worunter alle Abteilungen des Museums zu leiden haben, sollte in diesem Jahre eine geringe Linderung erfahren. Im Jahre 1906 war das sogen. Weisse Vorwerk auf der Klosterstrasse von den Erben des Geheimen Kommerzienrates Dr. Websky an eine Baugesellschaft verkauft worden. Das dazu gehörige Wohnhaus ist zwischen 1732 und 1737 von dem damaligen Fürstbischof Philipp Graf von Sinzendorf erbaut und von seinem Nachfolger Philipp Graf Schaffgotsch 1749 als Lustschloss eingerichtet worden. Damals entstand jener prachtvolle Rokokosaal, eine Schöpfung des aus Bamberg eingewanderten Bildhauers Albert Siegwitz, der in Schlesien nicht seines Gleichen hat und, durch die späteren Umbauten unberührt, eine Sehenswürdigkeit von Breslau bildet. Die Gefahr, dass er jetzt der Terrain-Spekulation zum Opfer fallen würde, bestimmte die Stadtverwaltung, das Schlösschen anzukaufen, während seine Umgebung der Bebauung überlassen blieb.

Alsbald erhoben sich Stimmen, welche die Verwendung des Gebäudes zu Museumszwecken empfahlen. Namentlich die Bewohner jenes Stadtteiles hätten es gern gesehen, dass darin eine Art Filiale unseres Museums eingerichtet worden wäre. Die Stellung der Museumsdirektion zu diesem Plane wurde in einer Denkschrift[1]) des ersten Direktors klar gelegt. Darin wird zunächst die Unhaltbarkeit der bisherigen Zustände auseinandergesetzt und der Plan einer Verlegung des Museums in Verbindung mit einem Ausstellungsgebäude entwickelt. Als Terrain hierfür wird der alte Rennplatz in Scheitnig bezeichnet. Die Errichtung eines Zweigmuseums lehnt die Denkschrift ab, weil sie vom Hauptziel, dem Museumsneubaue, ablenke und die Zentralisation der Sammlungen gefährde. Dagegen erklärt sie die Überweisung der Webskyschen Villa an das Museum als Depot zur Abstellung der augenblicklichen Notlage für geboten.

Die Stadtverwaltung entschied sich indessen dafür, das Erdgeschoss für ein Standesamt einzurichten und nur das Obergeschoss sowie den grössten Teil des Dachgeschosses dem Museum zuzuweisen. Die bauliche Instandsetzung des Hauses erforderte etwa ein Jahr. Die Übergabe der Räume an das Museum erfolgte am 28. Januar 1908. Ihre Verteilung geschah in der Weise, dass der erste Stock den prähistorischen Funden, der Boden sonstigen Altertümern eingeräumt wurde.

Die Frage, welche Teile der vorgeschichtlichen Sammlung zu deponieren seien, erledigte sich dadurch, dass schon längst ihre Zweiteilung in eine Studien- und eine Schausammlung durchgeführt war (vgl. Bd. II, Bericht über das III. Etatsjahr S. 197) und die erstere nunmehr im ganzen nach der Klosterstrasse geschafft werden konnte. Der Bedarf an Repositorien zur Abstellung der Funde wurde mit verhältnismässig geringen Kosten durch Erwerbung der alten Regale des Königl. Staatsarchivs gedeckt, das

---

[1]) Denkschrift über eine Zuweisung der Villa Websky an das Schlesische Museum für Kunstgewerbe und Altertümer von Professor Dr. K. Masner. Als Manuskript gedruckt. Breslau 1906. 16 S. in 8º.

kurz vorher nach seinem neuen Heime in der Tiergartenstrasse umgezogen war. Freilich hat die Unterbringung auf offenen Gestellen den Nachteil, dass die Gegenstände rasch verstauben. Auch wird die Benutzung der Sammlung durch die entfernte Lage des Gebäudes und die Unmöglichkeit ihrer ständigen Überwachung und Pflege selbstverständlich aufs äusserste erschwert. Aber durch die Ausscheidung so bedeutender Bestände wurde wenigstens für die zurückgebliebene Schausammlung Platz und Licht gewonnen und ihre museumswürdige Aufstellung ermöglicht. Die hierzu erforderlichen Arbeiten konnten wegen des Bedarfs an neuen Schränken erst im folgenden Berichtsjahre in Angriff genommen werden.

Einrichtung der Abteilung „Alt-Breslau"

In diesem Jahre erhielt die Abteilung „Alt-Breslau" das schon längst gewünschte Heim. Es wurde dadurch gewonnen, dass der lange, ungemütliche und früher wenig brauchbare Mittelsaal des Erdgeschosses durch Zwischenwände in fünf Kompartimente zerlegt wurde, von denen drei „Alt-Breslau" aufnahmen. Mit dem Programm für diese Abteilung glauben wir etwas für ortsgeschichtliche Sammlungen Neues und vielleicht Vorbildliches geschaffen zu haben. Wir beschränkten uns darauf, zu zeigen, wie die Kunst Breslau, das Stadtbild mit seinen Einzelheiten, und sein Volksleben dargestellt hat, vom Mittelalter an bis zur Gegenwart. In der Geschichte der Auffassung des Stadtbildes durch die Kunst liegt die übersichtlichste und lehrreichste Geschichte der Veränderungen in der Physiognomie der Stadt selbst. Man sieht im ersten Kompartimente, wie ihre Darstellung mit den Prospekten beginnt, die Breslau von aussen zeigen, und lernt die interessante Entwicklungsgeschichte der Stadtpläne kennen, die auf die Prospektenzeichnerei zurückgehen. Das zweite Kompartiment zeigt, wie man im 18. Jahrh. dazu kam, das Innere der Stadt mit Stolz auf seine Merkwürdigkeiten darzustellen. Die Miniaturen aus dem Stammbuche des David Jaenisch, die Guckkastenbilder von Werner, das prachtvolle Meissener Service mit Ansichten Breslaus und anderer schlesischer Städte vom Jahre 1734, eine Sammlung von geschnittenen Gläsern, auf denen eine blühende Fremdenindustrie die Erinnerung an die Hauptstadt Schlesiens festhielt, und die humorvolle Kollektion von Pfefferkuchenformen mit Szenen aus dem Breslauer Volksleben schliessen sich hier zu einem Zeitbilde von seltener Einheitlichkeit zusammen. Das dritte, grösste Kompartiment ist dem 19. Jahrh. gewidmet, in dem die Kunst sich von der Gegenwart abwendete und das alte, malerische Breslau entdeckte. Vor allem kommt da der bedeutendste Architekturmaler Breslaus, Adalbert Wölfl, mit Ölbildern und der prachtvollen Sammlung von Handzeichnungen, die uns die Stadtbibliothek überliess, zu Ehren. Den Schluss der ganzen Abteilung bilden Gemälde, die das Museum in Auftrag gibt, um verschiedene interessante, der Demolierung anheimfallende Motive aus Alt-Breslau festzuhalten.

Eröffnet wurde „Alt-Breslau" am 12. Januar 1908 bei der Jubiläumsfeier des Altertumsvereines. Gleichzeitig wurde ein von Dr. Hintze und Professor Masner verfasster Führer für die Abteilung herausgegeben. Er bildet mit dem von Geheimrat Friedensburg und Dr. Seger verfassten Führer durch die „Schausammlung der Münzen und Medaillen" den Anfang einer Serie von Einzelheften, die nach und nach alle Abteilungen unseres Museums behandeln sollen.

Die Münzsammlung

Um endlich wenigstens einen Teil dieser Sammlung dem Publikum zugänglich zu machen, entschloss sich die Direktion, einen doppelseitigen Pultschrank nach dem Muster des Königl. Münzkabinetts im Kaiser Friedrichmuseum zu Berlin machen zu lassen. Hier wurde eine sorgfältige Auswahl nicht bloss der schlesischen Münzen und Medaillen, sondern auch der übrigen Bestände des Kabinetts zu einem Lehrgange der gesamten Münzkunde zusammengestellt. Zur Erläuterung dient ein gedruckter „Führer" (No. 3), der in seiner Verbindung von geschichtlichem Text und katalogmässiger Beschreibung zugleich dem Bedürfnis der Belehrung und des raschen Nachschlagens Rechnung trägt. Bei der Auswahl der Münzen und bei der Abfassung des Führers hatte sich die Direktion, wie in allen numismatischen Dingen, der eifrigen Mitarbeit des Herrn Geh. Regierungsrates Dr. Friedensburg in Steglitz zu erfreuen.

Aufstellung eines Schrankes für schlesische Hauben

In dem jetzigen Museumsgebäude ist es nicht möglich, die in den letzten Jahren bedeutend angewachsene Abteilung der Altertümer der schlesischen Volkskunst vollständig auszustellen. Sie braucht Räume, die wir nicht zur Verfügung haben. Nur eine geringe Abschlagszahlung auf die Forderungen, die diese Abteilung mit recht erhebt, konnten wir leisten, indem wir in einem kleinen Zimmerchen neben dem Raume mit den schlesischen Bauernmöbeln einen Schrank aufstellten, der eine Auswahl aus unserer grossen, bisher verstauten Sammlung von schlesischen Hauben aufnehmen sollte. Dabei sahen wir, dass in unserem Besitze fast ausschliesslich die Gegend des Riesengebirges vertreten war. Eine Ergänzung dieses Bestandes aus anderen Teilen der Provinz wurde daher zur Notwendigkeit und in systematischer Arbeit auch erreicht. Nun zeigt der Haubenschrank, wie der vulgäre Gattungsbegriff der „schlesischen Haube" sich landschaftlich und nach Orten in einen früher ungeahnten Reichtum von Typen auflöst. Die Erfahrungen, die wir bei der Einrichtung des Haubenschrankes machten, lehrten uns wieder einmal eindringlich, dass ein Sammeln, das zur Deponierung des zusammengebrachten Materiales verurteilt ist, zum guten Teile verlorene Mühe und uneinbringlicher Verlust sein kann.

VERMEHRUNG DER SAMMLUNGEN

1. VORGESCIHCHTLICHE SAMMLUNG

Jüngere Steinzeit:

Jordansmühl Kr. Nimptsch. Wohngruben 19 und 20: Scherben, Knochen, Flintspäne. (Ausgrabung des Altertumsvereins.)

Gleinitz Kr. Nimptsch. Wohngrube 1: bandkeramische Scherben, kissenförmige verzierte Tonklapper und Steingeräte. (Ausgrabung des Altertumsvereins, Geschenk des Herrn Gutsbesitzer Halfter.)

Puschkowa Kr. Breslau. Butterberg. Krug mit reicher Rollstempel-Verzierung und Henkelnapf, wahrscheinlich aus einem Grabe. (Geschenk des Herrn Dr. Rhode in Hohenerxleben.)

Mertschütz Kr. Liegnitz. Bandkeramische Scherben. (Geschenk des Herrn Prof. Dr. Gürich.)

Nosswitz Kr. Glogau. Wohngrube 6—10: Gefässe und Scherben der Bandkeramik und vom norddeutschen Typus, Kragenflasche, Stein- und Knochengeräte. (Ausgrabung des Altertumsvereins, Geschenk des Herrn Leissner in Nosswitz.)

Schrepau Kr. Glogau. Skelettgräber: prächtige Fussschale mit Rollstempelmuster und ein anderes Gefäss. (Geschenk des Herrn Leissner.)

Albrechtsdorf Kr. Breslau. Scherben mit Schnurverzierung. (Geschenk des Herrn Dr. Postler in Rankau.)

Gross-Lahse Kr. Militsch Wohnplatzfunde: Scherben mit Schnurverzierung und Flintspäne. (Ausgrabung des Altertumsvereins.)

Guckelwitz Kr. Breslau. Grabfunde: 3 Gefässe vom Marschwitzer Typus. (Geschenk des Herrn Inspektors Horn.)

Schlesien (näherer Fundort unbekannt). Vase mit zickzackförmigem Schnurmuster. (Depositum des Kgl. Gymnasiums in Neisse.)

Breslau, Gabitzweg. Funde aus Skelettgräbern der Übergangszeit: zahlreiche Tongefässe und 2 Steinhämmer. (Geschenk des Altertumsvereins.)

Queitsch Kr. Schweidnitz. Skelettgrab: Henkeltopf und Serpentinaxt vom schlesischen Typus. (Geschenk des Herrn Dr. Postler.)

Halbau Kr. Sagan. Grosses Feuersteinmesser. (Geschenk des Herrn Lichtenstein in Halbau.)

Bieskau Kr. Leobschütz. 2 Steinäxte. (Geschenk des Herrn Landrats Dr. Issmer in Leobschütz und Bauunternehmers Maciejewsky in Sagan.)

Oelschen Kr. Steinau. Steinaxt. (Geschenk des Herrn Gutsbesitzers Heidloff in Oelschen.)

Weichnitz Kr. Glogau. Steinaxt. (Geschenk des Herrn Schindler in Herrndorf.)

Alte Bronzezeit:

Ruschkowitz Kr. Nimptsch. Kleine Kupferaxt mit Schaftloch. (Geschenk des Herrn Rittergutsbesitzers Schöltzel.)

Alt-Altmannsdorf Kr. Frankenstein. Kupferne Doppelaxt. Vgl. S. 1ff.

Domslau Kr. Breslau. Skelettgräber 24—28: Tongefässe, Schleifennadeln, Noppenringe, Bernsteinperlen. (Ausgrabung des Altertumsvereins, Geschenk der Gutsherrschaft vom Rath, Schöller und Skene.)

Schönbankwitz Kr. Breslau. Skelettgrab: Gefässe vom Aunjetitzer Typus. (Geschenk des Herrn Rittergutsbesitzers von Köster auf Schönbankwitz.)
Hartlieb Kr. Breslau. Wohnplatzfunde: 2 enorm grosse Vorratsgefässe mit Schnurösen.
Breslau, Gutenbergstrasse. Wohngrube ?. 3 Gefässe, 1 Henkelglätter.
Schwentnig Kr. Nimptsch. Zerstörtes Skelettgrab: Scherben, Flintspäne, zierliche Pfeilspitze aus Feuerstein. (Ausgrabung des Altertumsvereins.)
Krehlau Kr. Wohlau. Ösennadel, zu dem Schlesiens Vorzeit N. F. IV S. 6 f. beschriebenen Grabfund gehörig. (Geschenk des Herrn Karl Kuhnert.)

Zeit der Urnenfelder:

Alt-Guhrau Kr. Guhrau. Grabfund: 4 Gefässe, Spiralkopfnadel, 4 Armringe aus Bronze, j. Hallstattzeit. (Ausgrabung des Altertumsvereins.)
Alt-Jauer Kr. Jauer. Bemalte tönerne Vogelfigur und Bronzehalsring. (Geschenk des Herrn Landwirtschaftseleven Scholz in Semmelwitz.)
Beckern Kr. Striegau. Grabfund mit Gussform, vgl. S. 16. (Geschenk des Herrn Dr. Leporin in Kuhnern.)
Breslau, Gutenbergstrasse. Gefässe und Bronzebeigaben aus Gräbern und Wohngruben. (Überwiesen von der Gartendirektion.)
Brieg Kr. Glogau. Grabfunde: 1 Buckelurne, 47 Gefässe der j. Hallstattzeit, 1 Armring, 1 Nadel aus Bronze. (Geschenke des Herrn Rittergutsbesitzer Ritsch und Ausgrabung des Altertumsvereins.)
Brunzelwaldau Kr. Freystadt. Hügelgräber. Vgl. S. 37. (Ausgrabung des Altertumsvereins.)
Deutsch-Rasselwitz Kr. Neustadt O.-S. Grab 1—5: 25 Gefässe, 1 Tonklapper, 1 Bronzenadel. (Ausgrabung des Altertumsvereins.)
Deutsch-Wartenberg Kr. Grünberg. Grabfund: Buckelgefässe, 2 Nadeln mit gerieptem Kolbenkopf, Ringe aus Bronze.
Gleinau Kr. Wohlau. Grab 21—24: 13 Gefässe, halbe Steinaxt, Certosafibel. (Ausgrabung des Altertumsvereins.)
Gross-Peiskerau Kr. Ohlau. Grabfunde: 3 Gefässe, Scherben, bronzene Schwanenhalsnadel. (Geschenk des Herrn Lehrers Meyer in Gross-Peiskerau.)
Gugelwitz Kr. Militsch. Grab 10: Zwillingsgefäss, 8 bunte Perlen, 1 Bronzenadel.
Heidersdorf Kr. Nimptsch. Doppelgefäss. (Geschenk des Herrn August Kirchner in Heidersdorf.)
Jäschwitz Kr. Nimptsch. Grabfund der älteren Bronzezeit mit 27 Gefässen und 1 Bronzenadel mit gerieptem Kolbenkopf. (Geschenk des Herrn Dr. Postler in Rankau.)
Jordansmühl Kr. Nimptsch. 2 Grabgefässe. (Geschenk der Frau v. Kriegsheim auf Jordansmühl.) — Wohngrube der j. Bronzezeit: Scherben, Tierreste, Flintspäne. (Ausgrabung des Altertumsvereins.)
Kostenthal Kr. Cosel O-S. Grabfunde: 5 Gefässe. (Ausgrabung des Altertumsvereins und Geschenk des Herrn Erbscholtseibesitzers Walliczek in Kostenthal.)
Kuttlau Kr. Glogau. Eisenmesser und Bronzespirale. (Geschenk des Herrn Gutsbesitzers Lischke in Kuttlau.)
Lessendorf Kr. Freystadt. Verzierte Tasse.
Lohnia Kr. Gleiwitz. Depotfund: 3 hohle Armringe, 2 Halsringe. Vgl. Schlesiens Vorzeit N. F. IV S. 40. — Spiralkopfnadel aus einem Grabfund.
Malkwitz Kr. Breslau. Tasse und Bronzenadel (Geschenk der Frau M. Brucksch in Breslau.)
Oswitz, Kr. Breslau. Verzierte Tondose. (Geschenk der Frau Sachs in Breslau.)
Polnisch-Neukirch Kr. Cosel O.-S. Scherben und Webegewicht. (Ausgrabung des Altertumsvereins.)
Rakau Kr. Leobschütz. 5 Gefässe, zum Teil mit Buckeln, ältere Bronzezeit. (Geschenk der Frau Landmesser Brucksch in Breslau.)
Schmiedefeld Kr. Breslau. 2 Gefässe. (Geschenk des Herrn Gärtners Hengmith.)
Schmögerle Kr. Wohlau. Scherben aus einem Hallstattgrab. (Geschenk des Herrn Gustav Ullrich in Steinau a. O.)
Schönbankwitz Kr. Breslau. Glockengrab: 3 Gefässe, 1 Eisennadel. (Geschenk des Herrn Rittergutsbesitzers v. Köster auf Schönbankwitz.)

Schwentnig Kr. Nimptsch. Wohngruben: Gefässreste der älteren Bronzezeit. (Ausgrabung des Altertumsvereins.)
Seitsch Kr. Guhrau. Grabgefäss, j. Hallstattzeit. (Ausgrabung des Altertumsvereins.)
Weigwitz Kr. Breslau. Buckelgefässe. (Überwiesen von Herrn Güterdirektor Greulich.)

Vorrömische Eisenzeit:
Breslau, Gutenbergstrasse. Skelettgrab mit Armreif aus Eisen.

Römische Kaiserzeit:
Breslau, Gutenbergstrasse. Wohngrube: Gefässreste.
Gleinitz Kr. Nimptsch. Wohngruben: Gefässreste (Ausgrabung des Altertumsvereins.)
Gross-Peiskerau Kr. Ohlau. Grabfund: Mäanderurne. (Geschenk des Herrn Lehrers Meyer in Gross-Peiskerau.)
Nosswitz Kr. Glogau. Brandgräber 2—4: 4 Gefässe, Scherben, Bronzefibel, Lanzenspitze und Schlüssel aus Eisen. (Geschenk des Herrn Leissner in Nosswitz.)

Ausserschlesische Funde:
Westpreussen. Verzierte Scherben aus der neolithischen Ansiedlung von Tolkemit, Kr. Elbing. (Geschenk des Westpreussischen Provinzialmuseums in Danzig.)
Schwanebeck bei Halberstadt. Nachbildungen zweier Hausurnen. (Geschenk des Museums in Halberstadt.)
Missouri. 4 Feuersteinpfeilspitzen.

2. MÜNZKABINETT

Abgesehen von der Friedensburgschen Schenkung, über die weiter unten besonders berichtet wird, wurde die schlesische Sammlung durch Geschenke und Ankäufe um 70 Stücke vermehrt. Hierunter waren 5 goldene und 9 silberne Münzen, 1 kupferne Marke, 4 goldene und 17 silberne Medaillen sowie 22 Medaillen aus anderen Metallen. Die für Ankäufe ausgegebene Summe betrug 1247 Mark. Von wichtigeren Stücken seien erwähnt:

Schlesische Stände: Dreitaler-Klippe 1621. Die Rückseite zeigt die in Niellomanier gravierte Inschrift teVVrVng·VnD·MVntz zanCk:JoS·Co:, eine Anspielung auf die bis 1625 dauernden Wirrnisse der Kipperzeit.
Oberlehnsherr: Friedrichsdor 1746. F. u. S. 957.
Liegnitz-Brieg: Georg Rudolf. 2 Dukat 1653 auf seinen Tod. F. u. S. 1701.
    Christian: 2 Dukat 1666. F. u. S. 1922.
Neisse: Balthasar von Promnitz. Dukat 1548. F. u. S. 2535.
Glatz: Johann von Pernstein. Taler 1544. F. u. S. 2820.
Jägerndorf: Georg Friedrich. Taler 1620. F. u. S. 3319.
Stadt Breslau: Talerabschlag 1668 (Probe). Unediert.
    „   „   Kupfermarke ohne Jahreszahl für den Wollmarkt.
    „   „   Gold. Ratskleinod (Schützenprämie) 19. Jahrh. Unediert.
Matthes Kauerhase: Goldmed. 1624/25. Brustb. Christi. F. u. S. 5015. (Jubiläumsgabe von Mitgliedern des Schles. Altertumsvereins.)
Hans Rieger: Silbermed. 1636. Brustb. Ferdinand III. Rs. Arm m. lorbeerumwund. Schwert. 26 mm. Unediert. (Jubiläumsgabe von Mitgliedern des Schles. Altertumsvereins.)
Joh. Buchheim: Silbermed. 1658. Brustb. Joh. Georg II. v. v. Rs. Ansicht v. Dresden. F. u. S. 4093.
Joh. Buchheim: Goldmed. relig. Charakters: ORA ET LABORA u. s. w. Unediert.
F. A. v. Favrat: Silbermed. 1797 von Held. F. u. S. 3744. Schlesiens Vorzeit VII S. 301.
Brüder Borsig: Goldmed. o. J. von R. Otto. 27,5 mm. (Geschenk von Herrn A. Borsig in Berlin.)
Th. von Gosen: Silb. Med. 1906. „Josephine." Gegossen in der Königl. Kunstschule zu Breslau.

Geschenke erhielt die Sammlung ferner von der Landwirtschaftskammer für die Provinz Schlesien, vom Ausschuss des VII. Sängerbundesfestes, von den Gartenbau-Vereinen in Brieg, Frankenstein, Deutsch-Lissa und Reichenbach, sowie von den Herren Geh. Regierungsrat Dr. Friedensburg in Steglitz, Lehrer Koch, Gastwirt Knillmann, Kaufmann Striboll und Schulrat Thamm in Breslau.

Die Sammlung nichtschlesischer Münzen erfuhr eine ausserordentliche Bereicherung durch ein Vermächtnis des am 23. Mai 1907 zu Breslau verstorbenen Rentiers Conrad Fischer. Seine Sammlung, die einen Schätzungswert von rund 5500 Mark repräsentierte, umfasste Münzen und Medaillen aller Länder und Zeiten. Ein Teil davon konnte, weil nicht in den Rahmen unserer Sammlung passend, zu Tauschzwecken verwendet werden. Ein grosser Teil aber fand Aufnahme im Kabinett und diente zur Vermehrung namentlich der Gold-Münzen, der Taler und der brandenburgisch-preussischen Münzen und Medaillen.

Durch Vermächtnis der verw. Frau Geheimrat Cohn in Breslau kamen in die Sammlung die goldene Linné- und die goldene Leeuwenhoekmedaille, welche ihrem Gatten, dem berühmten Botaniker Ferdinand Cohn von der Linnégesellschaft in Stockholm und von der Kgl. Akademie der Wissenschaften in Amsterdam verliehen waren.

Als Grundstock für eine neu zu begründende Abteilung nichtschlesischer Mittelaltermünzen wurde ein grosser Teil des Münzfundes von Lubnice (vgl. S. 58) nebst dem dazu gehörigen Tongefässe und einem Silberbarren erworben.

Die Friedensburgsche Sammlung schlesischer Münzen des Mittelalters

Unter den Erwerbungen der letzten drei Jahre nimmt die Schenkung des Kaiserl. Geheimen Regierungsrats Dr. Ferdinand Friedensburg in Steglitz eine der ersten Stellen ein. Friedensburg hatte seine Münzensammlung dem Museum letztwillig zugedacht (siehe diese Zeitschrift N. F. I S. 152). Aber so sehr sein Herz an ihr hing, brennender noch war seine Sehnsucht, sie mit dem Breslauer Kabinett vereinigt und dadurch auch die Abteilung der schlesischen Mittelaltermünzen zu unerreichbarer Vollständigkeit erhoben zu sehen. So nahm er das Jubiläum des Schlesischen Altertumsvereins im Januar 1907 zum Anlass, um sie schon bei seinen Lebzeiten dem Museum zu schenken. Was damit gewonnen worden ist, soll im Folgenden mit kurzen Worten dargelegt werden.

Bei der heutigen Organisation des Münzhandels ist das Sammeln von Münzen und Medaillen der neueren Zeit mehr oder weniger Sache des Geldbeutels. Anders steht es mit den Mittelaltermünzen. Diese erfordern nicht bloss die volle Kennerschaft, sondern auch eine viel schwierigere Technik des Sammelns. Mit Preislisten und Versteigerungskatalogen kommt man da nicht aus. Hier gilt es, selbst zu sehen und zu suchen, Funden nachzuspüren, die unverzeichneten Vorräte der Goldarbeiter und Händler zu durchstöbern, mit den Numismatikern aller Länder Fühlung zu gewinnen, zu handeln und zu tauschen. Vollends auf einem so eigenartigen Gebiete, wie es die schlesische Münzkunde des Mittelalters ist, kann nur der auf Erfolge rechnen, der es sich zum Spezialstudium gemacht hat und ebenso sehr Forscher wie Sammler ist. Bei Friedensburg trafen diese Eigenschaften in seltenem Masse zusammen, und so ist seine Sammlung, die Frucht dreissigjährigen Mühens, zugleich der Ausdruck seiner wissenschaftlichen Lebensarbeit.

Es ist Friedensburg geglückt, aus einer grossen Zahl z. T. berühmter Privatsammlungen bald sämtliche, bald die ihm fehlenden Schlesier zu erwerben. Genannt seien die Sammlungen Paritius, Hermann und Hillebrand in Breslau, Pfitzner und von Zieten in Schweidnitz, Kunze in Liegnitz, Scheuner in Görlitz, Glatz in Löwenberg, Dannenberg in Berlin, Barth in Frankfurt a/O., von Höfken in Wien und Ryszard in Krakau. Dazu kamen die Dubletten des Königl. Münzkabinetts in Berlin und der Universitätssammlung in Leipzig, ferner mehrere wichtige Funde: Rathau Kr. Öls (kleine Brakteaten), Dittersbach, Kostau, Namslau (grosse Brakteaten), Gross-Briesen und Trebnitz (Brakteaten der nördlichen und östlichen Grenzgebiete), Zadory (Denare), Trebnitz (Heller), Klein-Dobritsch (Groschen). Endlich noch die Markt- und Auktionsware der letzten drei Dezennien.

Eine kurze Übersicht möge den Reichtum und die Kostbarkeit der Sammlung zeigen. Da ist zunächst die älteste für Schlesien geprägte Münze, der Denar des Boleslaus Chrobry (vgl. Schlesiens Vorzeit N. F. II S. 55), ein ebenso seltenes, wie geschichtlich merkwürdiges Stück. Aus der Reihe der kleinen Brakteaten ragen neben dem Unicum F. 486[1]), dem nur in 8 Exemplaren gefundenen Pfennig F. 492 und dem durch seine vollständige Inschrift ausgezeichneten Exemplare von F. 495 namentlich die zierlichen Pfennige polnischen Stiles F. 497, 501, 503—506, 511 und 512, die Schriftmünzen aus der Klasse der Rathauer (vgl. S. 64) F. 514, 514a, 515 und der Pfennig Meskos von Oppeln F. 796B hervor. Unter den mehr als 400 grossen Brakteaten finden wir den Pfennig Heinrichs I. (F. 550), die einzige, sonst nirgends bekannte Schriftmünze dieser Art, in zwei Exemplaren. Die Grenzgebiete sind durch die grosspolnischen Gepräge der Glogauer Herzöge F. 601/9, durch ein herrliches Beispiel des Krossener Pfennigs F. 600 und andere Stücke von brandenburgischer Mache vertreten.

Zu den gesuchtesten Münzen aller Zeiten gehören bekanntlich die zweiseitigen Denare (denarii quartenses) der Zeit von 1290 bis 1320. Von ihnen weist die Sammlung über 80 auf, darunter die Unica F. 452A (Viertelpfennig von Schweidnitz), 468, 469, 470, und die nicht minder kostbaren F. 432, 438, 446, 463, 620, 625. Fast vollständig und durchweg in einer Mehrzahl von Stempeln vertreten ist die Reihe der Heller. Auch hiervon gibt es ausserordentliche Seltenheiten, so die Löwenberger F. 698A, die ältesten der Gattung, die Beischläge zu den Breslauer Rempelhellern F. 555, den Heller Friedrichs II F. 594, den Johanns von Sagan F. 635, die Glatzer Gepräge Ulrichs von Hardegg, endlich die Troppauer F. 827/28.

An Groschen sind u. a. nicht weniger als 31 ganze und 7 halbe Breslauer, 31 Liegnitzer von Friedrich II., 17 Reichensteiner und 39 Neisser von Bischof Johann Turzo vorhanden. Genannt seien der Reichensteiner mit dem Löwenschildchen F. 743a, der Turzogroschen mit dem Heiligen in ganzer Figur F. 774 und der „Stal" (Probemünze, Piedfort) eines Schweidnitzer Pölchens von 1517.

Einen besonderen Schmuck der Sammlung bilden die Goldmünzen. Zu den 6 Florenen des Wenzel von Liegnitz F. 582 treten 4 Bolkos von Schweidnitz F. 700/701, und 15 (!) Reichensteiner der Herzöge Albrecht und Karl. Die Krone des Ganzen aber ist der erst 1894 in einem kleinen holländischen Funde aufgetauchte Dukat Johann Turzos von 1513. Von diesem Bischof waren bis dahin überhaupt keine Goldmünzen bekannt. Inzwischen hat sich ein zweiter Dukat von 1520 hinzugesellt, der vom Berliner Münzkabinett zu einem hohen Preise erworben worden ist.

Wie Friedensburg in seiner Geschichte der Münzsammlung des Museums (Schlesiens Vorzeit N. F. I S. 144) selbst hervorgehoben hat, erfreute sich diese schon vordem eines stolzen Besitzes von schlesischen Mittelaltermünzen. Der Laie könnte nun annehmen, dass ihr neuerlicher so bedeutender Zuwachs eine Unzahl von Dubletten ergeben habe. Tatsächlich brauchte nur ein verschwindender Bruchteil ausgeschieden zu werden. Die Eigenart des mittelalterlichen Prägewesens bringt es mit sich, dass vom Standpunkt des Spezialsammlers der Begriff der Dublette, besonders für die älteren Reihen, eigentlich ganz wegfällt. Es gibt bis zur Groschenzeit — die Goldmünzen etwa ausgenommen — kaum ein Gepräge, das sich in einem einzigen Vertreter nach allen Richtungen hin genügend erforschen und beurteilen liesse. Abgesehen von den Schwankungen des Gewichtes und der Grösse, sind da viele kleine, mit Worten oft gar nicht zu beschreibende Unterschiede in Betracht zu ziehen, weil die Stempel infolge ihrer raschen Abnutzung für jede Sorte mehrfach und immer wieder verschieden angefertigt wurden. Dazu kommt der ungleiche Grad der Ausprägung und Erhaltung, der bei dem einen Stücke diese, bei dem anderen jene Einzelheit deutlicher hervortreten lässt, so dass in vielen Fällen das Gepräge nur durch den Vergleich mehrerer Exemplare verständlich wird. Die Friedensburgsche Sammlung zählt zu ihren vielen Vorzügen auch noch den, dass die meisten Münzen vorzüglich erhalten sind. So ist denn ihr Bestand von rund 1500 Stück dem Kabinett des Museums beinahe unverkürzt einverleibt worden. Die mittelalterliche Abteilung übertrifft damit — und das will wahrlich viel sagen — an relativer Vollständigkeit sogar noch die neueren Münzen. Es werden ihr von den etwa 900 bekannten Nummern kaum 40 fehlen.

Der hochherzige Spender aber kann sich, wenn sein Auge auf diesen Schätzen weilt, mit Befriedigung sagen, dass noch manche Generation von Münzfreunden aus seinem Fleisse Freude und Belehrung ziehen wird.

---

[1]) Friedensburg, Schlesiens Münzgeschichte im Mittelalter (Codex diplom. Silesiae XIII), Teil II, Breslau 1888.

Chorschranken-Teile aus Perugia

3. KULTURGESCHICHTLICHE SAMMLUNG

Alt-Breslau:
Die alte Michaeliskirche, zwei kleine auf Holz gemalte Ansichten, bezeichnet: A. Wölfl 95.
Die Weissgerberohle, farbige Lithographie von H. Irmann (überwiesen vom Magistrat).
Die Kleinen Fleischbänke am Neumarkt mit Blick auf die Altbüsserstrasse, gemalt von Hermann Völkerling 1907.
Das Gasthaus zum Seelöwen. Häuserpartie an der Uferstrasse, gemalt von Sigfried Haertel 1907.
Das Ohlauufer an der Mauritiusbrücke in Winterstimmung, Pastell von Frau Helene Grande-Tüpke 1908.

Innungswesen und Handwerksgeräte:
Artikelsbrief der Schweidnitzer Zinngiesser von 1725. In vergoldetem Leder-Einband.
Schröpfschnepper in Form eines Messingwürfels, worin ein durch zwei Federn bewegtes System von 16 kleinen Messern verborgen ist. 1776. Mit Lederköfferchen. (Geschenk des Herrn Schleifermeisters Ed. Gründler in Breslau.)

Musik-Instrumente:
Laute mit fazettiertem Körper und 15 Saiten. Von Johann Michael Stirtzer, Lauten- und Geigenmacher in Breslau 1729. (Geschenk der Erben des Professors Bobertag in Breslau.)

Uhren:
Tischuhr aus Silber und vergoldetem Messing. Der würfelförmige Kasten trägt als Aufsatz ein Kruzifix und einen Globus mit Ziffernkranz. Bez.: Birend Schweidnitz. Erste Hälfte des 18. Jahrh.

Waffen und patriotische Andenken:
Pallasch mit Scheide und Koppel eines preussischen Kürassier-Regiments, Zeit Friedrich II.
Zwei Kavallerie-Säbel und Chassepot-Karabiner, französisch, 1870. Aus dem Nachlass des Generalmajors a. D. von Merkel. (Geschenk des Herrn Gerichtsassessors von Merkel in Breslau.)

Schlesische Volksaltertümer:
Wanduhr, mit einem schwalbenschwanzförmigen Gehäuse für den Perpendikel. Aus Karlsthal bei Schreiberhau.

Haubenstöcke, 3 Stück, bemaltes Holz, in Form von weiblichen Köpfen. Aus Rabishau bei Hirschberg, Rohrlach bei Janowitz und der Grafschaft Glatz. (Der aus Rabishau Geschenk des Herrn Kantors Ilmer in Ober-Wiesa bei Greiffenberg.)

Haubenstock, gebr. Ton mit brauner Glasur, mit birnförmigem Kopfe. 18. Jahrh.

Gegenstände aus Brautschachteln: Wiegenbänder aus Papier, beschrieben mit Gedichten; hölzerner Apfel, gefüllt mit Miniaturspielzeug; Stehauffigürchen; Storch mit Wickelkindern; Wiege mit Kind; sog. Kindermann mit einer von Kinderköpfen besetzten Weste; rosa Band mit Leinwandstöpseln; Gängelgurt aus Leder. 18.—19. Jahrh. Aus Malitsch und Herzogswaldau Kr. Jauer und Polkau Kr. Bolkenhain.

Butterform, Holz, mit Figur einer Schäferin in ausgestochener Arbeit. Um 1850. Aus Malitsch Kr. Jauer.

Schachtel, Holz, in Form eines Gebetbuches mit Kerbschnittverzierung. Bezeichnet M R M 1826. Schäferarbeit aus Neuen Kr. Bunzlau.

Spinngeräte: Hecheln mit engen und weiten Nägelsystemen, Weifen für grobes und feines Garn, sog. Quetsche zum Aufstecken der Krätzel, Flachsbreche und Hechelstock. Aus Neundorf am Greiffenstein und Wernersdorf bei Warmbrunn. (Meist Geschenke von Frau Christiane Glaubitz und Herrn Ernst Dresler in Neundorf.)

Patenbriefe, Papier, Sammlung von 74 Stück aus den Jahren 1763—1848.

Bild auf Papier, mit der Nadel ausgestochen und farbig bemalt, darstellend die sächsische Prinzessin Louise Auguste zu Pferde. Aus Friedeberg am Queis.

Spazierstock, Rohr mit silbernem Knopf, sog. Begräbnisstock. Um 1800. Aus Maiwaldau bei Hirschberg.

Haarkamm, Messing, wie er von den Bauern um 1800 getragen wurde. Aus Häslicht bei Gross-Rosen Kr. Striegau.

Uhrkette, Silber, aus dreissig ringförmigen Gliedern, daran als Anhänger Uhrschlüssel und Petschaft. Anf. 19. Jahrh. Aus Seckerwitz Kr. Jauer.

Halskette aus Bernsteinperlen von verschiedener Grösse und Form. Aus Herzogswaldau Kr. Jauer.

Trauerhalsketten aus schwarzen Glasperlen, 3 Stück. Aus Herzogswaldau Kr. Jauer und Langhelwigsdorf und Rohnstock Kr. Bolkenhain.

Sammlung von Rock- und Westenknöpfen, Mantel- und Spenzerschlössern. Um 1830—1850. Aus dem Kreise Jauer.

Knabenweste aus strohgelbem Seidenstoff, besetzt mit halbkugeligen Metallknöpfen. Ende 18. Jahrh. Aus Blumenau Kr. Bolkenhain.

Mütze mit halbkugeligem Kopfe aus grünem Samt mit breitem Pelzbesatz. Um 1800. Getragen in Seiffersdorf bei Janowitz.

Zipfelmütze mit buntem Streifenmuster. Um 1825. Getragen in Seiffersdorf bei Janowitz.

Fuhrmannskäppchen aus roten und grünen Wollefäden in konzentrischen Kreisen gewirkt. Um 1850. Aus der Waldenburger Gegend.

Haubenfleckel aus roter und blauer Seide, broschiert mit bunten Blumen, wie sie von den Bäuerinnen zur Anfertigung von Tressenkappen gekauft wurden. Um 1825. Aus den Restbeständen eines alten Posamentierladens in Schweidnitz.

Frauenhauben, 21 Stück, fast durchweg Beispiele für schlesische Haubenformen, die bisher in der Sammlung des Museums noch nicht vertreten waren. Aus den Kreisen Hirschberg, Schönau, Lauban, Bolkenhain, Bunzlau, Striegau, Jauer, Sagan, Neisse und der Grafschaft Glatz.

4. DIE SAMMLUNG DES KUNSTGEWERBES

Antikes Kunstgewerbe:

Fläschchen (Alabastron) aus dunkelblauem, opakem Glase, mit weissen und hellgelben Reifen und Zickzacklinien. Gefunden in Eretria.

Lekythos mit Thetis vor dem sich rüstenden Achill und zwei Kriegern in Malerei mit schwarzen Figuren. Aus Athen, 6. Jahrh. v. Chr.

Schrank aus Reichenbach i. Schl.

Trinkschale, schwarz gefirnisst, im Inneren eine nackte Jünglingsfigur, auf der Unterseite sechs nackte Jünglingsfiguren in Symposionszenen mit Beischriften und Palmetten in rotfiguriger Malerei strengen Stiles. Attika, um 480 v. Chr.
Pyxis, schwarz gefirnisst, mit zylindrischem, einwärtsgewölbtem Mantel. Gefunden in Athen. 5. Jahrh. v. Chr.
Lekythos, schwarz gefirnisst, mit Hirschkuh in rotfiguriger Malerei. 5. Jahrh. v. Chr.
Amphora mit gedrehten Strickhenkeln und ungewöhnlich schönem Firniss. Nolanisch. 4. Jahrh. v. Chr.
Kännchen aus Ton von schöner gelbroter Färbung, mit überhöhtem, schwarz gefirnisstem Henkel. Gefunden in Cumae.
Kleines Krügel aparter Form mit Knotenhenkel; die feine Malerei in apulischer Art zeigt eine sitzende Flügelfigur und Palmetten. Bemerkenswert der Fundort Eretria.
Skyphos, schwarz gefirnisst, gelb-weiss bemalt mit Ranken und einem Altar in einer Weinlaube. Apulien, 3. Jahrh. v. Chr.
Skyphos, schwarz gefirnisst, Körper senkrecht gerieft, am Halse eine Laubgirlande in Weiss; mit Knotenhenkeln. Unteritalien. 3. Jahrh. v. Chr.
Becher mit zwei hohen Schleifenhenkeln, aus schwarzem Bucchero-Ton. Etruskisch. (Geschenk der Frau Musikdirektor Lehnert.)
Schalen aus terra sigillata, 2 Stück, die eine kalottenförmig, die andere mit senkrechter Wandung. Gefunden in Köln. Römisch.

Topf, grün glasiert, mit Schuppendekor in Relief. Gefunden in Rom. Römische Kaiserzeit.
Patera, Bronze. In der Mitte, von konzentrischen Kreisen umrahmt, stilisiertes Pflanzenornament mit Silbereinlagen. Der wagerechte Griff endigt in einem kleinen Hundekopf. Gefunden in Frossinone.
Fibel in Radform, Bronze mit farbiger Schmelzeinlage. Wahrscheinlich in Italien gefunden. Spätantik.
Gürtelbeschlag, Bronze, rechteckiges Plättchen mit geometrischen Ornamenten in Silbereinlage. Spätantik. (Geschenk des Herrn Dr. Ludwig Pollak in Rom.)

Möbel und Holzschnitzereien:

Chorschrankenteile, Nussbaumholz, drei rechteckige Tafeln mit gotisierendem Akanthuslaubwerk in durchbrochen geschnitzter Arbeit. Von Paolino d'Ascoli, Perugia um 1455. Abbildung S. 237.
Kassette, Nussbaumholz, rechteckiger Kasten mit geometrischen Ornamenten in eingelegtem Holze. Mittelitalien, 15. Jahrh.
Hochzeitstruhe, Nussbaumholz, in der Form antiker Sarkophage, mit Reliefschnitzerei; auf der Vorderseite ein kleines Wappen mit Turm, flankiert von Halbfiguren, deren Leiber in Rankenwerk ausgehen. Lombardisch, um 1500.
Kassette, Nussbaumholz, reich gegliedert und geschnitzt, auf vier Löwenfüssen. Im unteren Teile eine Schublade, auf dem Deckel ein Behältnis mit Schiebedeckel. Florenz, 16. Jahrh.
Kleiderschrank mit Nussholz und anderen Hölzern furniert, zweitürig, in allen Teilen ausserordentlich reich gegliedert. Siehe die Abbildung S. 239. Stammt aus dem Sadebeckschen Hause in Reichenbach i. Schles. Einheimische Arbeit aus der Mitte des 18. Jahrh. (Jubiläumsgabe von Mitgliedern des Schlesischen Altertumsvereins.)
Wandverkleidung eines Empirezimmers aus dem Hause Antonienstrasse 10 in Breslau. Angefertigt 1819. Siehe die Abbildung S. 241. Wegen Raummangels nicht ausgestellt.
Spieluhr mit kompliziertem Uhrwerk, Stunden, Tage, Monate, Sternbilder und Mondphasen anzeigend und mit einem Walzen- und Holzpfeifenspielwerk in Verbindung stehend, das 12 Stücke spielt. In einem hohen schrankartigen Mahagoniholzgehäuse. Vor dem etwas zurücktretenden Unterbau zwei Stucksäulen mit vergoldeten Bronzekapitälen. Das Uhrwerk von dem Uhrmacher A. Sechting in Breslau um 1800 gearbeitet.
Buchsfigur: Maria mit Kind auf einem Kirchenlehnstuhl sitzend. Deutschland, 16. Jahrh.
Relief aus hellem Lindenholz mit zwei Putten, die einen Blumenkorb halten, grossen Spiralranken, Blattwerk und Trauben. Anf. 19. Jahrh. Wurde nach Angabe des Verkäufers in Glogau als Gesellenstück gearbeitet.
Haarkamm, Horn, mit feiner Aussägearbeit auf der ebenen Kammplatte. Signiert G. R. 1807. Arbeit des Kammachers Gottfried Richter in Breslau. (Geschenk des Kammachers Georg Richter.)

Bilder und Miniaturen:

Elisabeth Magdalena Herzogin zu Münsterberg, geb. Herzogin zu Liegnitz und Brieg (gestorben d. 1. Februar 1630) auf dem Totenbette. Miniatur in Ölfarben auf Metallplatte.
Maria Sophia von Walter, geb. von Hahn. Miniatur auf Elfenbein. Schlesien, um 1780.
Glasermeister Johann Georg Strack und seine Frau Susanna Dorothea geb. Fischer in Breslau. Miniaturen auf Elfenbein. Breslau, um 1830.
Bertha Gabriele von Dresky, geb. von Rosenschanz. Miniatur auf Pappe. Gemalt von Karl von Rahden in Strehlen, um 1840.

Steinzeug und Fayence:

Schüssel, Majolika, in der Mitte ein Wappen mit einem Einhorn und den Initialen F B, als Helmzier wiederum ein Einhorn. Rings um das Wappen und auf dem breiten Schüsselrande Grotesken in Weiss mit gelber Schattierung und blauer Zeichnung auf blauem Grunde. Auf der Rückseite der Schüssel die Jahreszahl 1535. Castel Durante.
Schale, Majolika, auf Fuss, mit wellig gebuckeltem Rande. In der Mitte ein weibliches Brustbild, auf dem Rande Spiral- und Blattranken in Blau, Ockergelb und Weiss. Faenza, um 1540.

Empirezimmer aus dem Hause Antonienstrasse 10 in Breslau

Teller, Fayence mit Blaumalerei, in der Mitte ein Monogramm mit neunzackiger Krone, umgeben von einem Kranze aus Ornamenten und Blumen; am Rande reiche Lambrequin- und Blattmotive. Mit Marke des Adriaen Pynacker. Delft, Ende 17. Jahrh. Stammt aus der Sammlung Heinrich Wenke in Hamburg; Auktionskat. Nr. 32.

Krügel, graues Steinzeug, mit eingeritztem Dekor und kobaltblauer Bemalung. Nassau, 18. Jahrh. (Geschenk der Frau Gräfin Posadowsky-Wehner auf Gross-Pluschnitz OS.)

Masskrug, Steinzeug, mit Kerbschnittornamenten und kobaltblauer Bemalung. Sachsen, 18. Jahrh. (Geschenk der Frau Gräfin Posadowsky-Wehner auf Gross-Pluschnitz OS.)

Krügel, Steinzeug mit brauner Lehmglasur, mit Osterlamm und Blumenranken in weisser Reliefauflage. Bunzlau. Zinndeckel datiert 1814. (Geschenk der Frau Musikdirektor Lehnert.)

Kostümfigürchen aus hellem unglasierten Ton: eine Frau in der Tracht des 15. Jahrhunderts. Gefunden in Breslau beim Abbruch eines Hauses.

Ofenkachelformen aus unglasiertem Ton, 9 Stück, mit Ornamenten der Spätrenaissance. Auf zwei Formen das gräfl. v. Gellhorn'sche Wappen, eine davon mit der Jahreszahl 1663. Gefunden in dem Keller eines jetzt abgebrochenen Hauses in Ober-Peterswaldau bei Reichenbach in Schlesien. Peterswaldau besass damals einen Ernst von Gellhorn († 1679).

Ofenkachel, Fayence, mit dem preussischen Adler und Kriegstrophäen in blaugrün und manganbraun bemaltem Relief. Stammt von einem Ofen in Prausnitz Kr. Militsch. Um 1780. (Geschenk des Fräuleins Helene Hesse.)

Schüssel, Fayence, mit Melone, Apfel, Artischoke, kleinen Trauben, Blüten und Blattwerk in plastischer Auflage mit farbiger Bemalung. Die grossen Früchte dienen als Gefässe. Marke DP. Proskau, um 1775.

Butterdose, Fayence, weiss, bemalt mit bunten Blumen. Auf dem Deckel als Knauf ein Lamm. Marke P. Proskau, um 1800.

Porzellan:

Berlin: Tasse nebst Untertasse mit einer schwarzen Portraitsilhouette und bunten Blumen in Hausmalerei signiert 1780 CFK. (Geschenk des Fräulein Auguste Altmann.) — Bouillontasse mit farbiger Ansicht des Schlosses Kunzendorf bei Landeck, gemalt in Breslau bei F. Pupke. — Prunkvase mit reicher Vergoldung und Ansicht des Schlosses Camenz i. Schles. nebst der Widmung: „Marianne Prinzessin der Niederlande und Albrecht Prinz von Preussen beim ersten Aufenthalt zu Schloss Camenz 1857 an dessen Erbauer." Marke Adler und Reichsapfel mit KPM. (Vermächtnis des Herrn Stadtrates Martius, dessen Vater als Hofbaudirektor für die Prinzessin Marianne das Schloss nach den Plänen Schinkels baute.)

Capo di Monte: Bacchantin in schreitender Bewegung, farbig bemalt, bekleidet mit langem goldgesäumten Gewande und einem Bocksfell; im blonden Haupthaar eine Weingirlande. Ohne Marke.

Frankenthal: Putto, als Winter, eingehüllt in ein grosses Tuch, die Linke über ein Feuerbecken haltend. Nach einem Modell von Conrad Link. (Siehe Katalog der Ausstellung „Altes Bayerisches Porzellan" Nr. 1765). Marke C T darunter AB 6 in Blau unter der Glasur, und MI in Gold. Periode Carl Theodor, um 1765.

Meissen: Anhänger, unbemalt, in Form einer weiblichen Maske mit hoher Stirn. In die Augen sind zwei kleine Brillanten eingesetzt. Auf der Rückseite ein silbervergoldeter Klappdeckel. Um 1730. (Geschenk Sr. Exzellenz des Grafen Andreas v. Maltzan auf Militsch.)

Wien: Anbietplatte, oval, an dem ausgeschweiften Rande in flachem Relief eine Blattgirlande, die in die mit kleinen Rosen geschmückten Henkel übergeht. Auf der Platte blaues Zwiebelmuster. Marke Bindenschild in Blau. Um 1760.

Glas:

Deckelpokal, mit hohem, aus flachen Scheiben und einem mit roten Glasfäden verzierten Nodus gebildetem Ständer und eiförmiger Kuppa; darauf in Gravierung ein Prospekt von Breslau. Kopie nach einem alten Pokal vom Anfang des 18. Jahrhunderts, ausgeführt in den Werkstätten der Firma Moritz Wentzel in Breslau. (Geschenk der Firma.)

Parfümfläschchen, 10 Stück aus farblosem Glase, zum Teil mit irisierendem Überzug. Ausgegraben auf dem Palaisplatze in Breslau. Interessante Ähnlichkeit mit antiken Glasfläschchen.

Glasscheibe, graviert mit einem grossen Wappen (rechtsläufiger gekrönter doppelschwänziger Löwe auf drei Bergen, als Helmzier der Oberteil des Löwen; das Gräflich Zierotinsche Wappen dürfte nicht gemeint sein). Datiert 1711. Stammt aus Alt-Kemnitz bei Hirschberg.

Deckelpokal. Der auf der Fussplatte aufsitzende Kelch ist durch zwei senkrechte Stege mit Reliefschnitt in zwei Hälften geteilt. Auf der einen sitzt ein geflügelter Genius neben einem Postament, an dem zwei Wappenschilde angebracht sind (Adler, Löwe, Initialen C E), darüber halten Engel eine Blumengirlande. Auf der anderen Hälfte Adler und Kriegstrophäen. Schlesien, um 1730.

Fläschchen aus hellblauem Knochenglase, mit schwarz gezeichneten Blattgirlanden, Pünktchen aus weisser Emailfarbe und einem E (= Essig) in Vergoldung. Sachsen (?), Ende 18. Jahrh.

Deckelvase aus dickem, honiggelb geätztem Glase; auf dem schweren achtkantigen Kelche eine Landschaft mit einer Saujagd in feiner Tiefschnittgravierung. Schlesien, um 1840.

Goldschmiedearbeiten:

Salzfässchen, Silber, ovales Gestell mit Gittermuster und Ornamenten im Zopfstil; dazu ein Einsatz aus dunkelblauem Glase. Datiert 1793. Beschauzeichen: Breslauer Johanneskopf. Meisterzeichen undeutlich.

Tischleuchter, ein Paar, Silber, einkerzig, mit achtseitiger Fussplatte und schlankem Schafte mit Empiredekor. Beschauzeichen: Breslauer Johanneskopf. Stempelmeisterbuchstabe N (1804—1813). Meisterzeichen FREYTAG = Carl Gottlieb Freytag, Meister von 1801—1834. (Angekauft aus den Zinsen des Legates Joseph Epstein.)

Taufbecher, Silber, auf dem konischen Mantel in Gravierung vier Medaillons, in einem die Taufe Christi, in den drei anderen biblische Inschriften. Dazwischen graviertes Akanthusblattwerk. Datiert 1706.

Beschauzeichen von Öls: Zwei Hirschstangen. Meisterzeichen DK. Dieses und die zwei folgenden Stücke sind als erste Proben der Silberschmiedekunst der betreffenden schlesischen Städte in unseren Sammlungen erworben worden. (Angekauft aus den Zinsen des Legates Joseph Epstein.)

Becher, Silber, auf dem konischen Mantel eine durch Vergoldung hervorgehobene gravierte Kartusche. Datiert 1748. Beschauzeichen von Hirschberg: ein Hirschkopf. Meisterzeichen G W = Gottfried Willich, Meister von 1722—1765. (Angekauft aus den Zinsen des Legates Joseph Epstein.)

Weihrauchschiffchen, Silber, mit Laub-, Bandwerk- und Muscheldekor in ziselierter Arbeit; abgebildet auf S. 250. Beschauzeichen von Ober-Glogau: drei Trauben zwischen drei Winzermessern. Meisterzeichen E P = Elias Pfister d. j., Meister von 1724—1750. (Angekauft aus den Zinsen des Legates Joseph Epstein.)

Sonnenmonstranz, Silber vergoldet, siehe nebenstehende Abbildung. Arbeit des Goldschmieds Johann Franz Hartmann in Neisse, um 1720.

Galanteriedose, Gold, flach und rechteckig mit abgekanteten Ecken, auf dem Klappdeckel ein farbiges Emailbild in feinster Ausführung mit Paris und Helena. Pariser Arbeit, um 1810. (Angekauft aus dem Legat des Fräulein Toni Landsberg.)

Unedle Metalle:

Tabakdose, Kupfer mit Ziervergoldung, langoval, auf dem Deckel in getriebenem Relief ein sitzender Bauer mit langer Tabakpfeife, umgeben von Rokoko-Ornamenten. Auf dem Boden eine gravierte sechszeilige Inschrift. Um 1760.

Sonnenmonstranz, Neisse, um 1720

Vortragekreuz, Kupfer versilbert, auf einer Kugel aufsitzend, mit vergoldetem Kruzifix und aufgelegten Rosetten. Schlesien, 18. Jahrh. Stammt aus der Gegend von Leobschütz OS.

Truhenschloss, Eisen, mit vier Riegeln, auf den Schlossbändern Bandwerk und der österreichische Doppeladler in geätzter Arbeit. Auf dem grossen Schlüsselblech eine Platte mit ausgesägten, gravierten und vergoldeten Renaissance-Ornamenten. Deutschland, 2. Hälfte 16. Jahrh.

Grabkreuz, Eisen, mit reichem Laub- und Bandwerkdekor aus geschmiedetem Bandeisen. Datiert 1754. Stammt aus Breslau.

Spucknapf, Kupfer verzinnt, in Maschenornament durchbrochen. Persien, 19. Jahrh. (Geschenk der Firma Immerwahr in Breslau.)

Textiles:

Gobelin vom Jahre 1594, beschrieben auf S. 155f. und abgebildet auf Taf. X. (Jubiläumsgabe von Mitgliedern des Schlesischen Altertumsvereins.)

Decke aus weisser Leinwand, in der Mitte in farbiger Seidenstickerei ein mit einer Blumenstaude gefülltes flammendes Herz, auf welchem zwei Vögel sitzen; darunter gekreuzte Blattzweige und Text: „Mein Hertz ist Delicat und lässet nicht alles ein". Schlesien, 18. Jahrh.

Spitze mit kleinen Blatt- und Blütenzweigen auf teils geklöppeltem, teils genähtem Netzgrund. Alençon, Ende 18. Jahrh.

Behang (Bettdecke?) aus dünnem weissem Baumwollenstoff mit Chinoiserien, Tieren, Vögeln, Bäumen, Blumen und Blattranken in blassfarbiger Seidenstickerei. Schlesien, 2. Hälfte 18. Jahrh.

Kaffeedecke, gelbseiden mit weisser Leinenkette; in der Mitte ein Feld mit einem Baum und zwei Hirschen, am Rande ein breiter Fries mit Blumen, Blattwerk, Hirschen und Gemsen, in jeder Ecke ein Baum mit einem Vogel. Erzeugnis der Kramstaschen Fabrik in Freiburg i. Schles. Von 1836.

Frauenkleid aus pfirsichfarbener Seide, im Schnitt der Mode von ca. 1840. (Geschenk des Fräulein Mathilde John.)

Osterdecke aus dunkelblauer Seide mit Ornamenten und hebräischen Inschriften in silberner Reliefstickerei. Angefertigt 1868. (Geschenk der Frau Jenny Schlesinger, Gleiwitz OS.)

Tempelvorhang, aus drei Teilen zusammengesetzt: einem himbeerroten Seidenstoff mit kleinen goldbroschierten Elefantenreitern in Quadraten, einem Goldbrokatstoff und einer breiten Borte mit einem Streifen aus stilisierten Nelken in Rot, Rosa und Weiss. Indisch. (Geschenk der Frau Geheimrat Gruschwitz in Neusalz a. d. O.)

Puppe in einem Kostüm der Biedermeierzeit. (Geschenk des Herrn Magistratsbureaudiätars Karl Keith.)

Bucheinbände:

Bucheinband zu der 1608 bei Balthasar Bellerus in Douai erschienenen, von Henricus Sommalius besorgten Ausgabe der „Libri tredecim confessionum" von Bischof Aurelius Augustinus von Hippon, in dunkelbraunem Leder mit Dekor in Ledermosaik und Handvergoldung. Frankreich 1608.

Taschenbuch für Bohnenkönige und Bohnenköniginnen, Handschrift in Einband mit Seidenstoffbezug. Datiert 1802. (Geschenk des Herrn Stadtverordneten Finger.)

Japan und China:

Schreibkasten (Suzuribako) aus goldgelacktem Holze, fast quadratisch. Auf der Vorderseite des Deckels eine Felspartie mit einem Baum (wahrscheinlich Tetrapanax papyrifer), an dem ein Brief hängt, davor Laubwerk (eine Ampelopsis-Art) und ein grosser Tragekorb in abgetöntem Gold- und grauem Silberlackrelief. Im Inneren des Deckels eine Felspartie am Meere mit Baum und zwei Vögeln. 18. Jahrh.

Briefkasten (Fubako) aus schwarzbraungelacktem Holze, langrechteckig. Auf dem Deckel blühende Prunuszweige und Pinusäste in grauem Silberlack mit mattgoldener und rotbrauner Schattierung.

Räucherwerkdose (Kogo) aus schwarzbraun gelacktem Holze, flach und rund, auf dem leicht gewölbten Deckel ein lagernder Hirsch in bleifarbenem Silberlack und Blattwerk in Goldlack. (Angekauft aus dem Legat des Fräuleins Toni Landsberg.)

Räucherwerkdose (Kogo) aus goldgelacktem Holze, rechteckiges Kästchen mit abgerundeten Ecken und Kanten. Auf dem Deckel in abgetöntem Goldlack eine Landschaft mit Brücke. Im Inneren Blumen und Blattwerk in Gold (Karakusa) und Schriftzeichen. Rand mit Bleieinfassung.

Dose aus gelacktem Holze, auf dem zylindrischen Mantel Wolkenmuster und Blätter, auf dem Deckel ein Drache in Goldlack auf schwarzem Grunde.

Inro aus gelacktem Holze, fünfteilig, rotbraun und gelb nach Art von Gurilack gemustert; auf jeder Seite eine Libelle in Perlmutter, umgeben von Blättern mit langen dünnen Ranken in Perlmutter-, Blei- und Schwarzlack-Auflage.

Inro aus schwarz gelacktem Holze, fünfteilig, auf beiden Seiten je zwei in aufgeklappten Beuteln stehende Teepulverbüchschen in Relief aus dunklem Lack mit Vergoldung und Perlmutterschüppchen-Einlage. 19. Jahrh.

Döschen aus rotbraun, schwarz und gelb gemustertem Gurilack, langrechteckig, auf dem Deckel in Reliefschnitt eine Blumenstaude und zwei Schmetterlinge.

Chinesischer Opferschrank

Kasten mit Geräten für Teezeremonien. 19. Jahrh.

Haarkamm aus braunem Holze, auf der Kammplatte beiderseits in Wiederholung das Wappen der Tokugawa in Lackmalerei mit Gold. 19. Jahrh.

Haarkamm aus rot gelacktem Holze; auf der gerundeten Kammplatte ein grosser Schmetterling, Päonien- und Illicium-Blüten in verschieden getönter Goldlackmalerei. 19. Jahrh.

Teekännchen, Bronze, gedrückt kugelig, in zwei gegeneinander gekehrte Fünfpässe gegliedert, mit langer Ausgussdille und hohem Bügelhenkel.

Ziernagel, Bronze, dunkel vergoldet, mit dreiteiliger, in sechs Kielbogen ausgebogter Zierrosette.

Teekumme (Chawan) aus hellgraubraunem Steinzeug mit dunkelbraunen Blättern und Zweigen und rotbraunen Früchten.

Teekumme (Chawan), Steinzeug, mit gekrackter graugelblicher Glasur, vierkantig, an einer Kante von glänzend moosgrüner Glasur überflossen. An der gegenüberliegenden Kante ein Blattzweig in flüchtiger gelbschwarzer Zeichnung. Oribe-yaki.

Opferschrank aus rotbraunem Caju djati, zum Aufstellen von Kultgeräten. Chinesisch. In Batavia von einer dort ansässigen Chinesenfamilie gekauft. Abgebildet auf S. 245. (Geschenk des Herrn Geheimrats Prof. Dr. Neisser, Breslau.)

Kleine Vase aus tiefrotbraunem Glase, gegossen, auf dem Mantel drei Rosetten mit Wolkenmuster in Relief. Auf dem Boden in einem Reliefquadrat die Marke des Kaisers Khien Long (1736—1796), in dessen Regierungszeit die Blüte des chinesischen Glases fällt. (Angekauft aus dem Legate des Fräulein Toni Landsberg.)

Ingwertopf aus rotbraunem Steinzeug, mit tief dunkelblauer, von feinen gelblichen Flocken durchsetzter Glasur überzogen. China.

Modernes Kunstgewerbe:

Ehrengaben zum fünfzigjährigen Doktorjubiläum des Breslauer Botanikers Ferdinand Cohn 1897: Ehrenbürgerbrief der Stadt Breslau, entworfen und ausgeführt von Heinrich Irmann; Photographie-Album und geschnitzter Pulttisch, gewidmet von Naturforschern. (Vermächtnis von Frau verw. Geheimrat Pauline Cohn.)

Vase aus Porzellan mit dunklem, metallisch glänzendem Überzug. Signiert B M in Ligatur. Englisch. (Geschenk des Herrn Hofantiquars Max Altmann.)

Fächer aus Nähspitze. Entworfen und ausgeführt in der Spitzenschule von Margarethe Bardt und Hedwig v. Dobeneck in Hirschberg, 1907. (Bestellt aus Mitteln des Kaiser Friedrich Stiftungsfonds.)

Verdienst-Plakette zum fünfzigjährigen Stiftungsfeste des Schlesischen Altertumsvereins. Bronze. Modelliert von Professor Theodor v. Gosen, gegossen in den Werkstätten der Kgl. Kunst- und Kunstgewerbeschule in Breslau.

Medaillen und Plaketten, Bronze und Silber, auf die Enthüllung des Denkmals der Kaiserin Elisabeth von Österreich, von A. Neuberger (Geschenk der Bergwerksgesellschaft G. v. Giesches Erben), auf Franz v. Lenbach von H. Hahn, auf Max Jordan von H. Lederer, auf den Prinzregenten von Bayern von G. Roemer und „Weihnachten" und „Frühling" von G. Roemer.

VERMEHRUNG DER BIBLIOTHEK

Von Bücherankäufen sind nennenswert: Heyk, Moderne Kultur — Ficker, Denkmäler der Elsässischen Altertums-Sammlung — Exhibition of early german art — Borchardt, Kunstwerke aus dem Ägyptischen Museum — Österreichische Kunsttopographie — Thieme-Becker, Allgemeines Lexikon der bildenden Künstler — Kurth, Utamaro — Stockmann, München im Festschmuck — L'Hôtel Beauharnais — Mebes, Um 1800 — Deutsche und Niederländische Holzbildwerke in Berliner Privatbesitz — Molsdorf, Holzschnitte und Schrotblätter aus der Kgl. Universitätsbibliothek, Breslau — Illustrierte Geschichte des Kunstgewerbes — Rosenberg, Geschichte der Goldschmiedekunst — Die Kaiserliche Porzellanfabrik in St. Petersburg 1744—1904 — Folnesics und Braun, Geschichte der K. K. Wiener Porzellan-Manufaktur — Tapices de la Corona de España — Altorientalische Teppiche, herausgegeben vom K. K. Österreichischen Museum für Kunst und Industrie in Wien — Davydoff, La dentelle russe — Haberlandt, Völkerschmuck — Maraghiannis, Antiquités crétoises — Pič, Die Urnengräber in Böhmen — Schwindrazheim, Unterfranken.

Von Zeitschriften wurde angeschafft: Monatshefte für Kunstwissenschaft.

Von Kunstdenkmäler-Inventaren wurden gekauft die Bau- und Kunstdenkmäler des Reg.-Bezirks Cassel.

Im Hinblick auf die neu zu begründende Museums-Abteilung: „Schrift und Druck", wurde ein kleines Buch vom Jahre 1589 mit sehr zierlich gemalten Schriftvorlagen erworben, dessen kunstreicher Schreiber sich auf einzelnen Blättern mit M. W oder M. W. T. bezeichnet hat; auch gelang es, ein in der Breslauer Magdalenbibliothek einst befindliches Buch im Münchener Kunsthandel für Breslau wieder zu gewinnen. Es ist ein 1597 in Frankfurt gedrucktes Werk des Historikers Onuphrius Panvinius, ein Folioband in weissem Schweinsleder. Auf der ganzen vorderen Innenseite des Deckels ist ein sehr sorgfältig gemaltes Wappen — Ex Libris des Breslauer Bürgers und Handelsmanns Merten Scholtz eingeklebt mit einer handschriftlichen Eintragung, wonach dieser das Buch am 17. März 1600 der Maria-Magdalenenbibliothek gestiftet hat.

Von Herrn Rentner O. Scholz in Herzogswaldau, einem eifrigen volkskundlichen Sammler, wurden 90 Blatt farbiger Abbildungen von Bauernaltertümern angekauft, die er von einem sachkundigen Lithographen mit nahezu wissenschaftlicher Genauigkeit hatte anfertigen lassen. Die Sammlung, die vervollständigt werden soll, umfasst Bilder von fast allen Gebieten der Bauernkunst, vom Hausbau angefangen, Möbel, Trachten, bis zum kleinsten Hausgerät herab und ist deshalb noch besonders wertvoll, weil die meisten Blätter die Herkunft des Originales angeben, nach dem die Abbildung gemacht ist, und weil die Sammlung sich auf einen bestimmten Teil Schlesiens, einige Dörfer im Kreise Jauer, beschränkt.

Grössere Geschenke machten der Bibliothek der Kunstgewerbeverein für Breslau und die Provinz Schlesien und der Verlag von Wilh. Gottl. Korn in Breslau mit einem leider unvollständigen Exemplar von Ferrario, le costume ancien et moderne. Der Verlag von H. u. F. Schaffstein in Köln schenkte eine Anzahl Kinderbilderbücher, namentlich von Kreidolff. Vom Magistrat wurde das Buch: Seidel, der Kaiser und die Kunst, überwiesen.

Für die Studienblättersammlung machten Geschenke Frau Elise Korn, Frau Musikdirektor Lehnert, Herr Fedor Grünthal, Herr Konsul Fritz Ehrlich. Vermehrt wurde insbesondere die Sammlung der schlesischen Ansichten und der schlesischen Porträts. Dieser kam eine Schenkung des Herrn Justizrats Dr. Neisser zugute: 27 Zeichnungen und Aquarelle, Bildnisse schlesischer Künstler von schlesischen Künstlern z. B. von Eitner, Amand Pelz, Bitthorn, Resch, Kreyher u. a.

Geschenke für die Bibliothek machten ausser den Genannten: der Schlesische Altertumsverein — Frau Dr. Aust, Dresden — Professor Dr. Bauch — Hauptmann a. D. Berndes — Buchgewerbemuseum, Leipzig — Dr. Buchwald — Pastor Fuchs — Gewerbemuseum, Nürnberg — Hofphotograph Götz — Fräulein Haberkorn — Direktor Heermann, Kramsach — Dr. I. Heierli, Zürich — Regierungs-Präsident von Holwede — Frau Regina Karpeles — Kunstgewerbemuseum, Prag — Dr. Lustig — Direktor Professor Dr. Masner — Rentier H. Michaelis — Magistratsbaurat Nathansohn — Justizrat Dr. Neisser — Dr. Otto — Dr. O. Reier, Hirschberg — Maler Rosenbaum — Geheimrat Prof. Dr. Schmarsow — Geheimrat Professor Dr. Schulte — Direktor Dr. Seger — Rentier Paul Sommé — Dr. Wagner — Zeichner E. Weinreich — Verlagsbuchhändler Woywod.

Die Ausgaben für die Bibliothek betrugen 6179,04 Mk.

AUSSTELLUNGEN

Rumänische Stickereien, ausgestellt von Frau Agnes Sprinzel in Breslau

Modelle, 90 Stück, für den Wettbewerb zu einem Denkmale zur Erinnerung an den „Glockenguss von Breslau" vor der Magdalenenkirche in Breslau

Modell und Entwürfe für das Pfarrhaus und die Kirche in Schmolz, von Architekt Grau in Breslau

Neue Medaillen und Plaketten von Roemer, Dasio, Hahn, Wrba u. a. durch die Kunsthandlung Littauer in München

Fahne für den Oberschlesischen Sängerbund, angefertigt von der Firma Berkop in Breslau

Entwürfe für das Lauterbachsche Bauterrain an der Kaiser-Wilhelm-Strasse in Breslau

Fahnenband, gestiftet von der Stadt Breslau zum VII. Deutschen Sängerbundesfest, Entwurf von Sigfried Haertel, Ausführung von Grete Richter und Margarete Seiffert in Breslau.

Gläser, entworfen von Sigfried Haertel in Breslau, ausgeführt in der Josephinenhütte

Standuhr, Ehrenpreis der Stadt Breslau für das Jagdrennen des Schlesischen Rennvereins, entworfen von Sigfried Haertel, ausgeführt von Carl Frey und Söhne

Ausstellung der Werkstätten- und Zeichenklassen der Königlichen Kunst- und Kunstgewerbeschule in Breslau. Das wichtigste Objekt dieser Ausstellung war das für das Rathaus von Löwenberg in Schlesien bestimmte Trau- und Amtszimmer, dessen Gesamt-Entwurf von dem Direktor der Schule, Professor Hans Poelzig, herrührt. Die Schnitzarbeiten sind von Professor von Gosen, die Textilarbeiten von Professor Wislicenus, die Glasfenster von Professor Rossmann entworfen. Die Ausführung der ganzen Einrichtung ist durch die Lehrwerkstätten der Schule besorgt worden.

Gewinne für die Weihnachtsverlosung des Kunstgewerbevereins

Batikarbeiten der Fachklasse für Batiktechnik in der Städtischen Handwerkerschule

Spitzen aus der Schlesischen Spitzenschule Hoppe in Schmiedeberg i. Rgb.

Schmucksachen von Richard Schöder und Emmi Pick in Breslau

Holländische Kunsttöpfereien der Firmen De Distel und Amstelhoek, beide in Amsterdam, und Brouwers Aarderwerk in Leiderderp, sowie Messingarbeiten von J. Eisenlöffel (de Wening) in Amsterdam

Sammlung chinesischer, javanischer und japanischer Kunstgegenstände aus dem Besitze der Frau Geheimrat Neisser in Breslau

Monstranz und zwei Kelche von J. Schlossarek in Breslau

Wandbekleidungen, Gaskrone und Beschläge, angefertigt in der Schmiedeabteilung der Breslauer Handwerkerschule. — Glasmalerei (Bogenfenster) von Ad. Seiler in Breslau. — Die Arbeiten waren für das Sonderzimmer des Zobtengebirgsvereins in der neuen Zobtenbaude bestimmt.

Porzellanfiguren und Gruppen nach Modellen von Professor Wackerle; Teller mit landschaftlichen Motiven von Rudolf Sieck, ausgeführt in der kgl. bayerischen Porzellan-Manufaktur Nymphenburg

Neue Erwerbungen des Museums.

VORTRÄGE

Im Etatsjahre 1907/08 wurden vom Museum selbst keine Vorträge veranstaltet. Der Schlesische Altertumsverein, der Verein für Geschichte Schlesiens und der Kunstgewerbeverein für Breslau und die Provinz Schlesien hielten ihre Versammlungen, verbunden mit Vorträgen, in den Räumen des Museums ab.

KAISER FRIEDRICH-STIFTUNGSFONDS

Aus Mitteln dieses Fonds wurde der Schule für künstlerische Nadelspitzen von Fräulein Margarete Bardt und Hedwig Freiin von Dobeneck in Hirschberg der S. 246 erwähnte Fächer in Auftrag gegeben. — Zur Herstellung einer bronzenen Ehrenplakette, die vom Museum und vom Schlesischen Altertumsverein gemeinsam verliehen wird, steuerte der Kaiser Friedrich-Stiftungsfonds einen Teil der Kosten bei. — Zur Förderung der künstlerischen Buchbinderei in Schlesien wurden wiederum eine Anzahl Muster-Einbände bestellt.

STIFTUNG VON GELDBETRÄGEN

Aus Anlass der fünfzigjährigen Jubelfeier des Schlesischen Altertumsvereins wurde von dessen Mitgliedern der Betrag von 5800 Mark gesammelt und nebst einem vom Vorstande bewilligten Zuschusse von 600 Mark der Direktion zu Ankäufen für die Sammlung zur Verfügung gestellt.

BESUCH DER SAMMLUNGEN UND DER BIBLIOTHEK

A. BESUCH DER SAMMLUNGEN

Monat	Anzahl der Besuchstage	Grösste Besucherzahl an einem Tage	Geringste Besucherzahl	Gesamtzahl der Besucher
April 1907	30	965	78	6 322
Mai	29	1 275	73	7 293
Juni	30	1 183	35	6 669
Juli	31	575	83	6 854
August	31	390	75	4 624
September	30	562	67	5 323
Oktober	31	932	72	5 990
November	29	1 620	55	8 342
Dezember	30	1 237	35	7 618
Januar 1908	28	507	37	3 010
Februar	29	693	52	5 124
März	31	899	72	6 883
zusammen	359			74 052

Die grösste Besucherzahl hatte das Museum am 24. November mit 1620, die kleinste am 21. Juni und 5. Dezember mit je 35 Personen.

Korporative Besuche:

12. Mai die Vereinigung für staatswissenschaftliche Fortbildung in Berlin — 26. Mai die erste Klasse der Schule des Frl. v. Zawadzky in Breslau — 1. Juni Gewerbeverein in Gablonz — 4. Juni Seminaristen aus Lissa i. P. — 12 Juli Schule aus Puditsch — 15. Juli der Gewerbeverein aus Steinau — 16. Juli Schule aus Mähr.-Ostrau — 18. Juli die jüdische Waisenhausschule in Breslau — 19. August Mädchenbildungsschule in Breslau — 23. August das katholische Handarbeits-Seminar in Breslau — 26. August eine Klasse der Knabenschule No. 34 — 25. September Schule aus Rawitsch — 6., 20., 27. Oktober, 3. und 10. November Humboldtverein — 9. Oktober eine Mädchenklasse der Volksschule No. 20 — 24. Oktober eine Klasse der Mädchenmittelschule — 7. November eine Klasse der Mädchenschule No. 48 — 25. November das Lehrerinnen-Seminar in Breslau — 28. November die Malerklasse der Fortbildungsschule in Breslau — 2. Dezember eine Klasse der Mädchenschule No. 10 — 1. März das kathol. Mädchen-Seminar — 7. März eine Klasse der kathol. Mädchen-Mittelschule — 11. März das Pensionat Fiebiger — 11. März eine Klasse der Knabenschule No. 77 — 18. März das Pensionat Beber — 20. März das Pensionat Joachimsthal — 26. März eine Klasse der Mädchenschule No. 4 — 27. März die Knabenschule aus Juliusburg.

B. BESUCH DER BIBLIOTHEK

im April 427 Juli 240 Oktober 457 Januar 381
   Mai 232   August 224 November 504 Februar 379
   Juni 283 September 254 Dezember 325 März 386 zusammen 4 092.

Die Bibliothek war vom 1. Mai bis 30. September in den Abendstunden geschlossen.

DIE MUSEUMS-DEPUTATION UND DAS BUREAU

In der Zusammensetzung der Deputation trat keine Veränderung ein. Durch Verfügung vom 22. Oktober 1907 übertrug Herr Oberbürgermeister Dr. Bender den Vorsitz Herrn Stadtrat Milch.

Im Mai 1907 habilitierte sich der II. Direktor des Museums Herr Dr. Seger in der philosophischen Fakultät der Universität als Privatdozent für prähistorische Archäologie.

Silbernes Weihrauchschiffchen
(Siehe Seite 243)

BERICHT ÜBER DAS X. ETATSJAHR

(1. April 1908—31. März 1909)

Medaille auf den Breslauer Arzt Woyssel
(Siehe Seite 256)

Sohlbank vom Hause Altbüsserstrasse 2 in Breslau

ARBEITEN IN DEN SAMMLUNGEN

Einrichtung eines Antikenkabinetts. Trotz des Raummangels, dessen Erwähnung nachgerade das Leitmotiv dieser Jahresberichte wird, macht die Bildung neuer Abteilungen in unserem Museum ununterbrochene Fortschritte. Im Dezember 1908 wurde in dem an die prähistorische Sammlung anschliessenden Raume IV, der zuletzt Verwaltungszwecken gedient hatte, ein „Antikenkabinett" eröffnet. Fast sein ganzer Inhalt ist erst seit dem Jahre 1899 zusammengebracht worden. Aus der prähistorischen Abteilung wurde dafür so gut wie nichts übernommen, denn selbstverständlich mussten die in Schlesien gefundenen Gegenstände griechischen und römischen Ursprungs in der prähistorischen Sammlung als Dokumente für die Urgeschichte des Landes bleiben. Die Aufgabe aber, auch auf dem Gebiete des antiken Kunstgewerbes syematisch zu sammeln, sah das neue Museum als eine Nowendigkeit an. Da diese Erwerbungen allmählich ein rascheres Tempo annahmen — im Berichtsjahre wurde u. a. viel bei der Versteigerung der Sammlung Vogell gekauft — ergab sich schliesslich die Notwendigkeit, alle im Museum zerstreuten und recht ungünstig aufgestellten Gegenstände antiken Kunstgewerbes in einem eigenen Raume übersichtlich, lehrreich und eindrucksvoll zu vereinigen.

Die Sammlung umfasst Tongefässe, Gläser, Bronzen und Schmuck. Schon jetzt gibt sie von der Entwicklung der griechischen und römischen Keramik eine gute, wenn auch lange noch nicht vollständige Vorstellung. Besonderen Wert legten wir bei neuen Erwerbungen auf gute Erhaltung der Tongefässe. Unvollständige, beschädigte oder restaurierte Stücke wurden nicht gekauft. Bei weitem die meisten Kunstgewerbemuseen an Reichtum und bemerkenswerten Einzelstücken übertrifft unser Museum mit der Sammlung antiker Gläser. Es ist ja nur natürlich, dass das Kunstgewerbemuseum in der Hauptstadt eines Landes, in dem die Glasfabrikation eine grosse Rolle spielte und noch spielt, die ganze Geschichte dieses Gebietes erschöpfend vorführt. In einer Vitrine sind die farblosen Gläser nach Formen und die mit aufgeschmolzenen Fäden verzierten zusammengestellt, in einer zweiten die eigentlichen technischen Spezialitäten, darunter meistens farbige Stücke, die zusammen mit einer Auswahl besonders schön irisierender Gläser einen geradezu faszinierenden Anblick gewähren. Als Ergänzung kommen dazu zwei Pulte mit antiken Glasperlen und Scherben von Millefiori-, Netz- und Mosaikgläsern. Am schwächsten sind in dem Antikenkabinett noch die Bronze-Gefässe und Geräte vertreten, besser der Schmuck, der zum grössten Teile der hellenistischen und Kaiser-Zeit angehört. Im ganzen hat unser Antikenbesitz bis jetzt 27.000 Mk. gekostet.

Einrichtung eines Bücherdepots. Im Dachgeschosse wurde über dem Zimmer des Bibliothekars und von diesem aus durch eine Wendeltreppe zugänglich, ein helles bequemes Depot für jene Bücher der Bibliothek ausgebaut, die weniger benutzt werden, also nicht in dem grossen Lesesaal aufgestellt zu sein brauchen. Dadurch werden im II. Stockwerke, neben dem Bibliothekarzimmer, zwei Räume frei, die bisher als Bücherdepot gedient hatten. Sie sollen zu den Sammlungen hinzugezogen werden; der grössere wird die bisher heimatlose Sammlung des modernen Kunstgewerbes, der kleinere die neuzugründende Abteilung „Schrift und Buch" aufnehmen.

In der **vorgeschichtlichen Sammlung** wurde die Abteilung der steinzeitlichen Altertümer neu geordnet, nachdem durch einen zweckmässigen Umbau der alten Schränke ein einheitlicher und geschlossener Raum dafür geschaffen war. Ferner wurde für die Depotfunde der frühen Bronzezeit ein neuer eiserner Schrank aufgestellt und eingerichtet.

Im **Münzkabinett** wurden die bisherigen Stoff-Unterlagen, die sich als säurehaltig erwiesen hatten, durch säurefreie Unterlagen ersetzt.

In der **kulturgeschichtlichen Sammlung** wurde, anschliessend an die Abteilung Alt-Breslau, ein Kompartiment für die Musikinstrumente und ein zweites für Uhren und wissenschaftliche Instrumente eingerichtet.

VERMEHRUNG DER SAMMLUNGEN
1. VORGESCHICHTLICHE SAMMLUNG

Wo nichts anderes bemerkt ist, stammen die Erwerbungen aus Mitteln der Wilhelm Gremplerstiftung.

Jüngere Steinzeit:

Jordansmühl Kr. Nimptsch. Wohngruben 55—70: Scherben, Steinäxte, Schuhleistenkeil, Flintspäne und Pfeilspitzen, Spinnwirtel, Tierknochen. — Skelettgräber 45—51: 16 Gefässe, Flintspäne, Spiralen und Ringe aus Kupfer. (Ausgrabung des Altertumsvereins.)

Schwentroschine Kr. Militsch. Wohnplatzfunde: Scherben eines rohen Gefässes, 51 Flintspäne.

Breslau, Gabitzweg. 9 Gefässe aus Skelettgräbern der Übergangszeit. — Alte Oder. Steinaxt mit Überrest des eichenen Holzschaftes.

Ratibor, Vorstadt Neugarten. Spitznackiges Flachbeil aus hellgrünem Jadeit, die erste in Schlesien gefundene und durchbohrte Arbeitsaxt.

Steinäxte, aus Jürtsch Kr. Steinau (Geschenk des Herrn Prof. Dr. Lehmann-Nitsche in La Plata), Jungwitz Kr. Ohlau (Geschenk des Herrn Gutsbesitzers Karl Bürger), Kachel Kr. Trebnitz, Karbitz Kr. Militsch, Kniegnitz Kr. Neumarkt, Laubnitz Kr. Frankenstein, Massel Kr. Trebnitz, (Geschenk des Herrn Lehrers Nitschke in Breslau), Münsterberg, Ober-Johnsdorf Kr. Nimptsch (4 Stück, davon 3 Geschenk des Herrn Prof. Dr. Lehmann-Nitsche in La Plata), Ratibor, (Geschenk des Herrn Apothekers Sczuka in Breslau), Schlottau Kr. Trebnitz, Gross-Schönwald Kr. Wartenberg, Klein-Silsterwitz Kr. Schweidnitz, (Geschenk des Herrn P. Heintze), Striegelmühl Kr. Schweidnitz (Geschenk des Herrn Dr. Georg Lustig in Breslau).

Kupfer- und Bronzezeit:

Petersdorf Kr. Löwenberg. Kupfernes Beil mit angenietetem Stiel.

Gross-Strehlitz. Kupfernes Flachbeil.

Breslau, Alte Oder. Dolchklinge aus Bronze, vgl. S. 12.

Zeit der Urnenfelder:

Alt-Tschau Kr. Freystadt. Grab der jüngeren Hallstattzeit: 9 Gefässe.

Buschen Kr. Wohlau. Grabfunde: 8 Gefässe, 4 Nadeln und 2 Rasiermesser aus Bronze.

Cantersdorf Kr. Brieg. Grab 26: 9 Gefässe, Tonklapper und durchbohrter Tierzahn.

Carolath Kr. Freystadt. 2 Gräber mit Buckelgefässen.

Gross-Gaffron Kr. Steinau. Wohngrube: Scherben, Wirtel, Wandbewurf und gegen 30 faustgrosse Tonringe (Geschenk des Herrn Gastwirts Schate in Gross-Gaffron.)

Herrnstadt Kr. Guhrau. Oberer Teil eines Bronzeschwertes, vgl. S. 7.

Jungwitz Kr. Ohlau. Grab 1—10: Gefässe, darunter bemalte, Bronze- und Eisenfunde. (Amtliche Ausgrabung.)

Lahse Kr. Wohlau. Grabfund mit bemalter Keramik, reichen Eisenbeigaben und Steinhacke (!) (Geschenk des Herrn Lehrers Quabius in Lahse.)

Lessendorf Kr. Freystadt. Grabgefäss vom Ausgang der Hallstattzeit.

Mondschütz Kr. Wohlau. Gussform für ein Bronzerädchen, vgl. S. 26. (Geschenk des Herrn Lehrers Miessner in Sagan.)

Namslau. Grabfund: Urne und Scherben. (Geschenk des Herrn Restaurateurs Hübscher in Namslau).

Przybor Kr. Steinau a. O. Scherben grosser Vorratsgefässe, 1 Webegewicht. (Geschenk des Herrn Lehrers Müller in Przybor.)

Striegau, Breiter Berg. Funde aus den untersten Schichten des Burgwalles: Scherben vom Hallstatttypus, 3 Tonscheiben, dreikantige Pfeilspitze aus Bronze. (Geschenk des Herrn Lehrers Guhl in Reichenbach.)

Strien Kr. Wohlau. Grabfund: 2 Gefässe, Bronzenadel mit Spiralkopf.

Wahren Kr. Wohlau. Grabfunde der j. Hallstattzeit. (Geschenk des Herrn Gutsbesitzers Weiss.)

Klein-Wangern Kr. Wohlau. Ösennadel vom schlesischen Typus. (Geschenk des Herrn Lehrers Tscharniel in Gross-Wangern.)

Schlesien, Fundort unbekannt. Tüllenmeissel und Punze aus Bronze.

Vorrömische Eisenzeit:

Massel Kr. Trebnitz. Grabgefäss. (Geschenk des Herrn Lehrers Nitschke in Breslau.)

Przybor Kr. Steinau a. O. Brandgruben der Spät-La Tènezeit; Viele Scherben, eisernes Schwert in Scheide, Fibeln und andern Eisensachen. (Amtliche Ausgrabung und Geschenk des Herrn Landrats von Engelmann in Wohlau.)

Römische und Völkerwanderungszeit:

Breslau, Gutenbergstrasse. Wohngrube: Verzierte Scherben und Tierreste. (Überwiesen von der Gartendirektion.)

Bauerwitz Kr. Leobschütz. Wohngrube: 4 Gefässe vom Typus der spätrömischen oder der Völkerwanderungszeit, Spinnwirtel, eiserne Pflugschar.

Carolath Kr. Freystadt. Schwert, Lanzenspitze, Schildbuckel, Fibel mit zurückgeschlagenem Fuss und andere Eisensachen und Glasperlen aus einem zerstörten Grabe.

Slavische Zeit:

Röchlitz Kr. Goldberg-Haynau und Striegau, Breiterberg. Burgwallscherben. (Geschenk des Herrn Lehrers Guhl in Reichenbach.)

Tinz Kr. Breslau, Kreuzberg. Eisernes Messer und Schnalle aus einem Skelettgrabe. (Geschenk des Herrn Rittmeisters a. D. von Ruffer auf Tinz.)

Ausserschlesische Funde:

Frankreich, Dordogne. Typische Feuerstein- und Knochengeräte aus den verschiedenen paläolithischen Stufen, ausgegraben von O. Hauser und R. Forrer. — Feuersteingeräte der Magdalenien-Periode. (Geschenk des Herrn Prof. Dr. Klaatsch.) — Nachbildungen figürlicher Schnitzereien und Gravierungen der Renntierzeit aus dem Musée St. Germain.

Belgien. Früh-neolithische Silex-Artefacte aus St. Gertrud. (Geschenk des Nationalmuseums in Leyden.)

Dänemark. Feuersteingeräte aus einem Muschelhaufen.

Schweiz. Nachbildungen von geschäfteten Steingeräten der Pfahlbauten, angefertigt in der Werkstatt des Landesmuseums in Zürich.

Russland, Gegend von Tiflis. Grosses Bronzeschwert mit verziertem Griff, zwei breite Lochäxte und ein Armring, anscheinend ein Depotfund der älteren Bronzezeit.

2. MÜNZKABINETT

Die schlesische Sammlung wurde um 12 goldene und 153 silberne Münzen, 1 Bleimarke, 19 silberne und 25 andere Medaillen vermehrt. Der Aufwand für Ankäufe betrug 3 343 Mark. Von wertvolleren Münzen seien genannt:

Brakteaten. 141 Stück aus dem Jerschendorfer Funde. Vgl. S. 64.

Oberlehnsherr. Ferdinand III. 5 Dukat 1639. Friedensburg und Seger Nr. 278.

„   Karl VI. Dukat 1719. Unediert.

Oberlehnsherr. Karl VI. Dukat 1722. (Geschenk von Theodor Molinaris Erben.)
„ „ „ 10 Dukat 1726. Unediert.
„ „ „ Silb. Männdelgewicht 1739 zu ¹/₂ Dukat. Unediert.
„ Friedrich II. Friedrichsdore von 1751 und 1752; ¹/₂ Friedrichsdor von 1768.
Liegnitz-Brieg. Joh. Christian und Georg Rudolf. Dukat 1620. F. u. S. 1540.
Münsterberg-Öls. Joachim, Heinrich II., Johann, Georg. Dukat 1554. Unediert.
„ „ Heinrich Wenzel u. Karl Friedrich. 5 Dukat 1620. F. u. S. 2223. (Geschenk von Theodor Molinaris Erben.)
Neisse. Karl v. Oesterreich. Taler 1618. F. u. S. 2610.
„ Karl Ferdinand. ¹/₄ Taler 1632, sechseckig. F. u. S. 2660.
„ Franz Ludwig. Sterbegroschen 1732. Unediert.
Glatz. Ernst von Bayern. Dukat 1550. Unediert — die kostbarste unter den diesjährigen Erwerbuugen.
Teschen. Friedrich Kasimir. 2 Kreuzer 1570. F. u. S. 2978.
Jägerndorf. Georg Friedrich. Heller 1562. Unediert.

Unter den Medaillen nehmen zwei aus der Sammlung Erbstein erworbene Stücke die erste Stelle ein. Das eine ist die S. 252 abgebildete silberne Gussmedaille auf den Breslauer Arzt Sigismund Woyssel. Sie trägt am Armabschnitt die Jahreszahl 1568 und das Monogramm des Breslauer Goldschmiedes Tobias Wolff. Wolff wurde 1561 Meister, trat 1574 in sächsische Dienste und wurde, was vor ihm Hagenauer, der geschätzteste Medaillenkünstler seiner Zeit. Während er auf seinen späteren Werken die Vorderansicht beim Bildnisse bevorzugt, ist hier noch die Profilstellung gewählt. Auch sonst entspricht die schlichte, von übermässiger Betonung des Details freie Behandlung der frühen Entstehungszeit. Die Rückseite, zu der eine damals sehr beliebte Allegorie benutzt ist, hat auf der Medaille des jüngeren Woyssel von 1619 noch einmal Verwendung gefunden (F. u. S. Taf. 45 Nr. 4069).

Das zweite Stück ist eine ebenfalls gegossene vergoldete Medaille des aus Sagan gebürtigen Leipziger Juristen und kurfürstl. sächs. Geheimen Rates Franz Kram († 1568). Sie zeigt auf der einen Seite die Darstellung des Sündenfalles und der Kreuzigung, auf der anderen das Kramsche Wappen. Der Durchmesser beträgt 39 mm. Von diesem Manne besass das Museum schon vorher eine Medaille (F. u. S. Taf. 45 Nr. 3839), die zwar im wesentlichen dieselbe Darstellung aufweist, in den Einzelheiten aber abweicht und vor allem beträchtlich grösser (49 mm) ist. Endlich ist im Laufe des Jahres noch eine dritte Variante von 45 mm Durchmesser hinzugekommen. Alle drei Stücke sind mit einem zierlichen Blattrande und einer Öse versehen. Sie waren also zum Tragen bestimmt. Wie Herr Gustav Strieboll festgestellt hat, war Kram dreimal, nämlich in den Jahren 1554, 1560 und 1564, Rektor der Leipziger Universität. Es ist sehr wahrscheinlich, dass die dreifache Ausgabe der Medaille damit zusammenhängt. Als Verfertiger kommt kein andrer, als der Leipziger Goldschmied Hans Reinhard in Betracht, der berühmte Künstler der Dreifaltigkeitsmedaille, welchem Stil und Darstellung der Kramschen Medaille vollkommen entsprechen.

Von dem fruchtbarsten Breslauer Medailleur in der zweiten Hälfte des 17. Jahrhunderts, Johann Buchheim wurden drei seltenere Stücke erworben: eine auf die erste Gemahlin Leopold 1. (vermählt 1666), sodann die satirische Medaille F. u. S. 5034 und eine unedierte Hochzeitsmedaille. Seltenheiten sind auch der Gedenktaler Karls XII auf die Rückgabe der evangelischen Kirchen in Schlesien F. u. S. 4217, eine unedierte Kittelsche Medaille auf die Schlacht bei Freiberg 1762 und eine jener Königschen kleinen Medaillen, die als Neujahrs- und Weihnachtsgeschenke um die Wende der 90er Jahre des 18. Jahrhunderts hergestellt und uns z. T. nur aus den Anzeigen der Schlesischen Provinzialblättern jener Zeit bekannt sind. (F. u. S. 4543.)

Auch eine Reihe moderner Portraitmedaillen schlesischer Persönlichkeiten sind zu verzeichnen. So eine auf die goldene Hochzeit des früheren Reichstags-Präsidenten Grafen Franz von Ballestrem, von J. Limburg, (Geschenk Sr. Exzellenz des Grafen Ballestrem); auf den Versicherungsdirektor Heinrich Friedrich in Breslau, von Greiner (Geschenk des Herrn Friedrich); auf Hans Heinrich XI., Herzog von Pless, † 1907 (Geschenk Sr. Durchlaucht des regierenden Herzogs); und auf Josef Graf von Thun, weiland Statthalter von Oesterr.-Schlesien. (Geschenk des Herrn Baumeisters Alex. Nitsche.)

Durch seine Kaiserliche Hoheit den Kronprinzen Friedrich Wilhelm wurden 8 Taler aus dem Münzfunde von Rathe, Kreis Öls (4 Kaiserliche, 2 Mansfeldische und 2 Polnische) dem Museum überwiesen.

Geschenke erhielt die Sammlung ferner von den Herren Propst Klementowski in Baranow Kr. Kempen, Lehrer Koch, Rentier Römhild und Kaufmann Strieboll in Breslau und Friedrich Wilhelm von Krause in Berlin. Die Königl. Universität überwies depositarisch eine Bronzeplakette auf das Universitätsjubiläum in Giessen 1907 und eine Bronzemedaille auf Ulixes Aldrovandi.

3. KULTURGESCHICHTLICHE SAMMLUNG

Alt-Breslau:

Das Rathaus von der Kornecke gesehen, mit Blick auf die Siebenkurfürstenseite. Ölbild von A. Wölfl 1893.
Skizzenbuch des Malers Adalbert Wölfl mit Ansichten aus der Umgebung Breslaus, vornehmlich Motiven von der Alten Oder. August 1884.
Die alte Werderbrücke im Winter bei Abendbeleuchtung. Ölgemälde von Max Wislicenus. (Geschenk der Erben der 1908 verstorbenen Frau Bertha Schottländer.)
Glasmosaikbild mit einer Ansicht der Schweidnitzer Strasse in Breslau. Gearbeitet von dem Glaser Georg Kuhnt in Breslau, Mitte 19. Jahrh.

Innungswesen und Handwerksgerät:

Sargschilde, ein Paar, aus Kupfer, von 1597; Fahne von 1861. (Depositum der Buchbinder-Innung in Breslau.)
Sargschilde, ein Paar, aus schwarzem Leder, bemalt und vergoldet, von 1571. (Depositum der Fischer-Innung in Breslau.)
Sargschilde, ein Paar, aus Silber, von 1685; 1 silberner, 1 eiserner und 1 hölzerner Siegelstempel; zwei Urkundenladen. (Depositum der Vereinigten Färber- Wäscher- Strumpfwirker- und Stricker-Innung in Breslau.)
Sargschilde, ein Paar, aus Silber, von 1838; Wahrzeichen des Tischlerhandwerks aus Holz mit Bronzebeschlägen, Anfang 19. Jahrh. (Depositum der Ortskrankenkasse für Tischler und Pianofortebauer in Breslau.)
Sargschilde, ein Paar, gestickt, von 1629. (Depositum der Töpfer-Innung in Breslau.)
Sargschilde, ein Paar, gestickt, von 1660; desgl., auf Leinwand gemalt, von 1600. (Depositum der Schuhmacher-Innung in Breslau.)
Sargschilde, ein Paar, aus Silber, von 1678; Fahne von 1859. (Depositum der Seiler-Innung in Breslau.)
Zinngefässe, darunter 1 Willkomm von 1798, 20 Krüge und Kannen und 5 Teller von 1646—1848; Innungsordnung von 1590, renoviert 1848; Zunftlade von 1738. (Depositum der Tischler-Innung in Breslau.)
Vexierglas in Form eines Gebotshammers, 18. Jahrh. (Depositum der Tuchmacher-Innung in Breslau.)
Sargschilde, je ein Paar, aus Silber, der Ohlauer Kürschner von 1716, der Ohlauer Tuchmacher von 1740 und der sogen. Kaiserzunft von 1786. (Depositum der Stadtgemeinde Ohlau.)
Siegelstempel der Kandelgiesser zu Breslau von 1532. Abgeb. S. 172. (Geschenk des Herrn Gelbgiessermeisters Kuppe in Breslau.)
Siegelstempel der Maurer und Steinmetzen in Striegau von 1623.
Siegelstempel der Zirkelschmiede in Liegnitz von 1682.

Musikinstrumente und Uhren:

Laute, Hals mit Elfenbeinarabesken eingelegt, gebaut 1645 von Hans Grätz in Breslau, einem bei von Lütgendorff noch nicht verzeichneten Meister.
Sägeuhr aus Messing auf schwarz poliertem Sockel. Die Uhr wird durch Herunterdrücken an dem sägeförmig gezähnten Ständer aufgezogen und steigt dann automatisch wieder an ihm herauf. Schlesien, Ende 18. Jahrh.

Waffen und patriotische Andenken:

Schwert zu anderthalb Hand, gotisch, gefunden beim Bau der Kaiserbrücke in Breslau am Ohlau-Ufer im Oderbett. (Überwiesen vom Brückenbauamt.)
Streitaxt aus Eisen, 11. bis 12. Jahrh.

Reiterstandarte. Tuch aus weisser Seide mit Goldstickerei: Oesterreichischer Doppeladler und Erzengel Michael. Die Fahnenspitze zeigt den Namenszug Kaiser Leopold I. Um 1680. — Die Standarte stammt aus dem Besitz der schlesischen Familie von Gaffron und soll nach der Familientradition in den Türkenkriegen verwendet worden sein.

Schlesische Volksaltertümer:

Truhe, sog. Lodka, rechteckiger Kasten mit geschlossenem Untersatz, farbig bemalt. Aus Gross-Pluschnitz bei Gross-Strehlitz OS. Polnisch-deutscher Bauernhausrat. (Geschenk der Frau Gräfin Posadowsky-Wehner auf Gross-Pluschnitz OS.)

Kinderspielzeug: kleine Truhe aus farbig bemaltem Holze. Datiert 1675.

Holzfiguren aus Brautschachteln: Der sog. Kindermann mit Wiege auf dem Rücken, ein Hanswurst vor einer Wiege, ein mit kleinen Kindern beladener Storch und schliesslich eine Tirolerin im Nationalkostüm (diese aus dem schlesischen Zillertal?).

Weifspille, Holz mit Kerbschnittdekor. Schäferarbeit aus Malitsch Kr. Jauer.

Hobel für Buchenholzschleissen. Aus der Grafschaft Glatz.

Handkörbchen aus breiten Holzspänen geflochten. Aus der Umgegend von Neisse. (Geschenk des Herrn Partikulier A. Büttner.)

Flasche aus farblosem Glase, vierseitig, mit eingesetztem Bergwerksmodell mit Bergleuten. Laut eingefügtem Zettel von F. Hammer in Gottesberg 1802 angefertigt.

Flasche aus Glas, schlauchförmig, darein eingesetzt ein Spinnrocken und eine Weife aus Holz. Aus Wüstegiersdorf bei Waldenburg. (Geschenk der Frau Geheimrat Neisser.)

Schlittenhetze mit lederbekleidetem Stiel und einer aus Lederstreifen geflochtenen Peitsche. Aus Lüssen Kr. Striegau.

Schlittengeläute für das Sattelpferd eines Zweigespannes, aus Lederstreifen mit messingnen Kugelschellen. Aus Herzogswaldau Kr. Jauer.

Wetterfahne, Schmiedeeisen, in Form eines Hahnes. 18. Jahrh. Von einem Bauernhause in Malitsch Kr. Jauer.

Bilder, mit dem hl. Antonius und der hl. Johanna in primitiv ausgeführter Hinterglasmalerei. 18./19. Jahrh. Aus Raudnitz bei Silberberg.

Halskette aus 62 Bernsteinperlen von verschiedener Grösse; daran als Anhänger ein ungarisches 20 - Kreuzerstück von 1780 mit sog. Kränzelfassung. Am Anf. des 19. Jahrh. getragen in Gross-Rosen bei Striegau.

Halskette aus 102 Granaten von verschiedener Grösse und Form; daran als Anhänger ein silbernes $1/6$ - Talerstück 1802 von Friedrich Wilhelm III. mit sog. Kränzelfassung. Getragen in Herrmannsdorf bei Jauer.

Halskette, Silber, mit Kreuzanhänger. Aus der Grafschaft Glatz.

Anhänger: silb. 20-Kreuzerstück 1804 von Kaiser Franz, mit sog. Kränzelfassung. Getragen in Ober-Podiebrad bei Strehlen. (Geschenk des Auszüglers Johann Proxa in Podiebrad.)

Pastellbild, darstellend Frau Kaufmann Theresia Schindler aus Frankenstein, in einer kugeligen Haube aus Goldbrokat, einem lichtblauen Kleide, weissem Brusttuch und mit einem goldenen Schmuck. Gemalt in Frankenstein um 1800. Wurde für die volkskundliche Sammlung angekauft, da dieselbe Tracht später von den Bäuerinnen in Mittelschlesien getragen wurde.

Frauenkleid aus grünem Stoff, bestehend aus einem Rock mit Leibchen und einer weiten bequemen Sackjacke mit schwarzem Spitzenbesatz, ferner einem Nackentuch aus graugrünem Samtstoff und einer hellblau gemusterten Seidenschürze. Derzeitige Tracht der polnisch-deutschen Landfrauen im Gross-Strehlitzer Kreise in Oberschlesien. (Geschenk der Frau Gräfin Posadowsky-Wehner auf Gross-Pluschnitz OS.)

Frauenhauben, 15 Stück, aus den Dörfern Gross-Pluschnitz OS., Quaritz Kr. Glogau, Heydau und Alt-Tschau Kr. Freystadt und Ober-Podiebrad Kr. Strehlen. (z. T. Geschenk der Frau Gräfin Posadowsky-Wehner, der Frau Auguste Hein in Sagan und des Auszüglers Johann Proxa in Podiebrad.)

4. DIE SAMMLUNG DES KUNSTGEWERBES

Antikes Kunstgewerbe:

Alabastron, Ton, schlauchförmig mit eingeschnürtem Körper, bemalt mit roten und schwarzen Ringen. Protokorinthisch. Gefunden in Südrussland. Aus der Slg. Vogell, Kat. Nr. 26.

Lekythos in protokorinthischer Form, mit Schuppenmuster. Gefunden in Südrussland. Aus der Slg. Vogell, Kat. Nr. 27.

Henkelschale auf Fuss, roter Ton, mit Panter, Sirene und zwei Sphinxfiguren in schwarzfiguriger Malerei. Gefunden in Südrussland. Aus der Slg. Vogell, Kat. Nr. 91.

Henkelschale auf Fuss, roter Ton, mit Hahnenkämpfen in schwarzfiguriger Malerei. Gefunden in Südrussland. Aus der Slg. Vogell, Kat. Nr. 93.

Lekythos, auf dem weissgrundigen Körper eine laufende weibliche Figur und zwei Palmetten in schwarzbrauner Zeichnung. Griechisch, 5. Jahrh. v. Chr. Aus der Slg. Vogell, Kat. Nr. 145.

Fläschchen, hellroter Ton, in Form einer Mandel mit zwei kleinen Henkeln. Attisch, 5. Jahrh. v. Chr. Aus der Slg. Vogell, Kat. Nr. 179.

Kantharos, glänzend schwarz gefirnisst, mit zwei grossen gebogenen Henkeln. Attisch, 5. Jahrh. v. Chr. Aus der Slg. Vogell, Kat. Nr. 195.

Kantharos, schwarz gefirnisst, mit steilwandigem Körper und überragenden Henkeln. 5. Jahrh. v. Chr. Gefunden in Südrussland. Aus der Slg. Vogell, Kat. Nr. 225.

Schalenbecher mit Reliefdekor, gelbrotbrauner Ton mit dunkler Schmauchung. Unterhalb des Lippenrandes ein Fries mit Krateren und Gruppen von je drei Delphinen, darunter, von der Standfläche ausgehend, eine Blattkelchrosette. Sog. megarische Schale. Hellenistisch. Gefunden in Südrussland. Aus der Slg. Vogell, Kat. Nr. 269. — Vgl. R. Zahn, Hellenistische Reliefgefässe aus Südrussland, im Jahrb. d. Kaiserl. Deutsch. Archäolog. Inst. XXIII (1908), Heft 1 S. 61, abgeb. S. 57 Nr. 16.

Schalenbecher mit Reliefdekor, rotbrauner Ton mit dunkler Schmauchung, halbkugelig; unterhalb des Randes ein Band aus Punktrosetten, darunter, die ganze Schale überziehend, ein Blattschuppenkelch. Sog. megarische Schale. Hellenistisch. Gefunden in Südrussland. Aus der Slg. Vogell, Kat. Nr. 285. — Vgl. R. Zahn, Hellenistische Reliefgefässe aus Südrussland, a. a. O. S. 72, abgeb. S. 75.

Becher, schmutzigbrauner Ton, napfförmig, mit aufwärts gerichtetem, plastischem Schuppenmuster von grösster Feinheit. Hellenistisch. Gefunden in Südrussland. Aus der Slg. Vogell, Kat. Nr. 247.

Dose mit Stülpdeckel, schwarz gefirnisst; auf dem Deckel Weinblattranke und Efeukranz in weisslicher Reliefmalerei. Gefunden in Südrussland. Aus der Slg. Vogell, Kat. Nr. 346.

Kanne mit rotem Firnissüberzug. Gefunden in Südrussland. Aus der Slg. Vogell, Kat. Nr. 454.

Napf mit schönem ziegelroten Firnissüberzug. Gefunden in Südrussland. Aus der Slg. Vogell, Kat. Nr. 489.

Kanne mit zweilappigem Ausguss, mit Frauenkopf und Ranken in rotfiguriger Malerei, Apulisch. Aus der Slg. Vogell, Kat. Nr. 556.

Kanne, schwarz gefirnisst, mit feiner Riefung und zweilappigem Ausguss. Am Halse eine Schmuckkette in Vergoldung. Campanisch, 4—3. Jahrh. v. Chr. (Angekauft aus den Zinsen der Wilhelm Grempler-Stiftung.)

Weibliche Figur, Terrakotta, tanagräischen Stiles, mit Spuren von hellvioletter Bemalung am Himation und Untergewand. Gefunden in Südrussland. Aus der Slg. Vogell, Kat. Nr. 664.

Schale aus sog. ägyptischem Porzellan mit türkisblauer, weisslich verwitterter Glasur, am Rande violettbraune Tupfen. Gefunden in Südrussland. Aus der Slg. Vogell, Kat. Nr. 542.

Kanne von besonders schöner Form und zugehörige Schale, aus goldiggelbem durchsichtigem Glase, Geschirr für Grabspenden. Gefunden in Südrussland. Aus der Slg. Vogell, Kat. Nr. 763, 764.

Gläser verschiedener Formen, farblos, aus Südrussland. Aus der Slg. Vogell, Kat. Nr. 755, 778, 808, 886.

Becher aus farblosem Glase, mit Falteneindrücken. Gefunden in Südrussland. Aus der Slg. Vogell, Kat. Nr. 939.

Fläschchen aus farblosem Glase mit Spiralfadendekor. Gefunden in Südrussland. Aus der Slg. Vogell, Kat. Nr. 930.

Kugelbecher aus farblosem Glase mit Längsrippen in Relief. Gefunden in Südrussland. Aus der Slg. Vogell, Kat. Nr. 943.

Fläschchen aus durchsichtigem weinrotem Glase, mit Spiralfäden umzogen. Gefunden in Südrussland. Aus der Slg. Vogell, Kat. Nr. 977.

Amphoriskos aus tiefblauem Glase mit weissen und gelben Tupfen, am Halse ein aufgelegter gelber Spiralfaden. Gefunden in Südrussland. Aus der Slg. Vogell, Kat. Nr. 1004.

Amphoriskos aus meergrünem Glase mit gelben Reifen und Zickzacklinien. Gefunden in Südrussland. Aus der Slg. Vogell, Kat. Nr. 1018.

Alabastron aus opakem blauem Glase mit gelbem Federmuster. Gefunden in Südrussland. Aus der Slg. Vogell, Kat. Nr. 1045.

Alabastron aus serpentinfarbigem undurchsichtigem Glase mit feinen weiss-gelben Zickzacklinien. Gefunden in Südrussland. Aus der Slg. Vogell, Kat. Nr. 1061.

Alabastron aus alabasterartigem opakem Glase mit schwarzen Zickzacklinien und Ringen. Gefunden in Olbia. (Angekauft aus den Zinsen der Wilhelm Grempler-Stiftung.)

Alabastron aus schwärzlichem Glase mit Federmuster in Weiss und dem seltenen Rot. Gefunden in Südrussland. (Angekauft aus den Zinsen der Wilhelm Grempler-Stiftung.)

Fläschchen aus blauem durchsichtigem Glase mit unregelmässigen weissen Flecken. Gefunden in Südrussland. (Angekauft aus den Zinsen der Wilhelm Grempler-Stiftung.)

Fläschchen aus bernsteinfarbigem durchsichtigem Glase, in die Form geblasen. Auf dem sechsseitigem Körper halbkugelige Buckeln. Gefunden in Südrussland. (Angekauft aus den Zinsen der Wilhelm Grempler-Stiftung.)

Becherglas, halbkugelig, weisslich irisierend. Gefunden in Südrussland. (Angekauft aus den Zinsen der Wilhelm Grempler-Stiftung.)

Pasten aus Glas zur Verwendung für kleine Kästchen, Büchsen etc., mit sehr feinen Millefiorieinlagen 4 Stück. Gefunden in Südrussland. (Angekauft aus den Zinsen der Wilhelm Grempler-Stiftung.)

Halsketten, 11 Stück, mit Perlen und Anhängern aus edlen Steinen bezw. farbigen Gläsern und goldenen Zwischengliedern in verschiedenen Techniken. Meist in Olbia gefunden. (Erworben aus den Zinsen der Wilhelm Grempler-Stiftung.)

Ohrringe aus zwei nebeneinander liegenden geflochtenen Golddrähten. Gefunden in Südrussland. Aus der Slg. Vogell, Kat. Nr. 1220.

Ohrgehänge, Gold, mit grossem Reif und paukenförmigem Anhängsel mit dünnen Lamellen, die ein durchbrochenes lineares Drahtmuster bilden. Byzantinisch, 6—8. Jahrh. Gefunden in Neapel. Vgl. Alois Riegl, die spätrömische Kunstindustrie nach den Funden in Oesterreich-Ungarn, Wien 1901, S. 152 f. Abb. 59, 60.

Lampe, Bronze, in Form eines zusammengerollt liegenden Hundes. Griechisch. Aus Rhodos.

Siebpfanne, Bronze, mit einem in einem Schwanenhals endigenden Griff. Gefunden in Südrussland. Aus der Slg. Vogell, Kat. Nr. 1283.

Holzkästchen. Gefunden in Südrussland. Aus der Slg. Vogell, Kat. Nr. 1173.

Architekturteile und Arbeiten in Stein:

Architekturteile von dem 1908 abgebrochenen Hause Altbüsserstrasse 2 in Breslau: zwei spätgotische Fensterumrahmungen, bei einer eine figürlich verzierte Sohlbank mit den Wappen der Familien Hyrsch und Jenckwitz (siehe die Abbildung S. 253), ferner eine Türumrahmung aus Sandstein mit gotischem Stabwerk nebst einer eisernen Tür und einer zweiten aus Holz mit Eisenblechbeschlag. Erworben zu späterer Verwendung.

Tafel aus Sandstein mit der Aufschrift: DER OLSVMP. Datiert 1521. Stammt von der Gartenmauer des 1908 abgebrochenen Hauses Altbüsserstrasse 2 in Breslau; diente als Wegweiser zur Wasserkunst am Ohlefluss.

Brunnengruppe, Sandstein, gebildet aus zwei Kindern mit einem Delphin. Um 1730. Stammt aus dem Garten des 1908 abgebrochenen Hauses Altbüsserstrasse 2 in Breslau.

Möbel- und Holzschnitzereien:

Kredenz aus dunkelbraunem Holze, zweitürig, auf niedrigen Füssen, von denen die beiden vorderen in Form von flach gedrückten Voluten diagonal gestellt sind. Florenz, 16. Jahrh.

Brautkästchen mit guillochierten schwarzen Holzleisten und Egeraner Reliefplatten, die sehr hübsch der Liebe Freud und Leid schildern. An den Aussenseiten immer ein Liebespaar in zeitgenössischer Tracht, im Deckelinnern Pyramus und Thisbe. Deutschland, 1. Hälfte des 17. Jahrh.

Füllung zu einer Kabinettschranktür mit Kreuzigungsgruppe in bergiger Landschaft in fein ausgeführter farbiger Relief-Intarsia. Egeraner Arbeit, 17. Jahrh.

Holzschnittstock (Kattun-Druckmodel?), achteckige Holzplatte mit Kreuzigungsgruppe in Tiefschnitt. Signiert G Ö und T A 1669. Stammt aus Breslau.

Holzschnittstock (Kattun-Druckmodel?), viereckige Platte mit Darstellung der Trinität in Tiefschnitt. Signiert G Ö und Z C 1685. Stammt aus Breslau.

Zargentisch auf Böcken, die zu derben Beinen ausgeschnitten sind. Unter dem aus den Zargen gebildeten Kasten ein schräg zulaufendes Behältnis mit Schubladen; auf diesem und auf den Zargen geometrische Ornamente aus eingelegtem hellen Holze. Stammt aus einem Bauernhause des Rhöngebietes. 18. Jahrh.

Andachtsgruppe: hl. Hieronymus, Wachsmasse, in einer Steingrotte. 18. Jahrh. Stammt aus dem Josephsstifte in Breslau.

Tisch aus Mahagoniholz mit reicher Einlage aus weissem Ahornholze. Schlesien, um 1840.

Nähkasten mit Birkenmaser fourniert. Im Inneren mit Nähutensilien, einem Spiegel und einer Spieluhr ausgestattet. Um 1840.

Bilder und Miniaturen:

Abendmahlsszene, Ölbild auf Holz. Datiert 1537. Siehe die Beschreibung und Deutung S. 144 ff., abgeb. Taf. IX. (Überwiesen vom Magistrat.)

Deckengemälde, Ölfarben auf Leinwand, darstellend die Entsendung des Merkur. 1. Hälfte 18. Jahrh. Stammt aus dem 1908 abgebrochenen Hause Altbüsserstrasse 2 in Breslau.

Kinderbildnis. Kind in weissem Empirekleide mit rotem Leibchen, landschaftlicher Hintergrund. Miniatur auf Elfenbein. Signiert: Schall 1811. Über den Breslauer Miniaturenmaler Joseph Schall vgl. Schlesiens Vorzeit N. F. III S. 140—143.

Steinzeug, Fayence und Steingut:

Ofenkachelfragmente, teils unglasiert, teils mit grüner Glasur, mit spätgotischen Verzierungen. Gefunden in Namslau, Mittelstrasse 9a. (Geschenk des Herrn Konetzny in Namslau.)

Ofenkachel, grün glasiert, mit dem Bildnis Kaiser Leopolds in reicher Umrahmung in Relief. Datiert 1667.

Figürchen, Steinzeug, braun glasiert: gesatteltes Pferdchen. Mittelalterlich. Gefunden beim Bau der Markthalle am Ritterplatz in Breslau. (Überwiesen vom Magistrat.)

Bunzlauer Geschirr mit brauner Lehmglasur und meist mit weissen Reliefauflagen: Krüge, Terrinen, Vasen, Weihwasserbehälter usw.; 18—19. Jahrh. (Sammlung von 35 Stück; Geschenk der Frau Gräfin Posadowsky-Wehner auf Gross-Pluschnitz OS.)

Bierkrug mit graugrüner Chromglasur. Wahrscheinlich Bunzlau, 18—19. Jahrh.

Krug in der Form der Bunzlauer Wellenkrüge, Majolika mit bleiischer, durch Zusatz von Kupfer grün gefärbter Rohglasur, die durch Beimischung von etwas Zinn opak deckend gemacht ist. Zinndeckel datiert 1729. (Geschenk der Frau Gräfin Posadowsky-Wehner auf Gross-Pluschnitz OS.)

Wasserpfeife in Form eines Hahnes, Irdengeschirr mit glänzender Bleiglasur. Lausitz (?), 19. Jahrh. (Geschenk der Frau Gräfin Posadowsky-Wehner auf Gross-Pluschnitz OS.)

Schreibzeug, Irdengeschirr mit glänzender Bleiglasur, mit Tinten- und Streusandfass, dazwischen ein Löwe, der eine Vase als Leuchter hält. Lausitz (?), 19. Jahrh. (Geschenk der Frau Gräfin Posadowsky-Wehner auf Gross-Pluschnitz OS.)

Weihwasserbehälter, Fayence, gebildet als Figur der hl. Veronica mit dem Schweisstuch; blau bemalt 18. Jahrh.

Masskrug, Fayence, mit blauem Dekor auf ockergelbem Grunde. Marke B = Bayreuth. Zinndeckel datiert 1729.
Masskrug, Fayence mit farbigem Dekor in Dunkelblau, Eisenrot, Grün und Gelb auf rosaviolettem Grunde Marke A L in Ligatur. Zinndeckel datiert 1755. Vielleicht schlesisch.
Krügel, Fayence mit türkisblauer Glasur, topfförmig, mit gewundenem Strickhenkel und drei Kugelfüsschen. Angeblich Gotha, 18. Jahrh.
Masskrug, Fayence mit türkisblauer Glasur. Mit Zinnmontierung. 18. Jahrh. (Geschenk der Frau Gräfin Posadowsky-Wehner auf Gross-Pluschnitz OS.)
Wandleuchter, ein Paar, Fayence, die Blaker mit manganviolett gehöhtem Relief-Muschelwerk, das blau dekorierte Medaillons umrahmt. Marke D (= Proskau?). Um 1760.
Jardinière, Fayence, wannenförmig mit landwirtschaftlichen Motiven, Blatt- und Blumenzweigen in maigrüner Malerei mit olivbrauner Zeichnung. Marke DP = Proskau, II. Periode. Um 1775.
Deckelterine mit zugehörigem Untersatzteller, Fayence, mit farbigem Dekor im Zopfstil. Marken DP 82 und DP 83 = Proskau 1782/83.
Terrine, Fayence, oval, gerippt und profiliert. Farbig bemalt mit grossen Blumen und Blattwerk. Auf dem Deckel als Knopf eine Birne. Marke P = Proskau, III. Periode. Um 1785.
Terrine, Fayence, in Form einer sitzenden Henne mit braunem Gefieder in kalter Bemalung. Ohne Marke, vielleicht Proskau.
Butterdose, Fayence farbig bemalt, in Form einer auf einem grossen Weinblatt liegenden Birne. Marke G = Glienitz OS.; um 1775.
Teller, helles Steingut, schwarz bedruckt mit preussischem Fünftalerschein und verschiedenen Silbermünzen, Auf dem Talerschein die Aufschrift „Steingut Fabrik in Tiefenfurth bei Bunzlau"; datiert 1840. Auf der Rückseite die eingepresste Marke M 25.

Porzellan:

Berlin: zwei kleine Blumenkübel mit Blumenstauden, unbemalt. Ende 18. Jahrh. Blaue Zeptermarke — Grosse Prunkvase mit farbiger Ansicht des Zufluchtshauses Fraenkelsche Stiftung in Breslau und Widmung „Seinem treuen Freunde Albert Asch an seinem 70. Geburtstage, 31. Dezember 1860, in inniger Liebe L. Milch." (Geschenk des Herrn Stadtrates Hugo Milch.) — Tasse mit farbiger Ansicht von Breslau und Vergoldung. Um 1860. (Geschenk der Frau Geheimrat Neisser.)
Doccia bei Florenz: Schüssel mit bunten Blumen im orientalischen Geschmack, unter den Farben ein kräftiges Eisenrot, ein intensives Strohgelb und Hellblau besonders hervortretend. Aus dem Service des Palazzo Pitti in Florenz. (Geschenk des Herrn Rittergutsbesitzers Dr. Ernst Gallinek auf Krysanowitz OS.)
Ludwigsburg: Minerva in antikem Gewande, neben ihr ein Postament mit Helm und Schild. Eine Abbildung der Figur bei Otto Wanner-Brandt, Album der Erzeugnisse d. ehem. Württemb. Manufaktur Alt-Ludwigsburg, Nr. 101.
Meissen: Tassenköpfe, 2 Stück, glockenförmig, mit Blütenzweigen in Relief nach chinesischen Mustern. Früheste Zeit der Fabrik. — Türkin, bunt bemalt, mit langem hell-lila Rock und weiss-lila gestreifter Mütze. Schwertermarke. (Abbildung bei Berling, Das Meissner Porzellan, S. 71.)
Wien: Teller mit sog. indianischen Blumen in farbiger Malerei. Marke blauer Bindenschild; ausserdem in Rot 21 Z, und farblos eingepresst 10.
Unbekannte Fabrik: Zuckerdose, langrechteckig, bemalt mit Kranz von Schrägrippen in Eisenrot. Auf dem Deckel ein liegender Löwe. 1. Hälfte 18. Jahrh.

Glas:

Henkelflasche, farbloses Glas, mit rhombischem Muster in Relief. Deutsch, unter venetianischem Einfluss, 17. Jahrh.
Fläschchen aus hellblauem durchsichtigem Glase mit weissopaken Flecken, kugelig, mit Henkel und langer gebogener Ausgussdille aus weissopakem Glase. Deutsch, nach venetianer Art, 17. Jahrh.

Deckelpokal mit torquiertem Ständer, in den ein roter und ein blauer Faden eingelassen sind. Auf der eiförmigen Kuppa, in Tiefschnitt, das von zwei gefiederten Blattwedeln eingeschlossene Breslauer Stadtwappen, auf der Fussplatte zwei gekreuzte Fähnchen und auf dem Deckel, wiederum von zwei gefiederten Blattwedeln eingefasst, ein Schild mit dem Breslauer W. Schlesien, um 1700.

Deckelpokal mit Balusterständer, fazettiertem Kelche, graviertem Bandelwerkornament und der Inschrift: „Es lebe ein gutter Freund, der morgen ist wie heunt." Schlesien, um 1735.

Ambrosiaglas mit ovaler muschelförmiger Trinkschale, graviert mit einer figürlich belebten Landschaft. Lippenrand vergoldet. Wahrscheinlich Warmbrunn, um 1730.

Deckelpokal mit vierkantigem Balusterständer; auf dem Kelche ein Wappen mit zwei gekreuzten Schlüsseln in Gravierung. Sachsen (?), 18. Jahrh.

Becherglas, fazettiert, mit den hh. Franziscus und Ignatius Loyola in Zwischenglasvergoldung. Schlesien oder Böhmen um 1730.

Schalentasse nebst Untertasse aus Milchglas mit violetten Schlieren. Schweiz (?), um 1725.

Becherglas aus Milchglas, mit hohem zylindrischen Mantel, bemalt mit Attributen des Braugewerbes und einer Aufschrift nebst Jahreszahl 1773. Stammt aus Warmbrunn.

Becherglas, zylindrisch, mit reichstem Empiredekor in Gravierung und Reliefschnitt, guillochierten Pilastern, Gehängen, Figürchen und Vasen. Um 1815.

Becherglas mit zylindrischem Mantel, graviert mit drei Spinnerinnen. Bezeichnet: Ottmachau 1830.

Becherglas aus farblosem Glase, das so stark von durchsichtigen blauen und opakweissen Flecken durchsetzt ist, dass es wie ein blaues weiss geflecktes Glas erscheint. Karlsbad (?), Mitte 19. Jahrh.

Vase aus schwarzem Glase mit hellblauen Tupfen und bunten Blümchen in Millefiori-Technik. Josephinenhütte (?) um 1860. (Geschenk des Herrn Fritz Huldschinsky.)

Fläschchen aus lichtblauem Glase mit ornamental ausgeschliffenem weissen Überfangglase. Schlesien, um 1860. (Geschenk des Herrn Fritz Huldschinsky.)

Kelchglas aus durchsichtigem violetten Glase; in dem glockenförmigen Kelche ein eingeschmolzenes Netz aus gedrehtem Silberdraht. Aus der Glashütte von Riedel in Ober-Polaun in Böhmen. (Geschenk des Herrn Fritz Huldschinsky.)

Goldschmiedearbeiten:

Willkommpokal, Silber mit Vergoldung, graviert mit einem Allerheiligenbilde. Datiert 1643. Arbeit des Breslauer Goldschmieds Matthes Alischer. Beschrieben und abgebildet S. 163. (Überwiesen vom Magistrat.)

Sargschilde der Tuchscherer-Innung in Breslau, Silber, ovale Platten mit dem österreichischen Doppeladler und dem Wappen der Tuchscherer in vergoldeter Auflage, flankiert von den aus der Silberplatte getriebenen Figuren des Glaubens und der Hoffnung. Auf der Rückseite Kupferplatten mit aufgemalten unleserlichen Inschriften und Jahreszahl 1665. Arbeit des Jacob Hedelhofer in Breslau. Siehe die Abbildung auf S. 168. (Angekauft aus einer Stiftung des Herrn Stadtverordneten A. Friedenthal.)

Esslöffel, Silber, mit ovaler Laffe. Beschauzeichen: Breslauer Johanneskopf Typus II. Meisterzeichen AS = Andreas Scholtz, Meister von 1670—1705.

Messkelch, Silber vergoldet; auf dem gewölbten Sockelfusse und dem Belag der Kuppa Bandelwerkornament, Blumen- und Früchtebuketts und geflügelte Engelsköpfe in getriebener Arbeit. Neisser Beschauzeichen: eine heraldische Lilie. Meisterzeichen des Martin Vogelhund. Um 1715. (Angekauft aus den Zinsen des Legates Josef Epstein.)

Ohrgehänge, Dukatengold, füllhornförmig, mit durchbrochener Filigranarbeit. Schlesien, Anfang 19. Jahrh.

Unedle Metalle:

Teller, Zinn, mit gegossenem Reliefdekor. In der Mitte ein Rundmedaillon mit der Auferstehung Christi. Auf dem flachen Rande zwölf hochovale Felder mit Engelsfiguren, die Leidensattribute tragen, dazwischen Renaissance-Ornamente und geflügelte Engelsköpfchen. Mit Stadtmarke von Nürnberg. Um 1620. (Angekauft aus den Zinsen des Legates Josef Epstein.)

Schraubflasche, Zinn, mit sechsseitigem Körper, darauf in Gravierung religiöse Darstellungen. Datiert 1690. Stadtzeichen von Glatz: gekrönter doppelschwänziger Löwe. Meisterzeichen: sechsblättrige Rosettenblume, darüber die Initialen CB = Carl Böhm, Meister seit 1660.

Teller, Zinn, mit Gravierung. In der Mitte ein laufender Hund; auf dem flachen, mit der Mitte in einer Ebene liegenden Rande barockes Blumen- und Blattwerk. Datiert 1707. Stadtmarke von Liegnitz: zwei gekreuzte Schlüssel. Meisterzeichen: Weintraube nebst den Initialen PL = Peter Lange, Meister von 1677—1699, bis 1712 ist die Witwe Langes Inhaberin der Werkstatt.

Schüssel, Zinn, mit Gravierung. In der Mitte sowie auf dem breiten flachen Rande Barockblumen. Datiert 1724. Stadtmarke von Löwenberg: geteilter Schild mit Adler und Löwe. Meisterzeichen: Rabe mit Ring nebst Initialen JJR = Johann Jeremias Rabe.

Schüssel, Zinn, mit Gravierung. In der Mitte Johannes d. Evang. in ganzer Figur, auf dem breiten flachen Rande um eine Wellenranke geordnete Barockblumen. Stadtmarke: Breslauer W. Meisterzeichen: ein Greif mit Stern nebst Initialen MB = Matthes Binner, Meister von 1694—1756.

Kokosnussbecher mit Zinnfassung, abgebildet auf S. 199. Auf dem Fusse die gravierte Inschrift: George Michael Dehne Schützen-Vater, Anno 1738. Stadtmarke: Breslauer W. Meisterzeichen: ein Greif mit Stern nebst Initialen MB = Matthes Binner.

Feuerbock in Form eines stilisierten Stieres, aus Eisen-Stäben und Bändern zusammengesetzt. (Geschenk des Herrn Lehrers Michael in Sagan.)

Kaminplatte, Gusseisen, mit Darstellung der Hochzeit zu Kana. Deutschland, 18. Jahrh. (Geschenk des Herrn Oberstabsarztes Dr. Coste.)

Presse für Siegeloblaten mit dem Breslauer Stadtwappenstempel, Eisen. Signiert: Albert Nicolaus Spiermann Stadtschlosser Anno 1730 den 23. Octobris. (Überwiesen vom Magistrat.)

Standuhr, vergoldete Bronze, auf der Vorderseite des Sockels in Lorbeerkränzen die Namen Voltaires, Dantes, Homers, Virgils und Tassos, neben der Uhr steht eine weibliche Figur in antikem Gewande, in der Linken eine Lyra, in der Rechten ein Plektrum haltend. Auf dem Zifferblatt die Signatur: Lepine hr du Roi.

Wanne, Kupfer, oval, mit Akanthusblattbordüre in getriebener Arbeit. Breslau, um 1700.

Plättmaschine für Rüschen, Messing. Ende 18. Jahrh. (Geschenk des Herrn Hermann Linke.)

Textiles:

Chorknabenjäckchen aus karminrotem Wollstoff mit hellblauem Besatz; in Farbe und Schnitt der Mode der Zeit des Dreissigjährigen Krieges entsprechend. Stammt aus der kath. Kirche von Zadel bei Frankenstein.

Kasel, Stola, Manipel, Bursa und Kelchvelum aus Brokatstoff mit grossem barockem Blatt- und Blumenmuster in Gold, Silber, Rot und Hellblau auf hellbraunem Grunde. 1. Hälfte 18. Jahrh. Stammt aus der kath. Kirche von Schlawa Kr. Freystadt NS.

Leinenkattunfleckchen, bedruckt mit gelbem und lilabraunem Muster. Gefertigt in Reichenberg in Böhmen. (Geschenk des Herrn Hauptmanns a. D. Höhne in Berlin-Grunewald.)

Tischdecken, drei Stück, Kattun mit Blaudruck und weiss ausgesparter Zeichnung, in der Mitte allerlei Kaffeegeschirr und Streublumen, eine datiert 1788, schlesisch.

Klingelzug mit einer bunt gewebten Bordüre aus Blumen, Blattwerk und Papageien. Entworfen und eigenhändig auf Jacquard-Maschine gewebt von dem Posamenten-Fabrikbesitzer Robert Scherff in Brieg, 1851.

Studentenkäppchen aus karminrotem Tuch mit einer Eichengirlande in Goldstickerei. Getragen in Breslau von Benno Höhne 1847—1849. (Geschenk des Herrn Hauptmanns a. D. Höhne in Berlin-Grunewald.)

Japan und China:

Schreibkasten (Suzuribako) aus Sugiholz mit stark hervortretender Maserung. Auf dem Deckel ein grosser Kormoran in schwärzlichem Lackrelief mit Perlmuttereinlage. Im Inneren des Deckels ein Schilfhalm in Gold- und Rotlack mit Blei- und Perlmuttereinlage und eine Künstlersignatur, die nach Angabe des Verkäufers „Teyosai" zu lesen ist.

Schreibkasten (Suzuribako) aus gelacktem Holze, schwarz mit Goldschüppchen. Auf dem Deckel eine grosse naturalistisch behandelte Vogelfeder in feinem Gold- und Silberlackrelief mit bräunlicher Schattierung. Im Innern des Deckels in getöntem Goldlack eine Landschaft, oben die silberne Scheibe des Mondes und neun goldene Sterne.

Räucherwerkdose (Kogo) in Form einer runden, flach gedrückten Frucht aus rotgelacktem Holze mit feiner Goldbestäubung, mit aufgemaltem Blattzweig in abgetöntem Goldlackrelief und gepflastertem Goldlackmuster.

Inro aus schwarzbraun gelacktem Holze, dreiteilig mit dem Brustbilde eines Priesters in bronzefarbener, goldener und tiefschwarzer Lackreliefmalerei; rückseitig ein grosses chinesisches Siegel in Rotlack, daneben eine Künstlersignatur in Goldlack.

Inro aus schwarz gelacktem Holze, zweiteilig, vorn ein Tuschstein auf rotem Untersatz und ein Glycinenzweig, rückseitig drei rote Libellen in Lackrelief. Signiert.

Büchse, helles Steinzeug, achtseitig, mit Chrysanthemumstauden und Schmetterlingen in buntfarbiger Schmelzmalerei. Lackdeckel. Alt-Satsuma.

Teekumme (Chawan) aus Rakuton, fleischfarben, mit weissgrauer durchscheinender Glasur.

Kessel, Bronze, mit einem aus den Wellen tauchenden Karpfen in Relief. Dazu ein bronzener Untersatz mit drei Füssen in Form von Wasserwogen. Signiert.

Modernes Kunstgewerbe:

Vase, Porzellan, kugelig, mit grau und rotbraun in senkrechten Streifen abschattierter Eiskristallglasur. Kgl. Porzellanmanufaktur Berlin.

Vase, Steinzeug, dunkel mit bronzefarbenem Lüster und hellgrünen Aderchen. Felix Massoul, Paris 1906.

Vasen, 2 Stück, eine aus blauem, die andere aus apfelgrünem Glase mit starkem Seidenglanz. Von Leopold Bauer in Wien.

Tischdecke aus rotbraunem Wollstoff, mit einem grossen Eichenlaubkranz aus verschieden getönten Seidenstoffen in Aufnäharbeit. Entworfen und ausgeführt von Margarete Trautwein, Breslau 1908. (Überwiesen vom Magistrat.)

VERMEHRUNG DER BIBLIOTHEK

Von wichtigeren Erwerbungen seien erwähnt: Gollmer, die vornehme Gastlichkeit im Hause — Danziger Barock — Zech, Heimische Bauweise in Sachsen und Nordböhmen — Conrad, das Leben Benvenuto Cellinis von ihm selbst geschrieben — Kick, Alt-Prager Architektur Detaile — Hefner-Alteneck, Ornamente der Holzsculpturen v. 1450—1820 — Friedländer, Grünewalds Isenheimer Altar — Braun, die Bronzen der Sammlung Guido van Rhó in Wien — Exhibition of the Faience of Persia and the nearer east — Zimmermann, die Erfindung und Frühzeit des Meissner Porzellans — Falke, das Rheinische Steinzeug — Kisa, das Glas im Altertum — Reisner, the early dynastic cemeteries of Naga-ed-Dêr — Haupt, die älteste Kunst insbesondere die Baukunst der Germanen.

Von Zeitschriften wurden neu angeschafft: Der Kunstwart — Schlesien — Schlesische Heimatblätter und als Geschenk der bremischen Sammlungen kam das Jahrbuch der bremischen Sammlungen hinzu.

Von Kunstdenkmäler-Inventaren wurde die Kunstdenkmäler der Provinz Brandenburg gekauft.

Herr Julius Brann schenkte die ersten fünf Veröffentlichungen der Graphischen Gesellschaft, der Schlesische Altertumsverein mehrere prähistorische Bücher und der Kunstgewerbeverein für Breslau und die Provinz Schlesien die Fortsetzung des Werkes: Tafeln zur Geschichte der

Möbelformen und Masterpieces selected from the Korin School Vol. IV und V. Der Magistrat überwies 7 Blatt der Folge „Der Bauernkrieg" von Käthe Kollwitz.

In der Studienblättersammlung wurden besonders vermehrt die Ansichten der schlesischen Kunstdenkmäler, die schlesischen Porträts und die japanischen Holzschnitte. Es wurden u. a. Blätter von Kiyonaga, Sharaku, Utamaro, Toyokuni u. Hokusai erworben, um diese jetzt schon recht ansehnliche Sammlung allmählich so abzurunden, dass sie ein geschlossenes Bild des japanischen Holzschnitts in seinen besten Leistungen gibt. Eine Federzeichnung, wahrscheinlich von Mathäus Merian, die Vorlage zum Titelblatt von Daniel von Czepkos „Gynaeceum Silesiacum" vom Jahre 1626 wurde für die einzurichtende Abteilung „Schrift und Druck" gekauft.

Geschenke für die Bibliothek gingen ein von: Museumsdirektor Dr. E. W. Braun, Troppau — Professor Dr. Bruck — Dr. Buchwald — Fräulein Eisner — Hofjuwelier E. Frey — Buchbindermeister Gleisberg — Grass, Barth & Co. — Museumsdirektor Hagelstange, Cöln — Museumsdirektor Professor Dr. J. Hampel, Budapest — Harzverein, Wernigerode — Dr. Heierli, Zürich — Dr. W. Heller — Dr. E. Hintze — Geheimrat Höfken, Wien — Hauptmann Höhne, Berlin — Pfarrer L. Hoffrichter, Ober-Glogau — Geistlicher Rat Professor Dr. Jungnitz — Gebr. Kingspor, Offenbach — Kgl. Universitätsbibliothek Breslau — Kunstgewerbemuseum, Düsseldorf — Kunstgewerbeverein, Hanau — Kunstsammlung, Basel, — Kgl. Kunst- u. Kunstgewerbeschule, Breslau — Landesgewerbemuseum, Stuttgart — Direktor Professor Dr. Masner — Museum, Flensburg — Museum, Münster i. W. — Museum, Salzburg — Geheimrat Prof. Dr. Neisser — Professor Dr. Nentwig — Geheimer Regier.-Rat Professor Dr. Schulte — Rentier Paul Sommé — Städelsches Kunstinstitut Frankfurt a. M. — Maler E. Weinreich — Buchhändler Wohlfahrt.

Die Ausgaben betrugen 6006,73 Mk. Ein Teil dieser Ausgaben, insbesondere für prähistorische Bücher und deren Einbände, wurde aus der in diesem Jahre in Kraft getretenen Wilhelm Grempler-Stiftung bestritten.

AUSSTELLUNGEN

Pluviale, zum Priesterjubiläum des Geistl. Rats Schmidt gestiftet von der Gemeinde zu St. Vincenz, Entwurf und Ausführung von Frau Langer-Schlaffke in Breslau
Entwürfe für einen Umschlag der Zeitschrift Schlesien
Wander-Ausstellung von Nadelarbeiten zur Anregung für den Handarbeits-Unterricht in Mädchenschulen, veranstaltet vom Kgl. Kunstgewerbemuseum in Berlin
Entwürfe für ein Diplom des Breslauer Detaillistenvereins zur Prämiierung von Schaufenster-Dekorationen
Entwürfe und Baupläne von Prof. Werdelmann, Direktor der Kunstschule in Barmen
Goldschmiedearbeiten aus Pforzheim, ausgestellt vom dortigen Kunstgewerbeverein
Gewinne für die Weihnachtsverlosung des Kunstgewerbevereins
Kunstgewerbliche Entwürfe von Georg Rasel in Breslau — Kunstgewerbliche Arbeiten von Gräfin York von Wartenberg, geb. Gräfin Kalckreuth, auf Schloss Kl.-Öls — von Frau Maria Hamburger in Neukirch — von Frau Dr. Dissel in Hamburg — von Artur Wenisch, Richard Schider und Max Nierle in Breslau
Austellung der Deutschen Gartenstadt-Gesellschaft
Künstlerische Porträt-Photographien von Fräulein Reichelt in Breslau
Glasmalereien der Firma Ad. Seiler in Breslau
Entwürfe und ausgeführte Goldschmiedearbeiten von Professor Riegel in Darmstadt
Schülerarbeiten der Fortbildungsschule und der achten Volksschulklasse in München
Entwürfe zu einem Titelkopf für das Organ des Verbandes Deutscher Kunstgewerbezeichner
Erwerbungen des Museums im Etatsjahre 1908/9.

VORTRÄGE

In diesem Jahre wurde ein Vortragszyklus aus verschiedenen Gebieten der modernen Kunst und Kunstpflege mit folgendem Programm abgehalten:

26. Februar 1909: Dr. Karl Schaefer, Bremen: der Kaufmann als Vermittler zwischen Kunst und Publikum

5. März 1909: Hans Kampffmeyer, Karlsruhe i. B.: die Gartenstadtbewegung
12. März 1909: Otto Grautoff, Paris: der Bildhauer Rodin
19. März 1909: Professor Dr. Franz Seeck, Berlin: die Grabmalkunst der Gegenwart.

KAISER FRIEDRICH-STIFTUNGSFONDS

Für ein Umschlagblatt der Zeitschrift „Schlesien", die vom 1. Oktober 1908 ab als Zeitschrift des Kunstgewerbevereins für Breslau und die Provinz Schlesien erscheint, wurde von der Direktion des Museums ein Wettbewerb aus Mitteln des Kaiser Friedrich-Stiftungsfonds ausgeschrieben. Es liefen 80 Entwürfe ein, von denen die Jury vier durch Preise auszeichnete. Den 1. Preis (300 Mk.) erhielt Herr Max Schwarzer, Breslau, den 2.—4. Preis (je 50 Mk.) der Reihe nach die Herren Walenty Zietara, Breslau, Paul Hampel, Breslau und Artur Schmidt, Weimar.

STIFTUNG VON GELDBETRÄGEN UND VERMÄCHTNISSE

Die Söhne der 1908 verstorbenen Frau Rentiere Bertha Schottländer in Breslau stifteten den Betrag von 1200 Mk. für den Ankauf eines Kunstgegenstandes zum Andenken an ihre Mutter. Es wurde dafür ein grösseres Gemälde von Max Wislicenus, darstellend die jetzt abgebrochene alte Werderbrücke, erworben, das nunmehr den glanzvollen Mittelpunkt moderner Bilder in der Abteilung Alt-Breslau bildet (vgl. S. 257). Der am 5. Juli verstorbene Hofmalermeister Hans Rumsch hinterliess dem Museum ein Legat von 2000 Mk. Zur Vermehrung der Sammlungen stiftete Herr Stadtverordneter Adolf Friedenthal den Betrag von 700 Mk. Frau Jenny Schlesinger in Gleiwitz spendete, wie alljährlich, 20 Mk.

STATUT FÜR DIE WILHELM GREMPLER-STIFTUNG

Der am 8. Januar 1907 zu Breslau verstorbene Geheime Sanitätsrat Professor Dr. med. et phil. Wilhelm Grempler hat inhalts des von ihm unter dem 22. Dezember 1903 errichteten Testaments die Stadtgemeinde Breslau zu seiner alleinigen Erbin mit der Verpflichtung eingesetzt, aus seinem Nachlass nach Abzug der im Testament und einem dazu gehörigen Nachzettel bezeichneten Vermächtnisse und Ausgaben eine Stiftung unter dem Namen Wilhelm Grempler-Stiftung zu errichten.

Die Stadtgemeinde Breslau hat zur Annahme dieser Zuwendung die landesherrliche Genehmigung durch Allerhöchsten Erlass vom 16. August 1907 erhalten.

Der Magistrat in Vertretung der Stadtgemeinde Breslau errichtet für die zu begründende Wilhelm Grempler-Stiftung nach den in dem obengenannten Testament getroffenen Bestimmungen des Testators folgendes Statut:

§ 1.

Die Wilhelm Grempler-Stiftung hat den Zweck, die wissenschaftlichen Aufgaben des Schlesischen Museums für Kunstgewerbe und Altertümer, ganz besonders aber der vorgeschichtlichen Abteilung dieses Museums, zu fördern.

§ 2.

Die Stiftung wird unter der gesetzlichen Oberaufsicht der Staatsbehörden von den städtischen Behörden zu Breslau durch eine besondere, nach § 4 des Testaments einzusetzende Verwaltungs-Deputation (Stiftungsvorstand) verwaltet. Die rechtliche Vertretung der Stiftung erfolgt durch den Magistrat.

§ 3.

Der Stiftungsvorstand besteht aus:
1. dem jedesmaligen Oberbürgermeister der Stadt Breslau oder einem von ihm ernannten Magistratsmitgliede,
2. den jedesmaligen Direktoren des Schlesischen Museums für Kunstgewerbe und Altertümer,
3. dem Vorstande des Schlesischen Altertumsvereins zu Breslau.

§ 4.

Das Vermögen der Stiftung ist vom übrigen Vermögen der Stadtgemeinde getrennt zu halten und darf nicht veräussert werden. Für seine Verwaltung sind die gesetzlichen Vorschriften über das Vermögen milder Stiftungen und die Vorschriften dieses Statuts massgebend. Die Vereinnahmung und Verausgabung der Zinsen des Vermögens wird im Etat und der Jahresrechnung des Schlesischen Museums für Kunstgewerbe und Altertümer nachgewiesen.

§ 5.

Über die Verwendung der Zinsen beschliesst der Stiftungsvorstand nach den §§ 1 und 6 dieses Statuts. Ersparte Zinsen können zum Kapital geschlagen werden.

§ 6.

Die Zinsen sind wie folgt zu verwenden:
1. vor allem zu Ankäufen für das Museum, die Sammlungen, die Bibliothek, zur Deckung der Kosten für Ausgrabungen und dergleichen.

    Die angeschafften Gegenstände sollen die Aufschrift tragen: „Erworben aus der Wilhelm Grempler-Stiftung" —
2. zur Bewilligung der Mittel zu Studienreisen der Museumsbeamten,
3. soweit Mittel vorhanden sind, auch zu anderen Ausgaben, die dem Stiftungszweck entsprechen, insbesondere zu Veröffentlichungen aus dem Gebiete der schlesischen Altertumskunde.

    Für alle diese Bewilligungen kommt in erster Reihe die vorgeschichtliche Abteilung des Museums in Betracht. Mindestens sollen ihr stets zwei Drittel der verfügbaren Mittel zugute kommen.

§ 7.

Bei einer etwaigen Teilung des Schlesischen Museums für Kunstgewerbe und Altertümer tritt derjenige Teil des Museums in den Genuss der Stiftung, dem die vorgeschichtlichen Sammlungen überwiesen werden.

Breslau, den 26. Oktober 1907.

Der Magistrat hiesiger Königl. Haupt- und Residenzstadt.

Dr. Bender   Milch

Vorstehende Bestimmungen sind von der Stadtverordneten-Versammlung am 5. Dezember 1907 genehmigt worden (Prot.-Buch Nr. 1277).

Eine Genehmigung von Stiftungsaufsichtswegen kommt nach der Entscheidung des Königl. Regierungs-Präsidenten zu Breslau vom 28. März 1908 — I B. IV. Nr. 790 — nicht in Frage, „da das Kapital, das der Stadtgemeinde letztwillig vermacht ist und unter der Verwaltung des Magistrats steht, keine selbständige, sondern eine sogenannte uneigentliche Stiftung ist", d. h. also ein Zweckvermögen der Stadt Breslau.

Breslau, den 1. Mai 1908.

Der Magistrat hiesiger Königl. Haupt- und Residenzstadt.

G. Bender   Trentin   Milch

BESUCH DER SAMMLUNGEN UND DER BIBLIOTHEK

A. BESUCH DER SAMMLUNGEN

Monat	Anzahl der Besuchstage	Grösste Besucherzahl an einem Tage	Geringste Besucherzahl	Gesamtzahl der Besucher
April 1908	28	1 023	72	7 696
Mai	30	548	48	5 057
Juni	29	863	55	4 687
Juli	31	417	78	5 297
August	31	824	74	7 345
September	30	709	62	5 263
Oktober	31	1 182	66	7 201
November	29	554	42	4 179
Dezember	30	830	22	4 570
Januar 1909	30	477	53	3 523
Februar	28	522	55	3 941
März	31	645	59	5 528
zusammen	358			64 287

Die grösste Besucherzahl hatte das Museum am 31. Oktober mit 1182, die kleinste am 24. Dezember mit 22 Personen.

Korporative Besuche:

25. Juni die Präparandie Myslowitz — 27. Juni eine Schule aus Oels — 29. Juni die Keramische Fachschule in Bunzlau — 30. Juni eine Klasse der v. Zawadzkyschen höheren Mädchenschule — 20. Juli der Gewerbeverein in Dyhrenfurth — 2. September die Schulen aus Steine und Waldenburg — 3. September das Lehrerinnen-Seminar in Brieg — 5. September die Joachimsthalsche höhere Mädchenschule — 30. September eine Klasse der Charlottenschule — 6. Oktober Mitglieder der Hauptversammlung des Deutschen Frauenvereins — 1., 8. u. 14. November Gruppen des Humboldt-Vereins — 11. November eine Klasse der ev. Volksschule Nr. 33 — 13. November, 5. u. 19. Dezember eine Klasse der Handwerkerschule in Breslau — 8. Dezember eine Klasse der Charlottenschule in Breslau — 28. u. 29. Dezember zwei Klassen der Mädchenschule Nr. 78 — 5. bis 9. Februar die oberen Klassen des Johannes-Gymnasiums — 10. Februar eine Klasse der Volksschule Nr. 50 — 15. Februar eine Klasse der Volksschule Nr. 2 — 27. Februar eine Klasse der Handwerkerschule — 1. März je eine Klasse der Schulen Nr. 15 u. Nr. 73 — 4. März eine Klasse der Schule Nr. 79 — 8. März die oberen Klassen der Katharinen-Mädchenschule — 11. März das Pensionat Beauvais & Lentze — 18. März eine Klasse der Knabenschule Nr. 77 — 20. März eine Klasse der Handwerkerschule und eine Klasse der Kgl. Kunst- und Kunstgewerbeschule — 24. März Höhnsches Pensionat — 26. März je eine Klasse der ev. Mädchenschule Nr. 4 und der ev. Knabenschule Nr. 49 — 27. März eine Klasse der Kgl. Kunst- und Kunstgewerbeschule — 30. März eine Klasse der ev. Mädchenschule Nr. 54.

B. BESUCH DER BIBLIOTHEK

im April . . 354	Juli . . . 216	Oktober . 297	Januar . . 391
Mai . . . 195	August . . 223	November. 440	Februar . 400
Juni . . . 193	September 225	Dezember. 337	März . . 439

zusammen 3710

Die Bibliothek war vom 1. Mai bis 30. September in den Abendstunden und vom 10.—17. Oktober wegen Verlegung des Bücherdepots vollständig geschlossen.

DIE MUSEUMS-DEPUTATION UND DAS BUREAU

Hans Rumsch †

Am 5. Juli 1908 entriss ein jäher Tod das Mitglied der Verwaltungsdeputation Hofmalermeister Hans Rumsch im Alter von noch nicht 53 Jahren einem arbeitsfrohen Schaffen. Rumsch war 15 Jahre Vorsitzender des Breslauer Kunstgewerbevereines. In dessen Namen und Auftrag beteiligte er sich eifrig an den Bestrebungen, die zur Gründung des Kunstgewerbemuseums führten. Der Museumsdeputation gehörte er seit ihrer Einsetzung an als eines der Mitglieder, die von der Stadverordneten-Versammlung aus den Kreisen der Bürgerschaft gewählt werden. So brachten ihn doppelte Beziehungen in Verbindung mit der Museumsdirektion, und aus ihnen erwuchs, dank der von Rumsch bewiesenen Einsicht, ein mustergültiges Verhältnis zwischen Museum und Kunstgewerbeverein. Äusserlich fand es darin seinen Ausdruck, dass der Kunstgewerbeverein seine regelmässigen Veranstaltungen, die Sitzungen des Ausschusses, die Mitgliederversammlungen und Vorträge, in das Museum verlegte, in der Sache offenbarte es sich in einem von Erfolgen reich gekrönten Zusammenarbeiten. In diesen neun Jahren stellte Rumsch den Verein auf neue Grundlage, indem er ihn auch den Kunstfreunden erschloss, was die Mitgliederanzahl auf mehr als das Doppelte erhöhte, eröffnete er für den produzierenden Teil der Mitglieder durch die Einführung der alljährlich stattfindenden Verlosung von kunstgewerblichen Arbeiten ein dankbares Arbeitsfeld, veranstaltete er die bedeutende Sonderausstellung des Vereins mit dem Einfamilienhause auf der Ausstellung der Handwerkskammer für den Regierungsbezirk Breslau des Jahres 1904 und gründete er schliesslich in der Zeitschrift „Schlesien" ein eigenes, längst gewünschtes Organ des Vereins. Rumsch hat sich in der Geschichte der Kunstarbeit in unserer Stadt und Provinz ein rühmliches Andenken gesichert als ein Mann von weitem Blick, von grösster Regsamkeit und mächtiger Energie in der Durchführung des Gewollten, der sich seine Mitarbeiter vertrauensvoll fügen durften. Sein stetes Interesse an unserem Museum hat er noch dadurch bewiesen, dass er ihm ein Legat von 2000 Mk. zur Vermehrung der Sammlungen aussetzte.

Hugo Milch †

Am 20. März 1909 verstarb in Wölfelsgrund, wo er vergebens Linderung seiner Leiden gesucht hatte, Stadtrat und Bankdirektor Hugo Milch im 73. Lebensjahre. Er war Mitglied der Verwaltungsdeputation und Magistratsdezernent für das Museum seit dessen Gründung, seit dem Oktober 1907 führte er auch den Vorsitz in der Deputation. Als unser Institut vor zehn Jahren ins Leben trat, konnte es keinen geeigneteren Dezernenten als Stadtrat Milch erhalten. Sein Einfluss im Magistrate, die wohlüberlegte, ruhige und entschiedene Art, mit der er die Interessen des Museums vertrat, und vor allem seine grosszügige Auffassung von dessen Aufgaben haben dem neuen Institute, das vielfach noch als ein Kulturluxus betrachtet wurde, bei den städtischen Behörden Ansehen und die Basis zu gesunder Entwicklung zu verschaffen gewusst. Und wie der Verstorbene unablässig die Stellung des Museums nach aussen hob, festigte er auch die Stellung der Museumsleitung. Seine vornehme Gesinnung verschmähte das System der Bevormundung im Grossen und Kleinen, jede Art von Bureaukratismus und setzte an ihre Stelle das Vertrauen. Mit diesen zwei Grundsätzen, die ihm für sein Dezernat unwandelbar massgebend blieben, war er der vorbildliche Museumsdezernent und wird es bleiben. Und so wird über uns hinaus, die wir ihn liebten und verehrten, auch in Zukunft das Museum seine Verdienste als grundlegend und dauernd in lebendiger Erinnerung bewahren müssen. Ein anderes schönes Denkmal hat er sich dadurch gesetzt, dass er für das Museum ein Legat von 15000 Mk. aussetzte, dessen Zinsen zur Vermehrung der Sammlungen verwendet werden sollen.

An Stelle des verstorbenen Deputations-Mitgliedes Hans Rumsch wählte die Stadtverordneten-Versammlung Herrn Dr. jur. Paul Heimann. Zum Hauskurator wurde Herr Prof. Poelzig gewählt.

Dem I. Direktor Prof. Dr. Masner wurde am 15. August 1908 der rote Adlerorden IV. Klasse verliehen. Der II. Direktor Dr. Seger erhielt am 24. Dezember den Titel Professor.

Stadtrat Hugo Milch

Delug pinxit Heliogravure Meisenbach, Riffarth & Co.

SCHLESISCHER ALTERTUMSVEREIN

Ehrenplakette
des Schlesischen Museums für Kunstgewerbe und Altertümer
und des Schlesischen Altertumsvereines,
entworfen von Theodor von Gosen

OSKAR MERTINS †

Am 14. Mai 1909 starb in Breslau der Oberlehrer der neueren Sprachen Prof. Dr. Oskar Mertins. Geboren am 17. Juli 1858 in Pillau (Ostpreussen), studierte er in Berlin und Strassburg, legte sein Probejahr in Tilsit ab und wurde 1884 in Breslau zuerst an einer Realschule, später am Gymnasium zum Heiligen Geist angestellt. 1888 trat er in unseren Verein, von dessen Arbeitsfeldern ihn namentlich das Gebiet der Urgeschichtsforschung mächtig anzog. Als erste Frucht seiner Studien erschien 1891 eine kleine Schrift, „Die hauptsächlichsten prähistorischen Denkmäler Schlesiens". Sie war die erste auf moderner wissenschaftlicher Grundlage beruhende Darstellung der schlesischen Vorgeschichte. Es folgten eine Reihe speziellerer Arbeiten in der Zeitschrift „Schlesiens Vorzeit": „Spuren des diluvialen Menschen in Schlesien und seinen Nachbargebieten" (1894) — „Depotfunde der Bronzezeit in Schlesien" (1896) — „Kupfer- und Bronzefunde in Schlesien" (1898) — Nachträge dazu (1899) — „Zwei Gräberfelder der Bronzezeit" (1899) — „Steinzeitliche Werkzeuge und Waffen in Schlesien" (1904). Alle diese Arbeiten zeichnen sich durch eindringende Behandlung des Stoffes, vorsichtiges Urteil und ein feines Gefühl für chronologische Unterschiede aus. Im Jahre 1895 erhielt er vom Vorstande den Auftrag, eine neue Bearbeitung seiner „Prähistorischen Denkmäler" vorzunehmen. Er entledigte sich dieser Aufgabe binnen Jahresfrist. Sein „Wegweiser durch die Urgeschichte Schlesiens" (1906) erfüllte die Forderung, ebenso populär wie wissenschaftlich zu sein, in mustergültiger Weise und fand solchen Anklang, dass noch im Erscheinungsjahre eine zweite Auflage nötig wurde.

Aber nicht bloss auf wissenschaftlichem Gebiete, auch für alle anderen Interessen des Vereins hat sich Mertins jederzeit als eine seiner festesten Stützen bewährt. Dem Vorstande gehörte er seit 1894 an, von 1902 bis 1907 leitete er in Vertretung Gremplers die Geschäfte des Vorsitzenden. Ein frisches liebenswürdiges Wesen, Lauterkeit der Gesinnung und Treue gegen seine Freunde, selbstlose Bescheidenheit und mannhaftes Eintreten für seine Überzeugung waren seine hervorstechendsten Charaktereigenschaften. In den letzten Jahren lähmte ein schleichendes Nierenleiden seine Schaffenskraft und zwang ihn, sich von allen Nebenämtern und seinen Lieblingsstudien zurückzuziehen. Umsonst suchte er im Süden Heilung. Er kehrte als Sterbender zurück und hauchte bald darauf sein Leben aus. Sein Name wird in den Annalen der schlesischen Altertumskunde einen ehrenvollen Platz behaupten.

H. S.

TÄTIGKEITSBERICHT FÜR DAS JAHR 1906/7

Die von 28 Mitgliedern besuchte Generalversammlung fand am 30. April statt. Sie nahm den Verwaltungs- und Kassenbericht entgegen und genehmigte den Etat für das neue Rechnungsjahr. Hierauf wurde in die Beratung der vom Vorstande beantragten Änderungen der Satzung eingetreten, welche einstimmig angenommen wurden. Der Vorstand wurde beauftragt, die obrigkeitliche Genehmigung zu erwirken. Bej der Neuwahl des Vorstandes wurde an Stelle des Königl. Kammerherrn und Rittmeisters a. D. Herrn von Köckritz, der aus Gesundheitsrücksichten zurückzutreten wünschte, der prakt. Arzt Herr Dr. Georg Lustig, im übrigen der alte Vorstand wiedergewählt. Nach Erledigung der geschäftlichen Tagesordnung besprach Herr Direktor Dr. Seger eine Anzahl neolithischer Funde der jüngsten Zeit, Herr Prof. Dr. Masner neue Erwerbungen des Museums.

Die neue Satzung wurde von dem Herrn Oberpräsidenten der Provinz Schlesien unter dem 11. Juli 1906 genehmigt. Sie ist den Mitgliedern mit dem IV. Bande der Zeitschrift zugegangen.

Bei der XXXVII. allgemeinen Versammlung der Deutschen anthropologischen Gesellschaft, die vom 5. bis 10. August in Görlitz stattfand, und bei der Hauptversammlung des Gesamtvereins der deutschen Geschichts- und Altertumsvereine, die vom 24. bis 28. September in Wien tagte, war der Verein durch seinen Sekretär vertreten.

Im Wintersemester fanden sechs Vereinssitzungen statt. Vorträge hielten:

am 12. November die Herren Dr. Buchwald und Dr. Lustig: Die geplante Ausgrabung des Vinzenzklosters auf dem Elbing;

am 3. Dezember Herr Gerichtsassessor Schlawe: Das grosse preussische Wappen, ein Abbild der preussischen Geschichte;

am 21. Januar Herr Geh. Regierungsrat Prof. Dr. Wilhelm Schulte: Die Anfänge des Breslauer Dombaus, ein Beitrag zur ältesten Geschichte der Stadt Breslau;

am 4. Februar Herr Dr. Ernst Brandenburg aus Berlin über seine archäologischen Reisen in Kleinasien;

am 25. Februar Herr Univ.-Prof. Dr. Bruno Meissner: Sumerier und Semiten in Babylonien;

am 18. März Herr Prof. Dr. Masner: Neue Sammlungsgruppen des Museums.

Die Sitzungen am 4. und 25. Februar waren gemeinsam mit der Gesellschaft Orient und Occident.

Als Ziel der Wanderversammlung waren diesmal zwei Städte gewählt und dementsprechend die Dauer des Ausfluges auf zwei Tage ausgedehnt worden. Am Nachmittage des 19. Mai führte der Zug etwa 30 Herren und Damen aus Breslau, die unterwegs durch weitere Teilnehmer verstärkt wurden, durch das im üppigsten Frühlingsschmuck prangende Katzbachtal nach Löwenberg, wo Herr Apotheker Zwirner an der Spitze des Ortskomitees die Gäste freundlich begrüsste. Nach kurzer Rast ging es an die Besichtigung des beflaggten Rathauses, und um 7¼ Uhr begann in dem von Einheimischen und Fremden dichtgefüllten Stadtverordnetensaale die Festsitzung. Nach Austausch freundlicher Begrüssungen durch Bürgermeister Klau und den Vereinsvorsitzenden Prof. Dr. Mertins legte dieser kurz die Ziele dar, die der Altertumsverein verfolgt, und bat um rege Unterstützung dieser idealen Bestrebungen.

Sodann hielt Herr Dr. Seger einen Vortrag über das Löwenberger Münzwesen, das bis ins 13. Jahrhundert zurückreicht und mit den Prägungen der Kipper- und Wipperzeit sein Ende findet. Redner schloss seinen durch vergrösserte Abbildungen erläuterten Vortrag mit dem Wunsche, dass aus Anlass des 700jährigen Stadtjubiläums eine künstlerisch wertvolle Denkmünze hergestellt werden möchte.

Hierauf sprach Herr Prof. Dr. Masner über das Rathaus. Der alte Bau ist während der Jahre 1522—29 nach Osten hin fortschreitend ausgeführt worden, in einer noch schwer mit der gotischen Tradition ringenden, derben und saftigen Frührenaissance; die oberen Teile, durch die Jahreszahl 1596 am Erker der Südfassade datiert, zeigen den allmählichen Fortschritt einer klareren und reineren Renaissance. Diese Bauteile von allerhand störenden und kleinlichen Zutaten, namentlich im Innern, befreit und in ihrer charakteristischen Form wieder zur Geltung gebracht zu haben, ist das Verdienst des Direktors der Breslauer Kunstschule, Prof. Pölzig. Mächtig entfalten sich jetzt im Stadtverordnetensaal, im grossen Flur und anderen Räumen wieder die kunstvollen „Reihungen" der tief ansetzenden gotischen Gewölbe, welche für diese Übergangszeit der schlesisch-sächsischen Frührenaissance so bezeichnend sind. Aber der Wiederhersteller tat noch mehr: er hat an das pietätvoll erhaltene alte Gebäude einen Erweiterungsbau angefügt, der sich offen und ehrlich als neu bekennt und doch in seiner künstlerischen Stimmung und Wirkung mit dem Alten harmonisch zusammengeht. Das Archaisieren der früheren Restaurationstechnik, das doch niemals zu einem überzeugenden Resultat führen konnte, ist hier aufgegeben. Die ganze Nordfront des Rathauses, die früher durch angebaute kleine Wohnhäuser verdeckt war, hat der Architekt selbständig umgestaltet. Eine offene Halle im Erdgeschoss, ein im Halbrund vorspringendes neues Treppenhaus, im Innern von besonders schöner, kräftig-einfacher Wirkung, das mächtig rote Ziegeldach, welches so glücklich das gesamte Aussenbild zusammenschliesst, sind Neuschöpfungen des Architekten, die ohne Altertümelei sich doch feinfühlig dem Geiste und der Stimmung des alten Baues anschmiegen. Löwenberg hat, dank dem einsichtsvollen Verhalten seiner städtischen Behörden, dem Schaffen des Künstlers gegenüber, den Ruhm gewonnen, nächst Breslau das schönste Rathaus in Schlesien sein eigen zu nennen. Mit einer poetischen Schilderung des Eindrucks, den der Ring zu Löwenberg mit seinen alten Giebelhäusern, dem Rathause und dem plätschernden Marktbrunnen in einer stillen Mondnacht auf den empfänglichen Beschauer hervorruft, schloss der Redner seinen Vortrag, der in der Schles. Zeitung vom 24. Mai in extenso wiedergegeben ist. — Dann vereinigte eine festliche Tafelrunde von etwa 60 Personen im Saale des alten Hotel du Roi bei trefflichster Verpflegung die Breslauer und Löwenberger Herren und Damen. Sie wurde durch ernste und launige Reden der Herren Mertins, Klau, Pölzig, Seger, Zwirner und Oberbürgermeister Dr. Bender, zuletzt auch durch einige allgemeine Lieder gewürzt und erreichte erst lange nach Mitternacht ihr Ende.

Trotzdem waren am Sonntag Morgen alle rechtzeitig zur Stelle, um unter Führung der Löwenberger Herren die Pfarrkirche, die zum grossen Teil noch erhaltenen Stadtmauern und das wohlgeordnete Museum zu besichtigen und dann einen Spaziergang nach den schönsten Punkten der „Löwenberger Schweiz" zu unternehmen. Um 11 Uhr vereinigte sich alles unter den Klängen der Stadtkapelle im Restaurant des „Buchholzes", angesichts der auf hohem Sockel ins Land schauenden Rauchschen Blücherbüste, die an den hier erfochtenen Sieg des Marschall Vorwärts (30. August 1813) erinnert. Nach 12 Uhr führte uns dann der Zug zurück nach Goldberg, der herrlich gelegenen alten Bergstadt, wo sich Nachzügler aus Breslau und Liegnitz anschlossen und Bürgermeister Riegner an der Spitze der dortigen Altertumsfreunde die Gesellschaft willkommen hiess. Nach einem Gange um die Promenade und Besichtigung einiger interessanter alter Bürgerhäuser am Obermarkt fand im Hotel zu den drei Bergen das Mittagessen statt. Hieran schloss sich die Besichtigung der alten Pfarrkirche, einer der schönsten und bedeutendsten Raumschöpfungen der schlesischen Frühgotik. Das Innere, gänzlich übertüncht und durch einen wertlosen Barockaltar sowie dürftige Emporeneinbauten entstellt, verlangt dringend nach der Hand eines so geschickten Restaurators, wie es Herr Prof. Pölzig für das Löwenberger Rathaus geworden ist. In Vertretung des abwesenden Herrn Pastor prim. Guhr hatte Herr Pastor Reichert die Güte, einige erläuternde Ausführungen zu geben. Er geleitete die Versammelten auch zu der inmitten des herrlich gelegenen Friedhofes auf dem Kavalierberge sich erhebenden Nikolaikirche, ihrer Anlage nach gleichfalls eine feine Schöpfung der Frühgotik, aber durch eine entsetzliche Restauration des 19. Jahrhunderts aller Raumwirkung beraubt. Dann pilgerte man zu dem nahen Bürgerberge mit seinen ausgedehnten Anlagen, seiner schönen Aussicht auf die Stadt und das Riesengebirge. Dort verflog den Gästen im Zusammensein mit ihren liebenswürdigen Goldberger Wirten die Zeit nur allzu schnell bis zum Abgange des Zuges. Eine der anregendsten, genussreichsten und fröhlichsten Wanderfahrten, die der Altertumsverein je unternommen, hatte ihr Ende erreicht!

Unter den Ausgrabungen dieses Jahres beanspruchte die der neolithischen Ansiedelung auf dem Bischkowitzer Berge bei Jordansmühl wiederum die längste Zeit. In der Zeit vom 9. Juli bis 18. August wurden die Wohngruben 55—72 und die Gräber 45—51 aufgedeckt und eine grosse Anzahl grösstenteils bandkeramischer Fundstücke gesammelt. Ein Seitenstück zu dieser Ansiedelung verspricht die Fundstelle von Gleinitz Kr. Nimptsch zu werden, wo bei einer Versuchsgrabung am 30. und 31. August ausser einigen slavischen Wohnplätzen auch eine bandkeramische Kulturschicht mit höchst interessantem Scherbenmaterial aufgedeckt wurde. Ein dritter Fundort dieser Art wurde am 20. April in Nosswitz Kreis Glogau untersucht. Hier fanden sich in zwei benachbarten Wohngruben ausser Stein- und Knochengeräten zahlreiches Topfgeschirr teils mit Volutenband-Verzierung, teils mit einer an norddeutsche Gruppen erinnernden Ornamentik. Der Zeit der Schnurkeramik gehören die Funde von Landau Kr. Neumarkt (12. und 17. April, Schlesiens Vorzeit N. F. IV) und vom Gabitzwege bei Breslau (September bis Oktober) an. Sicher neolithisch, aber ihrer genaueren Zeitstellung nach noch ungewiss, sind auch einige auf dem neuen Rennplatze bei Hartlieb Kr. Breslau gemachte Funde (Juni bis Juli).

Aus der I. Periode der Bronzezeit stammen die Hockergräber bei Gleinitz Kr. Glogau (22. bis 29. April, Schlesiens Vorzeit N. F. IV) und ein beigabenloses, aber durch die starke Beugung der Beine charakterisiertes Skelett aus Hünern Kr. Trebnitz (1. Oktober).

In die ältere Bronzezeit fallen Brandgräber mit Buckelgefässen und Wohnstättenfunde aus Ölschen Kr. Steinau (14. April und 20. September), ferner ein Flachgrab und mehrere Hügelgräber aus Cosel Kreis Sagan (20.—21. Juni) sowie zwei flache Brandgräber und ein grosses Hügelgrab mit Körperbestattung in Schwentnig Kr. Nimptsch (September). In Ober-Johnsdorf Kr. Nimptsch wurde ein bronzezeitlicher Wohnplatz aufgedeckt (3.—4. September). Von Urnenfriedhöfen der jüngeren Bronze- und der Hallstattzeit erheischte der schon mehrfach durchforschte von Porschwitz Kr. Steinau infolge der gänzlichen Abtragung des betreffenden Hügels eine längere Ausgrabung. Sie begann am 5. März und zog sich noch in das nächste Verwaltungsjahr hinein. Das Gräberfeld von Cantersdorf Kr. Brieg wurde von Lehrer Gebhardt daselbst, das von Gleinitz und Denkwitz Kr. Glogau von Lehrer Mik im Auftrage des Vereins eingehend untersucht. Kleinere Ausgrabungen erfolgten in Mochau, Zülz und Deutsch-Rasselwitz Kr. Neustadt O./S. (April und September); Kostenthal Kr. Cosel O./S. (5.—12. September); Herrnstadt Kr. Guhrau (4.—7. September), Herrnprotsch Kr. Breslau (19. September) und Plagwitz Kr. Löwenberg (12. bis 15. September).

La Tènefunde ergaben die Ausgrabungen bei Mochau Kr. Neustadt O./S. (5.—6. April) und Hartlieb bei Breslau (November), eine Siedelung der römischen Periode wurde bei Dankwitz Kr. Nimptsch weiter durchforscht (27.—29. August). Der slavischen Zeit gehören Wohnplatzfunde aus Gleinitz und Schwentnig Kr. Nimptsch (August bis September) und ein grösseres Reihengräberfeld in Kottwitz Kreis Breslau (Oktober—November) an.

Wie in früheren Jahren, so stellte auch bei den Ausgrabungen dieses Jahres Herr Gustav Ullrich aus Steinau seine bewährte Kraft dem Vereine in der opferwilligsten Weise zur Verfügung. Es sei ihm und allen anderen Mitarbeitern herzlich dafür gedankt!

Unter den bodenständigen Denkmälern der Vorzeit nehmen in Schlesien die Burgwälle nach Zahl und Bedeutung die erste Stelle ein. Leider werden ihrer von Jahr zu Jahr weniger, sei es, dass sie durch den Pflug allmählich abgeschliffen, sei es, dass sie geradezu eingeebnet werden. Die einzige Möglichkeit, wenigstens die direkte Abtragung zu verhindern, bietet entweder ihre Erwerbung und Sicherstellung oder der freiwillige Verzicht der Grundeigentümer auf derartige Eingriffe und eine entsprechende hypothekarische Eintragung zugunsten der Provinz. Ein bescheidener Anfang damit wurde in diesem Jahre gemacht, indem Frau Oberstleutnant von Wiese und Kaiserswaldau auf Riemberg Kr. Goldberg-Haynau auf die vereinigten Bitten unseres und des Liegnitzer Altertumsvereins sich bereit fand, die zu ihrem Besitze gehörige Schanze, eine der besterhaltenen in Schlesien, grundbuchlich zu sichern und das Recht der Obhut auf die Provinz Schlesien eintragen zu lassen. Mehrere andere von uns in der gleichen Richtung unternommene Schritte schlugen leider fehl. Insbesondere gelang es nicht, den stattlichen Burgwall von Priedemost Kr. Glogau vor dem Schicksal der teilweisen Vernichtung zu bewahren, weil die bäuerlichen Besitzer unannehmbare Bedingungen stellten.

Ein lange gehegter Wunsch der Breslauer Altertumsfreunde wurde seiner Erfüllung näher gebracht. Es handelt sich um die Ausgrabung des alten Vincenzklosters auf dem Elbing, zunächst einmal des künstlerisch wertvollsten Teiles der grossen und reichen Klosteranlage, der von Peter Wlast errichteten romanischen Basilika, einer Art von Kirchen, von denen es in ganz Deutschland nur sehr wenige noch erhaltene Beispiele gibt. Das Kloster hat auf dem Terrain, auf dem sich die heutige Michaeliskirche erhebt, vom 12. bis 16. Jahrhundert bestanden. Im Jahre 1529 wurde es der Türkengefahr wegen zerstört. Aus dem Schutthaufen, in den es verwandelt wurde, sind nur wenige Reste erhalten, Skulpturen im Kunstgewerbemuseum und als bedeutendstes Stück das romanische Portal an der Magdalenenkirche, das 1546 dort angebracht wurde. Mit Hilfe alter Abbildungen lassen sich heute noch die Grenzen der genannten

Klosteranlage ziemlich genau verfolgen. Weitere Anhaltspunkte wurden durch einige Probegrabungen gewonnen, die im Laufe des Jahres mit Genehmigung Sr. Eminenz des Herrn Kardinals und des Pfarramtes von St. Michael und mit Unterstützung des Herrn Provinzial-Konservators vom Vereine unternommen wurden. Aus dem darüber von Herrn Dr. Lustig, dem Leiter der Arbeiten, erstatteten Bericht sei folgendes mitgeteilt.

Eine Anzahl Bohrlöcher führte im April zu der Feststellung eines Schutthaufens in zwei bis drei Metern Tiefe, aus dem mittelalterliche Ziegelstücke und diesem Boden sonst fremde Gesteinsarten in Verbindung mit Kalk und Mörtel entnommen wurden. Direkte Grabungsversuche an anderen Stellen, die bei den zur Verfügung stehenden geringen Mitteln nur sehr langsam und in kleinem Umfange vorgenommen werden konnten, förderten wieder Ziegelschutt, aber auch Teile von mittelalterlichen Ofenkacheln und Werkstücke zutage. Mitte Juni endlich wurde wieder an einer anderen Stelle in 1,50 Meter Tiefe eine 1,42 Meter starke Grundmauer von 10 Meter Länge aufgedeckt. Nach den im Bauschutt darüber befindlichen Trümmern von Dachziegeln, Ofenkacheln und Topfscherben gehörte sie zweifellos zu einem mittelalterlichen mit dem Kloster im Zusammenhang stehenden Gebäude und zwar vermutlich zu einem auf den Abbildungen des Klosters sichtbaren, das hinter oder östlich vom Kreuzgang steht. Daraus ergibt sich, dass wir auf die Fundamente der Vinzenzkirche stossen müssen, wenn wir in schräger Richtung in der Mitte zwischen der neuen Michaeliskirche und der gefundenen Grundmauer hindurch einen Graben ziehen. Wir müssen allerdings damit rechnen, dass die heutige Michaeliskirche ein Teil des alten Vinzenzkirchengebäudes bedeckt. Die Rekonstruktion des Grundrisses wird aber schon dann möglich, wenn wir eine Hälfte der Grundlinien finden. Der wichtigste Teil der Kirche, der östliche, wird mit grosser Wahrscheinlichkeit östlich oder südöstlich von der heutigen Michaeliskirche zu finden sein. Jedenfalls sind die bisherigen Ergebnisse derartig, dass sie zu einer weiteren Untersuchung durchaus ermutigen. Noch ist eine solche möglich, weil das Gelände rings um die Michaeliskirche in weitem Umfange von Gebäuden frei geblieben ist. Über kurz oder lang wird die fortschreitende Bepflanzung oder Bebauung sie wohl für immer vereiteln. Der Verein hat daher beschlossen, die Ausgrabung auch im nächsten Jahre fortzusetzen und er darf dabei auf das Interesse aller gebildeten Kreise Breslaus rechnen.

Der im vorigen Jahre herausgegebene **Wegweiser durch die Urgeschichte Schlesiens** von **Oskar Mertins** war schon wenige Monate nach Erscheinen vergriffen. Es musste daher eine neue Auflage hergestellt werden, die sich von der ersten nur durch einige geringfügige Änderungen unterscheidet. Das Ende April fertig gedruckte Werk von Erwin Hintze, Die Breslauer Goldschmiede, fand in den Fachkreisen eine sehr anerkennende Aufnahme und wurde allgemein als die gründlichste Bearbeitung bezeichnet, welche die Geschichte einer Goldschmiede-Innung bisher erfahren hat. Von der **Zeitschrift des Vereins** kam im Januar der IV. Band der neuen Folge heraus. Die prähistorischen Abhandlungen waren schon vorher gesondert als III. Heft der Beiträge zur Urgeschichte Schlesiens ausgegeben worden. Eine grössere Abhandlung von H. Seger über die **Steinzeit in Schlesien** erschien im Archiv für Anthropologie.

---o---

Der Tod hat während des abgelaufenen Jahres in unseren Reihen besonders empfindliche Lücken gerissen. Den härtesten Verlust bedeutet der Heimgang unseres Ehrenpräsidenten, des Geheimen Sanitätsrats Dr. **Wilhelm Grempler** am 8. Januar, wenige Wochen vor seinem 81. Geburtstage. Seit Jahren hatte er dem Alter seinen Tribut zollen und den Sitzungen des Vereins fernbleiben müssen. Er hatte die erzwungene Untätigkeit und zunehmende Hilflosigkeit seines Zustandes schwer empfunden und den Tod wie einen Freund herbeigesehnt. Eine Trauerfeier fand am Nachmittage des 11. Januar im Lichthofe des Kunstgewerbe-Museums statt. Die städtische Gartendirektion hatte den Raum mit Palmen, Zypressen und Lorbeerbäumen stimmungsvoll geschmückt. Von Kerzen umgeben und mit Blumenspenden bedeckt, stand der Sarg auf hohem Katafalk in der Mitte, davor das Kissen mit den Orden und Ehrenzeichen. Unter den Teilnehmern waren ausser den Familienangehörigen der Oberpräsident der Provinz Schlesien, **Graf Zedlitz-Trützschler**, der Landeshauptmann Freiherr **von Richthofen**, Oberbürgermeister Dr. **Bender**, Bürgermeister **Muehl** und zahlreiche Stadträte, der Rektor der Universität, Professor Dr. **Sdralek**, der Dekan der philosophischen Fakultät, Professor Dr. **Koch**, die Vorsitzenden der Breslauer Ärztevereine und vieler wissenschaftlicher Gesellschaften, endlich eine grosse Zahl von Freunden und Verehrern des Verewigten aus allen Kreisen und Ständen, welche den Lichthof und die in ihm mündenden Räume des Museums bis auf den letzten Platz füllten.

Der weihevolle Vortrag des Liedes „Integer vitae" durch den Lehrergesangverein eröffnete die Feier. Dann ergriff Herr Dr. Seger das Wort zu folgender Gedächtnisrede:

„Hochgeehrte Trauerversammlung! Im Namen des Schlesischen Altertumsvereins sei es mir verstattet, unserem heimgegangenen Ehrenpräsidenten ein Geleitwort auf den letzten Weg nachzurufen. Viele haben Ursache, um ihn zu trauern, denn er hat in seinem gesegneten Leben als Mensch und als Arzt vielen geholfen und ein so reiches Mass von Freundschaft und Liebe geerntet, wie es wohl nur selten jemand beschieden ist. Ein guter Mann ist mit ihm dahingegangen. Doch uns war er mehr. Es ist keine Redensart, wenn ich sage, dass er die Seele unseres Vereins gewesen ist, die treibende Kraft, der unser Verein Blühen und Gedeihen verdankt. Wilhelm Grempler hat schon in jüngeren Jahren, als vielbeschäftigter Arzt, ein reges Interesse für die Altertumskunde gehabt. Der gewaltige Aufschwung, den die Urgeschichtsforschung in den siebziger Jahren unter Virchows Leitung nahm, übte auf seinen lebhaften Geist eine unwiderstehliche Anziehung aus. Gerade in einer werdenden, auf lokalen Detailstudien beruhenden Wissenschaft wird es ja dem Dilettanten leicht, eine erfolgreiche Tätigkeit zu entfalten. So hat auch Grempler seine archäologische Laufbahn als Dilettant begonnen — als Gelehrter von anerkanntem Ruf hat er sie beschlossen. Mit grosser Regelmässigkeit besuchte er die deutschen und internationalen Fachkongresse, und als er vor jetzt 25 Jahren in den Vorstand unseres Vereines getreten war, da ruhte er nicht, bis er die Jahresversammlung der Deutschen anthropologischen Gesellschaft nach Breslau geleitet hatte. Ein glänzender Kreis berühmter Gelehrter tagte damals in unseren Mauern — ich erwähne nur die Namen Virchow, Schliemann, Waldeyer, Tischler und Ranke — und in ihren Erörterungen spielten die prähistorischen Verhältnisse des östlichen Deutschlands die erste Rolle. Dadurch war mit einem Schlage der Anschluss Schlesiens an die neue Wissenschaft erreicht, damit war aber auch für die gebildeten Kreise unserer Provinz die Existenzberechtigung dieses Wissenszweiges erwiesen, sein Ansehen begründet worden. Nicht lange nachher, in den Jahren 1886 und 1887 brachte ein glückliches Geschick ihm die Entdeckung der herrlichen Funde von Sacrau. Ihre Vorlage auf den Versammlungen zu Stettin und Nürnberg erregte das grösste Aufsehen, aber erst ihre Bearbeitung durch Grempler in zwei rasch aufeinander folgenden Veröffentlichungen machte sie allgemein bekannt. Ein Muster objektiver und rein sachlicher Behandlung nennt Virchow die Darstellung des Verfassers. Bewundernswert ist namentlich die klare Deutung der Funde als Grabinventare, ihre Einfügung in den kulturgeschichtlichen Zusammenhang und scharfe chronologische Bestimmung, alles Dinge, die uns ja heute ganz geläufig sind, die aber damals erst mühselig durch sehr umfassende Studien gewonnen werden mussten. Es konnte keine grössere Genugtuung für Grempler geben, als dass Virchow, der seiner Deutung anfänglich skeptisch gegenüberstand, nach dem Bekanntwerden des II. und III. Fundes ihm rückhaltlos zustimmte. Zahlreiche kleinere, in Zeitschriften verstreute Arbeiten sind dieser ersten gefolgt, zumeist veranlasst durch schlesische Funde, die durch seine Hand dem Museum zugegangen waren. Ich nenne, um nur die wichtigsten anzuführen, seine Aufsätze über die beiden Lorzendorfer Bronzeschätze, über den Ranserner Goldring und die gravierten Bronzeschalen vom Zobtenberge. Sie alle sind getragen von dem Geiste strenger Wissenschaftlichkeit und nüchterner Selbstkritik, der den Dingen auf den Grund geht, ohne sich auf das Glatteis lockender Hypothesen zu begeben. Mit Recht legte er, dem Beispiel seines Freundes Otto Tischler folgend, den grössten Wert auf die genaue Beobachtung der technischen Merkmale, weil er sich sagte, dass ohne diese jede kunstgeschichtliche Betrachtung müssiges Gerede sei. Es war oft rührend zu sehen, wie er noch in seinen letzten Jahren mit vor Alter fast erblindeten Augen eifrig bemüht war, sich die Herstellungsweise der ihm vorgewiesenen Gegenstände klar zu machen. Sein Lieblingsgebiet war die Entwicklung der Fibel, jenes unentbehrlichen Schmuckstücks der vorgeschichtlichen Tracht. Grosse Reisen, z. T. in weit entlegene Länder, dienten hauptsächlich dem Zweck, den Stoff für eine Geschichte der Fibel zu sammeln. Es ist ihm nicht vergönnt gewesen, an diese und andere Arbeiten die letzte Hand zu legen. Mit schmerzlicher Entsagung gestand er zu, dass seine Kräfte dazu nicht mehr ausreichten.

So anerkennenswert indes seine wissenschaftlichen Verdienste sind, sie werden doch übertroffen von dem, was er als Sammler geleistet hat. Grempler war eine echte Sammlernatur. Ihn interessierte alles, was der Schönheitssinn des Menschen geschaffen hat, ob es nun eine Rembrandtsche Radierung, eine griechische Tonvase oder ein kostbarer Teppich war. Mit seltenem Spürsinn, mit rastloser Zähigkeit ging er seinen Schätzen nach. Sein liebenswürdiges Wesen öffnete ihm alle Türen, und was er als feinfühliger Kenner an Kunstsachen aus aller Herren Länder aufgespeichert hatte, das hat er mit immer steigender Freigebigkeit bis zur Selbstberaubung seinem geliebten Museum gespendet, so dass kein Raum, ja kaum ein Schrank darin zu finden ist, der nicht Gaben von seiner Hand enthielte. Je älter er wurde, desto mehr wuchs ihm das Museum ans Herz. Ins Museum lenkte er, solange seine Glieder ihn tragen konnten, täglich seine Schritte. Dem Museum galt auf seinem Krankenstuhle bei jedem Besuche die erste Frage, für das Museum hat er über den Tod hinaus, wie vor ihm niemand, gesorgt.

Aber ich würde das Beste ungesagt lassen, wenn ich mich mit der Erwähnung seiner materiellen Leistungen begnügen wollte. Unendlich viel verdanken wir seinem organisatorischen Geschick, womit er in schwierigen Zeiten das Schifflein des Vereins und des einst von diesem verwalteten Museums durch Wetter und Sturm bis in den Hafen der städtischen Verwaltung gesteuert hat, unendlich viel seinem herzgewinnendem Wesen, womit er uns die Sympathien der Behörden und weiter Kreise der Gesellschaft erobert hat. Denn nicht leicht konnte es ein andrer an Beliebtheit mit ihm aufnehmen. Wer kannte ihn nicht, den prächtigen alten Herrn, der mit seinem unverwüstlichen Humor, mit seinem schlagfertigen Witz ein gern gesehener Gast an jeder Tafelrunde war? Wer aber das Glück gehabt hat, ihm näher zu treten, dem wird auch die Treue seiner Freundschaft, der Adel seiner Gesinnung, die Wahrhaftigkeit seines innersten Wesens, die Güte seines Herzens unvergesslich sein. So steht er vor uns, so wollen wir ihn in der Erinnerung behalten. Möge es unserer Stadt und unserer Provinz nie an Männern fehlen, die sich mit gleicher Hingabe wie er, idealen Interessen widmen! Ehre seinem Andenken, Friede seiner Asche!"

Als zweiter sprach Herr Sanitätsrat Dr. Körner namens der schlesischen Ärzteschaft. Er pries den heimgegangenen Kollegen als echten Haus- und Vertrauensarzt vom alten Schlage, als energischen Vorkämpfer der Standesinteressen und als warmherzigen Fürsorger der Witwen und Waisen seiner Kollegen. Der nächste Redner, Direktor des Zoologischen Gartens Herr Grabowsky, in dessen Aufsichtsrat Grempler das Amt eines Vorsitzenden bekleidet hatte, brachte Worte des Dankes im Namen der Verwaltung und der Beamten des Gartens vor. Herr Geheimrat Prof. Dr. Foerster wies darauf hin, dass Grempler auch als einer der Gründer des Schlesischen Museums der bildenden Künste anzusehen sei, und rühmte seine Begeisterung für alles Edle und Schöne. Endlich pries Herr Oberbürgermeister Dr. Bender den Verstorbenen als trefflichen Mitbürger, hinter dem eine Lücke klaffe, die nicht sobald ausgefüllt werden würde. Wir haben einen guten Mann verloren, sagte er, ein Original, das frei war von aller Pose, einen feinfühligen und schlichten Menschen, der alles mit dem durchdringenden Blicke des Naturforschers auf Ursache und Wirkung hin untersuchte und alles natürlich fand, der sich freute an allem Schönen und Guten im Leben, der mit philosophischem Gleichmut Freuden und Schmerzen ertrug, der vor allem idealen Interessen selbstlos diente. Deshalb ist unsere Trauer über Gremplers Heimgang gross. Denn wir brauchen Männer, die sich die Pflege der Bildungs- und Gesittungsbestrebungen der Stadt auch ausserhalb der pflichtmässigen Kreise angelegen sein lassen. Er hat dem Guten gedient, deshalb rufen wir Dank ihm ins Grab hinein nach.

Mit dem Gesange des Liedes „Über allen Wipfeln ist Ruh" schloss die einfache und würdige Feier, eine Feier so recht im Sinne des Verstorbenen. Der Leichnam wurde nach seinem letzten Willen nach Gotha überführt, um dort am 13. Januar eingeäschert zu werden. Als Platz für die Aschenurne hat er selbst die prähistorische Sammlung des Museums bestimmt. Zur Universalerbin seines Vermögens hat er die Stadtgemeinde Breslau eingesetzt mit der Verpflichtung, daraus eine Stiftung zu errichten, deren Zinsen den Zwecken des Schlesischen Museums für Kunstgewerbe und Altertümer, in erster Linie denen vorgeschichtlicher Abteilung, zugute kommen sollen.

———o———

Am 20. März starb im fast vollendeten 78. Lebensjahre der Verlagsbuchhändler und Stadtälteste Herr Heinrich von Korn, seit 49 Jahren, also seit der Gründung, Mitglied, seit 1887 Ehrenmitglied des Vereins. Auch sein Name ist mit der Geschichte der Sacrauer Funde und des Museums unzertrennlich verknüpft. Ein glücklicher Zufall hat es gefügt, dass die Fundstelle auf seinem Grund und Boden gelegen war, denn nicht leicht hätte ein anderer den Opfermut besessen, einen solchen Schatz bedingungslos der Allgemeinheit zu überlassen. Als dann im Jahre 1894 aus der Mitte des Vereins der Wunsch laut wurde, das Vereinsmuseum an die Verwaltung des Provinzialmuseums anzugliedern und dadurch auf eine festere Grundlage zu stellen, fand dieser Gedanke bei Herrn von Korn, damals Vorsitzenden im Kuratorium des Museums der bildenden Künste, verständnisvolles Entgegenkommen und tatkräftige Förderung. Und solange diese Verbindung gedauert hat, durften wir mit unseren Wünschen bei ihm stets auf williges Gehör rechnen. Die Krone setzte er aber seinen Verdiensten auf, als er im Jahre 1896 jene Stiftung von einer halben Million Mark machte, wodurch die Gründung des Schlesischen Museums für Kunstgewerbe und Altertümer ermöglicht wurde. Sein Marmorbildnis im Lichthofe des Museums wird sein Andenken der Nachwelt überliefern.

Am 19. Juli starb zu Berlin unser korrespondierendes Mitglied, der Direktor der vorgeschichtlichen Abteilung des Königlichen Museums für Völkerkunde, Herr Geheimer Regierungsrat Dr. Albert Voss. Seine wissenschaftlichen Verdienste haben an anderer Stelle die gebührende Würdigung erfahren. Die schlesische Altertumskunde schuldet ihm so manche Anregung und Belehrung, und wenn unser Verhältnis zum Berliner Museum immer freundschaftlich und vertrauensvoll gewesen ist, so ist dies vor allem seiner vornehmen und objektiven Behandlung gemeinsamer Angelegenheiten zu danken.

Am 14. März 1907 verstarb in München der Historienmaler Prof. Dr. Julius Naue, der bekannte bayerische Urgeschichtsforscher und Herausgeber der Prähistorischen Blätter. Auch er hat unserem Vereine als korrespondierendes Mitglied angehört und namentlich unserem verstorbenen Ehrenpräsidenten Geh. Rat Grempler eine treue Anhänglichkeit bewahrt.

Ferner verstarben folgende Mitglieder: die Herren Major a. D. Richard von Bergmann auf Kauffung Kr. Schönau, Generalarzt I. Klasse und Corps-Generalarzt a. D. Dr. Adolf Böhme, Primärarzt Professor Dr. A. Buchwald, Rittmeister a. D. Arthur von Goldfus auf Klein-Tinz Kr. Nimptsch; Dr. Max Heimann auf Wiegschütz Kr. Cosel; Rentier August Herde; Leutnant a. D. Egmond von Kramsta auf Klein-Bresa Kr. Neumarkt; Ingenieur Heinrich Lezius; Oberleutnant a. D. Arthur Lieb auf Militsch Kr. Cosel; Justizrat Carl Pavel; prakt. Arzt Dr. Hans Pinckernelle; Kaufmann H. Prziling in Beuthen O./S.; Oberstleutnant z. D. Georg von Schweinichen und Bankdirektor Albert Schweitzer in Breslau.

Im ganzen schieden 50 Mitglieder aus, denen ein Zuwachs von 73 neuen Mitgliedern gegenübersteht, so dass die Gesamtzahl am 31. März 873 betrug. Hiervon hatten 446 ihren Wohnsitz in Breslau, 334 im übrigen Schlesien und 93 ausserhalb der Provinz.

TÄTIGKEITSBERICHT FÜR DAS JAHR 1907/8

Die ordentliche Generalversammlung wurde am 29. April in Anwesenheit von 30 Mitgliedern von Herrn Prof. Dr. Mertins mit einem warm empfundenen Nachruf für den verstorbenen Vorsitzenden Geheimrat Grempler, eröffnet. Nach Erledigung der üblichen Tagesordnung teilte Prof. Mertins mit, dass er durch Gesundheitsrücksichten genötigt sei, sein Amt als stellvertretender Vorsitzender niederzulegen; es sei daher eine Ersatzwahl beider Vorsitzenden erforderlich. Auf seinen Vorschlag wurden zum ersten Vorsitzenden Herr Direktor Dr. Seger, zum zweiten Herr Geh. Medizinalrat Prof. Dr. Ponfick einstimmig gewählt. Hierauf legte Herr Dr. Postler neolithische und bronzezeitliche Funde aus verschiedenen Orten der Umgebung von Rankau Kreis Nimptsch vor. Zum Schluss besprach Herr Richter, Hilfsarbeiter am Museum, einige von ihm untersuchte Hügelgräber der jüngeren Bronzezeit aus der Gegend von Cosel, Kreis Sagan.

Die Wanderversammlung fand unter starker Beteiligung der Breslauer und auswärtigen Mitglieder am 9. Juni in Sagan statt. Sie war von prächtigem Wetter begünstigt und nahm dank der trefflichen Anordnungen des Ortsausschusses und des lebhaften Interesses der Saganer Bürgerschaft einen alle Teilnehmer befriedigenden Verlauf. Nach der um 8.10 erfolgten Ankunft und einem Frühstück im Garten von Kahnts Hotel wurde zunächst das in der Knaben-Mittelschule untergebrachte wohlgeordnete Altertumsmuseum besucht. Es ist die eigenste Schöpfung des Herrn Lehrers Michael und hat sich unter seiner Leitung in kurzer Zeit zu einer ansehnlichen und für die Ortsgeschichte lehrreichen Sammlung entwickelt. Für den heutigen Tag war damit ausserdem eine Ausstellung von Leihgaben aus Saganer Innungsbesitz verbunden worden. Bei seinen Erläuterungen betonte Herr Michael, dass jeder Wettbewerb mit dem Breslauer Museum vermieden und diesem in wichtigen Fällen stets das Vorrecht eingeräumt werden solle. Ein

Rundgang durch die Stadt führte über den Markt mit seinen z. T. noch erhaltenen Renaissance-Portalen zur k. Pfarrkirche und dem anstossenden Augustinerkloster, wo Herr Geistlicher Rat Prof. Heinrich, der verdiente Geschichtsschreiber Sagans, die Führung übernahm. Im Innern der Kirche bilden das Grabdenkmal eines Herzogs Henricus, wohl Heinrichs IV. von Glogau, und der grosse Dreifaltigkeits-Altar, wohl der schönste Schnitzaltar der Renaissance in Schlesien, die Haupt-Sehenswürdigkeiten. Vor allem aber erregte die über der Annenkapelle liegende, aus der Barockzeit stammende Bibliothek durch ihre wundervolle Raumdisposition und ihre fast ganz im ursprünglichen Zustande erhaltene Einrichtung das Entzücken der Besucher. Bedauert wurde nur, dass dieser in seiner Art einzige Raum heute nur noch als Rumpelkammer dient.

Um 12 begann in der dichtgefüllten Aula des Königl. Gymnasiums die Festsitzung. Nach Eröffnung durch den Vorsitzenden und einer Bewillkommnung des Vereins durch den Vertreter der Stadt, Herrn Beigeordneten Martini, hielt Herr Dr. Seger einen Vortrag über Sagans vorgeschichtliche Altertümer. Er erinnerte daran, dass die Gegend um Sagan einst als Ausgrabungsstätte einen gewissen Ruf genoss. Es seien jetzt gerade 330 Jahre her, dass kein Geringerer als Kaiser Rudolf II. auf der sogen. Koy und dem Glücksberg bei Greisitz eigenhändig nach Urnen gegraben habe. Die kleine Sammlung im Augustiner-Chorherrenstift wurde nach dessen Säkularisierung (1810) der Grundstock des von Büsching angelegten prähistorischen Museums der Universität Breslau. Damals begann das Interesse für die vaterländischen Denkmäler sich allenthalben zu beleben. Auch das Fürstentum Sagan fand seinen Altertumsforscher in der Person des Superintendenten Johann Gottlob Worbs in Priebus. Er war auch der erste, der die Aufmerksamkeit auf die rätselhaften Dreigräben in Niederschlesien gelenkt und die Frage erörtert hat, ob die Urnenfriedhöfe des östlichen Deutschlands slavisch oder germanisch seien. Später hat sich die Lokalforschung fast ausschliesslich den geschichtlichen Zeiten zugewendet, und so ist es gekommen, dass der Saganer Kreis trotz seines grossen Reichtums an Funden für die Wissenschaft nur eine verhältnismässig kleine Ausbeute geliefert hat. Dass die ältesten Perioden (Steinzeit und frühe Bronzezeit) nur schwach vertreten sind, entspricht den Verhältnissen, wie sie im ganzen nördlichen Teile von Niederschlesien und in der Lausitz beobachtet werden, und hat seinen Grund offenbar darin, dass dieses Gebiet damals fast vollständig bewaldet war. Erst in der älteren Bronzezeit fängt die Besiedlung auch hier an, dichter zu werden, um von da an bis in die Eisenzeit beständig zuzunehmen. Nach einer Charakteristik der verschiedenen Gruppen von Altertümern schloss der Redner mit der Bitte an die Versammlung um eifrige Mitarbeit an den Aufgaben und Zielen des Vereins.

Den zweiten Vortrag hielt Herr Prof. Dr. Semrau über „Wallenstein und die Kunst". Er beleuchtete zuerst des Friedländers Bautätigkeit in Sagan und verfolgte die Schicksale des dortigen Schlosses bis zur Gegenwart, um dann auf die Hauptschöpfung Wallensteins, seinen Palast in Prag, und den italienischen Künstlerkreis, den er um sich versammelt hatte, näher einzugehen. Obwohl für den grossen Feldherrn und Organisator die Kunst nur ein Repräsentationsmittel, der Ausdruck seines Machtbewusstseins war, so hat er doch mehr für sie getan, als irgend ein andrer Fürst seiner Zeit. In der Wahl seiner Künstler, in der Richtung seines Geschmacks folgte er dem Gesetze, das noch immer das Verhältnis jeder überragenden Persönlichkeit zur Kunst bestimmt hat und das Schiller ihm selbst gegenüber mit den Worten rechtfertigt: „Denn Recht hat jeder einzelne Charakter, der übereinstimmt mit sich selbst; es gibt kein andres Unrecht als den Widerspruch."

Um 2 Uhr vereinte ein gemeinsames Mahl im Hôtel zum weissen Löwen über 80 Damen und Herren, wobei die Herren Justizrat Boehm und Geistl. Rat Heinrich mit den beiden Vorsitzenden Worte der Begrüssung und des Dankes wechselten. Der Nachmittag war dem Besuche des Herzoglichen Schlosses gewidmet, dessen Besichtigung vom General-Bevollmächtigten, Herrn Reichsgrafen von Hatzfeldt-Trachenberg, aufs freundlichste gestattet worden war. Entgegen einer vielfach verbreiteten Meinung hat das Schloss die aus seiner Glanzzeit stammende Einrichtung mit prächtigen Möbeln, Gemälden, Skulpturen und anderen Kunstwerken noch fast unversehrt erhalten. Besonders von dem Meisterwerke Gérards aus der Zeit des Wiener Kongresses, das den Fürsten Talleyrand in ganzer Figur an seinem Schreibtisch sitzend darstellt, vermochten sich die Kenner kaum zu trennen. Ein Spaziergang durch den herrlichen Park beschloss den genussreichen Tag, der dem Vereine auch viele neue Freunde gewonnen hatte.

Im Winterhalbjahr wurden ausser der Jubiläumsfeier vier Versammlungen abgehalten. Vorträge hielten

am 11. November Herr Direktor Dr. Seger: Neue Forschungen über das erste Auftreten des Menschen in Nordeuropa;

am 2. Dezember Herr Direktorial-Assistent Dr. Hintze: Schlesische Volkstrachten;

am 10. Februar Herr Univ.-Professor Dr. Klaatsch: Die primitiven Stein-Artefakte der Australier und Tasmanier, verglichen mit den Eolithen der europäischen Urzeit;

am 2. März Herr Museumsdirektor Feyerabend aus Görlitz: Die neusten Ausgrabungen in Alesia.

Am 12. Januar beging der Verein die Feier seines fünfzigjährigen Bestehens. Über ihren Verlauf wird besonders berichtet werden.

Die archäologischen Untersuchungen des Jahres erstreckten sich auf 22 Fundorte und umfassten insgesamt 162 Arbeitstage. Von den schon früher begonnenen Ausgrabungen wurde die in Nosswitz Kr. Glogau mit gutem Erfolge weitergeführt. In der Kiesgrube des Gutsbesitzers Hermann Leissner waren im März und April 1906 durch Herrn Richter fünf neolithische Wohngruben und ein Brandgrab der römischen Zeit aufgedeckt worden. In der Zeit vom 5.—10. August 1907 wurden daselbst wiederum drei Wohngruben mit reichem Inhalt an Tongeschirr, Stein- und Knochengeräten, Spinnwirteln und Tierknochen ausgegraben. Dass die Ansiedlung sich über einen grösseren Flächenraum erstreckt, bewies eine Versuchsgrabung auf dem benachbarten Acker, wobei zwei Hüttenplätze derselben Art zum Vorschein kamen. Der eine war noch dadurch besonders merkwürdig, dass er innerhalb einer rechteckigen Steinsetzung eine menschliche Teilbestattung aufwies. Spuren einer anderen steinzeitlichen Niederlassung wurden auf einem Sandhügel in der Nähe des Dorfes Lahse Kr. Militsch-Trachenberg entdeckt. Indessen ergab die am 14. Oktober vorgenommene Untersuchung nur wenige Tonscherben und einige Flintspäne. Ebenso enttäuschte die Fortsetzung der vielversprechenden Ausgrabung in Gleinitz Kr. Nimptsch (28. August bis 8. September). Es zeigten sich zwar noch fünf Wohngruben, aber ihr Scherbeninhalt bewies, dass sie nicht, gleich der zuerst gefundenen, der Zeit der Bandkeramik, sondern der römischen Periode angehörten. Reich war dagegen die Ausbeute an Grabfunden aus der Übergangsperiode vom Stein- zum Bronzealter, welche in der Breslauer Südvorstadt nördlich der Kürassierkaserne und östlich des Gabitzweges bei den dort während des ganzen Jahres vorgenommenen Sandschachtungen gemacht wurden. An einer anderen Stelle, östlich der Gutenbergstrasse, wurden Wohnplätze und Gräber aus der frühen Bronzezeit der Hallstatt- und La Tèneperiode festgestellt.

Mit freundlicher Genehmigung der Firma vom Rath, Schöller und Skene wurde in der als vorgeschichtliche Fundstätte seit langem bekannten Sandgrube auf dem Windmühlenberge bei Domslau Kr. Breslau in der Zeit vom 10.—15. Juni und vom 9.—16. Oktober eine planmässige Ausgrabung vorgenommen. Sie bestätigte die frühere Beobachtung, dass hier zwei Fundplätze aus verschiedenen Zeiten beisammen liegen: ein Skelettgräberfeld aus dem frühesten Bronzealter und eine Ansiedlung aus der jüngeren Bronzezeit. Von jenen wurden 6 Gräber, von dieser 32 Gruben blossgelegt. Die Untersuchung wird im nächsten Jahre fortgesetzt werden.

Ein geringeres Ergebnis hatten Nachgrabungen in Schönbankwitz, Kreis Breslau, wo Skelettgräber aus der I. Periode der Bronzezeit zum Vorschein gekommen waren, und in Krehlau Kr. Wohlau, wo auf der Stelle des im vorigen Bande S. 6 beschriebenen Grabes nur noch eine zweite Ösennadel der gleichen Art, wie die dort abgebildete, gefunden wurde. Sie gehört augenscheinlich noch zu demselben Grabe und war bei der Auffindung desselben vom Besitzer des Terrains übersehen worden.

Den grössten Anteil hatten an den Untersuchungen, wie gewöhnlich, die Urnenfriedhöfe, obwohl man sich hier durchaus auf gefährdete Stellen beschränkte. Die Ausgrabungen in Porschwitz Kr. Steinau, wurden bis zum 9. April 1907 fortgesetzt, im Februar 1908 wieder aufgenommen und im März abgeschlossen. Im ganzen liegen von dort jetzt 93 Grabfunde der jüngeren Bronzezeit vor. Auf dem Felde des Gutsbesitzers W. Weiss in Wahren bei Dyhernfurth wurden während des Monats Juni 51 Grabstellen blossgelegt. Eine davon enthielt als Totenopfer zwei vollständige Rinderskelette. Das Gräberfeld von Carolath bei Beuthen a. O. lieferte vom 8. bis 21. August 11 Grabfunde. In Brieg Kr. Glogau wurden auf die Anzeige von Herrn Oberamtmann Ritsch zwei Fundstellen untersucht: die eine mit Gräbern aus der älteren Bronzezeit, die andere mit solchen aus der ältesten Eisenzeit. Kleinere Untersuchungen erfolgten in Brunzelwaldau Kr. Freistadt, in Grünberg und Kolzig Kr. Grünberg, in Guhren, Gross-Gaffron und Tarxdorf Kr. Steinau in Alt-Guhrau Kr. Guhrau, in Strien und Schlaupp Kr. Wohlau, in Alt-Jauer und in Schmiedefeld bei Breslau.

An der Bahnstrecke Polnisch-Neukirch—Bauerwitz wurde auf der Gemarkung Dzielau Kr. Kosel ein slavisches Reihen-Gräberfeld untersucht. Eine Begräbnisstätte unter der sogen. Gespensterkiefer bei Niewiadom Kr. Rybnik erwies sich bei der Ausgrabung als rezent.

Mehr oder minder eingehende Fundberichte lieferten die Herren Lehrer Aeuer in Priebus, Kaufmann Dehmel in Neusalz a. O., Lehrer Gebhardt in Cantersdorf bei Brieg, Dr. Goldmann in Bernstadt, Kgl. Förster Klinkert in Dachsberg bei Kupp O/S., Kantor Melzer in Herrndorf Kreis Glogau, Lehrer G. Meyer in Gross-Peiskerau Kreis Ohlau, Lehrer Mik in Gleinitz Kreis Glogau, Dr. Postler in Rankau Kreis Nimptsch, Pastor Söhnel in Raudten und Bahnmeister a. D. Vug in Halbendorf bei Grottkau.

Für die Aufnahme und Vermessung der vorgeschichtlichen Befestigungen (Burgwälle und Dreigräben) in Niederschlesien wurden dem Königl. Landmesser Herrn M. Hellmich in Glogau auf Ansuchen des Vereins ein sechswöchiger Urlaub bewilligt. Er bereiste zu diesem Zwecke in den Monaten Juni und Juli hauptsächlich die Kreise Freistadt, Glogau, Sprottau, Sagan, Jauer, Liegnitz, Goldberg-Haynau, Grünberg, Schönau und Bolkenhain und nahm Aufnahmen an 45 Orten vor. Das schon recht umfangreiche Material an Karten, Plänen und Photographien wird die Grundlage für eine späterer Zeit vorbehaltene Veröffentlichung dieser Art von Denkmälern bieten.

Zu den Vorarbeiten für die Erforschung der Fundamente des ehemaligen Vincenzklosters auf dem Elbing waren auf Antrag des Herrn Provinzial-Konservators Dr. Burgemeister von der Provinzial-Kommission zur Erhaltung und Erforschung der Kunstdenkmäler Schlesiens 350 M. bewilligt worden. Die Leitung der Arbeiten lag in den Händen unseres Vorstandsmitgliedes Herrn Dr. Lustig und des Herrn Waisenhaus-Inspektors Stein. Die Versuchsgrabungen erstreckten sich auf den ganzen Umkreis der Michaeliskirche, soweit nicht die bestehenden Wege, Gartenanlagen und Baulichkeiten ein Hindernis bildeten. Überall fanden sich Massen von Schutt, hie und da auch einzelne Werkstücke, Topfgeschirr, Ofenkacheln u. dgl. An mehreren Stellen wurden auch Grundmauern, Bodenfliessen und gepflasterte Gänge aufgedeckt, die mit gefälliger Unterstützung des städtischen Vermessungsamtes in einem Plane eingezeichnet wurden. Aber für die Lage der Hauptgebäude, namentlich der Kirche, ergab sich kein Anhalt. Man muss annehmen, dass sie entweder unmittelbar unter oder in grösserer Entfernung von der heutigen Kirche gelegen haben.

Für das Künstlerlexikon wurden durch die Herren Dr. Hintze und Dr. Heyer die Matrikelbücher der ev. Liebfrauen- und der Peter-Paul-Kirche in Liegnitz, der ev. Pfarrkirche in Ohlau und der k. Pfarrkirchen von Schweidnitz und Jauer exzerpiert und eine grössere Anzahl Akten des Königl. Staatsarchivs in Breslau durchgesehen. Speziell für die Geschichte des Goldschmiede-Handwerks in Schlesien wurden ausserdem die Kirchenbücher und einschlägigen Innungsakten der Städte Bernstadt, Beuthen a. O., Brieg, Bunzlau, Frankenstein, Glogau, Görlitz, Greiffenberg, Haynau, Hirschberg, Jauer, Juliusburg, Lauban, Liegnitz, Löwenberg, Neisse, Öls, Ohlau, Oppeln, Reichenbach und Schweidnitz ausgezogen.

Die letztgenannte Arbeit dient der Vorbereitung eines Werkes, das als Ergänzung zu dem 1906 erschienenen Buche von Erwin Hintze über die Breslauer Goldschmiede, nunmehr die Goldschmiede der Provinz behandeln soll. Beide Veröffentlichungen zusammen aber bilden gewissermassen die urkundliche Grundlage für ein abschliessendes „Verzeichnis der Goldschmiedearbeiten schlesischen Ursprungs oder aus schlesischem Besitz", das als ein reich mit Tafeln ausgestattetes und auf der Höhe der modernen Reproduktionstechnik stehendes Werk gedacht ist und von Prof. Dr. Masner im Verein mit Dr. Hintze bearbeitet wird. Ein Rückhalt für die Finanzierung ist dadurch gewonnen, dass Seine Eminenz Kardinal Kopp 10 000 M. und die Stadt Breslau 5000 M. zu den Herstellungskosten beigesteuert haben.

Der buchhändlerische Vertrieb der in den letzten Jahren vom Verein herausgegebenen Publikationen hat im ganzen ein befriedigendes Ergebnis gehabt. Mit Bedauern erfüllen wir die Pflicht mitzuteilen, dass der langjährige Chef der Verlagsfirma Eduard Trewendt, Herr Ernst Trewendt in Berlin, am 27. Februar 1908 aus dem Leben geschieden ist.

Von unseren Mitgliedern haben wir im Laufe des Jahres die folgenden durch den Tod verloren: Prof. Dr. Felix Bobertag, Kaufmann David Hellinger, Wirkl. Geh. Kriegsrat a. D. Carl Lampe, Altertumshändler Ferdinand Meckauer, Geh. Kommerzienrat Leo Molinari, Steindruckereibesitzer Friedrich Pietsch, Fabrikbesitzer Fritz Rossdeutscher, Domherr Dr. Ferdinand Speil, Kgl. Baurat Richard Tanneberger, Direktor Paul Treutler, Privatier Otto Tschocke, Verwaltungsgerichts-Direktor Viktor von Uthmann und Univ.-Prof. Dr. Konrad Zacher — sämtlich in Breslau, ferner Geh. Kommerzienrat Gruschwitz in Neusalz a. O., Fabrikbesitzer Wilhelm Kauffmann in Wüstegiersdorf, Stadtrat Kirsch und Professor Ondrusch in Sagan, Hauptmann a. D. von Rosenberg-Lipinsky in Öls, Regierungsrat a. D. und Kgl. Kammerherr Dr. Georg Graf von Stillfried-Rattonitz auf Comorno, Rittmeister a. D. und Landesältester Mortimer Graf von Tschirschky-Renard auf Gross-Strehlitz, Rittergutspächter Emil Ullmann in Radschütz, Ober-Regierungsrat a. D. Karl Walter in Münster i. W. und Konsul Ed. F. Weber in Hamburg.

Zu Beginn des Verwaltungsjahres zählte der Verein 873 ordentliche Mitglieder. Davon schieden 53 aus, während 68 neu eintraten. Die Gesamtzahl betrug somit am 31. März 888. Hiervon haben 453 ihren Wohnsitz in Breslau, 343 im übrigen Schlesien und 92 ausserhalb der Provinz.

DAS FÜNFZIGJÄHRIGE JUBILÄUM DES VEREINS

Am 12. Januar 1908, einem Sonntage, waren fünfzig Jahre vergangen, seitdem eine Schar begeisterter Altertumsfreunde den „Verein zur Errichtung und Erhaltung eines Museums für Schlesische Altertümer" gegründet hatte. Der Vorstand hatte beschlossen, diesen Gedenktag durch eine würdige Feier zu begehen und hierzu Einladungen an die Spitzen der Behörden, an die verwandten und befreundeten Gesellschaften und an alle Mitglieder ergehen lassen. Der Feier voraus ging die Übergabe des Denkmals für Wilhelm Grempler, den verewigten Ehrenpräsidenten des Vereins (siehe S. 229). Der eigentliche Akt begann um 12 Uhr im Lichthofe des Museums, der durch Pflanzengrün und Teppiche und einen von Mitgliedern gestifteten prächtigen Gobelin zu einem schönen Festraum gestaltet und mit den Bildnissen von Hermann Luchs, Wilhelm Grempler und Heinrich von Korn geschmückt war. Bald war der Raum bis auf den letzten Platz gefüllt. Unter den Ehrengästen befanden sich der Oberpräsident der Provinz Schlesien, Staatsminister Graf Zedlitz-Trützschler, der kommandierende General des VI. Armeekorps von Woyrsch und die übrigen Spitzen der Behörden, ausserdem zahlreiche Vertreter der städtischen Verwaltung, der Universität und anderer wissenschaftlicher Anstalten und Körperschaften. Nachdem der Gesangverein Breslauer Lehrer unter Leitung seines Dirigenten Postler den Hymnus „Die Himmel rühmen des Ewigen Ehre" weihevoll vorgetragen hatte, hielt der Vorsitzende Dr. Seger die nachstehend (abgekürzt) wiedergegebene Ansprache:

„Hochansehnliche Festversammlung! Im Namen des Schlesischen Altertumsvereins sage ich Ihnen Dank, dass Sie unserer Einladung gefolgt sind und unsere Jubelfeier durch Ihre Teilnahme ehren wollen.

Unser Verein trägt heute einen wissenschaftlichen Charakter. Aber die Männer, die ihn am 12. Januar 1858 ins Leben riefen, hatten nicht sowohl ein wissenschaftliches als ein praktisches Ziel vor Augen. Sie wollten dem drohenden Verluste der alten Denkmäler und Kunstschätze entgegentreten und glaubten das wirksamste Mittel hierzu in der Schaffung eines Museums erkannt zu haben. Als Verein zur Errichtung und Erhaltung eines Museums für schlesische Altertümer ist er gegründet worden. Als solcher hat er vierzig Jahre lang die Verwaltung des Museums geführt und es von kleinen Anfängen zu einem der ansehnlichsten in Deutschland erhoben. Aus seinen Händen empfing vor einem Dezennium die Stadt Breslau das Museum als Grundstock des jetzigen, des Schlesischen Museums für Kunstgewerbe und Altertümer, und erst von da ab datiert der Umschwung der Verhältnisse des Vereins, der schliesslich auch in der Annahme eines neuen Namens seinen Ausdruck gefunden hat. In dem als Festschrift zur Einweihung der neuen Anstalt gedachten Jahrbuch habe ich die Geschichte ihrer Vorgängerin behandelt und dabei insbesondere das organisatorische Wirken unseres Vereins und seiner Leiter dargestellt. Ich brauche daher bei jenem früheren Abschnitt unserer Tätigkeit hier nicht weiter zu verweilen. Doch soll diese festliche Stunde nicht vorübergehen, ohne dass der Name der beiden Männer genannt sei, denen unser Museum mehr als jedem anderen verdankt, ich meine Hermann Luchs, den Begründer und langjährigen Kustos der Sammlungen, und Wilhelm Grempler, unseren Ehrenpräsidenten, an dessen Bahre wir in diesem Raume gestern vor einem Jahre gestanden haben. An seiner liebsten Stätte, in der prähistorischen Abteilung des Museums, hat die Stadt Breslau ihm ein würdiges Denkmal errichtet. Keine schönere Weihe konnte dem heutigen Tage zuteil werden, als dass ihn der Magistrat zur Übergabe dieses Denkmals ausersehen hat.

Als in der Generalversammlung vom 26. Januar 1897 die Frage zur Entscheidung stand, ob der Verein auf seine Rechte an den Sammlungen zugunsten der Stadt verzichten solle, da fehlte es nicht an warnenden Stimmen, die einen solchen Beschluss als selbstmörderisch bezeichneten und ankündigten, dass es nach der Weggabe des Museums mit dem Vereine unaufhaltsam abwärts gehen werde. Eine zehnjährige Erfahrung gibt uns das Recht zu sagen, dass jene Schwarzseher sich geirrt haben. Nicht bloss sind uns die alten Mitglieder treu geblieben, sondern wir haben, ohne dass es einer besonderen Werbetätigkeit bedurft hätte, neue in grosser Zahl hinzugewonnen, so dass der Bestand um mehr als 20 % gewachsen ist und heute das achte Hundert längst überschritten hat.

Doch das sind Äusserlichkeiten. Das Wesentliche ist, dass der Verein auch unter den neuen Verhältnissen seine Existenzberechtigung bewiesen hat, indem er die früher erst in zweiter Reihe verfolgten wissenschaftlichen Ziele nun zu seiner Hauptaufgabe erkor. Er brauchte dazu nicht einmal seine Grundgesetze umzustossen: noch immer bezweckt er, wie es in § 1 der vor 50 Jahren gegebenen Satzung heisst, „schlesische Altertümer in einem Museum zu sammeln, wissenschaftlich zu ordnen und allen zugänglich zu machen". Nur hat das Sammeln, Ordnen, Zugänglichmachen einen höheren Sinn erlangt. Es bedeutet nichts anderes als den planmässigen Ausbau der gesamten, auf Denkmälern und Funden beruhenden Altertumskunde unseres Heimatlandes.

Freilich kann dieses Ziel nur im engsten Anschluss an das Museum erreicht werden. Hier fliesst der Arbeitsstoff zusammen, hier wird er für das Studium zurechtgelegt und in übersichtlichen Gruppen und Reihen geordnet. Hier wird durch die tägliche Beschäftigung mit den Dingen selbst, durch den Zwang und die Möglichkeit, beständig zu vergleichen, sich Rechenschaft zu geben über ihre Bedeutung, Herkunft und Entstehungszeit die fachmännische Schulung erworben, welche Vorbedingung jeder ernsten Forschung ist. Auf der anderen Seite zieht auch das Museum keinen geringen Nutzen aus dem Bestehen des Vereins. Seine Organisation sichert ihm die Verbindung mit allen Teilen der Provinz und verbürgt einen raschen und zuverlässigen Nachrichtendienst über Entdeckungen und Funde, gefährdete Altertümer und Kaufgelegenheiten. In den Vereinsmitgliedern besitzt es einen festen Stamm von Freunden, die mit verständnisvoller Teilnahme seiner Entwicklung folgen und bereit sind, wo es not tut, für seine Interessen einzutreten. Einen schönen Beweis dafür liefert der Erfolg unseres Aufrufes an die Mitglieder, aus Anlass des Jubiläums eine ausserordentliche Beisteuer zur Vermehrung der Sammlungen zu stiften. Obwohl die Zeit gewiss nicht günstig war, sind doch nahezu 6000 Mark gezeichnet worden. Den gütigen Spendern sei auch von dieser Stelle herzlich gedankt. Vor allem aber gebührt unser Dank Herrn Geheimrat Friedensburg für die hochherzige Schenkung seiner unvergleichlichen Sammlung schlesischer Mittelaltermünzen, durch welche nun auch dieser Teil unseres Kabinetts eine beispiellose Vollständigkeit erlangt.

Dem Museum zugute kommt endlich auch die eigene Sammeltätigkeit des Vereins. Denn was bei seinen Untersuchungen an aufbewahrenswerten Altertümern zutage tritt, wird ohne weiteres dessen Eigentum. In erster Linie trifft dies auf die Prähistorie zu. Gerade auf diesem Gebiete hat der Verein unter der Gunst der neugeschaffenen Lage manches früher Versäumte nachholen können. Die Zeiten sind vorüber, wo man nur aufhob, was der Zufall brachte, und höchstens einmal eine Probegrabung vornahm. Heute interessiert uns weniger das einzelne Objekt als der Zusammenhang, in dem es gefunden wird, und die Beobachtungen, die sich an seine Lagerungsverhältnisse knüpfen. Deshalb suchen wir unser Material durch systematische, unter sachkundiger Leitung und mit allen Hilfsmitteln der modernen Technik ausgeführte Ausgrabungen zu gewinnen, und wir hören bei einer Untersuchung nicht eher auf, bis das Feld erschöpft oder völlige Klarheit über die schwebenden Fragen erzielt ist. Aus Untersuchungen und Beobachtungen solcher Art wird nach und nach ein fest umrissenes Bild der vorzeitlichen Besiedlungs- und Kulturgeschichte unseres Landes entstehen. Zurzeit sind wir dabei, die mannigfachen, mit dem Namen Ringwälle bezeichneten

Befestigungsanlagen nach einem einheitlichen Plane geometrisch und kartographisch aufzunehmen. Zugleich sind wir nach Kräften bemüht, der immer rascher fortschreitenden Vernichtung dieser ehrwürdigen Monumente Einhalt zu tun. Das von allen Altertumsfreunden sehnlich erwartete Denkmals-Schutzgesetz würde uns dabei eine wirksame Hilfe sein.

Vielseitig wie das Museum ist auch unser Arbeitsgebiet, und fast für jede Seite bedarf es anderer Forschungsmethoden. Je nachdem sich geeignete Bearbeiter gefunden haben, ist das Feld bald reicher, bald schwächer bestellt. Am weitesten vorgeschritten, ja man kann sagen, für absehbare Zeit abgeschlossen, ist durch Friedensburgs nimmermüde Tätigkeit die Münzkunde. Für die Geschichte einzelner Zweige der Kunst und des Kunsthandwerks, wie der Glasfabrikation, der Keramik, der Goldschmiedekunst, der Miniaturmalerei, sind wenigstens die Grundlagen geschaffen. Andere, wie die mittelalterliche Malerei und Plastik, sind noch weit zurück, wieder andere, wie die Volkskunde, kaum erst in Angriff genommen. Elf stattliche Bände der Zeitschrift „Schlesiens Vorzeit in Bild und Schrift" und eine Reihe von Monographien geben eine Übersicht über das bisher Geleistete. Wir haben bei unseren Publikationen in steigendem Masse Wert auf eine gediegene, auch verwöhnten Ansprüchen genügende Ausstattung gelegt, und vielleicht dünkt manchem ihre Form im Vergleich zur Wichtigkeit des Gegenstandes sogar allzu anspruchsvoll. Was liegt schliesslich daran, könnte man fragen, ob dieser oder jener Kunstzweig einmal in Schlesien geblüht hat, oder ob eine bestimmte Gattung von hervorragenden Erzeugnissen, die man bisher nicht lokalisieren konnte, als schlesisch nachgewiesen wird? Gewiss, die Weltgeschichte wird dadurch nicht geändert. Aber jede solche Entdeckung vertieft unsere Anschauung von der kulturellen Eigenart unserer Provinz und stärkt uns in dem Bewusstsein, dass auch wir berufen und befähigt sind, nach den Höhen künstlerischer Kultur zu streben. Indem wir die abgerissenen Fäden der Überlieferung wieder anknüpfen, rufen wir zugleich den gegenwärtigen Geschlechtern die Mahnung zu, das Erbe der Väter zu erwerben, um es zu besitzen.

So arbeiten auch wir nicht für die Studierstube, sondern für unser Volk und unser Vaterland. In diesem Bewusstsein treten wir in das zweite Halbjahrhundert unseres Bestehens ein und im Vertrauen darauf dürfen wir hoffen, dass uns die Hilfe unsrer treuen Mitarbeiter, die Gunst der Behörden und die Sympathien aller guten Schlesier auch fernerhin zur Seite stehen werden.

Im Anschluss hieran sei es mir gestattet, ein Schreiben des leider am persönlichen Erscheinen verhinderten I. Direktors des Museums, Herrn Prof. Dr. Masner, zu verlesen:

An den Schlesischen Altertumsverein!

Eine Kur, der ich mich nach längerer Krankheit fern von Breslau unterziehen muss, verbietet mir, bei dem Jubiläum des Schlesischen Altertumsvereines das Schlesische Museum für Kunstgewerbe und Altertümer zu vertreten. Ich empfinde das als ein schmerzliches Missgeschick. Denn eine fast neunjährige Tätigkeit als Direktor des Museums führt mich ununterbrochen zu jenen vergangenen Tagen zurück, wo der Verein für sein Museum schlesischer Altertümer wirkte. Täglich ruht mein Auge mit Freude auf den zahlreichen Zeugen seiner glücklichen Hand, die den Grundstock unsrer Sammlungen bilden, und ebenso oft überblicke ich seine Verlustliste, die nicht seine Schuld ist. Ich sehe, wie sich vieles aus der Geschichte des Vereines im Leben unseres Museums wiederholt, und dass auch ihm der Gegensatz zwischen Ideal und Wirklichkeit nicht erspart bleibt. Aber die Beziehungen zwischen Museum und Verein bauen sich nicht bloss auf Erinnerungen auf. Unter allen, die noch fortdauern, darf ich eine feierlich betonen: Das Programm, mit dem vor 50 Jahren der Verein des Museum schlesicher Altertümer gründete, ist für unser Museum ein heiliges, emsig und redlich verwaltetes Erbe geworden und ich hoffe, wenn die eine Hand sinken wird, die dieses Programm hochhält, wird eine andere es ergreifen, bis ihm die Erfüllung wird, bis unser Museum die gesamte alte künstlerische Kultur der Provinz Schlesien so lebensvoll, so imposant und uneingeschränkt vorführen wird, als es uns vor der Seele schwebt. Dieses Ziel hat Museum und Verein zu treuen Bundesgenossen gemacht. In einer mustergültigen Arbeitsteilung zwischen beiden ist die Förderung der wissenschaftlichen Aufgaben des Museums das Gebiet des Vereins geworden. Dank ihr erschliessen sich immer mehr neue Kapitel der Kultur- und Kunstgeschichte Schlesiens, die dem Museum neuen Inhalt zuführen, aber auch neue Verpflichtungen auferlegen und so die Berechtigung seiner Hauptwünsche beweisen. Für alles das, was der Verein dem Museum war und ist, danke ich ihm bewegten Herzens im Namen des Museums mit der Bitte, diesem seine treue Bundesgenossenschaft in alle Zukunft wahren zu wollen.

Prof. Dr. Masner

Die Reihe der Begrüssungen eröffnete der Oberpräsident Graf von Zedlitz und Trützschler mit einer zu Herzen gehenden Ansprache. Aus einem schwachen Reis entsprossen, gepflegt von freudiger Hingebung bedeutender Männer und der Opferwilligkeit einer grossen Zahl von Bürgern unserer Stadt und Provinz sei der Verein und das von ihm gegründete Museum auf eine der ersten Stellen in Deutschland gehoben worden. Er habe den Verein entstehen sehen und an seiner Entwicklung regen Anteil genommen. Als Sohn der Provinz und als Vertreter der Staatsregierung spreche er ihm dankerfüllten Herzens seinen Glückwunsch zu dem erreichten Standpunkt aus. Es gehe durch unsere Zeit der Zug, alle künstlerischen und wissenschaftlichen Bestrebungen möglichst zu zentralisieren. Er bekenne sich als Gegner dieser Anschauung und betrachte insbesondere die Provinzialmuseen als notwendig für die landschaftliche Forschung. Daher freue er sich, dass grade Schlesien ein so glänzendes Beispiel für die Richtigkeit seines Standpunktes biete. Sein Dank gelte ferner einem Bürger dieser Stadt, durch dessen Stiftung das Museum sein heutiges Heim erhalten habe, des verewigten Stadtältesten Heinrich von Korn. Jetzt sei dieses Museum ein wichtiges Glied unter den Bildungsanstalten der Provinzial-Hauptstadt geworden, und mit der Wärme und dem Verständnis, das wir der städtischen Verwaltung Breslaus auf allen Gebieten kulturellen Lebens nachrühmen dürfen, habe sie sich auch dieses Schützlings angenommen. Der Oberpräsident schloss mit dem Wunsche, dass Verein und Museum, Stadt und Provinz sich fernerhin zu segensreicher Arbeit auf diesem Gebiete der Heimatkunde zusammenfinden und dadurch den Dank der kommenden Geschlechter sichern möchten.

Herr Oberbürgermeister Dr. Bender knüpfte an die der Stadt Breslau gezollte Anerkennung an und hob hervor, dass die Errichtung des jetzigen Museums nur durch das Entgegenkommen des Vereins und die Einsicht seines Vorstandes ermöglicht worden sei. Die Stadt bringe gern die für das Museum notwendigen Opfer, weil sie die Überzeugung habe, dass dessen Bestehen und Wirken eine Mehrung der idealen Güter bedeute und dem Vaterlande zum Heile gereiche.

In seiner Erwiderung sprach der Vorsitzende seine Freude darüber aus, dass die Stadt auch den heutigen Tag nicht habe vorübergehen lassen, ohne dem Vereine einen neuen Beweis ihres Wohlwollens zu geben. Auf Antrag des Magistrats habe die Stadtverordneten-Versammlung dem Vereine zur Herausgabe des von Prof. Dr. Masner und Dr. Hintze bearbeiteten Werkes über die Goldschmiedekunst in Schlesien eine ausserordentliche Beihilfe von 5000 Mark bewilligt.

Der Rector magnificus, Herr Prof. Dr. Appel, erinnerte an die weit zurückliegenden Beziehungen der Universität zur Altertumspflege. Als Universitätsanstalt errichtete vor beinahe hundert Jahren der Germanist Büsching die erste Altertümersammlung, und in den Räumen der Universitätsbibliothek fanden auch die Vereinssammlungen kurze Zeit nach ihrer Begründung eine Heimstätte. Mitglieder aller Fakultäten gehörten dem Vereine seit seinem Bestehen an. In seinem wissenschaftlichen Streben begegne er sich mit der Universität. Aus verwandtschaftlichem Empfinden spreche diese daher ihre Glückwünsche aus.

Herr Geh. Regierungsrat Prof. Dr. Förster gratulierte im Namen der Schlesichen Gesellschaft für vaterländische Cultur und des Vereins für Geschichte der bildenden Künste. Das freundschaftliche Verhältnis der drei zum Teil durch die gleichen Ziele verknüpften Vereine habe einen schönen Ausdruck gefunden, als sie im Jahre 1865 eine gemeinsame Deputation an den König entsandten, um die Errichtung eines Schlesischen Museums der bildenden Künste zu erbitten.

Im Auftrage des Vereins für Geschichte Schlesiens überreichte der Direktor des Staatsarchivs, Geh. Archivrat Dr. Meinardus, und Geistl. Rat Prof. Dr. Jungnitz eine Glückwunschadresse, die das brüderliche Einvernehmen der beiden einander in ihrer Arbeit ergänzenden Vereine zum Ausdruck brachte. Es folgten ferner Begrüssungen der Herren Prof. Dr. Siebs für die Schlesische Gesellschaft für Volkskunde, Prof. Dr. Franz für die Physikalisch-Ökonomische Gesellschaft in Königsberg, Prof. Dr. Conwentz für das Westpreussische Provinzialmuseum und die Naturforschende Gesellschaft in Danzig, die bei dieser Gelegenheit Prof. Dr. Mertins und Dr. Seger zu korrespondierenden Mitgliedern ernannt hatte. Herr Direktor Feyerabend übergab eine Adresse der Oberlausitzer Gesellschaft für

Anthropologie und Urgeschichte, Herr Landgerichtsrat Dittrich gratulierte im Namen der anwesenden Vertreter der Altertumsvereine von Neisse, Glatz, Gleiwitz und Oppeln, Herr Prof. Dr. Körber für den Riesengebirgsverein. Einem jeden einzelnen der Redner wurde vom Vorsitzenden mit kurzen Worten gedankt.

Hierauf verkündete Herr Geh. Rat Dr. Ponfick die aus Anlass der heutigen Feier vorgenommenen Ehrungen. Gemeinsam mit der Museumsdirektion hatte der Vorstand für besonders verdiente Mitglieder und hochherzige Gönner des Museums eine Bronzeplakette gestiftet, deren Ausführung dem Lehrer an der Kgl. Kunstschule Prof. Theodor von Gosen übertragen worden war. Die 32 cm hohe Bronzetafel (Abb. S. 272) die auf einer Holzplatte befestigt ist, zeigt im unteren Teile die Widmungsinschrift mit dem Namen des Geehrten, darüber einen knieenden Genius mit Füllhorn und Fackel und der Beischrift: Opes et lumina spargit. Sie wurde verliehen den Herren Oberbürgermeister Dr. Bender, Seiner Eminenz Kardinal Kopp und Stadtrat Milch in Breslau, Regierungsbaumeister Walter Epstein in Berlin, Geh. Regierungsrat Friedensburg in Steglitz, Kgl. Landmesser Hellmich in Glogau und Gustav Ullrich in Steinau a. O. sowie an Fräulein Marie von Kramsta auf Muhrau. Ausserdem hat der Verein folgende auswärtige Gelehrte zu Ehrenmitgliedern erwählt: Prof. Dr. Justus Brinckmann in Hamburg, Geheimrat Friedensburg in Steglitz, Fräulein Prof. Johanna Mestorf in Kiel, Reichsantiquar Prof. Dr. Oskar Montelius in Stockholm und Prof. Dr. Sophus Müller in Kopenhagen.

Sodann bestieg der Dekan der Philosophischen Fakultät der Universität Breslau Prof. Dr. Skutsch in Amtstracht die Rednerbühne und verkündete, dass die Fakultät den Geh. Regierungsrat Friedensburg auf Grund seiner hervorragenden Verdienste um die Schlesische Münzkunde zum Ehrendoktor ernannt habe. Der sichtlich freudig überraschte Doktorandus folgte der Aufforderung Seiner Spectablität und unterzog sich der feierlichen Promotion.

Nachdem durch diesen letzten Akt die Versammlung um 1½ Uhr einen würdigen Abschluss erfahren hatte, lud der Vorsitzende zu einer Besichtigung der neu begründeten und heute zum ersten Male geöffneten Abteilung „Alt-Breslau" und der darin aufgestellten Schausammlung der Münzen und Medaillen ein. Die von der Museumsdirektion hierzu herausgegebenen beiden Führer wurden den Vereinsmitgliedern als Festgabe überreicht.

Am Abend vereinte ein Festmahl in der Weinhandlung von Christian Hansen über hundert Teilnehmer. Nach dem Kaisertoast des Vorsitzenden sprach der Prorektor der Universität, Prof. Dr. Sdralek, auf den Verein, Geheimrat Prof. Dr. Ponfick auf die Provinz und Stadt. Im Namen der Stadt dankte Stadtrat Brössling, für die Provinz als Vertreter der Landwirtschaftskammer Graf von Pückler-Burghauss, der sein Hoch auf den derzeitigen Vorsitzenden ausklingen liess, während Herr Dr. Lustig den Vertretern der befreundeten Vereine ein Hoch widmete. Ausserdem würzten einige lustige Lieder und humoristische Vorträge das Mahl, das einen durchaus gelungenen Abschluss des denkwürdigen Festes bildete.

TÄTIGKEITSBERICHT FÜR DAS JAHR 1908/9

Das neue Vereinsjahr wurde eingeleitet durch die Generalversammlung am 6. April. Sie nahm den Jahresbericht und den von Herrn Bevollmächtigten Max Koenig geprüften Rechnungsabschluss entgegen und erteilte dem Vorstande Entlastung. Bei der Neuwahl des Vorstandes wurden die Herren Bürgermeister Trentin und Prof. Dr. Gürich an Stelle der aus Gesundheitsrücksichten ausscheidenden Herren Geh. Regierungsrat Muehl und Prof. Dr. Mertins neu-, die übrigen Mitglieder wiedergewählt. Nach der geschäftlichen Sitzung erstattete zunächst Herr Landmesser Hellmich aus Glogau Bericht über seine Aufnahme der schlesischen Burgwälle. Sodann besprach Herr Prof. Dr. Masner die im Lichthofe ausgestellten neuen Erwerbungen des Museums.

Die Wanderversammlung fiel in diesem Jahre aus.

Für die Winterversammlungen wurde vom Vorstande eine Neuerung beschlossen. Bisher hatte die Tagesordnung meist nur einen, den Abend ausfüllenden Vortrag aufgewiesen. Jetzt sollten grössere Vorträge zwar nicht ausgeschlossen, in der Regel aber durch mehrere kurze Vorträge aus verschiedenen Gebieten der Altertumskunde und Besprechungen interessanter Sammlungsstücke aus öffentlichem und Privatbesitz ersetzt werden. Man hoffte, dadurch nicht bloss das Programm abwechslungsreicher zu gestalten, sondern auch die Mitglieder zu regerer Beteiligung an den Diskussionen anzuregen. Namentlich wurde darauf gerechnet, dass die Sammler unter ihnen recht oft von der Gelegenheit Gebrauch machen würden, ihre Schätze in einem verständnisvollen Kreise vorzulegen. Die Einrichtung hat sich bewährt und Anklang gefunden. Dagegen musste die Verlegung der Sitzungsabende von Montag auf Mittwoch, die einer Anzahl auswärtiger Mitglieder zuliebe erfolgt war, als unzweckmässig bald wieder rückgängig gemacht werden.

In den einzelnen Sitzungen wurden folgende Gegenstände verhandelt:

Sitzung vom 11. November 1908

1. Herr Dr. Seger berichtet über die Ergebnisse einer anthropologischen Untersuchung der steinzeitlichen Skelettreste Schlesiens und Böhmens durch den Abteilungs-Vorsteher am Hamburgischen Museum für Völkerkunde, Herrn Dr. Otto Reche. Vgl. Archiv für Anthropologie N. F. VII (1909) S. 220.

2. Herr Prof. Dr. Masner bespricht einen silbernen Willkomm des Allerheiligen-Hospitals in Breslau. Vgl. S. 163.

3. Herr Geistlicher Rat Prof. Dr. Jungnitz bespricht die Sekundizkrone der Breslauer Kanoniker, ein aus kostbaren Ringen, Edelsteinen, Emailrosetten, Perlen und anderem alten Familienschmuck des 16. und 17. Jahrhunderts gefertigtes goldenes Krönchen, das den Kanonikern bei der Feier des fünfzigjährigen Messelesens (Sekundiz) auf den Kelch gelegt wird. Es lässt sich in den Inventarien des Domschatzes bis ins 18. Jahrhundert zurückverfolgen, lag aber lange Zeit vergessen im Staube, bis es neuerdings ans Licht gezogen und von den hiesigen Schulschwestern geschickt restauriert wurde. Jetzt bildet es eine Zierde des Diözesanmuseums.

4. Herr Gustav Strieboll zeigt und bespricht die Folge von Medaillen des Hans Kram von Sagan. Vgl. S. 256.

Sitzung vom 14. Dezember 1908

1. Herr Dr. Seger behandelt einige neu erworbene Kupfer- und Bronzewaffen des Museums. Vgl. S. 1—15.

2. Herr Dr. C. Buchwald spricht über ein Abendmahlsbild von 1537 aus dem Breslauer Rathause. Vgl. S. 144.

3. Herr Stadtbibliothekar Dr. Hippe macht Mitteilungen über ein Stammbuch des schlesischen Dichters Christian Hofmann von Hofmannswaldau, das von der hiesigen Stadtbibliothek kürzlich erworben worden ist. Leider befindet es sich in einer betrübenden Verfassung. Nur 32 Blätter sind erhalten, über 100 sind herausgeschnitten. Es enthält 18 Eintragungen aus den Jahren 1633—1638, darunter eine von Martin Opitz.

4. Frau Gräfin Posadowsky-Wehner legt aus ihrer grossen Sammlung farbiger Gläser eine Auswahl typischer Beispiele vor, die mit grosser Wahrscheinlichkeit dem bekannten Physiker und Begründer der sächsischen Glasindustrie, Freiherrn von Tschirnhausen († 1708 in Kiesslingswalde bei Görlitz), zugeschrieben werden.

5. Herr Rentier Sommé zeigt eine Porträtstatuette der Herzogin Charlotte von Braunschweig, einer Schwester Friedrichs des Grossen, aus Fürstenberger Porzellan; Herr Direktor Friedrich ein schlesisches Ambrosiaglas von 1730 und andere Kleinarbeiten des 18. Jahrhunderts aus seiner Sammlung.

Sitzung vom 11. Januar 1909

1. Herr Prof. Dr. Masner bespricht ein in seinem Privatbesitz befindliches Bild der h. drei Könige, nach einer auf der Rückseite angebrachten Bezeichnung 1756 von G. M. Brandeis in Breslau gemalt. Es ist das erste bekannt gewordene, recht liebenswürdige Werk dieses Künstlers, von dem man bisher nur aus literarischen Quellen wusste, dass er als guter Kopist der Maler Brandel und Bendeler galt. Später sind im Breslauer Antiquitätenhandel noch zwei bezeichnete, offenbar als Gegenstücke gemalte Bilder desselben Künstlers aufgetaucht, darstellend die Austreibung aus dem Tempel und die Heilung des Besessenen. Hier

ist der Schwerpunkt auf die Architektur gelegt. Doch ist der Kunstwert dieser beiden Bilder geringer als der des erstgenannten.

2. Herr Dr. E. Hintze hält einen Vortrag über schlesische Zinngiesser-Werkstätten. Vgl. S. 169.

Sonntag, den 17. Januar 1909

erläuterte Herr Prof. Dr. Masner vor einer beschränkten Anzahl von Mitgliedern das neu eingerichtete Antikenkabinett des Museums.

Sitzung am 22. Februar 1909

1. Herr Prof. Dr. Klaatsch hält einen Vortrag über die neusten Funde fossiler Menschenrassen. Der Vortragende bespricht an der Hand von Originalen und Gipsabgüssen und Lichtbildern die im vergangenen Jahre gefundenen alt-paläolithischen Skelettreste von Le Moustier, Corrèze und Mauer und entwickelt daran seine Theorie über die Abstammung des Menschen.

2. Herr Dr. H. Postler legt eine Anzahl prähistorischer und mittelalterlicher Funde aus der Umgegend seines Wohnorts Rankau Kr. Nimptsch vor, u. a. Scherben aus Wohngruben der älteren Bronzezeit in Kuhnau, eine bronzene Speerspitze aus einem Hallstattgrabe in Wirrwitz, eine gothische Ofenkachel mit Darstellung einer Fechterszene aus Schiedlagwitz und einen ungewöhnlichen Steigbügel aus dem 18. Jahrhundert.

3. Herr Dr. E. Hintze erläutert an einer Reihe von alten und neuen Miniaturen die verschiedenen Arten von Nachahmungen und Fälschungen dieser beliebten Kunstgattung. Manche moderne Kopien, so namentlich Pariser Arbeiten, aber auch solche z. B. einer hiesigen Email- und Miniaturmalerin, sind so geschickt ausgeführt, dass sie, in unrechte Hände gelangt und künstlich alt gemacht, dem ungeübten Sammler leicht gefährlich werden können.

Sitzung vom 15. März 1909

Die im Lichthofe des Museums ausgestellten Erwerbungen des Museums im Etatsjahre 1908/09 wurden durch den 1. Direktor Herrn Prof. Dr. Masner sowie durch die Herren Prof. Dr. Seger und Dr. Hintze vorgeführt.

Mit dem Verein für Geschichte Schlesiens und der Schlesischen Gesellschaft für Volkskunde wurde das Übereinkommen getroffen, dass zu Vorträgen von allgemeinem Interesse, die einer der drei Vereine veranstaltet, auch die Mitglieder der beiden anderen eingeladen seien. Den ersten derartigen Vortrag hielt am 15. Januar in der Schlesischen Gesellschaft für Volkskunde Herr Univers.-Prof. Dr. Hoffmann über den geschichtlichen Hintergrund der Volkssage.

In diesem Etatsjahre trat zum ersten Male die Wilhelm Grempler-Stiftung in Kraft (siehe S. 267), bei der der Verein insofern hervorragend interessiert ist, als erstens sein Vorstand in corpore der Verwaltungs-Deputation angehört, und als zweitens die Stiftung zum Teil für dieselben Zwecke eingesetzt ist, die bisher in der Hauptsache vom Verein erfüllt wurden. Die hierdurch ermöglichte Entlastung des Vereins betrifft vornehmlich die in den letzten Jahren sehr gestiegenen Kosten der Ausgrabungen und Anschaffungen für die vorgeschichtliche Abteilung des Museums. Was dadurch erspart wird, wird in erster Reihe den Publikationen und somit den Mitgliedern zugute kommen.

Immerhin sind auch in diesem Jahre einige kleinere archäologische Untersuchungen aus Vereinsmitteln bestritten worden. Dahin gehörte u. a. eine abermalige, mit Probegrabungen verbundene Besichtigung der Kiesgrube bei Mondschütz, Kr. Wohlau, wo vor zwanzig Jahren die bisher einzigen Zeugnisse von der Existenz des Diluvialmenschen in Schlesien, drei bearbeitete Hirschgeweihe, gefunden worden sind. Die Untersuchung erfolgte auf Anregung des Herrn Georg Sarauw, Assistenten am dänischen Nationalmuseum in Kopenhagen, dessen Forschungen über die von der älteren zur jüngeren Steinzeit überleitende Periode auf die Mondschützer Funde ein neues Licht werfen, und wurde mit freundlicher Unterstützung des Kammerherrn Freiherrn von Köckritz durch Herrn Prof. Dr. Gürich und den Vorsitzenden ausgeführt. Über das geologische Ergebnis wird an andrer Stelle berichtet werden. In archäologischer Beziehung war das Resultat negativ. Es fanden sich keine neuen Anhaltspunkte für die Anwesenheit des Menschen zur Nacheiszeit, etwa in Gestalt von Feuersteingeräten oder von Herdplätzen. Doch ist die

Hoffnung nicht aufzugeben, dass bei fortgesetzter Abschachtung der Kieswände solche doch noch zum Vorschein kommen.

Eine andere Frage, die uns seit langem beschäftigt, betrifft die vorgeschichtliche Eisengewinnung. An verschiedenen Stellen unserer Provinz, besonders in den Kreisen Nimptsch, Öls und Steinau, sind ziemlich umfangreiche Anlagen primitiver Hüttenwerke aufgedeckt worden und aus den Begleitfunden hat sich ergeben, dass sie bis in die Zeit der Urnenfriedhöfe zurückreichen. Aber über das in ihnen beobachtete technische Verfahren war man bisher trotz mehrfacher Untersuchungen nicht ins reine gekommen. Anfang August wurde deshalb eine der grössten dieser Anlagen, die von Tarxdorf Kr. Steinau, teilweise freigelegt. An der Besichtigung beteiligten sich ausser dem Vorsitzenden und seinen Mitarbeitern noch die Herren Ingenieur Giebeler, Ingenieur Humperdinck und Konservator Eduard Krause aus Berlin — letzterer im Auftrage des Königl. Museums für Völkerkunde —, Kreisbaumeister Küllmer aus Steinau und Landmesser Hellmich aus Glogau. Über den Befund ist in zwei Sitzungen der Berliner Gesellschaft für Anthropologie, Ethnologie und Urgeschichte unter Beteiligung namhafter Fachmänner sehr eingehend verhandelt worden (Zeitschr. f. Ethnol. 1909 S. 53, 60 u. 88 ff.), ohne dass ein abschliessendes Urteil erzielt worden wäre. Es wird daher nötig sein, die zweifelhaften Punkte durch eine nochmalige Untersuchung an Ort und Stelle aufzuklären.

Um das Rätsel der Steinfiguren auf dem Zobtenberge seiner Lösung näher zu bringen, wurde der Boden um die Jungfrau und den Bären in weitem Umfange sorgfältig durchforscht. Wir hatten uns dabei des weitgehenden Entgegenkommens der Königlichen Forstverwaltung, namentlich des Herrn Forstmeisters Krueger, und der Unterstützung durch Herrn Amtsgerichtsrat Beyer in Zobten zu erfreuen. Gefunden wurden ausser zahlreichen Trümmern von Behausteinen aus Granit ein einzelner Kopf von kugelförmiger Gestalt, aber kaum erkennbaren Zügen, und drei Bruchstücke einer Inschriftplatte. Das grösste enthält die Anfänge der ersten drei Zeilen, darunter das Anfangswort ANNO, während die beiden anderen Buchstabengruppen: BINO oder BING und NAO oder NAC, offenbar nur Teile von Wörtern, vielleicht von Namen darstellen. Die kleineren Bruchstücke lassen nur die Buchstaben M· und ·NE deutlich erkennen. Die Schriftcharaktere entsprechen der Zeit des romanischen Stiles. Namentlich gleichen sie fast vollkommen denen auf dem bekannten Tympanonrelief der Gattin und des Sohnes von Peter Wlast in der Breslauer Sandkirche, so dass man die Inschrift wohl in die Zeit der Grenzregulierung von 1209 setzen kann. (Vgl. Schlesiens Vorzeit N. F. I S. 139 ff.) Weitere Aufschlüsse sind vielleicht von einer Ausgrabung zu erwarten, die unmittelbar auf dem Standorte der Jungfrau und des Bären vorgenommen werden soll.

Die archivalischen Arbeiten für das Künstlerlexikon wurden durch Herrn Dr. Hintze und Herrn Dr. Heyer fortgesetzt.

Auch in diesem Jahre haben wir eine Reihe schmerzlicher Verluste zu beklagen.

Am 31. Mai 1908 starb in Berkhamsted (England) Sir John Evans, der Nestor der englischen Prähistoriker, seit 1899 korrespondierendes Mitglied unseres Vereins. Sein grosses Werk über die Stein-Altertümer Grossbritanniens ist vom technischen Standpunkt wohl das Gründlichste, was über diesen Gegenstand geschrieben worden ist. In ähnlicher Weise hat er auch die Bronzezeit behandelt.

Am 30. September starb in Berlin der Geheime Sanitätsrat Herr Prof. Dr. Abraham Lissauer seit 1895 korrespondierendes Mitglied unseres Vereins. In seinem früheren Wohnorte Danzig hat er grundlegende Arbeiten über die Vorgeschichte Westpreussens veröffentlicht und dadurch viel zur Klärung der vorgeschichtlichen Verhältnisse Ostdeutschlands beigetragen. Im letzten Jahrzehnt konzentrierte er seine Tätigkeit auf die Bearbeitung der prähistorischen Typenkarten für Deutschland und seine Nachbargebiete, ein monumentales Werk, dessen Fortführung durch seinen Tod hoffentlich nicht unterbrochen werden wird.

Am 28. Dezember starb in Breslau der Geheime Regierungsrat Herr Bürgermeister a. D. Otto Muehl. Während seiner langjährigen Wirksamkeit als Mitglied des Magistrats war er dem Vereine stets ein warmer und tatkräftiger Freund. Von 1896 bis 1908 hat er dem Vorstande angehört und in dieser Eigenschaft dem Vereine durch seine reiche Erfahrung und seinen grossen Einfluss manchen wichtigen Dienst erwiesen.

Am 22. Februar 1909 starb in Liegnitz der Major a. D. Herr Ludwig Schuch, einer der wenigen Altertumsfreunde, die sich das Studium der Wappen- und Siegelkunde zum Arbeitsfelde erkoren haben.

Seine engeren Beziehungen zu unserem Vereine und Museum datieren hauptsächlich aus der Zeit seines Breslauer Aufenthaltes von 1895 bis 1899. Damals war er ein täglicher Besucher des Museums und liess es sich angelegen sein, dessen reichen Besitz an alten Adels- und Städtesiegeln in musterhafter Weise zu ordnen und zu katalogisieren.

Am 11. März starb in München der ord. Professor a. D. Alwin Schultz, von 1875 bis 1882 Vorstandsmitglied, seit 1883 Ehrenmitglied unseres Vereins. Von allen Kunsthistorikern, die an der Breslauer Universität gewirkt haben, hat Schultz am meisten für die Erforschung der schlesischen Kunstgeschichte getan. Viele seiner damaligen Veröffentlichungen haben noch heute ihren Wert, und es war ein empfindlicher Verlust für unsere Provinz, als ihr seine Kraft durch seine Berufung nach Prag verloren ging.

Ausserdem entriss uns der Tod die Herren Hofantiquar Max Altmann, Kaiserl. russischen Staatsrat Otto von Essen Exzellenz, Rentier Hermann Haertel, Rentier Dr. Philipp Immerwahr, Geh. Regierungsrat Prof. Dr. Wladislaw Nehring, Bankier Max Perls, Hofmalermeister Hans Rumsch und Königl. Kammerherr Fedor von Zawadzky, sowie Frau Geh. Regierungsrat Margarete Ladenburg — sämtlich in Breslau; ferner die Herren Rentier Ernst Birn in Ober-Peilau, Prof. Gottschalk in Patschkau, Rittergutsbesitzer Wilhelm Hirt auf Cammerau, Major a. D. Mortimer von Johnston auf Zweibrodt, Dr. Freiherr von Landau in Berlin und Geh. Kommerzienrat Pinkus in Neustadt O/S.

Im ganzen verlor der Verein durch Tod und Abmeldung 61 Mitglieder, denen nur 19 Neu-Anmeldungen gegenüberstehen. Am Schluss des Jahres betrug die Zahl 843. Davon wohnen 419 in Breslau, 320 im übrigen Schlesien und 94 ausserhalb der Provinz.

Der Vorstand:

Prof. Dr. Hans Seger, Museumsdirektor, Vorsitzender
Geh. Medizinalrat Prof. Dr. Emil Ponfick, stellvertretender Vorsitzender
Gustav Strieboll, Kaufmann, Schatzmeister
Dr. Georg Lustig, prakt. Arzt, Schriftführer
Prof. Dr. Emil Roehl, Direktor der Viktoriaschule
Prof. Dr. Karl Masner, Erster Direktor des Schlesischen Museums für Kunstgewerbe und Altertümer
Dr. Ludwig Burgemeister, Kgl. Landbauinspektor, Prov.-Konservator der Kunstdenkmäler
Prof. Dr. Georg Gürich, Privatdozent a. d. Universität und Oberlehrer
Hans Trentin, Bürgermeister

NACHWEISUNG

über die Geldbeträge, die aus Anlass der fünfzigjährigen Jubelfeier des Vereins zur Vermehrung der Museumssammlungen gestiftet worden sind:

Konsistorialrat Nathan, Branitz, 10 Mk. — Antiquitätenhändler Heinsch, Camenz, 5 Mk. — Bankvorsteher Bartelt, Glatz, 5 Mk. — Prof. E. Beck, Hirschberg, 10 Mk. — Landrat Dr. Hegenscheidt, Hoyerswerda, 10 Mk. — Prof. Dr. Thilenius, Hamburg, 100 Mk. — Freiherr von Köckritz, Mondschütz, 50 Mk. — Freifrau Maria Anna von Richthofen, hier, 30 Mk. — Staatsanwaltschaftsrat Freiherr von Stillfried, hier, 20 Mk. — Rittergutsbesitzer von Hindersin, Dalkau, 20 Mk. — Dr. Kemmler, Waldenburg 10 Mk. — Dr. Molsdorf, hier, 10 Mk. — Prof. Ondrusch, Sagan, 20 Mk. — Pfarrer Laska, Pschow O/S., 5 Mk. — Oberbürgermeister Dr. Bender, hier, 10 Mk. — Rentier G. Ackermann, hier, 10 Mk. — Mathias Bersohn, Warschau, 20 Mk. — Rentier P. Mücke, Patschkau, 10 Mk. — Hermann Lüdtke, hier, 30 Mk. — Gutsbesitzer Leissner, Nosswitz, 10 Mk. — Rittergutsbesitzer von Salisch, Postel, 5 Mk. — Forstrat Gutt, Eichhorst, 5 Mk. — Dr. Robert Asch, hier, 10 Mk. — Stadtrat Schatz, hier, 20 Mk. — Dr. H. Seger, hier, 20 Mk. — Bürgermeister Muehl, hier, 10 Mk. — Buchhändler E. Wohlfahrt, hier, 10 Mk. — Stadtrat Brössling, hier, 300 Mk. — Dr. jur. Paul Heimann, hier, 100 Mk. — Bautechniker Schimmelpfennig, hier, 3 Mk. — Dr. Lustig, hier, 20 Mk. — Amtsgerichtsrat Wolf, Bunzlau, 3 Mk. — Baurat Tanneberger, hier, 6 Mk. — Paul Sommé, hier, 20 Mk. — Dekorationsmaler G. Heintze, hier, 20 Mk. — R. Heinrich, hier, 10 Mk. — R. Dehmel, Neusalz a/O., 5 Mk. — Stadtgemeinde Militsch, 6 Mk. — F. Kraker, Görlitz, 20 Mk. — G. Strieboll, hier, 100 Mk. — Major a. D. A. Stentzel, hier, 10 Mk. — Gräfin v. Posadowsky auf Gross-Pluschnitz, 30 Mk. — Stadtrat a. D. Chr. Ernst Wecker, hier 50 Mk. — R. Werner, Düsseldorf, 10 Mk. — Stadtrat Peterson, hier, 10 Mk. — Amtsrichter Powalsky, Namslau, 4 Mk. — Kunstgewerbeverein Breslau, 100 Mk. — Stadtgemeinde Glatz, 20 Mk. — Stadtgemeinde Löwenberg, 10 Mk. — Major z. D. von Leutsch, hier, 10 Mk. — Rentier L. Schlesinger, hier, 10 Mk. — Konsul S. Friedmann, hier, 50 Mk. — H. Pringsheim, hier, 20 Mk. — Philomathie, Glatz, 30 Mk. — Rechtsanwalt Grünberger, hier, 10 Mk. — G. Kamphausen, hier, 15 Mk. — Stadtgemeinde Bunzlau, 50 Mk. — Stadtgemeinde Landeshut i. Schles., 100 Mk. — A. Schottländer, hier, 20 Mk. — Stadtrat Auras, hier, 30 Mk. — Georg von Giesches Erben, hier, 500 Mk. — Geistl. Rat Dr. Jungnitz, hier, 20 Mk. — Lehrer Koch, hier, 10 Mk. — Direktor Dörr, hier, 20 Mk. — Prof. Dr. Wesemann, Löwenberg, 5 Mk. — Hofmalermeister H. Rumsch, hier, 20 Mk. — Major z. D. Rodewald, hier, 50 Mk. — Generaloberarzt Dr. Klihm, Landeck, 5 Mk. — Dr. O. Hübner, hier 10 Mk. — Kaufmann O. Beyer, hier, 10 Mk. — Prof. Dr. Mertins, hier, 20 Mk. — Wissenschaftlicher Verein, Striegau, 25 Mk. — Graf von der Recke-Volmerstein, hier, 20 Mk. — Dr. E. Schwerin, hier, 30 Mk. — Prokurist Krusche, hier, 5 Mk. — Kaufmann Stephan, hier, 10 Mk. — Kaufmann A. Friedenthal, hier, 100 Mk. — Kardinal Dr. Kopp, hier, 200 Mk. — Dr. Gallinek, hier, 30 Mk. — Brauereibesitzer H. Werner, hier, 10 Mk. — Rittmeister a. D. von Ruffer, Rudzinik O/S. 100 Mk. — Fürst von Pless, Schloss Waldenburg, 100 Mk. — Prof. Dr. Kniat, Sagan, 5 Mk. — Schlesischer Bankverein, hier, 150 Mk. — Major a. D. C. v. Schweinichen, Pawelwitz, 100 Mk. — Inspektor Glatzel, Alt-Tarnowitz 5 Mk. — Fabrikbesitzer M. Pinkus, Neustadt O/S., 100 Mk. — Kaufmann K. Leipziger, hier, 50 Mk. — Hofkunsthändler B. Richter, hier, 20 Mk. — Stadtgemeinde Rybnik, 10 Mk. — Carl Frey u. Söhne, hier, 30 Mk. — Steinmetzmeister C. Paeschke, hier, 30 Mk. — Herzog von Ratibor, Schloss Rauden, 50 Mk. — Prof. Dr. Masner, hier, 20 Mk. — Stadtgemeinde Leobschütz, 50 Mk. — Pastor Stengel, Kunzendorf, 10 Mk. — E. Ehrlich, hier, 20 Mk. — Direktor Treutler, Saarau, 30 Mk. — Stadtgemeinde Brieg, 50 Mk. — Stadtgemeinde Grünberg, 20 Mk. — Amtsgerichtsrat a. D. Krauss, hier, 10 Mk. — Frl. H. Franck, hier, 30 Mk. — Direktor Bahrfeldt, Berlin, 15 Mk. — Kanzlei-Inspektor Günzel, hier, 5 Mk. — Riesengebirgsverein, hier, 50 Mk. — Frl. Rudolph, hier, 12 Mk. — Baron von Landau, Berlin, 50 Mk. — Graf Maltzan, Schloss Militsch, 30 Mk. — J. Jarecki, hier, 50 Mk. — Bergrat Gothein, hier, 50 Mk. — G. Knorn, hier, 10 Mk. — Steuerrat Wiesing, hier, 5 Mk. — Rentier Neugebauer, hier, 500 Mk. — Prof. Dr. Röhl, hier, 20 Mk. —

F. Huldschinsky, hier, 15 Mk. — M. König, hier, 20 Mk. — Dr. G. Kauffmann, Wüstegiersdorf, 50 Mk. — Stadtgemeinde Jauer, 30 Mk. — R. Lauterbach, hier, 30 Mk. — Frl. H. Hutstein, hier, 6 Mk. — E. von Kulmiz, Saarau, 500 Mk. — Kommerzienrat Berve, hier, 30 Mk. — Direktor H. Friedrich, hier, 50 Mk. — Frau Rentiere Silbergleit, hier, 50 Mk. — Geh. Rat Dr. Hillebrandt, hier, 20 Mk. — Prof. Lehmann-Nitsche, La-Plata, 20 Mk. — Dr. Wanzek, hier, 10 Mk. — Rittmeister a. D. von Oheimb, Rohrlach, 25 Mk. — Direktor Roemhild, hier, 30 Mk. — C. Grzimek, hier, 10 Mk. — Rittergutsbesitzer Teichmann, Brodelwitz, 10 Mk. — Rittergutsbesitzer Teichmann, Kunzendorf, 20 Mk. — Geh. Med.-Rat Prof. Dr. Partsch, hier, 50 Mk. — Bankdirektor Martius, hier, 30 Mk. — Kaufmann Nicolai, hier, 20 Mk. — Baurat Grosser, hier, 30 Mk. — Sanitätsrat Bogatsch, hier, 20 Mk. — Sanitätsrat Dr. Methner, hier, 30 Mk. — Domherr Prof. Dr. Sdralek, hier, 20 Mk. — Rentiere A. Techell, hier, 10 Mk. — Direktor Scholtz, hier, 20 Mk. — H. Hausfelder, hier, 20 Mk. — Geistl. Rat Mache, Glogau, 16 Mk. — Dr. Hermann, hier, 10 Mk. — Justizrat Feige, hier, 50 Mk. — Major a. D. von Wiedner, Kniegnitz, 6 Mk. — Summe 5 822 Mk.

www.ingramcontent.com/pod-product-compliance
Lightning Source LLC
Chambersburg PA
CBHW030742230426
43667CB00007B/806